教育部社科司中华优秀传统文化专项课题（A类）重点项目
项目批准号：23JDTCA005

言 子 研 究 文 献 丛 书

历代典籍文献中的言子

张幼良　冀运鲁　吴岳聪　校辑编订

苏州大学出版社

图书在版编目(CIP)数据

历代典籍文献中的言子/张幼良,冀运鲁,吴岳聪校辑编订. --苏州:苏州大学出版社,2024.9.
(言子研究文献丛书). -- ISBN 978-7-5672-4958-5

Ⅰ. B222.25

中国国家版本馆 CIP 数据核字第 2024TM2428 号

| 书　　名：历代典籍文献中的言子
| Lidai Dianji Wenxian Zhong De Yanzi
| 校辑编订：张幼良　冀运鲁　吴岳聪
| 责任编辑：史创新
| 出版发行：苏州大学出版社(Soochow University Press)
| 社　　址：苏州市十梓街1号　邮编:215006
| 网　　址：www.sudapress.com
| 邮　　箱：sdcbs@suda.edu.cn
| 天 猫 店：https://szdxcbs.tmall.com
| 印　　装：苏州工业园区美柯乐制版印务有限责任公司
| 邮购热线：0512-67480030
| 销售热线：0512-67481020
| 开　　本：787mm×1 092mm　1/16　印张:19.5　字数:413 千
| 版　　次：2024 年 9 月第 1 版
| 印　　次：2024 年 9 月第 1 次印刷
| 书　　号：ISBN 978-7-5672-4958-5
| 定　　价：68.00 元

凡购本社图书发现印装错误,请与本社联系调换。服务热线:0512-67481020

言子研究文献丛书编委会

学术顾问　许　霆　曹培根
主　　任　周　晓　徐　正
副 主 任　钱　强
编　　委　（按姓氏笔画排序）
　　　　　王　燕　韦剑章　方忆涵
　　　　　付凤娟　朱原谅　许　霆
　　　　　孙士现　李　烨　吴岳聪
　　　　　吴建平　张幼良　陈　颖
　　　　　周　晓　孟　伟　钱　强
　　　　　徐　正　黄　斐　曹培根
　　　　　冀运鲁
丛书主编　王　燕　陈　颖

总　序

言偃，字子游，孔子唯一的南方高弟，后人尊其为先贤言子。言子特精于礼乐，以文学著名，列名孔门十哲，世称"南方夫子"。但是，言子既无学术专著传世，又缺乏较多事迹记载，终使其学其行并不甚显，生平事迹谜团众多，这直接影响到言子在中华文化史中地位的评价，可谓儒学研究史上的一大憾事。

进入新时代以后，言子研究成为先秦儒学研究的重要话题。其主要原因有三：首先，20世纪90年代中期一批战国楚简出土，其中儒学简书关涉战国思孟学派，表明子游学派与思孟之儒为一系，"言偃上承孔子，下启思孟"的论断并非虚妄，言子在儒学道统中的重要地位得到普遍认同。其次，我国将中国梦定义为"实现中华民族的伟大复兴"，中国梦既体现了今天中国人的理想，也反映了历史上先人们奋力追求进步的传统，因此，言子与孔子对话的《礼记·礼运》所述社会理想引起人们的高度重视。再次，我国在推进中国式现代化进程中，强调传承优秀传统文化，通过创造性转化、创新性发展推进历史文化与当代文化融合，因此，各地重视区域历史文化研究，言子与江南文化的关系成为学者研究的热门话题。新时代的言子研究，是人们重新评价言子历史地位的过程，也是人们重新发现言学思想价值的过程，它提示了当前开展言子研究的学术意义和当代价值。新的研究成果表明：言子在中华文化史上的地位特殊而重要，若论思想的创造性，则言子在孔门弟子中是难有人能够望其项背的，新时代的言子研究具有强烈的现实意义和鲜明的当代价值。

常熟是言子故里，历史上曾以"弗崇弗彰，为邑之耻"为理念，形成了尊言学贤的历史传统，"上以接先贤之正传，下以发潜德之幽光"，直接影响了常熟文化的历史走向和内涵特质。进入新时代以后，常熟更加重视言子文化的传承和弘扬。2019年，常熟言子旧宅重新修复开放，中国孔子研究院常熟研究基地挂牌，常熟文庙修复工程荣获中国风景园林学会科学技术奖金奖，文庙中的言子祠被列为全国文物保护单位。2020年,常熟市政府以"言子与江南儒学"为题,举办虞山文化论坛,论文汇集成《言子思想的当代传承和价值》出版。2021年,常熟重建言子研究会,在言子旧宅建成政德教育基地,常熟市与常熟理工学院创作并演出音诗画剧《南方夫子》。2022年,常熟市政府以"言子与江南文化"为题,再次举办虞山文化论坛,论文汇集成《言子与江南文化》出版;同时,市有关部门联合出版言学研究著作《言子与江南文化》。

新组建的常熟市言子研究会为了推动言子研究持续开展,组织力量编撰"言子研究文献丛书"(以下简称"丛书")。首批选题包括:(1)言子文学录集释新编,重辑言子言行录,并汇编历史上关于言子言行的经典注疏;(2)言氏家谱(家乘)两种,辑入言梦奎《(雍正)言氏家谱》和清末《重修言氏家乘》;(3)历代典籍文献中的言子,全面辑录经史子集、地方文献、诗词歌赋中的言子资料;(4)言子研究论著题录,即国内外期刊和图书中的言子研究成果辑目,并分别撰写论著题录和分期研究综述;(5)言子文化遗存资料汇编,辑录全国各地言子物质文化遗存资料,包括文字及图片资料,并形成对主要遗存的研究成果。在丛书编撰的基础上,集成既有言子相关研究成果和文献资料,建立言子文化特色资源数据库,面向社会公众开放。言子研究文献资料中,有相当一部分关涉珍贵的言子文化遗产,包括物质遗产、精神遗产,对这些遗产的整理和保护,是实现言子文化遗产现代价值的重要举措。言子文化既是常熟的,更是中国的,从一定意义上说还是世界的,常熟的学者能够成为这一珍贵文化遗产的整理者和保护者,是莫大的荣光。当然,丛书的编撰,更重要的是为深入研究言子提供基础性文献资料。此前言子研究文献资料处于零星、分散的状态,影响了言子研究水平的提升。如果说前人有鉴于此,南宋常熟知县王爚首辑《言子》三卷,明代常熟知县耿橘主持重辑并自注《言子文学录》,清代学者冯云鹓《圣门十六子书》辑有《言子书》三卷,清代言族裔孙言如泗增辑《言子文学录》三卷,都极大地扩大了言子思想的传播,推动了子游传统的弘扬,那么,当代常熟学人集体合作编撰丛书,必将更好地推动言子思想的研究和言子文化的传播。

一种可持续的研究,必须建立在扎实、充分的文献资料之上,言子研究的深入自然也应循此规律。做好了基础性文献资料工作,后续的言子研究就有了新的学术生长点,就有了新的研究立足点。儒学毕竟产生于两千多年前的先秦社会,随着历史的发展和社会的变革，对自身始终保持批判精神，正是儒学能够不断守正创新、与时俱进的重要经验。这也是习近平总书记对中华优秀传统文化提出"创造性转化"和"创新性发展"科学判断的深层原因。因此，丛书编撰的另一重文化意义，就是让历史掩映中的言子研究文献走到社会公众面前，在现代精神烛照下活化起来，在与社会现实的结合中更好地呈现当代价值，从而有效地推动中国式现代化的文化事业发展。

文献资料整理是默默奉献、劳心劳力的工作。值此丛书出版之际，感谢所有编撰者和参与者对丛书的精心策划及为每部书稿付出的艰辛劳动。丛书的出版，是所有编撰者和参与者学术智慧的结晶与学术情怀的彰显，我们应该为之点赞。

言子研究文献丛书编委会

2024 年 1 月 7 日

序 言

《历代典籍文献中的言子》以汇集言子原始文献为职志，共分成上、中、下三编：《历代经史子集中的言子》《历代碑记序跋中的言子》《历代诗颂铭赞中的言子》。全编以"孔门十哲"之一，"道启东南""文开吴会"的"南方夫子"言子为中心，遴选古今记载言子事迹、表旌言子德行、阐扬言子思想、吟咏言子功绩的有韵无韵之文汇成一书。从古代到近代，凡经史子集、碑记序跋、诗铭赞赋各体，只要是直接或间接记载言子事迹、引述言子语录、评论言子功德、宣传言子思想、吟咏言子意象的都在选录范围之内，借此可见言子原始文献之荦荦大端，俾助言子研究。现依次叙说各分编校订辑录部分之主要内容、价值要义和体例特点。

上编《历代经史子集中的言子》遴选经史子集中与言子相关的论述汇成一编，凡引述言子言论或涉及言子评价的都在选录范围之内。

本编辑录传统经典中记载言子言行和事迹的原始文献，而关于这些原始文献的注解疏证则不在其列。通过钩稽《论语》《礼记》《孟子》诸典籍，我们可以看到先秦时期的言子形象被反复叙写而逐步清晰呈现的过程。最早记述言子的经书是《论语》和《礼记》。言偃将孔子对弟子的口述笔录下来，整理成文献，其笔录传播的《礼运》等篇，就是典型的孔学文献，后世凡是论及《礼记·礼运》必定会谈到言子，因而经部中记述的言子，很多与此有关。当然，经部还有关于言子的其他记载。

史部关于言子的记载较早的当属《史记·仲尼弟子列传》："言偃，吴人，字子游。少孔子四十五岁。"《史记》的记述明确了言子的姓名、籍贯、年龄三个方面重要的个人信息。其后《后汉书》《宋书》均有记载。先唐人的文献记载构建形成了关于言子的最早的文化记忆，总的来看，唐代以前的文献中，关于言子个人信息的记载，大略只涉及姓名、籍贯、年龄，以及其作为孔门"文学"科弟子擅长"礼乐之学"及"典籍之学"的特点。此外，一些目录学著作如陈振孙《直斋书录解题》等也有部分有关言子事迹的记述。

子部关于言子的记述相对少一些，较早谈及言子的子部典籍是《荀子》。作为战国后期儒家大儒，荀况在《荀子·非十二子》中把言子与孔子并提，称其"厚于后世"，首次认定了言子在儒学史上的崇高地位。一些大致可信的以记录孔子言论事迹为主要内容的子书杂著,如《孔丛子》《孔子家语》《论衡》《尸子》等,如果涉及言子言行的也适当予以收录。由于"文开吴会""道启东南"的巨大贡献,在出生之地、为官之地、传道之地,言子始终受到官民的极大尊崇和景仰。人们通过为言子修建祠堂的方式,表达对这位贤哲的崇敬和怀念。历史上,常熟、长洲、吴县、武城、奉贤、绍兴、株洲等地的地方官员为言子建立了多处分属乡贤祠、名宦祠、贤良祠等的公祠。同时,这些地方,尤其是常熟和奉贤,也流传着一些有关言子的传说。常熟是先贤言子的故乡,奉贤是言子后期设坛教学的地方,所以这两个地方与言子相关的民间记述也最多。著名方志学家胡道静在《奉贤县志·序》中就曾提及奉贤之名来源于言子东南传道的传说:"奉贤命名,有其历古传说,谓孔门高徒言偃尝过此地。"

集部关于言子的记载是最多的。首先是前人编选的言子的著述,如宋人编有《言子》,清人言如泗重编《言子文学录》,包括奉贤编撰的《言子春秋》等著作都是材料来源。其次,集部更有庞大的宗谱、族谱、家谱、家乘、祠谱、渊源录等文献;再者,集部还有很多文献中有与言子有关的记载,包括对言子论礼的评述、弦歌之治的言子祭祀场所的由来、言子思想评述、历代帝王对言子的封祀褒奖、历代文人学士对言子的崇高评价和由衷推崇等。

本编校辑编订者为冀运鲁。文献主要辑录自《四库全书》《古今图书集成》《四部丛刊》等大型丛书中的历代作家别集,部分录自《吴地志》《吴郡志》等地方文献专辑,还有许多材料采自常熟、武城等地方的史志碑刻。为便于检索原文,所辑文献均注明出处。点校时为避免繁琐,有异文诸篇择善而从,不出校记。

中编《历代碑记序跋中的言子》搜集与言子有关的碑文、墓志、记文、序文、跋文等,凡涉及言子或相关事迹者,皆在选录范围内。本编共辑得碑记(碑文、墓志、记文等)110余篇,序跋(书序、赠序、字序、记序、题跋等)90余篇,按照碑记、序跋两部分编录,每部分又依朝代顺序排列,同一朝代的作者排序不分先后。与言子相关的碑记序跋在时间上跨度长,从汉代至清代;在内容上,有些文章直接记述言子的生平、赞颂言子的功业,而有些文章仅提到言子或与之相关的意象,与文章中心关涉不大,但本编仍尽可能收录,因这类文献或关涉到时人对言子的看法,或关涉到言子文化的传播,亦具有一定的意义。

本编试图通过梳理历代碑记序跋,勾勒言子形象的演变及言子文化的传播过程。汉代,言子多与卜商并称,作为"孔门十哲"中"文学"的代表,以"游夏"整体形象出现在碑刻之中,如"膺游夏之文学,襄冉季之政事","学兼游夏,德配臧文"等。"文学"既是对二人为学趣向的概括,也是对二人从政能力的评价。隋唐时期,言子与卜商逐渐分化,作为独立的个体,多与"弦歌"意象相连。《论语·阳货》载:"子之武城,闻弦歌之声。夫子莞尔而笑,曰:'割鸡焉用牛刀?'子游对曰:'昔者偃也闻诸夫子曰:君子学道则爱人,小人学道则易使也。'子曰:'二三子,偃之言是也!前言戏之耳。'"在此时期,言子多作为重视礼乐教化、为政得法的代表,出现在他人的墓志之中,如"鸣琴密贱,虚誉旧经;弦歌子游,罔谈襄日","子游不下堂,贾父歌来晚,俾君之政,无以加焉","鸣弦而政美子游,感物而兴高潘岳"等等。宋元时期,言子多与"武城"意象并行出现。《论语·雍也》:"子游为武城宰。子曰:'女得人焉耳乎?'曰:'有澹台灭明者,行不由径,非公事,未尝至于偃之室也。'"言子与"武城"意象相连,也旨在强调其能够敬德保民、选贤任能、崇礼尚和、清廉自律。至于明清,言子出现在碑记序跋中的次数大幅增加,形象也愈加丰满,此时段的碑记序跋往往强调言子对江南文化的影响。"当夫子之世,吴越诸地尽号荆蛮,而子游氏独逾江蹈淮,从游于洙泗,遂得身冠文学之科,南方数千载菁华,尽从此辟",言子作为孔门"吾道其南"的唯一代表,文开吴会、道启东南,持续影响着江南地区的社会、经济和文化,成为江南文化的独特符号。

本编校辑编订者为吴岳聪。文献主要辑录自《全唐文》《全宋文》《全元文》等总集,《虞山书院志》等志书,《田间文集》《程康庄集》《兼济堂文集》《宋濂全集》等文人别集,亦参考《三晋石刻大全》《苏州旧志序跋汇编》《常熟儒学碑刻集》《明清以来苏州社会史碑刻集》等文献。

下编《历代诗颂铭赞中的言子》遴选古今吟咏言子的有韵之文汇成一编。凡诗、铭、赞、赋、联各体,只要是直接或间接吟咏言子或涉及言子相关意象的都在选录范围之内。是编以诗为主,兼及其他有韵文体,共辑得诗300余首,铭辞7篇,颂赞8首,赋咏2篇,联语33对。

历代歌咏言子的韵语不仅体裁多样,时间跨度也较大,从两晋南北朝伊始绵延至今。唐开元年间言子被朝廷封为"吴侯",宋又进而封为"丹阳公""吴公",元封为"吴国公",嗣此歌咏言子的作者逐渐增多,而作品亦夥,至明清已蔚为大观。从作者队伍来看,上有帝王贵族,中有文武大臣,下有官吏士庶,可以说言子作为儒家思想的代言者和社会治理的能臣,已获得广泛的赞誉和认可;从艺术方面而言,由于受题材限制,这些诗歌大都以言志抒怀为主,许多诗歌结合自身的经历,或挖掘言子儒学的精髓,或总结言子理政的业绩,或借言子礼学成就盛赞孔道南传的伟大,或借言子的德行人格砥砺自己的志行,抒发济世报国的情怀。虽然部分诗歌存在主旨单一、意象单薄、传达直接、艺术性欠佳等问题,但确实也有不少名篇佳制值得我们珍视。更为重要的是这些作品包含着丰富的思想内容,涉及言子的儒学成就、德行政绩、人格精神、礼乐思想和教育实践,从中不但可以窥见言子儒学、礼学、政德、治理、教育、人才等思想之一斑，而且可以了解言子思想在历代发展之脉络和影响。这些对于研究言子思想文化的传承和发展及其当代价值，弘扬优秀传统文化，资政社会治理当不无借鉴意义。

本编按诗、铭、赞、赋、联顺序编录，各体又按时代先后排列。

本编校辑编订者为张幼良。文献主要辑录自《四库全书》《续修四库全书》《古今图书集成》《四部丛刊》等大型丛书中的历代作家别集，也辑自《汉魏六朝百三家集》《御选宋金元明四朝诗》《元诗选》《古诗纪》《吴都文粹》等古今诗歌总集、选集，还辑自当代人编著的《历代名人咏常熟》《言子春秋》《言子家族文化及其遗产》等专著和附录。历代常熟地方文献如《海虞文征》《海虞文苑》《海虞诗苑》《海虞诗话》《虞山书院志》《常昭合志》《兴福寺志》所见也一并收录。许多诗歌还采自常熟、武城等地的史志碑刻，以及未经刊刻的稿本抄本、流传未广的家刻林墓纪事唱和诗、言氏家乘家谱、晚清以来的报刊等。

本编采撷浩繁，载体不一，为求阅读简便和节省篇幅，所辑文献没有注明出处。本编文献的版本并不复杂，只有少数篇章存在一些异文，而产生异文的原因大都是刊刻失误或传写错误，根据上下文意不难推断辨别。

本书在点校时为避免烦琐，有异文诸篇者择善而从，有明显错误者改之，不出校记。

本书三编在编校过程中参考了往哲时彦的相关研究成果，在此一并表示感谢。由于时间仓促和我们的闻见所限，一定有不少选编失当、点校有误、订补未全和其他疏漏舛误的地方，期盼博雅君子有以教之。

癸卯年枫月梁溪张幼良于虞山日涉园

目　录

上编　历代经史子集中的言子

一、经部中的言子 …………………………………………………… 3
二、史部中的言子 …………………………………………………… 12
三、子部中的言子 …………………………………………………… 21
四、集部中的言子 …………………………………………………… 34

中编　历代碑记序跋中的言子

一、碑记

武斑碑／[汉] …………………………………………………… 45
郑固墓碑／[汉] ………………………………………………… 46
请雨铭／[汉] …………………………………………………… 46
元彦墓志／[北魏] ……………………………………………… 46
齐故东周县令李明府墓志铭／[隋] …………………………… 47
太尉秦王刀人高惠通墓志铭／[唐] …………………………… 48
广宗潘君伽墓志铭（并序）／[唐] …………………………… 48
唐故涪州永安县令轻车都尉乐君善文墓志铭（并序）／[唐] …… 49
大唐故郑州新郑县令刘君文墓志铭（并序）／[唐] ………… 50
唐故王君才墓志铭／[唐] ……………………………………… 50
唐故洛州新安县主簿济阳丁公墓志铭／[唐] ………………… 51
大周文林郎上护军韩府君仁惠墓志铭（并序）／[唐] ……… 51
唐故工部尚书滑国公韦府君夫人故滑国夫人皇甫氏墓志铭（并序）／[唐] …… 52

大唐故中散大夫守荆州大都督□司马上柱国南阳邓府君森墓志铭(并序)/[唐]
　　王绍望 …………………………………………………………………………… 53
大唐故朝散大夫护军行黄州司马陆府君墓志铭/[唐]靳翰 …………………… 54
大唐故陪戎副尉鞠府君墓志铭(并序)/[唐] ………………………………………… 55
大唐故宁州丰义县令郑府君墓志铭(并序)/[唐]卢兼爱 ……………………… 55
大唐故朝议郎前行薛王府兵曹参军上柱国太原王府君令墓志铭(并序)/[唐]陈利见
　　 ………………………………………………………………………………… 56
唐故丰王府户曹参军皇族叔李府君复墓志铭(并序)/[唐]李收 ……………… 57
唐故房陵郡太守卢府君夫人弘农郡君杨氏墓志铭(并序)/[唐] ……………… 57
唐故同州澄城县主簿韦府君孟明墓志铭(并序)/[唐]柳润 …………………… 58
唐故河东处士卫某夫人贺拔氏墓志(并序)/[唐]王勃 ………………………… 59
临邛县令封君遗爱碑/[唐]陈子昂 ……………………………………………… 59
唐恒州刺史建昌公王公神道碑/[唐]杨炯 ……………………………………… 61
益州温江县令任君神道碑/[唐]杨炯 …………………………………………… 64
杨公伯明封志/[宋]杨简 ………………………………………………………… 65
惠寺丞墓志铭/[宋]吴泳 ………………………………………………………… 66
朝奉大夫知道州徐公墓志铭/[宋]方岳 ………………………………………… 67
金坛县重建学记/[宋]叶适 ……………………………………………………… 68
湖南运判刘公墓志铭/[宋]真德秀 ……………………………………………… 69
常熟县重建学宫记/[宋]魏了翁 ………………………………………………… 71
丹阳公祠堂记/[宋]朱熹 ………………………………………………………… 72
常熟县教育言氏诸孙记/[宋]袁甫 ……………………………………………… 73
常熟令王公崇贤政迹碑记/[宋]赵师筒 ………………………………………… 74
学道书院记/[宋]陈宜中 ………………………………………………………… 74
常熟知州卢侯生祠记/[元]周驰 ………………………………………………… 75
虞麓精舍记/[元]陈基 …………………………………………………………… 76
杜公世昌德政碑记/[元]周之贞 ………………………………………………… 77
内黄县达鲁花赤安住去思碑铭/[元]楚惟善 …………………………………… 78
文学书院田记/[元]黄溍 ………………………………………………………… 79

平江路常熟州文学书院记 /[元]杨刚中 ········· 80

子游像赞(并序) /[明]傅著 ············· 80

明科举题名记 /[明]傅玉良 ············· 81

明处士章公叔华墓志铭 /[明]傅玉良 ········ 82

学道书院记 /[明]张洪 ··············· 83

常熟县重修庙学记 /[明]杨荣 ············ 83

重修常熟县儒学之记 /[明]赵永言 ·········· 84

常熟县儒学新建尊经阁之记 /[明]吴讷 ········ 85

重修吴公祠堂记 /[明]李贤 ············· 87

直隶苏州府常熟县儒学兴修记 /[明]徐有贞 ····· 88

县令李侯德政碑 /[明]魏澄 ············· 89

常熟县重建吴公祠记 /[明]杨一清 ·········· 90

直隶苏州府常熟县重修庙学记 /[明]李杰 ······ 91

乡贡士题名记 /[明]夏时正 ············· 92

重建吴国言公祠堂记 /[明]桑悦 ··········· 93

重建昭明读书台亭记 /[明]陈察 ··········· 94

重建学道书院记 /[明]陈察 ············· 95

常熟县重修庙学记 /[明]瞿景淳 ··········· 96

文学书院记 /[明]瞿景淳 ·············· 97

重修常熟县学记 /[明]沈应魁 ············ 98

翰林修撰升庵杨公墓志铭 /[明]游居敬 ······· 99

叙建院始末 /[明]王叔杲 ·············· 101

文学书院记 /[明]严讷 ··············· 102

重建常熟县儒学西舍碑记 /[明]许成器 ······· 103

常熟县儒学新建养贤仓记 /[明]詹向善 ······· 105

重修儒学碑 /[明]王铁 ··············· 106

道爱亭记 /[明]李棠 ················ 106

题学道堂记语 /[明]张鼐 ·············· 107

知县题名碑记 /[明]曹立 ·············· 108

· 3 ·

助工碑记 /[明]何节	108
子游祠记 /[明]张洪	109
重修吴国言公祠题名记 /[明]吕㘝	110
虞山书院记 /[明]王锡爵	110
重建文学书院记 /[明]钱仁夫	111
重建会馔堂记 /[明]黄体勤	112
学道书院重修记 /[明]徐缙	113
重建学道书院记 /[明]胡缵宗	114
学孔堂记 /[明]胡缵宗	115
重建文学言公祠记 /[明]王言	115
虞山书院记 /[明]耿定力	117
虞山书院弦歌楼记 /[明]侯先春	118
虞山言子祠记 /[明]顾宪成	119
重建言公祠记 /[明]王世贞	120
严文靖公读书馆记 /[明]王世贞	121
重建虞山书院记 /[明]周孔教	122
虞山书院记 /[明]杨廷筠	123
虞山书院学道堂记 /[明]申时行	124
重建虞山书院记 /[明]翁宪祥	124
学道堂记 /[明]耿橘	125
有本堂记 /[明]耿橘	126
义助记 /[明]耿橘	128
邑侯杨公奉旨重建先贤言子书院祠记 /[明]瞿式耜	128
修海虞学志序 /[明]杨涟	129
重修常熟县儒学尊经阁记 /[清]鲁超	130
重修文学书院言子祠碑记 /[清]马逸姿	131
厘正祀典碑记 /[清]郭朝祚	132
御祭言子文 /[清]	132
重修石梅游文书院碑记 /[清]苏凌阿	132

重修尊经阁记 /[清]陈祖范 …… 133

御祭言子文 /[清] …… 134

言子遗像 /[清] …… 134

五子赞碑 /[清] …… 135

复言子故宅记 /[清]孔傅铎 …… 136

重建先贤言子祠墓记 /[清]杨泗孙 …… 137

新建敬一亭记 /[清]吕维樾 …… 137

周邑侯鼎新言氏家庙记 /[清]钱谦益 …… 138

重建书院门记 /[清]言继光 …… 139

虞山西麓吴公言夫子庙碑记 /[清]杨振藻 …… 140

重修文学书院门记 /[清]言廉 …… 141

复先贤言子宅记 /[清]陈祖范 …… 142

重建言子祠碑记 /[清]吴元炳 …… 142

南菁书院记 /[清]黄体芳 …… 143

二、序跋

《古文孝经训传》序 /[汉]孔安国 …… 145

《论语》序 /[宋]周行己 …… 146

送孙季和赴遂安序 /[宋]史浩 …… 148

《曾子》序 /[宋]杨简 …… 148

《族箴》序 /[宋]薛疑之 …… 149

陈大庚《公余集》序 /[宋]徐鹿卿 …… 150

送张季德序 /[宋]欧阳守道 …… 150

郑野甫字序 /[宋]章望之 …… 151

繁昌乡饮序 /[宋]袁燮 …… 152

《通鉴外纪》后序 /[宋]刘恕 …… 152

《滑稽小传》序 /[宋]周紫芝 …… 154

送应教谕诗序 /[元]黄溍 …… 154

郝孝子诗卷序 /[元]胡祗遹 …… 155

送赵生游吴序 /[元]戴表元 …… 156

顾伯玉诗文稿序 /[元]戴表元	156
送唐长孺赴平江学录序 /[元]陈栎	157
送娄行所归吉安序 /[元]程端礼	158
送刘宗道归夷门序 /[元]程端礼	158
送浦江邑长元凯公序 /[元]吴师道	158
乐清县尹卫侯之官诗序 /[元]陈旅	159
送郑学可山长序 /[元]朱德润	159
赠邵仲谦序 /[元]朱德润	160
送平江路推官冯君序 /[元]杨维桢	160
《孟子弟子列传》序 /[元]吴莱	161
送知县诸仲仁朝京序 /[元]宋讷	162
送浦朝宗序 /[元]陈基	162
送张州尹序 /[元]陈基	163
送扬州同知赴官序 /[元]戴良	163
《琴川志》后序 /[元]戴良	164
送张伯圭序 /[元]杨翮	164
言氏旧谱前序 /[元]干文传	165
言氏旧谱序 /[元]言顺孙	165
言氏家谱后序 /[元]徐梦吉	166
《常熟县志》序 /[明]李杰	166
《常熟文献志》序 /[明]李右谏	167
《皇明常熟文献志》序 /[明]管一德	167
送翁好古教授广州序 /[明]宋濂	168
送王明府之官序 /[明]宋濂	169
《孝慈录》序 /[明]朱元璋	170
送梁宏省亲还广东序 /[明]方孝孺	171
送天水胡公序 /[明]王宠	171
乡耆赵翁七十寿序 /[明]孔天胤	172
赠宋伴芦先生通判黄州序 /[明]孔天胤	173

《望云祝寿图》序 / [明]孔天胤 …………………………………………… 173

《重刊校正唐荆川文集》序 / [明]王慎中 ………………………………… 174

萧令世登被旌序 / [明]赵时春 ……………………………………………… 175

送陈佥事序 / [明]茅坤 ……………………………………………………… 175

《八大家文钞》总序 / [明]茅坤 …………………………………………… 176

赠唐曙台父母入觐序 / [明]胡直 …………………………………………… 177

虞山书院月讲义约序 / [明]黄家谋 ………………………………………… 177

《虞山书院志》序 / [明]王穉登 …………………………………………… 178

形胜叙(节选) / [明]俞汝楫 ……………………………………………… 179

《虞山书院志》序 / [明]张以诚 …………………………………………… 179

重建吴公祠序 / [明]吴讷 …………………………………………………… 180

言氏宗谱跋 / [明]张鼐 ……………………………………………………… 181

《虞山书院志》总序 / [明]张鼐 …………………………………………… 181

《虞山书院志·地胜志》序 / [明]张鼐 …………………………………… 182

《虞山书院志·先贤志》序 / [明]张鼐 …………………………………… 182

《虞山书院志·祀典志》序 / [明]张鼐 …………………………………… 183

《虞山书院志·宗像志》序 / [明]孙慎行 ………………………………… 183

言氏旧谱后序 / [明]邵原性 ………………………………………………… 184

言氏家谱后叙 / [明]张洪 …………………………………………………… 184

言氏家谱序 / [明]耿橘 ……………………………………………………… 185

虞山会语序 / [明]高攀龙 …………………………………………………… 185

虞山书院有本室会艺序 / [明]吴默 ………………………………………… 186

《春秋谷梁经传补注》序 / [清]钟文烝 …………………………………… 187

《论语补疏》序 / [清]焦循 ………………………………………………… 189

《论语注》序 / [清]康有为 ………………………………………………… 190

《孟子微》自序 / [清]康有为 ……………………………………………… 192

《苏州府志》序 / [清]宋荦 ………………………………………………… 194

《苏州府志》序 / [清]高承爵 ……………………………………………… 195

《吴县志》序 / [清]高裔谨 ………………………………………………… 195

· 7 ·

《重修常熟县志》序 /[清]杨振藻 …………………………………………… 196
《常熟志》序 /[清]张大受 ………………………………………………… 197
《昭文县志》序 /[清]冯景夏 ……………………………………………… 198
《杨文靖公文集》序 /[清]陈延统 ………………………………………… 198
郡伯周大夫初度序 /[清]钱澄之 …………………………………………… 199
《程康庄集》序 /[清]潘陆圻 ……………………………………………… 200
《任子家乘》序 /[清]魏裔介 ……………………………………………… 200
《邹讦士文集》序 /[清]方孝标 …………………………………………… 201
送范国雯北行序 /[清]李邺嗣 ……………………………………………… 202
送天童西堂慰弘大师住杭州佛日禅寺序 /[清]李邺嗣 …………………… 203
贺陶及庵别驾宁邑新政序 /[清]梅文鼎 …………………………………… 204
《江南通志沿革总表》序 /[清]程廷祚 …………………………………… 205
《星湖诗集》序 /[清]袁枚 ………………………………………………… 207
《孝经章句》序 /[清]吴敏树 ……………………………………………… 208
《四书广义》序 /[清]李元度 ……………………………………………… 208
《师范馆讲义》序 /[清]王先谦 …………………………………………… 210
校道光本《邹道乡先生集》序 /[清]李兆洛 ……………………………… 210
《南邦黎献集》序 /[清]鄂尔泰 …………………………………………… 211
跋《文正公手书伯夷颂墨迹》/[清]沈德潜 ……………………………… 212

下编　历代诗颂铭赞中的言子

一、诗歌

命学士讲书诗 /[南朝宋]谢灵运 …………………………………………… 217
与苏九德别诗 /[南朝梁]何逊 ……………………………………………… 217
过卢明府有赠 /[唐]高适 …………………………………………………… 217
送郿乡尉黄通 /[宋]范仲淹 ………………………………………………… 217
凉轩 /[宋]郎几 ……………………………………………………………… 218
题阳朔县舍 /[宋]陶弼 ……………………………………………………… 218
同彦文送敦儒宰晋陵 /[宋]刘敞 …………………………………………… 218

寄朱昌叔 /[宋]王安石 ··· 218

县斋弦歌堂 /[宋]朱之纯 ··· 218

史院席上次首相吴公元韵 /[宋]黄履 ································· 218

论语绝句(其五) /[宋]张九成 ··· 219

论语绝句(其七十二) /[宋]张九成 ··································· 219

次韵耒阳邹明府庸 /[宋]刘挚 ··· 219

送西京宗博林茂南赴乌程 /[宋]许景衡 ······························ 219

赠陈常翁 /[宋]谢天民 ··· 219

丁卯秋赴鹿鸣宴次太守赵殿撰韵 /[宋]王十朋 ···················· 219

贤者之孝二百四十首(其三十) /[宋]林同 ······················· 219

留别昌国五首(其一) /[宋]王阮 ····································· 220

长句简敬叟季仙兼呈端夫申父晦仲 /[宋]刘学箕 ··················· 220

送黄子高常熟教授 /[宋]陆文圭 ····································· 220

武康县治松桂林二首(其二) /[宋]袁说友 ······················· 220

答胡仲方赠诗 /[宋]杨万里 ··· 220

送李蒲江归简池用高荣州韵 /[宋]魏了翁 ··························· 221

读石子重先生辑略 /[宋]陈思 ··· 221

二十七日朱上饶招看梅王干吴推不至 /[宋]韩淲 ·················· 221

挽游勉之侍郎二首(其二) /[宋]刘克庄 ··························· 221

挽朱吏部子明二首(其二) /[宋]刘克庄 ··························· 221

送杨刚中巽申嘉定州教 /[宋]方回 ··································· 221

七十翁吟五言古体十首(其十) /[宋]方回 ······················· 222

寄谢夹谷书隐先生四十四韵 /[宋]何梦桂 ··························· 222

送野塘王经历三十韵 /[宋]何梦桂 ··································· 222

送蒋德常宰鄱阳 /[宋]楼钥 ··· 223

送别常叔度知县(其二) /[宋]孙应时 ······························ 223

送钱竹岩宰常熟 /[宋]释居简 ··· 223

送仲亨文学精舍山长 /[元]李孝光 ··································· 223

留别陈三秀才 /[元]王祎 ·· 224

送徐教授晓山归武林 /[元]张简 …… 224

次朱子新韵 /[元]华幼武 …… 224

渡江 /[元]陈基 …… 224

琴川怀古 /[元]陈基 …… 224

虞山道中怀玉山征君 /[元]郑韶 …… 224

吴浦 /[元]郑韶 …… 225

送郑学可赴平江学道书院长 /[元]岑安卿 …… 225

灯夕 /[元]李延兴 …… 225

浚县知县项如英筑野遣人远馈酒肴仍寄诗相问随用韵以答其盛意为后日之
　　会一笑(其二) /[元]宋讷 …… 226

送鸡林裴府尹(其四) /[元]李集 …… 226

送朱仲良 /[元]陶安 …… 226

极目亭 /[元]谢肃 …… 226

过虞山陈适庵处士 /[元]倪瓒 …… 227

言公墨井 /[明]高启 …… 227

吴趋行 /[明]高启 …… 227

送李知州考绩复任六安 /[明]罗亨信 …… 227

常熟张修撰孙女许人为妾杨大尹明父改妻先贤言氏之子因赋 /[明]沈周 …… 227

武城怀古 /[明]于慎行 …… 228

张幼于舍别墅为言子祠敬用志美 /[明]王世贞 …… 228

吴趋行 /[明]王世贞 …… 228

过子游虞仲祠 /[明]王世贞 …… 228

人名·渡江口阻风书事 /[明]王世贞 …… 228

江南行·送邓良仲尹昆山 /[明]陆深 …… 229

雨宿武城追和先温州夜宿武城二首(其二) /[明]文徵明 …… 229

留别蒋长洲克明(其一　篁墩) /[明]程敏政 …… 229

安化十里铺宋知县辞别 /[明]谢廷柱 …… 229

过武城 /[明]区大相 …… 229

苍梧即事(其十二) /[明]徐勃 …… 230

徐州道中遇陈比部归吴因讯钱惟重 /[明]林大春 …………………………… 230
寿陈石渠明府 /[明]张萱 …………………………………………………… 230
奉赠云河张侯入觐二章(其二) /[明]张萱 ………………………………… 230
王幼度明府为今大宗伯云杜李本宁先生犹婿余以本宁先生获交幼度盖三十余年
　　笔研友也先数岁宝安同社诸君子欲为余作特室于旗峰之阳且受廛矣甲子冬
　　幼度以龙门令摄篆宝安喜而赋之得十六韵以先歌来暮者言非未同幸毋曰此
　　饥鸟此阳鲚也 /[明]张萱 ………………………………………………… 230
震泽普济寺观古桧歌 /[明]王叔承 ………………………………………… 231
同友人再游虞 /[明]朱一是 ………………………………………………… 231
送裴季厚赴任礼安 /[明]洪贵达 …………………………………………… 231
寄李宝城图南次郡楼金公克己韵 /[明]周世鹏 …………………………… 231
次韵黄仲举寄示鹿峰精舍落成 /[明]李滉 ………………………………… 231
武城怀古 /[明]李东阳 ……………………………………………………… 232
过子游祠 /[明]吕楠 ………………………………………………………… 232
咸阳一布衣 /[明]严昕 ……………………………………………………… 232
登虞山绝顶 /[明]周忱 ……………………………………………………… 232
送同年黄敦实知玉山 /[明]吴宽 …………………………………………… 232
分题武城送奚郎中归省 /[明]吴宽 ………………………………………… 232
赠次峰次阳明韵(其二) /[明]林俊 ………………………………………… 233
赠太仓汪使君惇 /[明]祝允明 ……………………………………………… 233
李绫城大夫人挽 /[明]梁应鼎 ……………………………………………… 233
菡萏亭偶题 /[明]具凤龄 …………………………………………………… 233
再叠湖阴韵奉呈月汀相公四首(其四) /[明]车天辂 ……………………… 233
昌原珠还堂追次黄海月汝一韵 /[明]赵任道 ……………………………… 234
挽宋子深渊 /[明]赵䌹 ……………………………………………………… 234
别金城主琂 /[明]金应祖 …………………………………………………… 234
次鹤泉韵 /[明]李景奭 ……………………………………………………… 234
与邹川游双碧亭 /[明]金富弼 ……………………………………………… 235
奉送月川赴洛二首(其一) /[明]权宇 ……………………………………… 235

奉呈府伯郑愚伏景任经世 /[明]孙处讷 ………………………………… 235

十六日舟送寒冈先生蔚山行 /[明]金中清 ……………………………… 235

言偃宅 /[明]周霞宾 ………………………………………………………… 235

子游巷 /[明]陈迨 …………………………………………………………… 235

欧阳明府弦歌亭 /[明]王恭 ………………………………………………… 235

贺冠者 /[明]陈献章 ………………………………………………………… 236

送浦丽水文玉 /[明]邵宝 …………………………………………………… 236

送衍圣公用涯翁尔锡席上韵 /[明]顾清 …………………………………… 236

过武城 /[明]陈繗 …………………………………………………………… 236

澹台灭明墓 /[明]李梦阳 …………………………………………………… 236

宴虞山招真治来云阁答邓子文度 /[明]黄省曾 …………………………… 236

吴趋行 /[明]黄省曾 ………………………………………………………… 237

过武城谒言子祠作 /[明]皇甫汸 …………………………………………… 237

赠茅丹徒 /[明]皇甫汸 ……………………………………………………… 237

夏日登广平城楼赠寇体乾 /[明]皇甫汸 …………………………………… 237

泊舟武城 /[明]吴与弼 ……………………………………………………… 237

武城 /[明]何吾驺 …………………………………………………………… 238

谒弦歌台 /[明]陈露 ………………………………………………………… 238

过武城(其一) /[明]李贽 ………………………………………………… 238

拜子游言公祠 /[明]严澂 …………………………………………………… 238

读书台 /[明]严澂 …………………………………………………………… 238

耿令公重辟书院成对月清谈至夜分赋此丙午中秋前三日 /[明]严澂 …… 238

程幼洪庶常教授吴门(其一) /[明]施闰章 ……………………………… 239

又次严道澈韵 /[明]钱达道 ………………………………………………… 239

次家叔简栖韵 /[明]钱达道 ………………………………………………… 239

咏书院落成分韵得他字 /[明]翁应祥 ……………………………………… 239

咏书院落成分韵得不字 /[明]程玉润 ……………………………………… 240

咏书院落成分韵得年字 /[明]钱世美 ……………………………………… 240

文学书院向委之草莽耿令公再造想闻不觉兴起赋寄二律 /[明]薛志学 …… 240

武城谒子游祠 /[明]郑伯兴 ········· 240

元夕寄金武康 /[明]徐渭 ············ 241

瞻子游遗像 /[明]姚广孝 ············ 241

赋得子游墨井送柳大尹敬中考绩 /[明]施显 ········· 241

子游遗址 /[明]吴讷 ················ 241

咏墨井 /[明]李杰 ················ 241

咏墨井兼追悼浣衣石 /[明]陈玮 ········· 242

题书院 /[明]陈凤梧 ················ 242

赠沈绥归海虞 /[明]王崇庆 ········· 242

道常熟吊言子 /[明]柯梴 ············ 242

同严道澈书院赋 /[明]陆化淳 ········· 242

耿老师书院成丙午重九大会四方名公巨卿孝廉文学一时群集栩听讲三日不觉茅塞之顿开也敬步湛源先生道澈家伯二韵 /[明]严枏 ········· 242

游子游祠 /[明]吴以颖 ············ 243

春日登虞山望子游墓读书台诸处 /[明]严济 ········· 243

游虞山书院 /[明]朱鹭 ············ 243

雪中谒吴公墓 /[明]朱鹭 ············ 243

虞山书院重辟邑令主盟有述舜以数千里至适逢其盛步韵一首以识一时 /[明]王安舜 ················ 243

书院落成赠耿令公 /[明]张凤翼 ········· 244

耿令公书院成赋赠 /[明]王穉登 ········· 244

学道堂赋 /[明]连士英 ············ 244

莲花诗 /[明]孙森 ················ 244

仰德诗(并序) /[明]孙森 ············ 245

书院杂题二十首 /[明]徐待聘 ········· 245

弦歌楼即景·言子墓 /[明]徐待聘 ········· 246

弦歌楼 /[明]侯梦熊 ················ 247

和严道澈书院韵 /[明]徐培 ············ 247

赴虞山会泾里阻风寄耿令公 /[明]薛敷教 ········· 247

· 13 ·

再寄耿令公 /[明]薛敷教 …………………………………… 247

耿令公书院讲授敬赋六首 /[明]钱希言 ………………… 247

贤风远播片帆东来将趋下执事席饫领大教情见乎言 /[明]陈履祥 ………… 248

学道堂赋 /[明]连士英 …………………………………… 248

陪耿令公书院会讲漫赋 /[明]何允济 …………………… 248

入海虞谒令公耿大师遂过书院敬赋 /[明]陈元素 ……… 248

虞山谣(并序) /[明]许重熙 …………………………… 249

弦歌楼宴集赠耿令公 /[明]何栋如 ……………………… 250

弦歌楼即景二首 /[明]王世仁 …………………………… 250

家祭迎神诗 /[明] ………………………………………… 250

家祭初献诗 /[明] ………………………………………… 250

家祭亚献诗 /[明] ………………………………………… 250

家祭终献诗 /[明] ………………………………………… 250

家祭送神诗 /[明] ………………………………………… 251

常熟县 /[明]韩奕 ………………………………………… 251

寄崔天游 /[明]韩奕 ……………………………………… 251

过海虞 /[明]沈玄 ………………………………………… 251

弦歌旧俗 /[明]王鼎 ……………………………………… 251

吴公祠 /[明]张洪 ………………………………………… 251

登虞山绝顶 /[明]周忱 …………………………………… 251

道爱亭 /[明]蒋绂 ………………………………………… 252

墨井 /[明]陈宏 …………………………………………… 252

谒子游祠 /[明]杨舫 ……………………………………… 252

言子墓 /[明]金定乐 ……………………………………… 252

言子墓 /[明]王宾 ………………………………………… 252

过言子故宅 /[明]王宾 …………………………………… 252

子游墓 /[明]薛胤龙 ……………………………………… 253

琴水排清 /[明]桑琳 ……………………………………… 253

春日登虞山望子游墓 /[明]严济 ………………………… 253

答武林陆丽京 /[明]黄淳耀 …… 253

登虞山城楼 /[明]孙永祚 …… 253

病榻消寒杂咏四十六首(其二十九) /[明]钱谦益 …… 254

适吴诗送黄羽可 /[明]陈子升 …… 254

寿黄封翁七十 /[明]宋琬 …… 254

赠别吴门朱雪鸿(其十) /[明]屈大均 …… 255

子游故宅 /[明]林大同 …… 255

赋得文学书院 /[明]林大同 …… 255

泉洞祠次寒圃李相公韵 /[清]朴光一 …… 255

送李子平赴任杆城 /[清]李德寿 …… 255

因赠二族兄俨伊 /[清]许传 …… 256

道中遭罢解绂归家郑东莱道中以书相问以诗酬之 /[清]柳宜健 …… 256

李参判雨臣挽甲子三首(其三) /[清]郑基安 …… 256

木兰花慢·月下登虞山哭邵叔宀先生 /[清]黄景仁 …… 256

言述子挽诗 /[清]蒋士铨 …… 256

送孟颖仙任东平州佐四首(其三) /[清]戴亨 …… 257

权叶西悼亡作 /[清]崔天翼 …… 257

恭纪鄂大方伯修礼先祖言子贤墓二十韵(并序) /[清]言德坚 …… 258

武城怀古 /[清]刘信烈 …… 258

访言氏宅 /[清]姚培衷 …… 259

徐主倅委访感其先屈诗以谢之 /[清]李若烈 …… 259

步蓉溪夜会韵 /[清]宋近洙 …… 259

唐人诗曰天生左手使持螯七字为韵作诗谢之 /[清]吴宏默 …… 259

言子祠 /[清]张大纯 …… 259

过武城谒言子祠 /[清]段昕 …… 260

谒先贤言子墓 /[清]瞿颉 …… 260

九颂篇奉赠梁大司农夫子并祝初度二十一韵 /[清]毛奇龄 …… 260

送言謇伯之天津 /[清]徐仁铸 …… 260

舟中杂诗五首(其二) /[清]田雯 …… 261

再题文园狮子林十六景·水门 /[清]爱新觉罗·弘历	261
万松山行馆杂咏再叠前韵·径 /[清]爱新觉罗·弘历	261
常山峪行宫八咏·绿槜径 /[清]爱新觉罗·弘历	261
遣兴(其二十二) /[清]袁枚	261
哭望山相公六十韵 /[清]袁枚	261
琴城课士图为卢太守存斋题 /[清]袁枚	262
澎湖歌 /[清]胡健	262
华麓访顾亭林先生读书故址(其二) /[清]赵本扬	263
子游泥 /[清]丘逢甲	263
虞山拜言子墓 /[清]陶澍	263
谒言子墓 /[清]王槐	263
登虞山 /[清]方文	263
恭和御制姑苏览古杂兴元韵(其五) /[清]沈德潜	264
吴趋行 /[清]汪中	264
自城北登虞山日晚始抵城西 /[清]洪亮吉	264
恭读常太翁老先生爱吟草殉节录赋赠四律(其二) /[清]罗大奇	264
青浦县城北谒孔宅敬纪 /[清]祁寯藻	264
至常熟谒言子墓 /[清]俞樾	265
题学道堂壁 /[清]张起宗	265
谒言子祠 /[清]李仙根	265
言子墓 /[清]陈玉齐	265
言子故宅 /[清]陈文述	265
琴川杂吟 /[清]张之桢	266
言子祠 /[清]张藻	266
赠徐闻小学堂吴生文谟 /[清]许南英	266
书墨井道人事 /[清]孙景贤	266
谒吴公祠代作 /[清]黄衍	266
武城 /[清]李赓芸	266
子游墓 /[清]吴宏绪	267

言子里 /[清]吴蔚光 ··· 267

　　重修先贤言子墓 /[清]潘文熊 ······································· 267

　　过武城吊言游 /[清]丁奉 ·· 267

　　甲寅重修先贤言子林墓纪事诗 /[清] ································ 267

二、铭辞

　　文学桥铭 /[宋]黄士毅 ··· 271

　　重修文学书院言子祠碑记铭文 /[清]马逸姿 ······················· 271

　　家歌户弦铭 /[清]张元臣 ··· 271

　　蒙泉铭 /[清]程光钜 ·· 271

　　拟先贤言子庙碑铭辞 /[清]钱近光 ·································· 272

　　拟先贤言子庙碑铭 /[清]朱霞 ······································· 272

　　拟先贤言子墓碑铭 /[清]李堂 ······································· 272

三、颂赞

　　先师子游赞 /[唐]卢从愿 ·· 273

　　丹阳公赞 /[宋]赵安仁 ··· 273

　　子游赞 /[宋]赵构 ·· 273

　　作子游庙告成 /[宋]孙应时 ··· 273

　　瞻子游遗像 /[宋]钱厚 ··· 273

　　先贤言子像赞 /[元]傅著 ·· 274

　　子游像赞 /[明]孙承恩 ··· 274

　　先贤言子赞 /[明]耿橘 ··· 274

四、赋咏

　　东征赋 /[东晋]袁宏 ·· 275

　　虞山赋 /[明]丁奉 ·· 275

五、联语

　　题文学书院 /[明]王叔果 ·· 277

　　题虞山书院大门 /[明]耿橘 ··· 277

　　题学道堂 /[明]耿橘 ·· 277

　　虞山书院内楹联 /[明]耿橘 ··· 277

· 17 ·

题虞山书院 /[明]管志道 …………………………………………………… 278

题学道堂 /[明]管志道 ……………………………………………………… 278

题经正门 /[明]侯先春 ……………………………………………………… 279

题高山仰止 /[明]侯先春 …………………………………………………… 279

题有本堂 /[明]黄安、耿定力 ……………………………………………… 279

题有本堂 /[明]李右谏 ……………………………………………………… 279

题昭明遗构 /[明]严澂 ……………………………………………………… 279

题常熟县文庙 /[清]爱新觉罗·弘历 …………………………………… 279

题言子墓道文学桥 /[清]言如泗 ………………………………………… 279

题言子墓门坊 /[清]言如泗 ……………………………………………… 280

题言子故居 /[清]鳌图 …………………………………………………… 280

题先贤言子故里亭 /[清]刘沅 …………………………………………… 280

上编　历代经史子集中的言子

一、经部中的言子

子游问孝。子曰:"今之孝者,是谓能养。至于犬马,皆能有养;不敬,何以别乎?"

(《论语·为政》)

子游曰:"事君数,斯辱矣;朋友数,斯疏矣。"

(《论语·里仁》)

子游为武城宰。子曰:"女得人焉耳乎?"曰:"有澹台灭明者,行不由径,非公事,未尝至于偃之室也。"

(《论语·雍也》)

德行:颜渊、闵子骞、冉伯牛、仲弓。言语:宰我、子贡。政事:冉有、季路。文学:子游、子夏。

(《论语·先进》)

子之武城,闻弦歌之声。夫子莞尔而笑,曰:"割鸡焉用牛刀?"子游对曰:"昔者偃也闻诸夫子曰:'君子学道则爱人,小人学道则易使也。'"子曰:"二三子,偃之言是也!前言戏之耳。"

(《论语·阳货》)

子游曰:"子夏之门人小子,当洒扫应对进退,则可矣。抑末也,本之则无。如之何?"子夏闻之,曰:"噫!言游过矣!君子之道,孰先传焉?孰后倦焉?譬诸草木,区以别矣。君子之道,焉可诬也?有始有卒者,其惟圣人乎!"

子游曰:"丧致乎哀而止。"

子游曰:"吾友张也为难能也,然而未仁。"

(《论语·子张》)

昔者窃闻之:子夏、子游、子张皆有圣人之一体;冉牛、闵子、颜渊,则具体而微。

(《孟子·公孙丑上》)

他日,子夏、子张、子游以有若似圣人,欲以所事孔子事之,强曾子。曾子曰:"不可;江汉以濯之,秋阳以暴之,皓皓乎不可尚已。"

(《孟子·滕文公上》)

公仪仲子之丧,檀弓免焉。仲子舍其孙而立其子,檀弓曰:"何居?我未之前闻也。"趋而就子服伯子于门右,曰:"仲子舍其孙而立其子,何也?"伯子曰:"仲子亦犹行古之道也;昔者文王舍伯邑考而立武王,微子舍其孙腯而立衍,夫仲子亦犹行古之道也。"子游问诸孔子,孔子曰:"否!立孙。"

曾子曰:"小功不为位也者,是委巷之礼也。子思之哭嫂也为位,妇人倡踊;申祥之哭言思也亦然。"

曾子吊于负夏,主人既祖,填池,推柩而反之,降妇人而后行礼。从者曰:"礼与?"曾子曰:"夫祖者,且也,且胡为其不可以反宿也?"从者又问诸子游曰:"礼与?"子游曰:"饭于牖下,小敛于户内,大敛于阼,殡于客位,祖于庭,葬于墓,所以即远也。故丧事有进而无退。"曾子闻之曰:"多矣乎予出祖者!"

曾子袭裘而吊,子游裼裘而吊。曾子指子游而示人曰:"夫夫也,为习于礼者,如之何其裼裘而吊也?"主人既小敛,袒、括发,子游趋而出,袭裘带绖而入。曾子曰:"我过矣,我过矣!夫夫是也。"

司寇惠子之丧,子游为之麻衰、牡麻绖。文子辞曰:"子辱与弥牟之弟游,又辱为之服,敢辞!"子游曰:"礼也。"文子退反哭。子游趋而就诸臣之位,文子又辞曰:"子辱与弥牟之弟游,又辱为之服,又辱临其丧,敢辞!"子游曰:"固以请。"文子退,扶适子南面而立,曰:"子辱而与弥牟之弟游,又辱为之服,又辱临其丧,虎也敢不复位!"子游趋而就客位。

将军文子之丧,既除丧,而后越人来吊,主人深衣练冠待于庙、垂涕洟。子游观之曰:"将军文氏之子其庶几乎亡于礼者之礼也!其动也中。"

叔孙武叔之母死,既小敛,举者出户,出户袒,且投其冠,括发。子游曰:"知礼!"

有子问于曾子曰:"问丧于夫子乎?"曰:"闻之矣。丧欲速贫,死欲速朽。"有子曰:"是非君子之言也。"曾子曰:"参也闻诸夫子也。"有子又曰:"是非君子之言也!"曾子曰:"参也与子游闻之。"有子曰:"然。然则夫子有为言之也。"曾子以斯言告于子游,子游曰:"甚哉有子之言似夫子也!昔者,夫子居于宋,见桓司马自为石椁三年而不成。夫子曰:'若是其靡也!死不如速朽之愈也。'死之欲速朽,为桓司马言之也。南宫敬叔反,必载宝而朝。夫子曰:'若是其货也!丧不如速贫之愈也。'丧之欲速贫,为敬叔言之也。"曾子以子游之言告于有子,有子曰:"然。吾固曰非夫子之言也。"曾子曰:"子何以知之?"有子曰:"夫子制于中都,四寸之棺,五寸之椁,以斯知不欲速朽也。昔者夫子失鲁司寇,将之荆。盖先之以子夏,又申之以冉有,以斯知不欲速贫也。"

公叔木有同母异父之昆弟死,问于子游。子游曰:"其大功乎?!"狄仪有同母异父之昆弟死,问于子夏,子夏曰:"我未之前闻也;鲁人则为之齐衰。"狄仪行齐衰。今之齐衰,狄仪之问也。

曾子曰:"尸未设饰,故帷堂,小敛而彻帷。"仲梁子曰:"夫妇方乱,故帷堂,小敛而彻帷。"小敛之奠,子游曰:"于东方。"曾子曰:"于西方。敛斯席矣。"小敛之奠在西方,鲁礼之末失也。

子游问丧具,夫子曰:"称家之有亡。"子游曰:"有亡恶乎齐?"夫子曰:"有,毋过礼;苟亡矣,敛首足形,还葬,县棺而封,人岂有非之者哉?"

司士贲告于子游曰:"请袭于床!"子游曰:"诺!"县子闻之曰:"汰哉叔氏!专以礼许人。"

(《礼记·檀弓上》)

有若之丧,悼公吊焉。子游摈由左。

卫司徒敬子死,子夏吊焉,主人未小敛,绖而往;子游吊焉,主人既小敛,子游出绖,反哭。子夏曰:"闻之也与?"曰:"闻诸夫子,主人未改服,则不绖。"

有子与子游立,见孺子慕者。有子谓子游曰:"予壹不知夫丧之踊也,予欲去之久矣。情在于斯,其是也夫!"子游曰:"礼有微情者。有以故兴物者。有直情而径行者,戎狄之道也。礼道则不然。人喜则斯陶,陶斯咏,咏斯犹,犹斯舞,舞斯愠,愠斯戚,戚斯叹,叹斯辟,辟斯踊矣。品节斯,斯之谓礼。人死,斯恶之矣;无能也,斯倍之矣。是故制绞衾,设蒌翣,为使人勿恶也。始死,脯醢之奠。将行,遣而行之。既葬而食之。未有见其飨之者也,自上世以来,未之有舍也,为使人勿倍也。故子之所刺于礼者,亦非礼之訾也。"

(《礼记·檀弓下》)

子游问曰:"丧慈母如母,礼与?"孔子曰:"非礼也。古者男子外有傅,内有慈母,君命所使教子也,何服之有?鲁昭公少丧其母,有慈母良,及其死也,公弗忍也,欲丧之。有司以闻曰:'古之礼,慈母无服。今也君为之服,是逆古之礼而乱国法也。若终行之,则有司将书之以遗后世,无乃不可乎?'公曰:'古者天子练冠以燕居。'公弗忍也,遂练冠以丧慈母。丧慈母,自鲁昭公始也。"

曾子问曰:"宗子去他国,庶子无爵而居者,可以祭乎?"孔子曰:"祭哉!""请问其祭如之何?"孔子曰:"望墓而为坛,以时祭。若宗子死,告于墓而后祭于家。宗子死,称名不言孝,身没而已。子游之徒有庶子祭者以此,若义也。今之祭者不首其义,故诬于祭也。"

(《礼记·曾子问》)

昔者,仲尼与于蜡宾。事毕,出游于观之上,喟然而叹。仲尼之叹,盖叹鲁也。言偃在侧曰:"君子何叹?"孔子曰:"大道之行也,与三代之英,丘未之逮也,而有志焉。大道之行也,天下为公,选贤与能,讲信修睦。故人不独亲其亲,不独子其子,使老有所终,壮有所用,幼有所长,矜寡孤独废疾者皆有所养,男有分,女有归。货恶其弃于地也,不必藏于己;力恶其不出于身也,不必为己。是故谋闭而不兴,盗窃乱贼而不作。故外户而不闭。是谓大同。今大道既隐,天下为家,各亲其亲,各子其子,货力为己。大人世及以为礼,域郭沟池以为固,礼义以为纪。以正君臣,以笃父子,以睦兄弟,以和夫妇,以设制度,以立田里,以贤勇知,以功为己,故谋用是作而兵由此起。禹汤文武成王周公,由此其选也。此六君子者,未有不谨于礼者也。以著其义,以考其信,著有过,刑仁讲让,示民有常。如有不由此者,在势者去,众以为殃。是谓小康。"

言偃复问曰:"如此乎礼之急也?"孔子曰:"夫礼,先王以承天之道,以治人之情,故失之者死,得之者生。《诗》曰:'相鼠有体,人而无礼;人而无礼,胡不遄死?'是故夫礼必本于天,殽于地,列于鬼神,达于丧祭射御冠昏朝聘。故圣人以礼示之,故天下国家可得而正也。"

言偃复问曰："夫子之极言礼也，可得而闻与？"孔子曰："我欲观夏道，是故之杞，而不足征也，吾得夏时焉。我欲观殷道，是故之宋，而不足征也，吾得《坤乾》焉。《坤乾》之义，夏时之等，吾以是观之。夫礼之初，始诸饮食，其燔黍捭豚，污尊而抔饮，蒉桴而土鼓，犹若可以致其敬于鬼神。及其死也，升屋而号，告曰：'皋，某复。'然后饭腥而苴孰。故天望而地藏也，体魄则降，知气在上。故死者北首，生者南乡。皆从其初。昔者先王未有宫室，冬则居营窟，夏则居橧巢。未有火化，食草木之实，鸟兽之肉，饮其血，茹其毛。未有麻丝，衣其羽皮。后圣有作，然后修火之利，范金合土，以为台榭宫室牖户，以炮以燔，以亨以炙，以为醴酪，治其麻丝以为布帛，以养生送死，以事鬼神上帝。皆从其朔。故玄酒在室，醴盏在户，粢醍在堂，澄酒在下，陈其牺牲，备其鼎俎，列其琴瑟管磬钟鼓，修其祝嘏，以降上神与其先祖，以正君臣，以笃父子，以睦兄弟，以齐上下，夫妇有所，是谓承天之祜。作其祝号，玄酒以祭，荐其血毛，腥其俎，孰其殽，与其越席，疏布以幂，衣其澣帛，醴盏以献，荐其燔炙，君与夫人交献，以嘉魂魄，是谓合莫。然后退而合亨，体其犬豕牛羊，实其簠簋笾豆铏羹，祝以孝告，嘏以慈告，是谓大祥。此礼之大成也。"

孔子曰："於呼哀哉！我观周道，幽厉伤之，吾舍鲁何适矣？鲁之郊禘，非礼也，周公其衰矣。杞之郊也，禹也；宋之郊也，契也。是天子之事守也。故天子祭天地，诸侯祭社稷，祝嘏莫敢易其常古，是谓大假。祝嘏辞说藏于宗祝巫史，非礼也，是谓幽国。盏斝及尸君，非礼也，是谓僭君。冕弁兵革藏于私家，非礼也，是谓胁君。大夫具官，祭器不假，声乐皆具，非礼也，是谓乱国。故仕于公曰臣，仕于家曰仆，三年之丧与新有昏者期不使，以衰裳入朝，与家仆杂居齐齿，非礼也，是谓君与臣同国。故天子有田以处其子孙，诸侯有国以处其子孙，大夫有采以处其子孙，是谓制度。故天子适诸侯，必舍其祖庙，而不以礼籍入，是谓天子坏法乱纪。诸侯非问疾吊丧而入诸臣之家，是谓君臣为谑。是故礼者，君之大柄也，所以别嫌明微，傧鬼神，考制度，别仁义，所以治政安君也。故政不正则君位危，君位危则大臣倍，小臣窃，刑肃而俗敝则法无常，法无常而礼无列，礼无列则士不事也；刑肃而俗敝，则民弗归也。是谓疵国。故政者，君之所以藏身也。是故夫政必本于天，殽以降命。命降于社之谓殽地，降于祖庙之谓仁义，降于山川之谓兴作，降于五祀之谓制度。此圣人所以藏身之固也。故圣人参于天地、并于鬼神以治政也。处其所存，礼之序也；玩其所乐，民之治也。故天生时而地生财，人其父生而师教之，四者，君以正用之；故君者，立于无过之地也。故君者，所明也，非明人者也；君者，所养也，非养人者也；君者，所事也，非事人者也。故君明人则有过，养人则不足，事人则失位。故百姓则君以自治也，养君以自安也，事君以自显也。故礼达而分定，故人皆爱其死而患其生。故用人之知去其诈，用人之勇去其怒，用人之仁去其贪。

故国有患,君死社稷谓之义,大夫死宗庙谓之变。故圣人耐以天下为一家,以中国为一人者,非意之也,必知其情,辟于其义,明于其利,达于其患,然后能为之。何谓人情?喜怒哀惧爱恶欲,七者弗学而能。何谓人义?父慈子孝,兄良弟弟,夫义妇听,长惠幼顺,君仁臣忠,十谓之人义。讲信修睦,谓之人利;争夺相杀,谓之人患。故圣人所以治人七情,修十义,讲信修睦,尚辞让,去争夺,舍礼何以治之?饮食男女,人之大欲存焉;死亡贫苦,人之大恶存焉。故欲恶者,心之大端也。人藏其心,不可测度也,美恶皆在其心,不见其色也,欲一以穷之,舍礼何以哉?故人者,其天地之德,阴阳之交,鬼神之会,五行之秀气也。故天秉阳,垂日星,地秉阴,窍于山川,播五行于四时,和而后月生也,是以三五而盈,三五而阙。五行之动迭相竭也,五行四时十二月还相为本也,五声六律十二管还相为宫也,五味六和十二食还相为质也,五色六章十二衣还相为质也。故人者,天地之心也,五行之端也,食味别声被色而生者也。故圣人作则,必以天地为本,以阴阳为端,以四时为柄,以日星为纪,月以为量,鬼神以为徒,五行以为质,礼义以为器,人情以为田,四灵以为畜。以天地为本,故物可举也。以阴阳为端,故情可睹也。以四时为柄,故事可劝也。以日星为纪,故事可列也。月以为量,故功有艺也。鬼神以为徒,故事有守也。五行以为质,故事可复也。礼义以为器,故事行有考也。人情以为田,故人以为奥也。四灵以为畜,故饮食有由也。何谓四灵?麟凤龟龙,谓之四灵。故龙以为畜,故鱼鲔不淰;凤以为畜,故鸟不獝;麟以为畜,故兽不狘;龟以为畜,故人情不失。故先王秉蓍龟,列祭祀,瘗缯,宣祝嘏辞说,设制度,故国有礼,官有御,事有职,礼有序。故先王患礼之不达于下也,故祭帝于郊,所以定天位也,祀社于国,所以列地利也,祖庙所以本仁也,山川所以傧鬼神也,五祀所以本事也。故宗祝在庙,三公在朝,三老在学,王前巫而后史,卜筮瞽侑皆在左右,王中心无为也,以守至正。故礼行于郊而百神受职焉,礼行于社而百货可极焉,礼行于祖庙而孝慈服焉,礼行于五祀而正法则焉。故自郊社祖庙山川五祀,义之修而礼之藏也。是故夫礼必本于大一,分而为天地,转而为阴阳,变而为四时,列而为鬼神。其降曰命,其官于天也。夫礼必本于天,动而之地,列而之事,变而从时;协于分艺,其居人也曰养,其行之以货力辞让饮食冠昏丧祭射御朝聘。故礼义也者,人之大端也,所以讲信修睦而固人之肌肤之会、筋骸之束也;所以养生送死事鬼神之大端也;所以达天道顺人情之大窦也。故唯圣人为知礼之不可以已也,故坏国丧家亡人,必先去其礼。故礼之于人也,犹酒之有糵也,君子以厚,小人以薄。故圣王修义之柄、礼之序以治人情。故人情者,圣王之田也,修礼以耕之,陈义以种之,讲学以耨之,本仁以聚之,播乐以安之。故礼也者,义之实也,协诸义而协,则礼虽先王未之有,可以义起也。义者,艺之分、仁之节也。协于艺,讲于仁,得之者强。仁者,义之本也,顺之体也,得之者尊。故治国不以礼,犹无耜而耕也。为礼不本于义,犹耕而弗种也。为义而不讲之以学,犹种而弗耨也。讲之于学而不合之以仁,犹耨而弗获也。合之以仁而不安之以乐,犹获而弗食也。安之以乐而不达于顺,犹食而弗肥也。四体既正,肤革充盈,人之肥也;父子笃,兄弟睦,夫妇和,家之肥也;大臣法,小臣廉,官职相序,君臣相正,国之肥也;天子以德为车,以乐为御,诸侯以礼相与,大夫以法相序,士以信相考,百姓以睦相守,天下之肥也:是谓大顺。大顺者,所以养生送死事鬼神之常也,故事大积焉而不苑,并行而不缪,细行而不失,深而通,茂而有间,连而不相及也,动而不相害也,此顺之至也。故明于顺,然后能守危也。故礼之不同也,不丰也,不杀也,所以持情而合危也。故圣王所以顺山者不使居川,不使渚者居中原而弗敝也。用水火金木饮食必时。合男女,颁爵位,必当年德。用民必顺。故无水旱昆虫之灾,民无凶饥妖孽之疾。故天不爱其道,地不爱其宝,人不爱其情。故天降膏露,地出醴泉,山出器车,河出马图,凤凰麒麟皆在郊棷,龟龙在宫沼,其余鸟兽之卵胎,皆可俯而窥也。则是无故,先王能修礼以达义,体信以达顺,故此顺之实也。"

(《礼记·礼运》)

天子素带,朱里,终辟;而素带,终辟;大夫素带,辟垂;士练带率,下辟;居士锦带;弟子缟带。并纽约用组三寸,长齐于带。绅长制:士三尺,有司二尺有五寸。子游曰:"参分带下,绅居二焉。绅、韠、结,三齐。"大夫大带四寸。杂带:君朱绿,大夫玄华。士缁辟、二寸,再缭四寸。凡带有率无箴功。肆束及带,勤者有事则收之,走则拥之。

(《礼记·玉藻》)

子游曰:"既祥,虽不当缟者,必缟然后反服。"

当祖,大夫至,虽当踊,绝踊而拜之。反,改成踊,乃袭。于士,既事成踊,袭而后拜之,不改成踊。"

(《礼记·杂记下》)

仲尼燕居,子张、子贡、言游侍,纵言至于礼。子曰:"居,女三人者;吾语女礼,使女以礼周流无不遍也。"

子贡越席而对曰:"敢问何如?"子曰:"敬而不中礼谓之野,恭而不中礼谓之给,勇而不中礼谓之逆。"子曰:"给夺慈仁。"子曰:"师!尔过,而商也不及。子产犹众人之母也,能食之,不能教也。"

子贡越席而对曰:"敢问将何以为此中者也?"子曰:"礼乎礼,夫礼所以制中也。"

子贡退,言游进曰:"敢问礼也者,领恶而全好者与?"子曰:"然。""然则何如?"子曰:"郊社之义,所以仁鬼神也;尝禘之礼,所以仁昭穆也;馈奠之礼,所以仁死丧也;射乡之礼，所以仁乡党也；食飨之礼，所以仁宾客也。"子曰："明乎郊社之义，尝禘之礼，治国其如指诸掌而已乎！是故以之居处有礼，故长幼辨也；以之闺门之内有礼，故三族和也；以之朝廷有礼，故官爵序也；以之田猎有礼，故戎事闲也；以之军旅有礼，故武功成也。是故宫室得其度，量鼎得其象，味得其时，乐得其节，车得其式，鬼神得其飨，丧纪得其哀，辨说得其党，官得其体，政事得其施，加于身而错于前，凡众之动得其宜。"子曰："礼者何也？即事之治也。君子有其事，必有其治。治国而无礼，譬犹瞽之无相与，伥伥乎其何之？譬如终夜有求于幽室之中，非烛何见？若无礼，则手足无所错，耳目无所加，进退揖让无所制。是故以之居处，长幼失其别；闺门，三族失其和；朝廷，官爵失其序；田猎，戎事失其策；军旅，武功失其制。宫室失其度，量鼎失其象，味失其时，乐失其节，车失其式，鬼神失其飨，丧纪失其哀，辨说失其党，官失其体，政事失其施，加于身而错于前，凡众之动失其宜。如此，则无以祖洽于众也。"

子曰："慎听之，女三人者，吾语女礼，犹有九焉，大飨有四焉；苟知此矣，虽在畎亩之中事之，圣人已。两君相见，揖让而入门，入门而县兴；揖让而升堂，升堂而乐阕；下管《象》《武》，《夏》籥序兴；陈其荐俎，序其礼乐，备其百官，如此而后君子知仁焉。行中规，还中矩，和鸾中《采齐》；客出以《雍》，彻以《振羽》，是故君子无物而不在礼矣。入门而金作，示情也；升歌《清庙》，示德也；下而管《象》，示事也，是故古之君子不必亲相与言也，以礼乐相示而已。"

子曰："礼也者，理也；乐也者，节也。君子无理不动，无节不作。不能《诗》，于礼缪；不能乐，于礼素；薄于德，于礼虚。"

子曰："制度在礼，文为在礼，行之其在人乎！"子贡越席而对曰："敢问夔其穷与？"子曰："古之人与？古之人也，达于礼而不达于乐谓之素，达于乐而不达于礼谓之偏。夫夔达于乐而不达于礼，是以传于此名也。古之人也！"

子张问政。子曰："师乎，前吾语女乎！君子明于礼乐，举而错之而已。"子张复问。子曰："师，尔以为必铺几筵，升降酌献酬酢，然后谓之礼乎？尔以为必行缀兆，兴羽籥，作钟鼓，然后谓之乐乎？言而履之，礼也；行而乐之，乐也。君子力此二者以南面而立，夫是以天下大平也，诸侯朝，万物服体，而百官莫敢不承事矣。礼之所兴，众之所治也；礼之所废，众之所乱也。目巧之室则有奥阼，席则有上下，车则有左右，行则有随，立则有序，古之义也。室而无奥阼，则乱于堂室也；席而无上下，则乱于席上也；车而无左右，则乱于车也；行而无随，则乱于涂也；立而无序，则乱于位也。昔圣帝明王诸侯辨贵贱长幼远近男女外内，莫敢相逾越，皆由此涂出也。"

三子者既得闻此言也于夫子，昭然若发蒙矣。

（《礼记·仲尼燕居》）

圣朝建隆元年,太祖幸国子监,诏塑绘先圣先贤先儒之像,帝亲撰文宣王、兖国公之赞,先贤先儒敕侍臣范质而下分撰焉。真宗大中祥符元年,东封礼毕,銮舆幸阙里,诏追谥文宣王为至圣。明年,追封弟子颜子为兖国公,费侯闵损而下为公。(费侯闵损进封琅邪公,薛侯冉雍进封下邳公,齐侯宰予进封临淄公,黎侯端木赐进封黎阳公,徐侯冉求进封彭城公,卫侯仲由进封河内公,吴侯言偃进封丹阳公,魏侯卜商进封河东公。)

(《乐书》卷一九五)

言斿,言偃也。《说文》:"斿,斿寋之貌。古人名斿,字子游。"按:斿者,旌旗之游也,观言子字子游,则其名自当为斿。

(《别雅》卷三)

二、史部中的言子

孔子曰:"受业身通者七十有七人,皆异能之士也。"德行:颜渊,闵子骞,冉伯牛,仲弓。政事:冉有,季路。言语:宰我,子贡。文学:子游,子夏。师也辟,参也鲁,柴也愚,由也喭,回也屡空。赐不受命而货殖焉,亿则屡中。

……

言偃,吴人,字子游。少孔子四十五岁。

子游既已受业,为武城宰。孔子过,闻弦歌之声。孔子莞尔而笑曰:"割鸡焉用牛刀?"子游曰:"昔者偃闻诸夫子曰,君子学道则爱人,小人学道则易使。"孔子曰:"二三子,偃之言是也。前言戏之耳。"孔子以为子游习于文学。

(《史记·仲尼弟子列传》)

三月甲寅,山阳、东平地震。己巳,诏曰:"朕以无德,奉承大业,夙夜栗栗,不敢荒宁。而灾异仍见,与政相应。朕既不明,涉道日寡;又选举乖实,俗吏伤人,官职耗乱,刑罚不中,可不忧与!昔仲弓季氏之家臣,子游武城之小宰,孔子犹诲以贤才,问以得人。明政无大小,以得人为本。夫乡举里选,必累功劳。今刺史、守相不明真伪,茂才、孝廉岁以百数,既非能显,而当授之政事,甚无谓也。每寻前世举人贡士,或起圳亩,不系阀阅。敷奏以言,则文章可采;明试以功,则政有异迹。文质彬彬,朕甚嘉之。其令太傅、三公、中二千石、二千石、郡国守相举贤良方正、能直言极谏之士各一人。"

(《后汉书·肃宗孝章帝纪》)

若升之宰府,必鼎味斯和;濯缨儒官,亦王猷遐缉。臧文不知,失在降贤;言偃得人,功由升士。愿照其丹款,不以人废言。

(《宋书·隐逸传》)

臣(李谔)闻舜戒禹云:"汝惟不矜,天下莫与汝争能;汝惟不伐,天下莫与汝争功。"言偃又云:"事君数,斯辱矣,朋友数,斯疏矣。"此皆先哲之格言,后王之轨辙。然则人臣之道,陈力济时,虽勤比大禹,功如师望,亦不得厚自矜伐,上要君父。况复功无足纪,勤不补过,而敢自陈勋绩,轻干听览!

(《隋书·李谔传》)

昔孔宣父以大圣之德,应运而生。生人已来,未之有也。故使三千弟子、七十门人,钻仰不及,请益无倦。然则尺有所短,寸有所长。其间切磋酬对,颇亦互闻得失。何者?睹仲由之不悦,则矢天厌以自明;答言偃之弦歌,则称戏言以释难。

(《史通》卷十四)

(常熟县)北一百九十步有孔子弟子言偃宅,中有圣井,阔三尺,深十丈,傍有盟(即坛也)。盟北百步有浣纱石,可方四尺。

(《吴地记》)

桥梁五所:言偃、信义、文学、庆仙、通泰。

(《吴地记后集》)

言偃宅。宅有井,井边有监洗石,周四尺。《舆地志》云:梁萧正德为郡太守,为萧将去,莫知所在。并《太平寰宇记》九十一、《纪胜》五引"宅有井,有监洗石"。

仲雍冢,在吴郡常熟县西海虞山上,与言偃冢并列。

(《吴地记佚文》)

贞观三年,上谓侍臣曰:"朕每夜恒思百姓,阅事或至夜半不寐,唯思都督、刺史,堪养百姓,所以前代帝王称共治者,惟良二千石耳。虽文武百僚各有所司,然治人之本,莫如刺史最重也。朕故屏风上录其姓名,坐卧常看,在官如有善恶事迹,具列于名下,拟凭黜陟。县令甚是亲民要职,昔孔宣父以大圣之德,尚为中都宰。至于升堂弟子七十二人,惟有言偃、子路、宓子贱始得相继为此官。"

(《唐会要》卷六十八)

言偃宅。《苏州记》云:"周文学孔子弟子言偃宅,在常熟县西一百步。"《史记》云:"偃,吴人也,字子游。"又《吴地记》云:"宅有井,井边有监洗石,周四尺。"《舆地志》云:"梁萧正德为郡太守,后萧将去,莫知所在。"

(《太平寰宇记》卷九十一)

言偃宅,在常熟县西北。宅中有井,阔三尺,深十丈。井傍有坛,坛北百步有浣沙石,方四尺。县有言偃桥,盖得名于此。子游以文学升圣师之堂,吴人好儒术,其所有自哉。

言偃墓,在虞山上,与仲雍墓并列。

(《吴郡图经续记》卷下)

言氏孔子弟子言偃,字子游,望出汝南。

(《通志》卷二十九)

言偃,字子游,吴人也。少孔子四十五岁,其学于礼为详,为武城宰。孔子问曰:"汝得人矣乎?"对曰:"有澹台灭明者,行不由径,非公事未尝至于偃之室也。"

它日,孔子过之,闻弦歌之声。夫子笑曰:"割鸡焉用牛刀?"子游对曰:"昔者偃也闻诸夫子曰:'君子学道则爱人,小人学道则易使也。'"子曰:"二三子!偃之言是也,前言戏之耳。"卫司寇惠子之丧,其子虎不得立。子游为之麻衰、牡麻绖。将军文子辞曰:"子辱与弥牟之弟游,又辱为之服,敢辞!"子游曰:"礼也。"文子退反哭,子游趋而就诸臣之位,文子又辞曰:"子辱与弥牟之弟游,又辱为之服,又辱临其丧,敢辞!"子游曰:"固以请。"文子退,扶适子南面而立曰:"子辱与弥牟之弟游,又辱为之服,又辱临其丧,虎也敢不复位!"子游趋而就客位。

(《古史》卷三十二)

言偃,字子游,吴人。《赠吴侯》赞曰:道义正己,文学擅科。为宰武城,聊以弦歌。割鸡之试,牛刀谓何?前言戏尔,博约则多。

(《咸淳临安志》卷十一)

秦始皇帝三十二年,东巡,刻碣石门。《解题》曰:按本纪,刻碣石门(徐广曰:一作盟),坏城郭,决通堤防,其辞曰:"皇帝奋威,德并诸侯,初一泰平,堕坏城郭,决通川防,夷去险阻,地势既定,黎庶无繇,天下咸抚。"五峰胡氏曰:制井田所以制国也,所以制王畿也。王畿安强,万国亲附,所以保卫中夏、禁御四夷也。先王建万国,亲诸侯,高城深池遍天下,四夷虽虎猛狼贪,安得肆其欲而逞其志乎?此三王为万世虑,御四夷之上策也。王公设险以守其国,孔子所以书于习坎之象也。城郭沟池以为固,孔子所以答言偃之问也。自秦而降,郡县天下,中原世有戎狄之祸矣。

(《大事记解题》卷七)

上编　历代经史子集中的言子

言偃，字子游，吴人。孔子高第（弟），在文学之科。尝为武城宰，孔子过之，闻弦歌声，笑曰："割鸡焉用牛刀？"子游曰："昔者闻诸夫子，君子学道则爱人，小人学道则易使。"孔子曰："偃之言，是也。"今言偃宅，在常熟县西。常熟，世传一名琴川，本弦歌之说故也。

（《吴郡志》卷二十）

十有四年，陈惠公卒（见《春秋》）。子柳嗣（用《史记·世家》修）。刘子、晋侯、宋公、蔡侯、卫侯、陈子、郑伯、许男、曹伯、莒子、邾子、顿子、胡子、滕子、薛伯、杞伯、小邾子、齐国夏会于召陵，侵楚。诸侯盟于皋鼬（用《左传》修）。刘文公卒（见《春秋》）。楚人围蔡，蔡侯以吴子及楚人战于柏举，楚师败绩，吴入郢（《春秋》）。吴言偃生（用《史记·列传》修）。

（《资治通鉴前编举要》卷三）

诏追封孔子弟子兖公颜回兖国公，费侯闵损琅琊公，郓侯冉耕东平公，薛侯冉雍下邳公，齐侯宰予临淄公，黎侯端木赐黎阳公，徐侯冉求彭城公，卫侯仲由河内公，吴侯言偃丹阳公，魏侯卜商河东公，郕伯曾参瑕邱侯，陈伯颛孙师宛邱侯，江伯澹台灭明金乡侯，单伯宓不齐单父侯，原伯原宪任城侯，莒伯公冶长高密侯……

（《文献通考》卷四十三）

陈氏曰："言偃，吴人，相传所居在常熟县。庆元间，邑宰孙应时季和始为立祠，求朱晦翁为记。近新昌王爚伯晦复裒《论语》书所载问答为此书。邑中至今有言氏，亦买田教养之。"

（《文献通考》卷二一〇）

政和三年，诏封王安石舒王，配享；安石子雱临川伯，从祀。《新仪》成，以孟春元日释菜，仲春、仲秋上丁日释奠。以兖国公颜回、邹国公孟轲、舒王王安石配享殿上；琅邪公闵损、东平公冉耕、下邳公冉雍、临淄公宰予、黎阳公端木赐并西向，彭城公冉求、河内公仲由、丹阳公言偃、河东公卜商、武城侯曾参并东向；东庑，颍川侯颛孙师以下至成都伯扬雄四十九人并西向；西庑，长山侯林放以下至临川伯王雱四十八人并东向。颁辟雍大成殿名于诸路州学。

（《宋史·礼志》）

纪瞻之居乌衣巷，顾雍之居黄鹂巷，皆因图乘而传。县有子游巷，故后世以子游为吴人者,以巷而知也。

吴国言公东巷　在县西北,旧名子游巷。

吴国言公西巷　在县西北。

吴公祠　庆元三年,令孙应时建,为屋三楹,在明伦堂之东偏,朱文公为之记。至宝庆间,令惠畴以其卑狭,乃更建于学之东门庑,堂室几三十楹。识者复议:其位序失宜,且规模高广,殆过于殿,尤为非礼。至是,令王爔既迁礼殿,乃徙是祠于殿之后,始为宜称,故其上梁之文有曰:"自东自西,两严庙学之制;在前在后,兼妥师友之灵",盖叙其实云。

单父之堂,言游之室,广昌县之厅事,山阴县之门阶,见棠思诏,千古如存,长百里者,求称其居可也。

县廨　多治平间屋。厅之东北有琴堂,绍兴中,令孔瓒重修。淳熙中,令刘颖改为学爱。甲辰,令曾梫新作寝室。旧有君子堂、共赋堂,岁久多圮废。庆元戊午,令孙应时乃一新之,又于厅之东创笑轩,葺其后圃为亭曰友山,西为夹墙,缭寝室后,以通西偏。为亭于西北曰是亭,亭之南即共赋堂,堂后累石为山,竹木阴翳,与君子堂通。嘉泰壬戌,令何兖重建县厅,颇雄壮。开禧戊辰,令叶凯于隔舍之南辟轩曰帘昼。宝庆丙戌,令惠畴于后圃创景言阁。绍定辛卯,令史弥厚治东圃,建堂未名。后令载衍扁曰读书堂。嘉兴丁酉,令王爔因学爱堂之旧重行改创,易曰道爱。

文学桥　在县东北百五十步,旧名言偃桥,俗呼醋库桥。按,《旧图经》:言偃桥在县东一百五十步,文学桥在县东北一里。而前志并二桥为一,未知何故。

(《至正重修琴川志》卷一)

县令,古子男也。齐晋曰大夫,鲁曰宰,楚曰尹,秦曰令。汉大县置令,小县置长。晋泊隋皆然。唐始专名曰县令。其官属汉则有丞、尉,名为长史,署诸曹掾。晋置主簿、录事、记室、功曹之官而无丞、尉。梁隋以来,复置丞、尉,设曹佐。唐有丞、尉、录事、主簿、司功、司仓等官,皆分掌一县之治。此历代沿革然也。乃若治县之谱,则学道爱人格言具在,而邑先贤言游之施于武城者,尚可考,故作叙官。

(《至正重修琴川志》卷三)

十室之邑,必有忠信,况环百里之广耶?宰武城者进澹台,令许县者奇陈实,盖喜斯地之有斯人也。常熟地本荆蛮,前乎此蔑可纪矣。自仲雍以礼逊为化、子游以文学名科,而文物彬彬,实表于他郡国。然由是而后,几无得而称焉。如宋王敬则之侨处、隋管崇之隐居,纪载于史,时一间见,抑何其廖廖耶?不然,殆有所遗逸欤?姑哀所见,故作叙人。

常熟,古壮县,诗书礼乐之地。自言子游亲圣门以来,人才宜不乏。而前志所载,唐龚景才一人而已。其轶遗既多,今欲补记无由,故推前朝至今一乡之望,以示后来。名而列之,示不私云。

　　言偃,吴人。《索隐》曰:《家语》云鲁人。按:偃在鲁为武城宰耳。今吴郡有言偃冢,盖吴郡人为是也。字子游,少孔子四十五岁。子游既已受业圣门,以文学名科,为武城宰。孔子过,闻弦歌之声,孔子莞尔而笑曰:"割鸡焉用牛刀?"子游曰:"昔者偃也闻诸夫子曰:'君子学道则爱人,小人学道则易使。'孔子曰:'二三子!偃之言是也。前言戏之耳!'"孔子以为子游习于文学。见《史记·列传》。《礼记·檀弓》云:"汰哉叔氏!"《注》:"叔氏,子游别字也。"又云:"申祥之哭言,思也。"亦然。说者云:言思,子游之子。《苏州记》云:"言偃宅在县治西北。"《吴地记》云:"宅傍有井,井边有洗衣石,周回四尺,皆其故物。"朱长文《志》谓之浣衣石。《舆地志》云:"石为太守萧正德持去,莫知所在。"

(《至正重修琴川志》卷八)

　　九年丙辰,诏定七十二公国号。以言偃故吴人追封丹阳公。……今录前志所遗者:子游里(《九域志》言偃里在上元县,《金陵故事》在县东二十二里。按《索隐》《家语》云:"言偃,吴人,仕鲁为武城宰,今吴郡有言偃冢。"《吴地记》云:"宅旁有监洗石,周回四丈,为梁太守萧正德将去,莫知所在。"《苏州记》曰:"周文学科,孔子弟子言偃宅在常熟县。"《史记》云:"偃,吴人也,字子游,宅边有监洗石。"云此偃吴人,无可疑者,不知《故事》何据,而《六朝事迹》《乾道志》又承其误也。咸氏云:"《史记》元无监洗石之文,只曰'吴人'。金陵固亦吴也,故冢果在吴都。古人或生、或仕、或游历,安得尽知里名?相传必有所自。后常熟县立吴公祠,朱文公记曰:"县有子游巷、文学桥。"《图经》又云:"故宅在县西北,旧井存焉。今不复可见。"观此纪考据,又与前说不同,大抵存古慕贤之意。又唐开元追爵,始封吴侯。宋大中祥符二年,定七十二公国号,追封丹阳公,故政和礼书称丹阳公。至高宗赞,乃书唐封。淳熙中,遂改吴公。窃详丹阳可称吴,而常熟不可号丹阳。太宗诏定之时,固有据也。又言姓最少,闻吴中有之。然上元竹筱,去城五十里,言族成一聚落。近年稍分居神泉乡阳水及龙潭,但里名改易,未能访其处。自《庆元志》偏言苏州之说,景定遂削此里。使子游的非吴人,郡志亦当传疑,如儒童院之类,况史志故事存乎?)……

(《至大金陵新志》卷四下)

　　唐贞观时,遂以左丘明以下二十二人为先师,配食孔圣……二十七年八月,赠颜回兖国公,配享。又赠闵损费侯、冉耕郓侯、冉雍薛侯、冉求徐侯、仲由卫侯、宰予齐侯、端木赐黎侯、言偃吴侯、卜商魏侯、曾参郕伯、颛孙师陈伯、澹台灭明江伯、宓不齐单伯、原宪原伯、公冶长莒伯、南宫适郯伯……

后唐明宗长兴二年,以颜子配坐,闵损等十哲从祀堂上。又准太常礼院言敕四壁。图画英贤各陈脯醢以祭。宋太祖建隆元年,亲制兖国公赞,余先贤先儒侍臣分赞。真宗大中祥符二年五月乙卯,诏进封孔子弟子颜回以下闵损琅琊公、冉耕东平公、冉雍下邳公、宰予临淄公、端木赐黎阳公、冉求彭城公、仲由河内公、言偃丹阳公……

……政和元年,诏改从祀封爵之犯先师讳者,于是改封曾参武城侯、颛孙师颍川侯、南宫縚汶阳侯、司马耕睢阳侯、琴张阳平侯、左丘明中都伯、谷梁赤睢陵伯、戴胜考城伯。三年以王安石配享,封舒王子雱从祀,封临川伯。新仪成,以孟春元日"释菜",仲春仲秋上丁日"释奠",以颜、孟、安石配享俱东坐。西向殿上闵损、冉耕、冉雍、宰予、端木赐,并西向;冉求、仲由、言偃、卜商、曾参并东向。东庑颛孙师以下至杨雄四十九人并西向,西庑林放以下至王雱四十八人并东向。五年春,诏乐正子克配享孟庙,公孙丑至子叔十七人从祀各加封爵。

度宗咸淳三年,以颜回、曾参、孔伋、孟轲并配享,进封参郕国公、伋沂国公,定十哲位。改封闵损费公、冉耕郓公、冉雍薛公、宰予齐公、端木赐黎公、冉求徐公、仲由卫公、言偃吴公、卜商魏公,跻颛孙思进陈公,祀泗水侯鲤,位于郓城侯忠之次,赠邵雍新安伯,与温国公司马光俱从祀。

(《泮宫礼乐疏》卷二)

戊辰,吏部郎中周木言:苏州常熟县故有学道书院,祀孔门高弟言偃。后废为公廨,乞仍旧修建。礼部覆奏,谓:孔门弟子,惟偃生于南方,而北学于中国。南方学者得其英华,盖自偃始。宜如木所奏行之,或得并免偃后裔徭役,以慰其乡人景仰先哲之心,亦清朝之盛事也。上以本朝无书院之制,且偃已通祀于学校,不宜重劳民创建,姑置之。

(《大明孝宗敬皇帝实录》卷十三)

言公井在常熟县治北,言偃旧宅傍。高启诗:"千载汲未竭,九仞功应深。艺圃自可灌,道源谁复寻。"雪井在。

(《明一统志》卷八)

言偃,鲁武城宰,以礼乐为教,民皆感化,有弦诵之声。

(《明一统志》卷二十三)

（周木）谨奏：为崇表先贤，以裨文教事。窃照天生，圣贤产于中华者实多，惟大江以南，千百年来，古之遗逸，止有泰伯、虞仲，圣门高弟，止有言公子游。吴中向设至德祠以祀泰伯，而仲雍来隐虞山，殁即葬焉。故邑号山名，皆以虞著。子游后仲而起，北游师事孔子，至今桥有名言子者，名文学者，巷有名东西子游者，及墨井遗迹，历历在焉。

是仲雍、子游并峙于东南，而其清风高节，礼乐渊源，尤备著于常熟，莫敢轩轾者也。粤稽仲雍之后，自周章衍派，臣先世相传，实其统系。故入国朝来，臣祖御史周士良陈请立祠表章，该臣续有建言抚按，议设春秋二祭，及简族人俊秀者，给与衣巾奉祀，守护祠墓外，今照子游学宗大成，产由常熟。夫常熟素号荆蛮，《诗》《书》《礼》《乐》，焉能家喻户晓？自子游特起，得圣道精华，倡教于东南。如论学必崇本抑末，为政以学道率人，论丧贵其致哀，取士务其正大，规友戒其难能，得圣一体，列名四科，东南藉以移风易俗，而常熟尤为耳濡目染，迄今士行彬彬，民重廉耻，弦歌雅化，恍然可挹。虽有仲雍植标于前，而无子游映发于后，安所得声名文物之盛，垂于此一方也？其从祀文庙，位列十哲之中，此我国家崇表先贤盛典，宇内之公祀也。但宇内有公祀，既与宇内共崇表之矣，乃其启文献于东南，而奋迹于常熟桑梓之地，宜更有以崇表之焉。臣尝奉表南还，道谒颜子祠庙，规制宏敞，该地士民瞻仰，讲习有赖。若子游与颜子同居四科，况在生长之区，即恢扩其庙貌，与颜子颉颃，不为过也。今学宫之旁，虽旧有子游祠址，然规制狭小，难以妥神。而本濂溪周元公祠之外，又有书院一所，年久颓废，日渐侵削，及今不为之修复，将使旧迹愈湮，作兴无地，何以耸动士民观听，而光我国家之文教乎？伏惟陛下圣神文武，千载一时，仰冀显微阐幽，崇儒风世，特乞敕下该部会议。如果臣言不谬，请命有司整饬虞旧祠，量扩其地，增建庙宇，树植坊牌，庶以示推崇至意。如谓逼于文庙，界限有定，则书院遗式宛然在也。合无考求故址，设处工价，照旧修复院宇，中奉神像，广励学官，每朔望谒庙之后，即群集多士，讲学肄业，虽村野愚民闻风兴起者，不妨使之得预观听。更念祠宇克复之后，不得后裔之贤者以世守之，终难垂久，合无追寻的裔，简拔俊髦，予以衣冠，给以廪饩，设法世守，则庙貌奕世重新，士民仰止无斁，诗书礼乐之教，不替于常熟，而旁溢于东南，化行俗美，其于国家右文兴教盛治，裨益非浅鲜也。臣系直隶苏州府常熟县人，幸生虞仲子游之里，与乡邦共为矜式，见其公祀之外，未荷特示推崇之典，不胜惓惓，故敢冒昧上陈，无任瞻天待命之至。

（《虞山书院志》卷四）

《史记》：言偃，吴人，字子游，少孔子四十五岁。子游既已受业，为武城宰。孔子过，闻弦歌之声。孔子莞尔而笑曰："割鸡焉用牛刀？"子游曰："昔者偃闻诸夫子曰：'君子学道则爱人，小人学道则易使。'孔子曰："二三子，偃之言是也，前言戏之耳。"孔子以为子游习于文学。(《家语》言偃少孔子三十五岁,特习于礼,以文学著名,仕为武城宰。尝从孔子适卫,与将军子兰相善,使之受学于夫子。)

(《绎史》卷九十五之一)

(吴)讷博览,议论有根柢。于性理之奥,多有发明,所著书皆可垂于后。归家,布衣蔬食,环堵萧然。周忱抚江南,欲新其居,不可。家居十六年而卒,年八十六。谥文恪,乡人祀之言偃祠。

(《明史·吴讷传》)

于时皇唐之御天下四十有九载,即乾封之元年也。摄提处岁,勾芒献节,兖州都督、霍王元轨大启藩维……颜子侍侧,似发农山之谈;季路承闻,如兴浮海之说。西华束带,尚以要宾;言偃裼裘,犹为得礼。避席延其不敏,舍瑟睹其幽情,共列升堂,齐参睹奥。

(《幸鲁盛典》卷八)

夫以取士之方,如是之广,得人之念,如是之笃,宜贤才汇登,多士济济。而天下所荐举,间多不能仰副我皇上之深愿者,固是人才难得,然亦无乃在下之有司,以他政为急,视此荐举为稍缓欤!岂知我皇上治天下以得人为先,尧以不得舜为己忧,舜以不得禹、皋陶为己忧。自古政治之休明,生民之乐利,全视乎在上之得人,即为微末之邑宰,亦必以得人为先。所以子游为武城宰,圣人不问其他必先问其得人与否。诚以人才所关于政教风俗为至大而且重也。

(《大义觉迷录》)

《孔子家语》曰:少暤氏之子有四叔,曰重,曰该,曰修,曰熙,使重为句芒,该为蓐收,修及熙为玄冥。颛顼氏之子黎为祝融,共工氏之子句龙为后土。此五者,生为上公,死为贵神。设神位于坛上北方,俱南向,以西为上,席皆以莞。释奠:大成至圣文宣王(居中南向)、兖国复圣公、郕国宗圣公、沂国述圣公、邹国亚圣公(在正位东南,西向北上。若殿窄狭则宗圣公、亚圣公在正位西南,东向北上)、费公(闵损第一)、薛公(冉雍第三)、黎公(端木赐第五)、卫公(仲由第七)、魏公(卜商第九,在殿内东壁,并西向北上)、郓公(冉耕第二)、齐公(宰予第四)、徐公(冉求第六)、吴公(言偃第八)。

(《朝鲜王朝实录·世宗实录》"五礼一")

三、子部中的言子

鲁司寇奇言游于逡楚,曰:"荼(除)乎!司寇将见我。"门人既荼(除),而司寇不至。言游去。司[寇]□:"□将安(焉)往?"言游曰:"食而弗与为豊(礼),是兽攻畜之也。偎也攸(修)其德行,以受兽攻之食于子,于偎伪,于子员(损),于是乎可(何)侍(待)?"述(遂)行,至宋卫之外(间),其一子道饿而死焉。门人柬(谏)曰:"吾子齿年长豈(矣),家眚(姓)甚级(急),生未又(有)所奠(定),元(愿)吾子之图之也。"言游□。

(《子道饿》)

仲尼志意不立,子路侍;仪服不修,公西华侍;礼不习,子游侍;辞不辩,宰我侍;亡忽古今,颜回侍;节小物,冉伯牛侍。曰:"吾以夫六子自励也。"

(《尸子》)

略法先王而不知其统,犹然而材剧志大,闻见杂博。案往旧造说,谓之"五行",甚僻违而无类,幽隐而无说,闭约而无解,案饰其辞而祗敬之,曰:"此真先君子之言也。"子思唱之,孟轲和之,世俗之沟犹瞀儒嚾嚾然不知其所非也,遂受而传之,以为仲尼、子游为兹厚于后世。是则子思、孟轲之罪也。

弟作其冠,神襌其辞,禹行而舜趋,是子张氏之贱儒也。正其衣冠,齐其颜色,嗛然而终日不言,是子夏氏之贱儒也。偷儒惮事,无廉耻而耆饮食,必曰君子固不用力,是子游氏之贱儒也。彼君子则不然,佚而不惰,劳而不僈,宗原应变,曲得其宜,如是,然后圣人也。

(《荀子·非十二子》)

叔孙氏之车子曰鉏商,樵于野而获兽焉。众莫之识,以为不祥,弃之五父之衢。冉有告夫子曰:"麇身而肉角,岂天之妖乎?"夫子曰:"今何在?吾将观焉。"遂往,谓其御高柴曰:"若求之言,其必麟乎!"到视之,果信。言偃问曰:"飞者宗凤,走者宗麟,为其难至也。敢问今见,其谁应之?"子曰:"天子布德,将致太平,则麟凤龟龙先为之祥;今周宗将灭,天下无主,孰为来哉?"遂泣曰:"予之于人,犹麟之于兽也。麟出而死,吾道穷矣。"乃歌曰:"唐虞世兮麟凤游,今非其时来何求?麟兮麟兮我心忧。"

(《孔丛子·记问》)

悬子问子思曰:"吾闻同声者相求,同志者相好。子之先君见子产时,则兄事之,而世谓子产仁爱,称夫子圣人,是谓圣道事仁爱乎?吾未谕其人之孰先后也,故质于子。"子思曰:"然,子之问也。昔季孙问子游,亦若子之言也。子游答曰:'以子产之仁爱譬夫子,其犹浸水之与膏雨乎!'康子曰:'子产死,郑人丈夫舍玦佩,妇女舍珠瑱,巷哭三月,竽瑟不作。夫子之死也,吾未闻鲁人之若是也,奚故哉?'子游曰:'夫浸水之所及也则生,其所不及则死,故民皆知焉。膏雨之所生也,广莫大焉,民之受赐也普矣,莫识其由来者。上德不德,是以无德。'季孙曰:'善!'"悬子曰:"其然。"

(《孔丛子·杂训》)

呜呼!惜哉!先王遗典,阙而不补,圣祖之业,分半而泯,后之君子,将焉取法?假令颜、闵不殁,游、夏更生,其岂然乎?其岂然乎?不能已已,贵复申之。

(《孔丛子·连丛子上·与从弟书》)

季康子谓子游曰:"仁者爱人乎?"子游曰:"然。""人亦爱之乎?"子游曰:"然。"康子曰:"郑子产死,郑人丈夫舍玦佩,妇人舍珠珥,夫妇巷哭,三月不闻竽琴之声。仲尼之死,吾不闲鲁国之爱夫子奚也?"子游曰:"譬子产之与夫子,其犹浸水之与天雨乎?浸水所及则生,不及则死,斯民之生也必以时雨,既以生,莫爱其赐,故曰:譬子产之与夫子也,犹浸水之与天雨乎?"

(《说苑·贵德》)

孔子笑子游之弦歌,子游引前言以距孔子。自今案《论语》之文,孔子之言多若笑弦歌之辞,弟子寡若子游之难,故孔子之言遂结不解。以七十子不能难,世之儒生,不能实道是非也。

凡学问之法,不为无才,难于距师,核道实义,证定是非也。问难之道,非必对圣人及生时也。世之解说说人者,非必须圣人教告,乃敢言也。苟有不晓解之文,追难孔子,何伤于义?诚有传圣业之知,伐孔子之说,何逆于理?谓问孔子之言,难其不解之文,世间弘才大知生,能答问解难之人,必将贤吾世间难问之言是非。

孟武伯问孝,子曰:"父母,唯其疾之忧。"武伯善忧父母,故曰"唯其疾之忧"。武伯忧亲,懿子违礼。攻其短,答武伯云"父母,唯其疾之忧",对懿子亦宜言"唯水火之变乃违礼"。周公告小才敕,大材略。子游之大材也,孔子告之敕;懿子小才也,告之反略。违周公之志,攻懿子之短,失道理之宜。弟子不难,何哉?如以懿子权尊,不敢极言,则其对武伯亦宜但言毋忧而已。俱孟氏子也,权尊钧同,形武伯而略懿子,未晓其故也。使孔子对懿子极言毋违礼,何害之有?专鲁莫过季氏,讥八佾之舞庭,刺太山之旅祭,不惧季氏增邑不隐讳之害,独畏答懿子极言之罪,何哉?且问孝者非一,皆有御者,对懿子言,不但心服臆肯,故告樊迟。

(《论衡·问孔》)

言偃问曰:"夫子之极言礼也,可得而闻乎?"孔子言:"我欲观夏,是故之杞,而不足征也,吾得夏时焉;我欲观殷道,是故之宋,殷而不足征也,吾得《乾坤》焉。《乾坤》之义,夏时之等,吾以此观之。夫礼,初也始于饮食,太古之时,燔黍擘豚,污樽抔饮,蒉桴土鼓,犹可以致敬鬼神。及其死也,升屋而号,告曰:'高,某复!'然后饮腥苴熟,形体则降,魂气则上,是谓天望而地藏也。故生者南向,死者北首,皆从其初也。"

(《孔子家语·问礼》)

楚王渡江,江中有物,大如斗,圆而赤,直触王舟,舟人取之,王大怪之,遍问群臣,莫之能识。王使使聘于鲁,问于孔子。子曰:"此所谓萍实者也,可剖而食之,吉祥也,唯霸者为能获焉。"使者反,王遂食之,大美。久之,使来,以告鲁大夫,大夫因子游问曰:"夫子何以知其然乎?"曰:"吾昔之郑,过乎陈之野,闻童谣曰:'楚王渡江,得萍实,大如斗,赤如日,剖而食之,甜如蜜。'此是楚王之应也,吾是以知之。"

(《孔子家语·致思》)

(子贡曰:)"先成其虑,及事而用之,故动则不妄,是言偃之行也。孔子曰:'欲能则学,欲知则问,欲善则详,欲给则豫。当是而行,偃也得之矣。'"

(《孔子家语·弟子行》)

孔子为鲁司寇,与于蜡,既宾事毕,乃出游于观之上,喟然而叹。言偃侍曰:"夫子何叹也?"孔子曰:"昔大道之行与三代之英,吾未之逮也,而有记焉。大道之行,天下为公,选贤与能,讲信修睦。故人不独亲其亲,不独子其子,老有所终,壮有所用,矜寡孤疾皆有所养。货恶其弃于地,不必藏于己;力恶其不出于身,不必为人。是以奸谋闭而弗兴,盗窃乱贼不作。故外户而不闭,谓之大同。今大道既隐,天下为家,各亲其亲,各子其子,货则为己,力则为人。大人世及以为常,城郭沟池以为固。禹汤文武成王周公,由此而选,未有不谨于礼。礼之所兴,与天地并,如有不由礼而在位者,则以为殃。"言偃复问曰:"如此乎礼之急也?"孔子曰:"夫礼,先王所以承天之道,以治人之情,列其鬼神,达于丧祭乡射冠婚朝聘。故圣人以礼示之,则天下国家可得以礼正矣。"言偃曰:"今之在位,莫知由礼,何也?"孔子曰:"呜呼哀哉!我观周道,幽、厉伤也,吾舍鲁何适?夫鲁之郊及禘皆非礼,周公其已衰矣。杞之郊也禹,宋之郊也契,是天子之事守也,天子以杞、宋二王之后,周公摄政致太平,而与天子同是礼也。"

(《孔子家语·礼运》)

言偃,鲁人,字子游,少孔子三十五岁。时习于礼,以文学著名。仕为武城宰。尝从孔子适卫,与将军之子兰相善,使之受学于夫子。

(《孔子家语·七十二弟子解》)

既卒,门人疑所以服夫子者。子贡曰:"昔夫子之丧颜回也,若丧其子而无服,丧子路亦然,今请丧夫子如丧父而无服。"于是弟子皆吊服而加麻,出有所之,则由绖。子夏曰:"入宜绖可居,出则不绖。"子游曰:"吾闻诸夫子,丧朋友,居则绖,出则否;丧所尊,虽绖而出可也。"

(《孔子家语·终记解》)

子游问于孔子曰:"夫子之极言子产之惠也,可得闻乎?"孔子曰:"惠在爱民而已矣。"子游曰:"爱民谓之德教,何翅施惠哉?"孔子曰:"夫子产者,犹众人之母也,能食之,弗能教也。"子游曰:"其事可言乎?"孔子曰:"子产以所乘之舆济冬涉者,是爱,无教也。"

(《孔子家语·正论解》)

南宫敬叔以富得罪于定公,奔卫。卫侯请复之,载其宝以朝。夫子闻之,曰:"若是其货也,丧不若速贫之愈。"子游侍,曰:"敢问何谓如此?"孔子曰:"富而不好礼,殃也。敬叔以富丧矣,而又弗改,吾惧其将有后患也。"敬叔闻之,骤如孔氏,而后循礼施散焉。

孔子在卫,司徒敬之卒,夫子吊焉,主人不哀,夫子哭不尽声而退。蘧伯玉请曰:"卫鄙俗,不习丧礼,烦吾子辱相焉。"孔子许之,掘中霤而浴,毁灶而缀足袭于床,及葬,毁宗而蹴行也。出于大门,及墓,男子西面,妇人东面,既封而归,殷道也。孔子行之。子游问曰:"君子行礼,不求变俗,夫子变之矣。"孔子曰:"非此之谓也,丧事则从其质而已矣。"

宣公八年六月辛巳,有事于太庙,而东门襄仲卒,壬午犹绎。子游见其故,以问孔子曰:"礼与?"孔子曰:"非礼也,卿卒不绎。"

季桓子丧,康子练而无衰。子游问于孔子曰:"既服练服,可以除衰乎?"孔子曰:"无衰衣者,不以见宾,何以除焉?"

鲁昭公夫人吴孟子卒,不赴于诸侯。孔子既致仕,而往吊焉。适于季氏,季氏不绖,孔子投绖而不拜。子游问曰:"礼与?"孔子曰:"主人未成服,则吊者不绖焉,礼也。"

孟献子禫悬而不乐,可御而处内。子游问于孔子曰:"若是则过礼也?"孔子曰:"献子可谓加于人一等矣。"

子游问丧之具,孔子曰:"称家之有亡焉。"子游曰:"有亡恶于齐?"孔子曰:"有也,则无过礼。苟亡矣,则敛手足形,还葬,悬棺而封,人岂有非之者哉?故夫丧礼,与其哀不足而礼有余,不若礼不足而哀有余也;祭礼,与其敬不足而礼有余,不若礼不足而敬有余也。"

(《孔子家语·曲礼·子贡问》)

郰人子蒲卒,哭之,呼灭。子游曰:"若是哭也,其野哉?孔子恶野哭者。"哭者闻之,遂改之。

季桓子死,鲁大夫朝服而吊。子游问于孔子曰:"礼乎?"夫子不答。他日,又问。夫子曰:"始死则已,羔裘玄冠者,易之而已。汝何疑焉?"

子游问曰:"诸侯之世子,丧慈母如母,礼与?"孔子曰:"非礼也。古者男子外有傅父,内有慈母,君命所使教子者也,何服之有?昔鲁孝公少丧其母,其慈母良,及其死也,公弗忍,欲丧之。有司曰:'礼,国君慈母无服,今也君为之服,是逆古之礼而乱国法也。若终行之,则有司将书之,以示后世,无乃不可乎!'公曰:'古者天子丧慈母,练冠以燕居。'遂练以丧慈母。丧慈母如母,始则鲁孝公之为也。"

(《孔子家语·曲礼·子夏问》)

原思言于曾子曰:"夏后氏之送葬也,用明器,示民无知也。殷人用祭器,示民有知也。周人兼而用之,示民疑也。"曾子曰:"其不然矣。夫以盟器,鬼器也;祭器,人器也。

古之人胡为而死其亲也?"子游问于孔子,曰:"之死而致死乎,不仁,不可为也;之死而致生乎,不智,不可为也。凡为明器者,知丧道也。备物而不可用也,是故竹不成用,而瓦不成膝,琴瑟张而不平,笙竽备而不和,有钟磬而无簨虡,其曰明器,神明之器也。哀哉,死者而用生者之器,不殆于用殉也。"

公仪仲子嫡子死,而立其弟,檀弓谓子服伯子曰:"何居?我未之前闻也。"子服伯子曰:"仲子亦犹行古人之道,昔者文王舍伯邑考而立武王,微子舍其孙腯立其弟衍。"子游以问诸孔子,子曰:"否,周制立孙。"

子游问于孔子曰:"葬者涂车刍灵,自古有之,然今人或有偶,是无益于丧?"孔子曰:"为刍灵者善矣,为偶者不仁,不殆于用人乎?"

(《孔子家语·曲礼·公西赤问》)

《美丈夫》(一) 白:彼美(人兮。)难能(子游曰:吾友张也,为难能也,然而未仁。言子张容貌人难能也。)、堂堂(曾子曰:堂堂乎张也,难与并为仁矣。)……子游之称张也(见上注)。貌先五事(《洪范》:五事,一曰貌。),且高柴甚恶(推至孝于孔门。),子张难能(称未仁于言偃。),苟德行之无取(虽容貌而何为。),望其容貌使无慢易之心。

(《白氏六帖事类集》卷七)

言 仲尼弟子言偃之后,今苏州多此姓。

(《元和姓纂》卷四)

问:"孔子答问孝,四章虽不同,意则一。"曰:"如何?"曰:"彼之问孝,皆有意乎事亲者。孔子各欲其于情性上觉察,不使之偏胜,则其孝皆平正而无病矣。"曰:"如此看,恰好。""不敬,何以别乎?"敬,大概是把当事,听无声,视无形。色难,是大段恭顺,积得厚,方能形见;所以为难,勉强不得。此二者是因子游子夏之所短而进之。能养、服劳,只是外面工夫,遮得人耳目所及者。如今人和养与服劳都无了,且得如此,然后就上面更进将去。大率学者且要尽从小处做起。正如起屋,未须理会架屋,且先立个基址定,方得。

问:"'色难'有数说,不知孰是?"曰:"从杨氏'愉色婉容'较好。如以为承顺颜色,则就本文上又添得字来多了。然而杨氏说文学处,又说远了。如此章本文说处,也不道是文太多,但是诚敬不足耳。孔门之所谓文学,又非今日文章之比。但子游为人则爱有余而敬不足,子夏则敬有余而爱不足,故告之不同。"问:"如何见得二子如此?"曰:

"且如洒扫应对,子游便忽略了,子夏便只就这上做工夫。"又曰:"谢氏说此章甚差。"

问:"子游见处高明,而工夫则疏;子夏较谨守法度,依本子做。""观答为政、问孝之语可见。惟高明而疏,故必用敬;惟依本做,故必用有爱心。又观二人'洒扫应对'之论,与子夏'博学笃志'之论,亦可见。"。

问:"夫子答子游子夏问孝,意虽不同,然自今观之,奉养而无狎恩恃爱之失,主敬而无严恭俨恪之偏,尽是难。"曰:"既知二失,则中间须自有个处之之理。爱而不敬,非真爱也;敬而不爱,非真敬也。敬非严恭俨恪之谓,以此为敬,则误矣。只把做件事,小心畏谨,便是敬。"

问告子游子夏云云。曰:"须当体察能养与服劳如何,不足为孝敬时模样如何。只说得,不济事。"子夏之病,乃子游之药;子游之病,乃子夏之药。若以色难告子游,以敬告子夏,则以水济水,火济火。故圣人药各中其病。

(《朱子语类》卷二十三)

问:"谢氏说《几谏》章曰:'以敬孝易,以爱孝难。'恐未安。"曰:"圣人答人问孝,多就人资质言之。在子夏则少于爱,在子游则少于敬,不当遂断难易也。如谢氏所引两句,乃是庄子之说。此与阮籍居丧饮酒食肉,及至恸哭呕血,意思一般。蔑弃礼法,专事情爱故也。"

(《朱子语类》卷二十七)

问:"孔子诲子夏'勿为小人儒'。"曰:"子夏是个细密谨严底人,中间忒细密,于小小事上不肯放过,便有委曲周旋人情、投时好之弊,所以或流入于小人之儒也。子游与子夏绝不相似。子游高爽疏畅,意思阔大,似个萧散底道人。观与子夏争'洒扫应对'一段可见。如为武城宰,孔子问:'女得人焉尔乎?'他却说个澹台灭明。及所以取之,又却只是'行不由径,未尝至于偃之室'两句,有甚干涉?可见这个意思好。他对子夏说:'本之则无,如之何?'他资禀高明,须是识得这些意思,方如此说。"

又问:"子张与子夏亦不同。"曰:"然。子张又不及子游。子游却又实。子张空说得个头势太大了,里面工夫都空虚,所以孔子诲之以'居之无倦,行之以忠',便是救其病。子张较聒噪人,爱说大话而无实。"

问"子游为武城宰"章。曰:"公事不可知。但不以私事见邑宰,意其乡饮、读法之类也。"

问:"杨氏曰:'为政以人才为先。如子游为武城宰,纵得人,将焉用之!'似说不通。"曰:"古者士人为吏,恁地说,也说得通。便为政而得人讲论,此亦为政之助。恁地说,也说得通。"

问:"《集注》取杨氏说云:'观其二事之小,而正大之情可见矣。'"曰:"看这气象,便不恁地猥碎。"问:"非独见灭明如此,亦见得子游胸怀也恁地开广,故取得这般人。"曰:"子游意思高远,识得大体。"

问:"与琴张、曾晳、牧皮相类否?"曰:"也有曾晳气象。如与子夏言:'抑末也,本之则无,如之何!'此一着固是失了,只也见得这人是旷阔底。又如问孝,则答以'今之孝者,是谓能养;不敬,何以别'。见得他于事亲爱有余而敬不足。又如说'事君数,斯辱矣;朋友数,斯疏矣';与'丧,致乎哀而止',亦见得他不要如此苦切。子之武城闻弦歌,子游举'君子学道爱人'等语,君子是大人,小人是小民。昨日丘子服出作论题,皆晓不得子游意。谓君子学道,及其临民则爱民;小民学道,则知分知礼,而服事其上。所以弦歌教武城,孔子便说他说得是。这也见子游高处。"

贺孙问:"《檀弓》载子游曾子语,多是曾子不及子游。"曰:"人说是子游弟子记,故子游事详。"

问:"子游初间甚高,如何后来却不如曾子之守约?"曰:"守约底工夫实。如子游这般人,却怕于中间欠工夫。"

问:"子谓子夏曰:'女为君子儒,无为小人儒。'看子夏煞紧小,故夫子恐其不见大道,于义利之辨有未甚明。"曰:"子游与子夏全相反。只子夏洒扫应对事,却自是切己工夫。如子夏促狭。如子游说:'抑末也,本之则无,如之何!'是他见得大源头,故不屑屑于此。如孔子答问孝于子夏曰:'色难。'与子游全是两样。子夏能勤奉养,而未知愉色婉容之为美。"

(《朱子语类》卷三十二)

问:"从我于陈、蔡者,皆不及门。"曰:"此说当从明道。谓此时适皆不在孔子之门,思其相从于患难,而言其不在此耳。门人记之,因历数颜子而下十人,并目其所长云耳。"

问:"德行,不知可兼言语、文学、政事否?"曰:"不消如此看,自就逐项上看。如颜子之德行,固可以备;若他人,固有德行而短于才者。"因云:"冉伯牛、闵子之德行,亦不多见。子夏、子游两人成就自不同。胡五峰说不知《集注》中载否。他说子夏是循规守矩,细密底人;子游却高朗,又欠细密工夫。荀子曰:'第作其冠,神禫其辞,禹行而舜趋,是子张氏之贱儒也;正其衣冠,齐其颜色,嗛然而终日不言,是子夏氏之贱儒也;偷儒惮事,无廉耻而嗜饮食,必曰:'君子固不用力',是子游氏之贱儒也。如学子游之弊,只学得许多放荡疏阔意思。"贺孙因举如"丧至乎哀而止","事君数,斯辱;朋友数,斯疏",皆是子游之言。如"小子当洒扫应对进退"等语,皆是子夏之言。又如子游能养而不能敬,子夏能敬而少温润之色,皆见二子气象不同处。曰:"然。"

问"德行、言语、政事、文学"之别。曰:"德行是个兼内外、贯本末、全体底物事,那三件,各是一物见于用者也。"德行,得之于心而见于行事者也。

(《朱子语类》卷三十九)

问"君子学道则爱人,小人学道则易使"。曰"'君子学道',是晓得那'己欲立而立人,己欲达而达人',与'乾称父,坤称母'底道理,方能爱人。'小人学道',不过晓得孝弟忠信而已,故易使也。"

(《朱子语类》卷四十七)

孔门除曾子外,只有子夏守得规矩定,故教门人皆先"洒扫应对进退",所以孟子说:"孟施舍似曾子,北宫黝似子夏。"君子之道,孰以末为先而可传?孰以本为后而倦教?盖学者之质不同,如草木之区别耳。

问"子夏门人洒扫应对进退"一段。曰:"人只是将上达意思压在头上,故不明子夏之意。但云君子之道孰为当先而可传?孰为可后而倦不传?'譬诸草木,区以别矣',只是分别其小大耳。小子之学但当如此,非无本末之辨。"

古人初学,只是教他洒扫应对进退而已,未便说到天理处。子夏之教门人,专以此。子游便要插一本在里面。"民可使由之,不可使知之",只是要他行矣而着,习矣而察,自理会得。须是"匡之,直之,辅之,翼之,使自得之,然后从而振德之"。今教小儿,若不匡,不直,不辅,不翼,便要振德,只是撮那尖利底教人,非教人之法。

(《朱子语类》卷四十九)

《檀弓》恐是子游门人作,其间多推尊子游。

"曾子袭裘而吊,子游裼裘而吊",裘似今之袄子,裼衣似今背子,袭衣似今凉衫公服。袭裘者,冒之不使外见;裼裘者,袒其半而以禅衣衬出之。"缁衣,羔裘;素衣,麑裘;黄衣,狐裘",缁衣、素衣、黄衣即裼衣,欲其相称也。

《礼运》言,三王不及上古事,人皆谓其说似庄老。先生曰:"《礼运》之说有理,三王自是不及上古。"胡明仲言恐是子游撰。

问:"《礼运》似与老子同。"曰:"不是圣人书。胡明仲云《礼运》是子游作,《乐记》是子贡作。计子游亦不至如此之浅。"

(《朱子语类》卷八十七)

子游是个简易人,于节文有未至处。如讥子夏之门人,与"丧致乎哀而止"。

子张是个务外底德行是个兼内外、贯本末人,子游是个高简、虚旷、不屑细务底人,子夏是个谨守规矩、严毅底人。因观荀子论三子之贱儒,亦是此意,盖其末流必至是也。

(《朱子语类》卷九十三)

仲尼弟子言偃,字子游,吴人。《庄子》有言:成子游,偃生言思,女嫁子张之子申祥。

(《古今姓氏书辩证》卷七)

言偃宅在常熟县西北。《孔子弟子传》:"言偃,字子游。"《吴地记》云:"宅傍有捣衣石,周围四尺,为梁太守萧正德持去,莫知所在也。"

(《海录碎事》卷三下)

《言子》三卷。言偃,吴人,相传所居在常熟县。庆元间,邑宰孙应时季和始为立祠,求朱晦翁为记。近新昌王爚伯晦复裒《论语》诸书所载问答为此书。邑中至今有言氏,亦买田教养之。

(《直斋书录解题》卷九)

开元二十五年,郑虔为广文博士。有郑相如者,年五十余,自陇右来应明经,以从子谒虔。虔待之无异礼。他日复谒,礼亦如之。相如因谓虔曰:"叔父颇知某之能否?夫子云:'其或继周者,虽百世可知也。'某亦庶几于此。若存孔门,未敢邻于颜子,如言偃、子夏之徒,固无所让。"虔大异之,因诘所验,其应如响。虔乃杜门,累日与言狎。

(《太平广记》卷一四八)

邵雍诗以玩物为道,非是。孔氏之门,惟曾皙直云"浴乎沂,风乎舞雩,咏而归",孔子与之。若言偃观蜡,樊迟从游,仲由揖观射者,皆因物以讲德,指意不在物也。此亦山人隐士所以自乐,而儒者信之,故有云淡风轻、傍花随柳之趣。其与穿花蛱蝶、点水蜻蜓何以较重轻,而谓道在此不在彼乎?

(《习学记言》卷四十七)

韩宣子适鲁,见《易象》与《鲁春秋》,曰:"周礼尽在鲁矣。"夫《易》自《易》,《春秋》自《春秋》,初无与于礼,而宣子乃云耳,何耶?盖礼之为礼也,辨尊卑,别贵贱,正君臣,定名分,数者不失其所,即周礼之所在也。故《系辞》有之曰:"天尊地卑,乾坤定矣;卑高以陈,贵贱位矣。"此《易象》之体也。《孟子》有之曰:"孔子成《春秋》而乱臣贼子惧。"此《春秋》之体也。惟其辨尊卑,别贵贱,正君臣,定名分,举不外此,孰谓周礼,而非《易象》《春秋》耶?且言偃尝问曰:"夫子之极言礼也,可得闻欤?"孔子曰:"我欲观夏道,是故之杞,而不足征也,吾得夏时焉;我欲观殷道,是故之宋,而不足征也,吾得《坤乾》焉。《坤乾》之义,夏时之等,吾以是观之。"孔子亦以夏殷之易而观夏殷之礼者,皆是义也。岂非易之所见者象,礼之所形者器?《系辞》不云乎"以制器者尚其象"?则观其易固可以知其礼,况坤乾者,天地也,夏时者,四时也。天地有上下之位,四时有先后之序,礼之实如斯而已。因观易以知礼,则观《春秋》可知矣。

(《示儿编》卷四)

三代之时,天下书同文,故《春秋左氏》所载人名字,不以何国,大抵皆同……晋籍偃,荀偃,郑公子偃,吴言偃,皆字曰游。晋羊舌赤,鲁公西赤,皆字曰华。楚公子侧,鲁孟之侧,皆字曰反。鲁冉耕,宋司马耕,皆字曰牛。颜无繇,仲由,皆字曰路。

(《容斋随笔》卷五)

制井田,所以制国也。制侯国,所以制王畿也。王畿安强,万国亲附,所以保卫中夏、禁御四夷也。先王建万国,亲诸侯,高城深池遍天下,四夷虽虎猛狼贪,安得肆其欲而逞其志乎?此先王为万世虑,御四夷之上策也。王公设险以守其国,孔子之所以书于习坎之象也。城郭沟池以为固,孔子之所以答言偃之问也。自秦而降,郡县天下,中原世有边鄙之祸矣。悲夫!夷之上策也。

(《知言》卷五)

言氏,孔子弟子,吴人言偃,字子游,元陶宗仪《辍耕录》卷二十二"圣门弟子":言偃子游,吴人。

(《姓氏急就篇》卷上)

儒者谓夫子曰仲尼,非嫚也。先左丞每言及荆公,只曰介甫。苏季明书张横渠事,亦只曰子厚。左丞谓农师也。鹤山魏氏尤信此说,其记常熟县学有曰:昔柳宗元谓《论语》所载弟子必以字,惟曾子、有子不字,遂谓是书出于曾门,盖以字轻而子重也。及考诸孔门之训,则字为至贵。盖字与子皆得兼称,如门人之于孔子,进而称子不敢字,退而称仲尼不言子。其次亦有既子且氏,如闵子骞等不一二人,或子或字者又数人。然渊、弓至游、夏,最号为高弟子,而不得子也;有子、曾子,子而不得字也。就二者而论,则字为尊。盖子虽有师道之称,然系于氏者,不过男子之美称耳。故《孝经》字仲尼而子曾子,《礼运》字仲尼而名言偃。

(《爱日斋丛抄》卷一)

而传者古今众矣。资学三千,达者七十有二。四科十哲:德行,颜回、闵损、冉耕、仲弓;言语,宰予、端木赐;政事,冉求、仲由;文学,言偃、卜商。子鲤伯鱼。孙伋子思,皆预其数。寿七十三岁薨。

(《佛祖通载》卷三)

孔门弟子姓字,见诸《家语》《论语》《史记》等书。金华张君孟兼稽考异同,集为章句,以便记诵,即古急就之义也。其文曰:繄昔圣门,弟子三千。身通六艺,七十二人。德行著称,颜回子渊,冉耕伯牛,闵损子骞,及冉雍仲弓,为四科之先。宰予子我(并鲁人),端木赐子贡(卫人),言语是称,赐言多中,乃多才艺。仲由季路(陈人),冉求子有(鲁人),政事并著。言偃子游(吴人),卜商子夏(卫人),文学著名,孰可方驾。

(《辍耕录》卷二十二)

晋籍偃、荀偃,郑公子偃,吴言偃,俱字曰游。

(《名疑》卷三)

孔子曰:"独富独贵,君子耻之。夫也中之矣。"先成其虑,及事而用之,是故不忘,是言偃之行也。孔子曰:"欲能则学,欲知则问,欲善则讯,欲给则豫。当是如,偃也得之矣。"

(《广博物志》卷二十)

孔门弟子惟言偃,吴人。而澹台灭明,南游至江。《史记正义》:"苏州南五里有澹台湖。"

(《拾遗录》)

在南京国子监东中。至圣先师孔子,南向,主朱地金书。复圣颜子、宗圣曾子、述圣子思子、亚圣孟子配享,以下主俱赤地黑书,东西相向。稍从先贤闵损、冉耕、冉雍、宰予、端木赐、冉求、仲由、言偃、卜商、颛师十哲从祀,亦东西相向。

(《图书编》卷一四〇)

明嘉靖二年,知府胡缵宗以景德寺改建书院。门扁曰"东南邹鲁",建学孔堂,绘言子像于中。后为讲堂,堂后弦歌楼。十八年,巡按赵继本修。至十九年,巡按舒汀至,始毕工。

(《方舆汇编·职方典》卷六七四)

吴公祠,在吉由巷学道坊,祀言子游偃。琅琊公祠,在演武场西,祀闵子骞损。

(《方舆汇编·职方典》卷六七七)

朱熹曰:"有治世之文,有衰世之文,有乱世之文。'六经',治世之文也。如《国语》,委靡繁絮,真衰世之文耳。至于乱世之文,则《战国》是也。"崔祐甫《穆氏四子讲议》记曰:"言偃之文,郁而不见。"

(《御定渊鉴类函》卷一九六)

子云之《解客嘲》,孟坚之《答宾戏》,钟雅有《利锥》之戏,士龙有白雉之嘲,孝先昼寝弟子兴便腹之嘲,言偃弦歌仲尼发割鸡之戏。

(《御定渊鉴类函》卷二九九)

《苏州记》曰:"孔子弟子言偃宅在常熟县西。"

(《御定渊鉴类函》卷三四五)

先贤言子墓在虞山之巅,前明万历间,有樵者过墓上,见一叟衣冠甚古,独坐鼓琴。樵者掷斧柯听之,叟欣然曰:"汝欲学耶?"因令每日过墓,授以清商数曲。后樵者于昭明读书台下,闻有达官贵人鼓琴,为会者,亦倾耳听,已而笑曰:"第五弦尚未调也。"鼓琴者曰:"汝何人?亦解此耶?"试调其弦,果如樵者所云,遂令其一再弹,则泠然太古音也。大惊异,为易冠巾,与定交,问其所从学,樵者以告,且询其衣冠状,乃知所见者,为子游也。吾邑严太守天池之琴,至今名天下,而其传实自樵者。故海内推为正音焉。又闻其人本一染人,徐其姓,太守公字之曰亦仙云。

(《柳南随笔续笔》卷一)

四、集部中的言子

空桑之里,变成洪川;历阳之都,化为鱼鳖。楚师屠汉卒,睢河鲠其流;秦人坑赵士,沸声若雷震。火炎昆岳,砾石与琬琰俱焚;严霜夜零,萧艾与芝兰共尽。虽游夏之英才,伊颜之殆庶,焉能抗之哉!其蔽三也。(《史记》曰:"言偃,吴人,字子游。夏,子夏也。伊,伊尹也。颜,颜回也。")

(刘孝标《辩命论》,《昭明文选》卷五十四)

罚惩其淫,礼主于敬。若长幼而失节,在典刑而无舍。蠢尔解式,从于长年。三人而行,尚闻择善;十年以长,非可肩随。况侍上邱陵,不能向其所视;如问及云物,其将对以何词?无仪所谓于伊人,有体自均于《相鼠》。杖其傲礼,固未乖宜。昔者蜡毕出游,言偃问其何叹?幼而不逊,尼父叩其夷俟。合志为友,前言犹且不噱;年长以倍,今日云何致罚。必若齿于乡党,则应金作赎刑;如或列于父兄,岂可求之凡斗。失入宜从省见,定刑更待州申。钦哉惟刑,舍此将滥。

(田南砾《对升高判》,《全唐文》卷四〇一)

安人立政,辑宁是职。苟失厥德,其惟不康。伊甲宰邑,堕尔于位。异彼鲁恭,无闻驯翟。讵同言偃,不见割鸡。视兹获蒿,嗤士言之招纳;且修保障,类尹铎之权宜。事虽害公,义不徇己。损其户数,法所难逾。务以茧丝,时维救弊。假如晋阳始祸,朝歌同恶。事贵适时,辞之或可。况今圣惟敦本,政在养人。且乖既庶,必照明罚。察使所纠,宁叶大中。

(林琨《对损户茧丝判》,《全唐文》卷四五八)

自太公灌坛,仲尼中都,言偃武城,至宓不齐巫马期单父,六百年间,吏人犹及。自西门豹史起邺,至鲁恭中牟,三百余年,吏人更及。自魏晋宋齐梁周隋,四百余年,吏人俱不及。圣唐分职,公复及之,若磅礴而言,普畅皆是。则尧之屋不足封,舜之刑不足用,迁善远罪,何虑何思?是理也,其体宏哉!石刻之,以鉴来者。窦公衡记。

(窦公衡《山阴述》,《全唐文》卷四八〇)

我国家居天之心,宅地之腹,四方八表,莫不辐辏,亦由北辰之于东海也。诚知土地山河,归于有德。虽云有德,亦须相时。苟无其时,安可妄动。明公博识多闻,岂不见仲尼乎?仲尼之圣逾尧舜,颜子之贤过夔龙。六合茫茫,无立锥之地者,盖无其时也。适使孔子生于秦末,乘胡亥之乱,用颜回、闵损为宰相,子路、冉有领将军,子贡、宰我充行人,子夏、言偃典书檄,虽六合鼎沸,可期月而定也。当此之时,刘、项只可都头,韩、彭不过部将耳。圣人虽有帝天下之德,而无帝天下之时,终不妄动。

（胡曾《代高骈回云南牒》,《全唐文》卷八一一）

奉处分,今世之奖邑大夫也,多以河阳花、彭泽柳为美事,永言至理,我则不然。唯某在其视人如伤,洁己以仕,能怀冰蘖之操,回掩花柳之名,实难其才,得副吾意。前件官展禽苗裔,言偃政能,曾宰济阴,克安属邑,久依江徼,静守穷居,数年而虽甚食贫,直道而未尝改节。今将历试,俾假缺员,无兴喧鹊之讥,勉致驱鸡之术。事须差摄滁州清流县令。

（崔致《柳孝让摄滁州清流县令》,《唐文拾遗》卷四十）

某潦倒不堪,崎嶔可笑。醉登广武,尝妄议于英雄;病卧壶头,始回思于乡里。亦既买山而隐矣,乃如有物以败之。而况邑介通衢,身居谤府,若之何而施设,可以免于悔尤!如公之贤,举国所敬,虽不至言游之室,颇思避齐相之堂。法令为师,敢袭汉儒之卑论?诗书执礼,庶闻夫子之雅言。

（刘克庄《通南剑守游郎中启》,《全宋文》卷七五五四）

自我来衰,朝夕亲炙。我有积疑过扬雄之宅;公无一事至言偃之室。论多同而少异,情每见而加密。

（刘克庄《祭张敏则都丞文》,《全宋文》卷七六四六）

所谓行人失者,乃使吾身亲之方入闻言偃之弦。

（李刘《四六标准》卷十一《代袁子固谢县宰宽假》）

穿相如之犊鼻,久困糟丘;提言偃之牛刀,幸临花县。欲抒情素,宜布缄縢。恭惟某官,气盖一时,名高四海。不借誉于台省,亲受知于冕旒。出镇边城,夷狄想闻其威望;升华延阁,搢绅咸仰于风流。虽居轩冕之荣,尚有烟霞之望。杜门伏气,燕坐欢心。奉香火于琳官,久绵岁月;秉权衡于鼎立,蔑介胸怀。某,山泽臞儒,尘埃俗吏。入某国而知其教,已叹儒风;居是邦而事是贤,行依德庇。

（周少蕴《赴任上寄居宝学启》,《五百家播芳大全文粹》卷四十四）

孔子曰:"三人行,必有我师。"以三人之寡而犹足,有贤者而可师。夫三人尚尔,况为一邑者哉?言偃为武城宰,孔子曰:"汝得人焉尔乎?"武城,小邑也,孔子责其贤。夫一邑尚尔,况为一国者哉?魏文侯得卜子夏、田子方、段干木而师之,得魏成子、乐羊、李克、屈侯鲋而臣之,遂为显诸侯。夫为一国尚尔,况为天下者乎?故虽尧舜禹汤文武周公之为天下,其圣智聪明,已不可升级而望之矣。

(郑獬《郧溪集》卷十六《举士论》)

如某者,潜心往哲,述业晚生。步虽历于藩篱,识未通于堂奥。非谢家之兰玉,乏言偃之渊源。一日未忘,三余自励。奉过庭之训,虽凤闻于义方;抚满籝之金,尚有惭于世业。

(华镇《云溪居士集》卷二十五《谢解启》)

某跻攀末第,展转十年。分席鹭洲,幸免嘲于群弟;授书乌幕,偶见录于诸公。曩叨汉阙之班,今问剡溪之戍。冒然来只,何所恃哉?不图言偃之宰武城,获事阳城之居晋鄙。使爱人以德,或容窃荫于枌榆;则为政不难,庶可回春于桃李。通名之始,因谢以祈。

(陈著《本堂集》卷六十《通谢寄屠倅雷发启》)

伏审光奉宸恩,宠将使指。纶言诞布,舆诵均欢。恭维某官,松柏挺资,圭璋成器。无双流誉,独高荀爽之八龙;累百论长,蚤擅祢衡之一鹗。休息乎篇籍之囿,翱翔乎礼乐之场。穷言偃之渊源,陋贾山之涉猎。

(傅察《忠肃集》卷中《贺林德祖提学启》)

如某者,侏儒散质,樗栎下材。偶缘世及之私,遂猎俸余之养。视营营而若丧,期效一官;岁冉冉而不留,行逾二纪。乏刘剧拨烦之敏,贻包羞尸素之讥。缅以深汲而亟穷,爝或小明而鲜继。士元骥足,孰敢自名;言偃牛刀,初不知措。效颦无补,失伍几多。

(刘弇《龙云集》卷十四《代李令谢举升擢启》)

伏审光膺纶命,出宰花封。境内衣冠,企听风声之美;山中父老,喜闻车马之音。某官,国器宏深,德名高远。门地东京之望族,风流南土之翘材。尚亏九仞之山,聊试一雷之士。汉庭下诏,先崇师帅之官;言偃操刀,必扳弦歌之誉。某,养疴林野,占籍侯邦。老景侵寻,余生溘落。窃有阴云之幸,宜深贺厦之诚。赖高贤之可依,略病夫之苟礼。飞藤缄而先及,落蓬瓮以增辉。感悚之诚,敷陈莫罄。

(王庭珪《卢溪文集》卷三十九《回路知县启》)

雷社分封,恩视子男之贵;棠荫展治,政施父母之仁。渔樵始蔼于欢谣,宾佐宜伸于宴喜。恭惟知县,词林老匠,桂籍真仙。宪章明习如马周,弦歌闲暇若言偃。下车未久,盈阶已底于雉驯;推毂有期,当路仞飞于鹗荐。暂屈浚仪之风雅,将期卓茂之功名。

（史浩《鄮峰真隐漫录》卷三十七《余姚待新宰致语》）

世无大人君子,考其往行焉。至鲁哀公时,孔子以礼乐修明先王之教,与其徒言偃、宰我始以生为尸祝相与揖让于俎豆之间,而制其登降之节,献酬之数,著于诗、书,用防后世之乱,生之名乃复尊显。

（朱晞颜《瓢泉吟稿》卷五《鞠生传》）

明公博识多闻,岂不见仲尼乎？仲尼之圣逾尧舜,颜子之贤过夔龙。六合茫茫无立锥之地者,盖无其时也。适使仲尼生于秦末,乘胡亥之乱,用颜回、闵损为宰相,子路、冉有领将军,子贡、宰我充行人,子夏、言偃典书檄,虽六合鼎沸,可期月而定也。

（胡会《胡会为之辞》,《全蜀艺文志》卷四十三）

呜呼,此古今之所以鲜成材,而道之所以不明不行也。大抵中人以下,多流于愚不肖之不及,而不能缘末以求本;中人以上,又几于贤智者之过,而不免于务本而遗末。奚独一言偃然哉？虽然,吾于宋之程氏而有取焉。盖昔之论其学者,以为尽性至命,必本于孝弟;穷神知化,由通于礼乐。而其所以教人者,亦不出此。则此之所论,固不可谓之臆说也。噫,是有以知道器之一致,而本末之一理矣。后之有志于学者,请以程氏为法。

（王立道《具茨文集》卷二《洒扫应对是其然论》）

呈为举旷典以崇先贤,以沐后学事。切照先贤吴公子游言氏,北学中国,开荆蛮之陋风,亲炙宣尼,为圣门之高弟,名侪十哲,贤并四科。大江以左,人得精华之正传;由周而来,士知文献之遗脉。凡我南方之学者,推为东海之圣人。辟彼禅林,赖此开山之祖;拟诸公族,复有继别之宗。维我常熟之邦,实为降神之地。三千年遗宅,而墨井犹存;数百代封丘,而夜壑永妥。盖亦孔子之阙里,而孟氏之驺乡也。但春秋俎豆,虽宗祀之有祠,而冬夏诗书,尚讲肆之无所。黉宫之号舍有限,青衿之增额愈多。家庙虽存,裔孙杂处;专祠固在,湫隘难容。以故有志于静学者,而家无精舍,遂僦居于丛林;雅意于乐群者,而公乏讲堂,辄借窗于巨室。窃念敝邑虽陋,既为先贤父母之乡邦,某等不才,亦忝后学子弟之列。生于其乡,而欲成其乡之人者,实大贤开来之心;学乎其道,而欲得乎道之门者,又吾儒仰止之志。伏乞效白鹿之成规,放紫阳之遗事,择地一所,建院一区,额则取文学之嘉名,义实为胶序之羽翼。兴起斯文,举千年之旷典;表章正学,增一时之伟观。庶几弦歌之声,继武城而再起;文物之盛,并邹鲁而弥芳。为此具呈。

(孙楼《刻孙百川先生文集》卷九《请建文学书院呈》)

云再拜。国土之邦,实钟俊哲。太伯清风,遁世立德。龙蜿东岳,三让天下。垂化迈迹,百代所晞。高踪越于先民,盛德称乎在昔。续及延陵,继响驰声。沉沦漂流,优游上国。聆音察微,智越众俊。通幽畅遐,明同圣哲。言偃昭烈于孔堂,伍员迈功于诸侯。自秀伟相承,明德继踵,亦为不少。吴国初祚,雄俊尤盛。今日虽衰,未皆下华夏也。

(梅鼎祚《西晋文纪》卷十七《与陆典书书》)

臣属苏州府常熟县,为先贤言偃故里。偃以文学著称,弦歌之化,深契圣心。其"学道爱人"一语,可为治行之准。所称"行不由径,非公不至"可为取人之法。盖以诗书礼乐为教,孜孜以人才风化为先务,视有勇足民,精粗不侔矣。尝考《礼记·檀弓》所载,时人问礼者十有四,皆以子游一言为可否。盖其考礼论道,必贵知本,不仅在器数仪文之末,可谓得圣学之精华者矣。且孔门诸贤,多产鲁、卫,密近圣居,兴起为易。独偃生长勾吴,政教之所不通,乃能奋起遐荒,学传洙泗,开东南数千年人文之盛,其功之所及,尤大且远。而后裔未获邀一命之恩,实为缺典。恭惟我皇上,神圣天纵,集尧舜以来之大成,既已海内乂安,治化蒸蒸,更修明典礼,表章先哲,文治之隆,万古为昭。倘蒙圣恩,念偃之贤,比例仲由,录其子孙,于以光大治化,昭示来兹,裨益良匪浅鲜矣。

(汤斌《汤子遗书》卷二《请录先贤后裔疏》)

五伯之称,始见于《左氏传》,绝无名号可考。……然则吴之有功诸夏,不为不多且久矣。其国中之贤者,如言偃既已登孔子之堂,而延陵季子又为孔子所重,则吴且俨然衣冠礼乐之邦,而可以夷狄黜之邪?

(汪琬《尧峰文钞》卷九《吴越无伯辨》)

窃见处士雁门周续之,清真贞素,思学钩深,弱冠独往,心无近事。性之所遣,荣华与饥寒俱落;情之所慕,岩泽与琴书共远。加以仁心内发,义怀外亮,留爱昆卉,诚著桃李。若升之宰府,必鼎味斯和;濯缨儒官,亦王猷遐缉。臧文不知,失在降贤,言偃得人,功由升士。愿照其丹款,不以人废言。

(刘柳《荐周续之》,《骈体文钞》卷十五)

上编　历代经史子集中的言子

弟子三千,身通六艺者七十二人。颜回、闵损、冉耕、冉雍、端木赐、宰予、仲由、冉求、言偃、卜商、颛孙师、曾点、曾参、澹台灭明、高柴、宓不齐、

(吕抚《二十四史通俗演义》第九回)

《拟作一》:叔孙氏之人采薪于野,忽捉得一兽,其状甚奇。问之人,咸不识。然而死矣。以为不祥之物,则弃之五父之衢。冉有入告夫子曰:"此兽之身似鹿,而有肉角,岂非天下之妖物?"夫子曰:"其兽何在?吾将往观之。"高柴为夫子御车。夫子曰:"吾思求之所言,此物其为麟乎!"视之,果麟也。言偃曰:"凤为百鸟之王,麟为百兽之王,其见甚难。今日麟忽自出,敢问祥瑞安在?"子曰:"天子有德,天下太平,则麟凤见。今周室将灭,天下大乱,麟为谁而来哉?"遂泣曰:"余一身,亦一麟也。麟死,而吾道穷矣。"遂作歌以写其悲。

《拟作二》:锄商薪于野次,获一异兽,死之。问众,莫举其名。商曰:"是不祥者也。"弃诸五父之衢。冉有见之,入告夫子曰:"兽之身麇也,而角则肉也,此其为妖乎?"夫子曰:"予将即而观之。"高柴御。子曰:"果如求言,兽必麟也。"视之,果为麟。言偃曰:"凤为鸟宗,麟为兽宗,二者均祥物也。今日麟出,谁主其祥?"子曰:"圣主而世治,则麟凤龟龙为之祥。今宗周陵替,且灭矣,麟之出,不为周祥也,其应当在我。"因泣曰:"我其麟乎?麟死,而吾道穷矣。"遂作歌以寓其悲。

(林纾《浅深递进国文读本》,《林纾集5》)

[参考文献]

一、经部中的言子

杨伯峻、杨逢彬注译:《论语译注》,岳麓书社,2009年。

杨伯峻、杨逢彬注译:《孟子译注》,岳麓书社,2021年。

刘方元、刘松来、唐满先编著:《十三经直解·礼记直解》,山西人民出版社,1996年。

陈旸撰:《乐书》,四库全书本。

吴玉搢撰:《别雅》,四库全书本。

二、史部中的言子

司马迁著:《史记》,中华书局,1982年。

范晔著:《后汉书》,中华书局,1973年。

沈约著:《宋书》,中华书局,1974年。

令狐德芬、长孙无忌、魏徵著:《隋书》,中华书局,1973年。

刘知幾著:《史通》,四部丛刊本。

陆广微等著,陈其弟点校:《吴中小志五编》,广陵书社,2022年。

王溥撰:《唐会要》,四库全书本。

乐史撰,王文楚等点校:《太平寰宇记》,中华书局,2007年。

朱长文撰,金菊林点校:《吴郡图经续志》,江苏古籍出版社,1999年。

郑樵撰:《通志》,四库全书本。

苏辙撰:《古史》,四库全书本。

潜说友撰:《咸淳临安志》,四库全书本。

吕祖谦撰:《大事记解题》,四库全书本。

范成大撰,陆振岳点校:《吴郡志》,江苏古籍出版社,1999年。

金履祥编:《资治通鉴前编举要》,四库全书本。

马端临撰:《文献通考》,清浙江书局本。

脱脱等修:《宋史》,中华书局,1977年。

孙应时纂修,鲍廉增补,卢镇续修:《至正重修琴川志》,方志出版社,2013年。

张铉撰:《至大金陵新志》,四库全书本。

李之藻撰:《泮宫礼乐疏》,四库全书本。

《大明孝宗敬皇帝实录》,明抄本。

李贤等撰:《明一统志》,四库全书本。

张鼎等撰:《虞山书院志》,明万历刻本。

马骕撰:《绎史》,四库全书本。

张廷玉等修:《明史》,中华书局,1974年。

孔毓圻等撰:《幸鲁盛典》,四库全书本。

雍正皇帝编撰,张万钧、薛予生编译:《大义觉迷录》,中国城市出版社,1999年。

北京图书馆出版社辑:《朝鲜王朝实录》,北京图书馆出版社,2011年。

三、子部中的言子

马承源主编:《上海博物馆藏战国楚竹书(八)》,上海古籍出版社,2009年。

尸佼撰:《尸子》,四库全书本

荀子撰:《荀子》,四库存全书本。

孔鲋撰:《孔丛子》,四库全书本。

刘向撰,卢元骏注释:《说苑》,天津古籍出版社,1997年。

王充撰:《论衡》,四库全书本。

王肃撰:《孔子家语》,四库全书本。
白居易原本,孔传续撰:《白氏六帖事类集》,民国景宋本。
林宝撰:《元和姓纂》,四库全书本。
黎靖德编:《朱子语类》,四库全书本。
邓名世撰:《古今姓氏书辩证》,四库全书本。
叶庭珪撰:《海录碎事》,四库全书本。
陈振直撰:《直斋书录解题》,四库全书本。
李昉撰:《太平广记》,四库全书本。
叶适撰:《习学记言》,四库全书本。
孙奕撰:《示儿编》,四库全书本。
洪迈撰:《容斋随笔》,四库全书本。
胡宏撰:《知言》,四库全书本。
王应麟撰:《姓氏急就篇》,四库存全书本。
叶鳌撰:《爱日斋丛抄》,四库全书本。
释念常撰:《佛祖通载》,四库全书本。
陶宗仪撰:《辍耕录》,四库全书本。
陈士元撰:《名疑》,四库全书本。
董斯张撰:《广博物志》,四库全书本。
胡爌撰:《拾遗录》,四库全书本。
章潢撰:《图书编》,四库全书本。
陈梦雷编纂:《方舆汇编·职方典》,《古今图书集成》本。
张英等编修:《御定渊鉴类函》,四库全书本。
王应奎撰:《柳南随笔续笔》,《丛书集成初编》本。

四、集部中的言子

萧统编,李善注:《昭明文选》,崇文书局,2018年。
董诰等编:《全唐文》,中华书局,1983年。
董诰等编:《唐文拾遗》,中华书局,1983年。
曾枣庄、刘琳主编:《全宋文》,上海辞书出版社、安徽教育出版社,2006年。
李刘撰:《四六标准》,四库全书本。
魏齐贤、叶棻辑:《五百家播芳大全文粹》,四库全书本。
郑獬撰:《郧溪集》,四库全书本。
华镇撰:《云溪居士集》,四库全书本。

陈著撰:《本堂集》,四库全书本。

傅察撰:《忠肃集》,四库全书本。

刘弇撰:《龙云集》,四库全书本。

王庭珪撰:《卢溪文集》,四库全书本。

史浩撰:《鄮峰真隐漫录》,四库全书本。

朱晞颜撰:《瓢泉吟稿》,四库全书本。

周复俊撰:《全蜀艺文志》,四库全书本。

王立道撰:《具茨文集》,四库全书本。

孙楼撰:《刻孙百川先生文集》,明万历刻本。

梅鼎祚撰:《西晋文纪》,四库全书本。

汤斌撰:《汤子遗书》,四库全书本。

汪琬撰:《尧峰文钞》,四库全书本。

李兆洛撰:《骈体文钞》,岳麓书社,1992年。

吕抚编写,纪山、于青校点:《二十四史通俗演义》,群众出版社,1997年。

江中柱等编:《林纾集5》,福建人民出版社,2020年。

中编　历代碑记序跋中的言子

一、碑　记

武 斑 碑
[汉]

建和元年,大岁在丁亥,二月辛巳朔,廿三日癸卯,长史同□□□□□□□敦煌长史武君,讳斑,字宣张。昔殷王武丁,克伐鬼方。元功章炳,勋臧王府。官族析分,因以为氏焉。武氏盖其后也。商周遐邈,历世圹远,不陨其美。汉兴以来,爵位相踵,□朝忠臣。

君幼□颜、闵之懿质,长敷游、夏之文学。慈惠宽□,孝友玄妙。苞罗术艺,贯洞圣□,博兼□□,耽综典籍。□思□纯,求福不回。清声美行,阐形远近。州郡贪其高贤幼少,请以□□岁举。□翼紫宫,□□诏除,光显王室,有□于国,帝庸嘉之。掌司古□,领校秘奥,研□幽微。追昔刘向、辩、贾之徒,比□万矣。时戎□□,匡正一□。□朝廷惟忧□□,有司□□举君。斑到官之日,□励吏士,哮虎之怒,薄伐□□。□□□,□□□并,百姓赖之,邦域既宁。久劳于外,当还本朝,以叙左右。

以永嘉元年,□月□日,遭疾不□,哀哉！于是金乡长河间高阳史恢等,追惟昔日,同岁郎署,咸□为自古在昔,先圣与仁。□□兴替,□□人存,生荣死哀,是为万年。伊君遗德,□孔之珍。故□石铭碑,以旌明德焉。其辞曰:

於惟武君,允德允恭。受天休命,积祉所钟。其在孩提,岐嶷发踪。谦□守约,唯谊是从。孝深《凯风》,志洁《羔羊》。乐是□□,恬此荣光。孳孳临川,窥见□墙。庶仰其首,微妙玄通。□然清邈,□□□□,□□升□,为帝股肱。扶助大和,万民乃蒙。显宗□□,史官书功。昊天上帝,降兹鞠凶。晻忽徂逝,□□□宫。不享耆耇,大命□□。百辽惟□,后帝感伤。学夫丧师,士女凄怆。旌表金石,令问不忘。垂□后昆,亿载叹诵。

尚书丞沛国萧曹芝□宣,成武令中山安意曹种□□,丰令下邳良成徐崇□□,故陈留府丞鲁国鲁□□□□,防东长齐国临淄□,纪伯允书此碑,□严祺,字伯鲁。

(《北京图书馆中国历代石刻拓本汇编》册一)

郑固墓碑

[汉]

君讳固,字伯坚,蓍君元子也。含中和之淑质,履上仁之清操,孝友著乎闺门,至行立乎乡党。初受业于欧阳,遂穷究于典籍。膺游夏之文学,襄冉季之政事。弱冠,仕郡吏诸曹掾史、主簿、督邮、五官掾功曹。入则腹心,出则爪牙,忠以卫上,清以自修。犯颜謇愕,造膝危辞。加以好成方类,推贤达善,逡遁退让,当世以此服之。群后珍玮,以为储举,先屈计掾,奉我方贡。清眇冠乎群彦,德能简乎圣心。延熹元年二月十九日,诏拜郎中,非其好也,以疾锢辞,未满期限,从其本规。乃遘凶愍,年卅二,其四月廿四日,遭命陨身,痛如之何?

先是,君大男孟子,有杨乌之才,善性形于岐嶷,□□见于垂髫,年七岁而夭,大君、夫人所共哀也,故建防共坟,配食斯坛,以慰考妣之心。琦、延以为至德不纪,则钟鼎奚铭。昔姬公□武,弟述其兄。综□□,□□行,于蔑陋,独曷敢忘!乃刊石以旌遗芳。其辞曰:

于惟郎中,实天生德。颐亲海弟,虔恭竭力。教我义方,导我礼则。传宣孔业,作世模式。从政事上,忠以自勖。贡计王庭,华夏归服。帝用嘉之,显拜殊特。将从雅意,色斯自得。乃遭氛灾,陨命颠沛。家失所怙,国亡忠直。俯哭谁诉,仰唬焉告。嗟嗟孟子,苗而弗毓。奉我元兄,修孝罔极。魂而有灵,亦歆斯勒。

(《北京图书馆中国历代石刻拓本汇编》册一)

请雨铭

[汉]

□□□□□时□五官中郎□,鄢陵□□□□并。熹平四年来请雨嵩高庙。典大君讳协,字季度。自为郡主簿,作阙铭文,后举孝廉,西鄂长,早终。叙曰:

于惟我君,明允广渊,学兼游夏,德配臧文。殁而不朽,实有立言。其言惟何,□□□□。

(《北京图书馆中国历代石刻拓本汇编》册一)

元彦墓志

[北魏]

魏故持节、督幽豫二州诸军事、冠军将军、豫州刺史、乐陵王元君墓志铭。

君讳彦,字景略,河南洛阳都乡光穆里人也。恭宗景穆皇帝之曾孙,侍中乐陵之孙,镇北将军、乐陵密王之世子,袭封乐陵王。

中编　历代碑记序跋中的言子

　　王承光日隙，资辉月宇。仁峻五岳，智汪四海。岐嶷孝敬，分曾参之誉；夙宵忠节，争宣子之响。文蔼游夏，策猛张韩。超然寰外，则扇翻于云峰；卓尔俗表，则志陵于星翚。王森若松圃，芳似兰苑。奢非所尚，慕俭自德。摄基金声，升朝玉振。以永平之中授骁骑将军，翔缨肃阁，施勤帝道。于延昌之末，迁为持节、督幽州诸军事、冠军将军、幽州刺史，王如故。王克莅西蕃，民钦教遵风。昔文王流化，未之殊也。今古虽邈，论道若近。

　　方欲飞舲擢汉，籍泛霞阙。而昊天不吊，歼我良人，厥龄四七。以熙平元年岁次丙申，九月乙丑朔，廿四日戊子，薨谢中畿伊洛之第。哲而不幸，唯王是焉。皇帝悼楚，朝野泫泪。追赠豫州、将军本号，以十一月十日窆于金陵。若夫非刊瑶铭，何以凋玉，乃作颂曰：

　　天地载清，二象垂辉。昂藏宝君，逸矣琼姿。皎洁斌响，启文克威，卓尔孤贞，如彼松滋。超然独朗，似月横飞。长幼慈孝，敬尊礼卑。携琴晓涧，命友夕诗。岐冠金声，玉振承基。入翔霞禁，出莅云州。省誉蔼蔼，蕃名休休。逍遥逸趣，散诞庄周。气秀五峰，风波四浮。鉴今洞典，识峻古丘。宜钟鸿寿，扇翻优游。不吊昊天，忽歼良球。昆山坠崿，瑶池卷流。缙绅吐叹，朝朋饮忧。泉墟易暗，镜量难求。

　　（《北京图书馆中国历代石刻拓本汇编》册四）

齐故东周县令李明府墓志铭
［隋］

　　君讳盛，字双显，景州鲁城人也。柱史将迈，紫气丽于高天。将军出征，清泉涌于厚地。自斯以降，世有哲人。或道著丘园，或才佐廊庙，皆名书于竹帛，功志于盘盂。祖婆，罗州主簿，望显邦家。父丑，南安郡守，治平天下。

　　君禀性聪敏，器度渊广，故能衿气特立，风颜凤成。朝学夕讲，怀郭亮之少聪；应声对□，有张俨之幼捷。其事父母也，则爱敬成名；其交友朋也，则信义称诚。宗门才子，乡邑善人。齐武定四年，瀛州刺史刘凝，褰帷访善，乃辟君为西曹书佐。于是访谋治典，咨询礼容。君雅闲宽猛，尤见器重，乃令君行东周县令事。在任二周，民风一改。虽子游之处武城，弦歌易俗，不齐之居单父，仁及螟虫，拟于其人，莫相尚也。春秋六十七，以大隋开皇十四年卒于里舍。其十八年十月十二日，与夫人刘氏合葬于鲁城县西南四里。恐陵谷贸迁，辉猷遂尽，乃为铭曰：

　　丹桂有丛，鹓鹭为群。克昌上世，繁衍后昆。入秦卿相，出塞将军。纵横书计，宕轶风云。伊人挺生，秀异含贞。珠明玉润，松操兰馨。天生讲论，特达文情。飞声腾实，流誉驰名。唯良作牧，旷职求贤。芳猷既抱，辟书降田。应时奋飏，济减享鲜。生荣死哀，照后光前。世途局促，人生几何？藏舟已去，隙驷来过。朝坟烟密，夜树风多。

一离闉廓,永宅丘阿。

(《全隋文补遗》卷三)

太尉秦王刀人高惠通墓志铭
[唐]

刀人字惠通,渤海人,其先高辛氏之胤也。祖成,并世著英声,门传冠冕。金玉交映,青紫相晖。父世达,隋密州高密县令。制锦有方,不假询于子产;弦歌远播,遂得之于子游。刀人立性温恭,禀质柔顺。三从既备,四德无亏。武德五年六月五日,被选入内,以为刀人。睹洛神之词,嗤宓妃之娇态;观鹊巢之咏,慕后妃之令淑。秋风未发,悲兰蕙之早凋;寒霜靡零,嗟桃李之先落。武德九年四月十日寝疾,卒于公馆。春秋卅,即以其月十四日葬于长安县龙首乡。乃为铭曰:

洪原眇眇,华胄绵绵。公侯世及,冠冕相传。诞生淑懿,绝后光前。兰桂竞馥,桃李争妍。始陪华馆,翻悲逝川。草低晓露,松没朝烟。如何匦玉,永閟幽泉。

(《全唐文补遗》第三辑)

广宗潘君伽墓志铭(并序)
[唐]

君讳伽,清河广宗人也。锡土命氏,门盛承家。司徒冠温柔之篇,大夫光记事之典。焕乎前载,无俟扬确。祖淹,魏镇东将军、金紫光禄大夫、幽州范阳郡守。任兼文武,绩著循良。父叉,齐瀛州博野县令。高山景行,没而不朽。君禀月穴之资,耀蓝田之采。十城连价,岂有待于琢磨;五色成章,故无劳于剪拂。加以识洞玄解,性与道俱。比澄澜而自清,对虚室而生白。游心物外,隐迹人间。遂公理之平生,任嗣宗之疏放。极逍遥之致,混物我之怀。每有泉石叶心,辄留连忘反,类子游之乘兴,同季伦之夕归。武德八年,远游江左。其年三月九日,终于广陵之扬子津。呜呼哀哉!空余白马之宾,徒悲絮酒之客。生涯已矣,魂爽何之?夫人弘农杨氏,作嫔君子,用谐琴瑟。武德四祀,言旋故乡,途次邺城,为逆贼所害。于时豺狼充斥,封树淹沦,徒切卞氏之心,无复邹人之记。长子世胄,次子世义,率由孝友,痛风树之不止,号穹苍而罔极。粤以贞观二年太岁戊子十一月十八日,招魂合葬于河南县千金里。式镌贞石,以述芳猷。其词曰:

弈弈嵩华,滔滔江汉。良材构夏,明珠润岸。大夫折冲,司徒贞干。职参六典,功侔十乱。将军骑吹,邑宰弦歌。悬金递奏,鸣玉相和。鹓鸾骞骞,芝桂骈罗。名高六郡,声驰九河。惟君贞亮,依仁据德。冒雪后凋,凌霜自直。心出嚣尘,志存玄嘿。盗泉不饮,恶木匪息。愁觏河曲,溯棹江津。行不弃侣,居必择邻。韬光隐迹,养素全真。

与物无竞,随时屈申。小年既住,大川不辍。怛化惟杨,归□□汭。同衾异县,烟销电灭。魂兮可归,庶几同穴。松间风急,陇□□□。人悲薤露,日惨寒原。千乘会葬,四牡嘶辕。佳城载掩,孰启泉门。

(《全唐文补遗·千唐志斋新藏专辑》)

唐故涪州永安县令轻车都尉乐君善文墓志铭(并序)

[唐]

君讳善文,字善文,南阳人也。帝喾之末胄,殷汤之苗裔焉。司城辅宋,以不会为宝;昌国佐燕,以忠诚立效。洎乎武陵太守,东汉驰名。吏部尚书,西晋称美。焕乎前册,可略而言。曾祖眘,后魏冠军将军、高平郡太守。祖隆,后魏安南将军、东莱郡太守。父贞,齐太子舍人,隋忻州长史。君精应神嵩,岂唯申甫?禀灵长汉,非独王扬。幼若成人,夙标令德。性甚端悫,绝势利之交;莅职清廉,无脂膏之润。起家冯翊郡冯翊县户曹。君以才为时须,自强不息,考称善最,秩有加焉。寻授绛州稷山县丞。善于毗赞,明于治道。豪侠畏威,孤惸怀惠。以君功名克著,品秩优隆,迁秦州长川县令。氐羌之地,礼义罕闻。下车未几,顿移风俗。虽复割鸡喻于子游,绊骥方于季重。语其善政,彼有惭德。改授荆州石首县令。君导德齐礼,宽猛相兼。抚弱绥强,弦韦合度。民吏怀恩,颂声洋溢。岂如新息建节,徒闻贾子之名;汝南叔阳,空留神父之号。改授商州上洛县令。东邻武阙,西界崤关。山路萧条,田畴硗埆。氓庶每遭饥馑,所食藜藿而已。君敷政百里,务彼三农。使户餍稻粱,家丰菽粟。何如汲县,唯传甘雨之歌;讵似荥阳,独有殷沟之颂。改授涪州永安县令。地连庸蜀,俗号蛮夷。君绥导多方,化如风靡。才移岁序,咏歌盈术。鲁恭驯雉,焉能譬此仁明;王阜回鸾,未足方斯善政。操刀未几,充使惟扬。涂次江陵,婴缠气疾。正当延斯天禄,振此芳猷。岂谓五福未终,三灵降眚?以贞观廿一年正月廿日,卒于荆州石首县归义里,春秋六十有七。呜呼哀哉!即以其年十月八日,葬于河南县平乐乡安川里。虽盛德不泯,而陵谷贸迁,爰勒兹铭,庶几永固而已。其词曰:

系自帝喾,氏出殷商。司城清俭,昌国忠良。武陵令问,吏部流芳。烈祖显考,代有珪璋。惟君承嗣,禀灵岳渎。其直如矢,其德如玉。怀此冰清,职彼县局。匪懈于位,优加考禄。职□二命,毗赞一同。君长显誉,民吏承风。威彼豪侠,惠此孤穷。功名克著,品秩优隆。驰名晋邑,制锦秦川。七戎旧壤,五教俱捐。风俗移□,礼义斯宣。子游愧德,季重□贤。石首凋弊,冥也无识。伊君字抚,俾民作则。氓俗饶衍,士女归德。方驾汝南,齐镳新息。萧条山路,硗埆田畴。氓庶饥馑,藜藿是求。仓庾惟亿,栖亩不收。歌逾甘雨,颂美殷沟。绥抚蛮俗,化如风靡。德比回鸾,恩俦乳雉。勤恤王事,婴缠疴瘅。福有祸伏,祸无福倚。如何不淑,灾眚滥流。奄从物化,人百其忧。荒林鸟思,峭岭云愁。徒刊金石,永谢芳猷。

(《全唐文补遗》第二辑)

大唐故郑州新郑县令刘君文墓志铭(并序)

[唐]

君讳文,字德逸,彭城人也。高阳之裔,屈刘之后。以王父字为氏,因以命族焉。升良弼于魏庭,登嘉辅于汉室。家鸣钟鼎,门列王侯。珥笔轩墀,垂旒廊庙。备于史册,可略而言。祖茂,齐鹰扬郎将。父拱,隋上骑都尉。并追风逐日之马,吟猿落雁之弓。声驰鼻饮之乡,威振头飞之国。君邓林擢干,昆岭分峰。器度宏深,风神举秀。霜毛值世,还同吕望之年;皓首逢时,岂异冯唐之岁?贞观廿三年,改授郑州新郑县令。虽复不临单父,挥琴得宓贱之风;未往武城,割鸡有子游之美。不谓阅川以迫,崦光遽晚。俄而遘疾,掩从迁化。粤以贞观廿三年八月五日,卒于私第,春秋八十有三。遂使门哀撤瑟,邻怆停舂。琴无别鹤之音,笛败龙吟之韵。即以其年八月十八日,瘗洛阳清风乡邙山之原,礼也。山非荆岭,翻埋和氏之珍;地异汉川,忽掩随侯之宝。勒兹贞石,惧陵谷之贸迁;刊此玄铭,使德音之不朽。呼呜哀哉!乃为铭曰:

源流浩汗,枝叶扶疏。楚之令尹,晋之大夫。摩肩麟阁,叠迹承庐。惟君秀起,映雪披书。横行洙泗,高步石渠。拂衣求仕,函谷弃缣。时逢丧乱,渭水探鱼。抽簪入道,鹫岭崇虚。兴王郁起,妖氛屏除。吕生年过,冯子岁余。恩封县宰,粟赉成储。天地长久,日月亏盈。人世风烛,今古伤情。哀埋玉树,怆掩玄扃。荒郊雾重,古木云轻。山山寒色,树树秋声。泉台永夜,讵觉春荣。唯余松柏,岁暮空零。

(《全唐文补遗》第三辑)

唐故王君才墓志铭

[唐]

君讳才,字玄德,其先太原人也。盛汉之初,忠孝流于后叶;有周之始,□价播于前规。曾祖绍隆,齐别驾。内苞三德,外赞六条。冠盖攸归,人谣是冀。悬榻待士,无谢古人;启阁招贤,何惭往彦。祖和,魏县令。宣言百里,若影随标;敷教一同,如风靡草。鸣琴宓贱,虚誉旧经;弦歌子游,罔谈曩日。君隋仪同。横戈出塞,万骑莫当;扔剑相交,百夫何拟。遂舍兹官宦,志在丘园。性洽琴书,心怀待物。风前月下,飞盖相追;春景秋朝,羽觞交错。轻千金有同粪土,重一诺事等丘山。雅好清谈,尤敦敬爱。惟德是辅,始验虚言。积善余庆之征,方呈妄旨。粤以永徽五年三月朔一日丁未,卒于家,春秋六十有三。即以其年岁次甲寅三月廿四日其辰庚午,葬于北邙之山。其地北俯黄河,南瞻嵩岳,西负函谷,东带故城。呜呼哀哉!旷野萧条,寒云起而还灭;孤坟阒寂,

惊禽去而复来。将恐海变桑田,陵成幽谷,敬勒徽旨,乃作铭云:

电影难留,隙驹易谢。既类风烛,还同幼化。百丈泉深,千秋长夜。

(《全唐文补遗》第四辑)

唐故洛州新安县主簿济阳丁公墓志铭
[唐]

公讳孝范,字敬则,陈留济阳人也。其先司徒固之后。若夫春山玉种,光芒昭桑之晖;渤澥珠胎,孕育连城之□。家风祖德,儒墨传弓冶之资;盛绪洪宗,轩冕富箕裘之业。祖旭,隋河内令。尹何为政,行闻制锦之能;子游出宰,坐致弦歌之乐。父信,文林郎。幽贞殖操,雅澹为怀。方追五岳之游,早勖三山之契。公幼彰素履,少禀黄中,悬明镜而不疲,设洪钟而待扣。兰薰雪白,物望动于函京;龙翰凤鹏,声名振于河洛。金门对册,擢第居三道之宗;石渠持论,奏议在四科之首。起家除职方主事,□□安主簿,分司下国,赞职中都。得善最于宵渔,验循良于夜天。盈几堆案,兼意匠于文词;错节盘根,究情实于豪翰。方冀握兰含馥,承帝典于青蒲;骢马绣衣,奉皇华于白简。而终军俊妙,俄太□于彭殇;管辂才明,忽悲凉于夭寿。呜呼哀哉!春秋卅八,奄□仪凤二年岁次丁丑五月甲辰朔廿日癸亥遘疾□□政□里之第。夫人琅琊郡王氏,仍以调露元年岁次己卯八月己酉朔十二日庚申合葬于邙山,礼也。嗣子元休,感严霜之既坠,痛寒泉之已□。本遗训于藏书,播徽猷于翠碣。词曰:

崩腾峻趾,□簿□□。汉朝茂族,魏代高门。材同杞梓,馥喻兰荪。克嗣前烈,光□后昆。仁义为贵,道德称尊。□郑嘉偶,潘杨懿婚。人琴已□,鹊镜空存,关山□而日落,原野晦而云繁。勒□文于不朽,树□陇而何言。

(《洛阳流散唐代墓志汇编》)

大周文林郎上护军韩府君仁惠墓志铭(并序)
[唐]

公讳仁惠,南阳人也。昔轩丘出震,风后称臣。列土封疆,地临鹑首。花岩孕业,家控龙津。茂叶荣枝,比邓林而郁□;深源浚谷,类鲲壑而沖瀜。既入晋而称卿,逢汉朝而作将。服神丹而访道,逸迹霸陵;控白鹿以成仙,追游太室。并以光辉简册,无假一二详焉。祖讳隐,梁朝任汝州鲁山县令、蕲州司马。化光雅俗,政洽黎甿。胜邑谢其铜章,列郡锵其玉绶。父如意,隋任滑州司户参军,唐任幽州良乡县令。匡字滑台,户滋人亿。抚临幽部,羊马成群。括岑孝之高风,笼子游之旷绩。公耀仪丹穴,颖秀黄衷。颜氏庶几,多惭宏度;裴君领袖,悬恧长材。千仞冠其大夫,万顷包其丞相。髫年秀异,卯岁英灵。笋孕寒林,鳞游冰沼。无心筮仕,有志山泉。佩萝薜而赏烟霞,洽琴樽而玩风月。属隆周革命,宝历调年。爰夺山林之情,遂乃授兹勋职。年参大耋,日迫桑榆。叹石火之不停,伤薤露而溘谢。万岁通天二年六月二十三日,卒于章善里之私第。夫人京兆密县丞皇甫晦之女也。粤以其年八月二十一日,同祔窆于洛阳县北邙之高原,礼也。公道范人英,行该间闬。琢磨僚友,黼藻良朋。将恐陵谷忽移,瞻岘峰而不识;桑田倏易,望洙泗而难知。敢述清尘,铭之幽室。其词曰:

物尚其珍,材敦异质。松竹含露,金碧耀日。品藻人伦,吹嘘才子。器深渤澥,调谐宫徵。怡情玉篆,养志山泉。观乔性苑,覆局心田。卦列青乌,溘伤目鸟。陵谷忽变,勒石方晓。

万岁通天二年岁次丁酉八月己酉朔二十一日甲申。

(《全唐文补遗》第五辑)

唐故工部尚书滑国公韦府君夫人故滑国夫人皇甫氏墓志铭(并序)

[唐]

滑国夫人讳维摩,字归正,安定朝郱人也。幼摽聪察,长高令范,灵姿外丰,神□内正。然其为淑也,焕乎若梁间之朝日;然其为德也,散乎同林下之清风。信称阃内之师,岂独女中之最者矣?第如门承簪黻,家满龙凤,焉弈千载,备诸图□焉。曾祖对,周京兆正,累迁虞、和、怀三州诸军事,怀州刺史,进爵杜县开国侯,食邑三千户。禀质嶷矣,有孚挚如,闭户淫书,得先君之糟粕,虚己应物,为后进之衣冠,固能与天子而共化,方诸侯而等列。昔称良二千石,斯之谓欤。祖毅,随汝州期城县令、光州司马。丹石为操,冰泉厉己,掌三变之文律,作八宏之武库。廊庙之下,讵用其材,州县之中,徒污其行。惜哉伟器,沉于下僚。父玄亮,皇朝应孝廉举,解褐为左卫兵曹参军,寻迁通事舍人,秩满除岐州岐山县令。申恩孩下,肩德惩奸,闻弦歌之声若子游也,观鸟兽之异如鲁恭也。总众己以为善,绾一回而阐化,虽年移岁谢,地是人非,而故吏门生怀恩佩德,询诸风化。至于今称之夫人,即公之次女也,酷嗜章勾,耽玩经籍,假使谢韬之词高飞雪,蔡琰之识洞闻琴,殆无以过也。洎乎爰至待年,归于韦氏,既遭良匹,方蹈礼仪,恭慎之心,敬如宾客,唱和之道,顺若阴阳。

既而晚岁,所敦坚持释教,或禅庭寂虑,累日忘归,或精室降心,则通宵不寐。尝纵容谓府君曰:"人之生也,其能几何。夫卷俗背时,精心练行,妾未之逮而有志焉。愿与公释烦恼,□津居清戒之域耳。"府君闻焉,太息欲之而未能致也。寻而府君薨,夫人遘疾。呜呼!大志不谐,小年俄晚。星月增色,收精魄于上天;琴瑟无声,失威仪于内则。春秋七十有五,以景龙元年十二月七日终于宣平之私第也。岂直左右眷念,远近兴感,亦乃流恸宫掖□悼皇情而已哉。有制追赠滑国夫人,仍申吊祭,并赠绢二百匹,葬事官给焉。悲夫!隔以幽明,须遵礼矣。卜其宅兆而安措之,即以明年岁在戊申正月乙未朔廿七日辛酉,合葬于京兆少陵原先茔,礼也。有子等材具秀状,道映今古,有怀大孝,

无异少连,其摧剥也。痛过乎戚,其攀慕也,礼过乎哀,以为树德兴名,必资刊勒,衔酸饮泪,俯托铭云,其词曰:

爰有殊谳兮遭良匹,琴瑟谐和兮闺闱密。忽一化掩琼质岂三千兮见白日。身既殁兮名既存,乌亦飞兮兔亦奔。幽隧寂兮荒野旷,草萦骨兮木敛魂。容言德行兮永已矣,朝朝暮暮兮烟云屯。

(《西安交通大学博物馆藏品集锦·碑石书法卷》)

大唐故中散大夫守荆州大都督□司马上柱国南阳邓府君森墓志铭(并序)

[唐]王绍望

《诗》云:"彼苍者天,歼我身人。如可赎兮,人百其身。"呜呼哀哉!公讳森,字茂林,南阳新野人也。其先帝喾之后。自离封商野,汤有殷国,因封命族,代为著姓。尔其发源篡胄,开国承家。西汉功臣,铜山擅宠;南阳辅圣,高密称侯。而钟鼎联辉,簪裾累业。盖景诸图录,固可略而言焉。曾祖秉,后魏起居郎,后周赠齐、兖、殷三州刺史,陈仓县开国侯。祖陁罗,后周使持节仪同大将军、开国侯,隋授大都督开府仪同三司、右领军卫骠骑将军。父行俨,皇朝应举擢第,蒙授松州嘉城县令,原州都督府仓曹参军,□州诸城、蕲州永宁二县令。并风格标远,气调疏豁。括地荡云之水,未□其源;干天□□之峰,岂阶其峻。慎□□远,百城与四履齐荣;累行畴庸,骠骑共龙骧分贵。公气禀□岳,精含箕昂。倚太清而□风雷,临宇县而光变象。英华外发,和顺内融。闪闪电飞,轩轩霞起。较略文史,从横谈论。□□一卷,志有重于君亲;《老子》二篇,心不忘于道德。而神剑虽隐,紫气恒存;宝鼎尚□,□云□□。落落怀丈夫之节,謇謇有王臣之量。总章二年任国子监学生,天授二年□□□□。观光入辟,先飞隐士之星;射策登科,遽擢太常之第。蒙授右台监察御史里□。万岁通天二年改授左台监察御史。圣历二年改授殿中侍御史。君无虚授,臣不易节。既高避马之威,屡□栖乌之府。贵戚敛手,权臣侧目。久视元年除许州襄城县令。长安三年除洛州河阳县令。其年十月除右台侍御史。襄城旧野,河阳巨镇。王乔向叶,且□飞□;潘岳题诗,还疑吐凤。□子游之为宰,坐奏弦歌;等鲍宣之司宪,更摇簪笔。寻除兵部员外郎,又除吏部员外郎,改授同州长史。神龙三年除驾部郎中。才解绣衣,爰居□□。五□□□,方□建礼之;二女持□,遂入神仙之府。黄童入选,行闻江夏之谣;王祥出佐,□□海□□曲。景龙四年三月除使持节楚州诸军事、守楚州刺史,其年八月□□□除荆州大都督府司马。楚州左控临淮,傍临涨海。等汝南之心腹,方河东之股肱。□□敷奏之能,遽委循良之化。宋均之武,虽已渡河;卢耽之鹤,未能翔汉。沛郡急王□之□,弘农沉景丹之魄。卜年不永,掩归长夜,春秋六十有六。以其年九月廿一日薨于公馆。行路增感,朝廷沮色。长安传哭,恩礼盛于西京;襄阳堕泪,哀恸喧于南岘。嗟乎!天□不辅,方深伯道之悲;宗子无人,遂起刘陶之恨。粤以景云二年二月七日葬于洛阳城北河南北山,礼也。命子延业,号天靡诉,叩地无追。茕茕寡妻,□□崩城之泣;哀哀嗣子,还闻陟岵之声。将恐海变桑出,天回杵倚。李孙成寝,或值于杜君;汉后筑宫,时当于樗里。敢因丰石,敬题清纪。其辞曰:

惟营曰帝,惟殷曰汤。绵绵瓜瓞,郁彼南阳。祖德无替,孙谋克昌。蝉联绂冕,磊落银镪。于赫君子,猗欤令族。毛刷凤凰,志高鸿鹄。□移涨海,鹦出幽谷。松柏其志,芝兰其屋。懔懔霜威,持书绣衣。峩峩岳立,起草仙闱。□□章绶,声芳海沂。还来锦帐,台阁生辉。维兹强楚,实谓雄镇。袁扇才扬,张谣遽振。教人□德,道俗以信。委哲方嗟,膏肓有疹。劳生运促,休死期长。王矩为尹,苏韶作郎。悲羊改□,□邵歌棠。故剑仍在,残书已藏。古往今来,终归夜台。埏深地远,槿掩车回。露草恒泣,风杨自哀。唯□胤子,临圹崩摧。

(《全唐文补遗》第一辑)

大唐故朝散大夫护军行黄州司马陆府君墓志铭

[唐] 靳翰

君讳元感,字达礼,吴郡吴人也。昔者舜嗣尧历,协帝初以辟门;田育姜姓,宾王终而有国。其后俾侯于陆,开锡氏之源;作相于吴,纂承家之秘。玄德之绪,莫京于代。曾祖庆,梁官至娄令。入陈,三辟通直散骑侍郎,皆不就。祖士季,陈桂阳王府左常侍,隋越王府记室,皇朝太学博士宏文馆学士。父谋道,皇朝周王府文学详正学士。并茂称奕代,余庆资身,擢慧叶而增芳,飞灵波而益浚。去官辞辟,语默称贤。函席曳裾,文儒继美。君生而敏慧,长而温良,识清朗而惟深,体矜重而不野,宗族爱而加敬,乡党狎而愈恭。始以资宿卫,解褐韩王府参军事,以丁忧去职,服阕。值国讨狄,军出定襄,戎幕择材,君为从事。文武吉甫,斯人之谓欤!寻为婺州龙邱丞,赞贰有能,风俗时变。迁睦州建德、和州历阳二县令。育人去杀,训物齐礼。子游弦歌,武城叹其焉用;仲康鸟兽,中牟称其胥及。寻加朝散大夫,除黄州司马。到官未几,以神龙三年七月二十日遘疾而卒,春秋七十有五。天不与善,神无福谦,不其悲哉!粤景云二年三月初一日,葬于昆山,礼也。初,文学府君以善班固《汉书》,敕授舒王侍读。君少传其学,老而无倦,此《易》所谓"干父之蛊",《诗》所谓"聿修厥德"者也。嗣子南金等,哀号罔极,孝思率至,卜兆是营,封树特永,忧陵谷之变,托词颂休。铭曰:

箫韶仪凤,观国宾王,我祚光兮。东有齐土,南入吴乡,我族昌兮。自君嗣业,履素含章,我誉臧兮。内游藩邸,外扫戎场,我才扬兮。为丞与令,化洽三方,我人康兮。天子命我,我朱孔阳,佐乎黄兮。美志未极,盛图云亡,诉穹苍兮。硕德休问,地久天长,永无疆兮。

(《全唐文》卷二七九)

大唐故陪戎副尉鞠府君墓志铭(并序)

[唐]

君讳景,字思让,东莱人也。原夫尧相灵苗,周王盛流。圣人建德,因生赐姓;诸侯赖福,以字表宗。其先本周公姜夫人之子,名□。生而有文,手把鞠字,因以为异,分别族焉。周成王时,封此子为东莱侯,即子孙承后也。远祖魏朝安远将军,后上党太守,今为此郡人矣。曾祖操,属龙飞晋水,凤起唐梧。计擅萧张,智高廉蔺。唐初授朝散大夫,稍迁沁州司户参军事,而千里风行,仵充毗赞。祖机,黄州黄陂县主簿,不坠堂搆,无忝家声。有回也之德行,负子游之文学。授汝州鲁山县主簿,桓君盛德,耻在郡丞。梁竦多材,徒劳县职。君曹王府亲事,器度儒雅,识量贞明。授陪戎副尉。不愿祈荣,从吾所好。坐闲宇,俯清池,玩诗礼,赏琴酌。高人慕德以年岁,国士趋风而遭日。福泽斯及。嗟乎!司空已殒,痛坏珠星;太子将终,悲颓泰岳。开元三年十一月廿三日寝疾,卒于私第,春秋七十五。夫人竹氏,德重班妃,声高蔡媛。庶鸣琴宝瑟,千载徽和。而蚁穴蝼泉,两俱冥漠。圣历二年六月十二日,年五十,终家室。开元三年,岁次乙卯十二月乙酉朔廿四日,葬州城南五里,礼。嗣子陪戎副尉龙庄,孝极曾元,哀逾顾悌。其往也如慕,其返也如疑。企想待生之魂,有深如在之敬。式题翠琰,用纪玄铭。呜呼哀哉!乃为词曰:

芳枝贵族兮起陶唐,分源引流兮自周昌。英奇俊彦兮擅琳琅,左□右弼兮翊明王。何图严君与爱亲,一先一后遽沉沦。怆珠星兮开天汉,悲宝剑兮落平原。痛玄堂兮翳日,惨泉路兮无春。

(《西南大学新藏墓志集释》)

大唐故宁州丰义县令郑府君墓志铭(并序)

[唐]卢兼爱

荥阳郑君讳温球,字耀远。洪源浚流,鼎门硕胄,固以炳焕,图传洋溢。曾祖逊,隋鸿胪卿河南公。祖福祥,皇唐州刺史。父方乔,始州临津县令。昭穆晖映,芝兰芬馥,咸迪俊业,不其休哉?君温恭好学,出言有章,贞白成性,立行无玷。解褐虢州玉城县丞,昆赞有伦,人吏胥悦。时蛮方作梗,王师出诛,监军御史元公钦君器能,相邀入幕。克清夷落,韬弓饮至,君之策焉。优制嘉之,转蒲州汾阴尉。仪形关辅,损益弦歌。秩满,调补宁州丰义县令。以膺精择,无事自理,示信不欺。子游不下堂,贾父歌来晚,俾君之政,无以加焉。方将树勤王家,勒休天府,彼苍不慭,瘵瘵所缠,药石何欺,灵祐斯爽。以开元十四年七月廿九日终,享年五十有八。才优命舛,沉屈下僚,隙驷不留,岩电易谢,人生到此,天道宁论?君有昆曰温琦,廊庙巨干,朝廷重宝,由礼部侍郎转邠州刺史。君诣兄所，憩息未行，哀哉祸臻，于邻廨宇，天伦之戚，振古莫俦。即以其时枢迁于鄂，以开元十五年七月廿七日，权窆于京兆府鄠县□福乡原，礼也。有子七人，皆精敏之士。缙，绛州翼城主簿，兼，汴州开封主簿，揆、充、收、孚、回等，并茹戚肌肤，沉痛创巨。篡夫懿德，寄我松梓，予凤预姻亲，曲承诱顾，士感知己，怀此无忘，聊系情于斯文，庶有光于泉壤。铭曰：

陉镇岩岩，溱流汤汤。展我之子，为龙为光。有昆如珪，有子似璋。家瘗其宝，国歼其良。千秋万岁，杳杳茫茫。

前左内率府胄曹卢兼爱撰。

(《唐文拾遗》卷十八)

大唐故朝议郎前行薛王府兵曹参军上柱国太原王府君令墓志铭(并序)

[唐]陈利见

夫长才广度者，天授也。积行累仁者，代业也。於赫二者，君子宜之。奈何府君，禄不充量。是知穷通者存乎命，否泰者系乎时。故不可得而言也。君讳令，字简，始家太原，徙宅临汝，今为临汝人也。前人得姓，乃周王之子孙。烈祖登朝，即隋人之禄位。曾祖兴，弘懿明肃，保和光大。方展士元之骥，还题仲举之舆。仕隋荥州司马。祖嗣，强学待问，修辞立诚。作慈惠之师，设知方之教。不取寿春之犊，常飞叶县之凫。皇朝蒲州桑泉令。父了，幼闲韬略，克著戎昭。为八校之规模，作三军之气色。仲容才美，始加都尉之名；苏建功多，遂有将军之号。官至怀州丹水府左果毅。公河山挺出，金火闲成。孝友备于闺门，忠信行乎乡党。兼子游之文学，有季路之言词。以王功而授上勋，自门胄而入匡卫。且清持地胜临邑城雄。天垂尉星，地列郡国。尉者慰也，非才孰堪。爰有博州清平之选。夫王姬筑馆，主第分官。恩深脂粉之田，富有山林之地。以公之美，遂命参卿。于是乎有成安之拜。沉沉鲁室，隐隐梁台。墨客临风，更陟崇兰之坂；仙人致雨，仍留小桂之山。与明远而同游，共惠连而并入。于是乎有兵、仓二曹之任也。公行藏付命，宠辱若惊。满岁云归，括囊无咎。降年不永，何痛如之！仲尼泣其遗爱，叔誉思其可作。享年六十，以开元十九年十一月廿七日，终于洛阳修义里之私第。夫人陇西李氏，先公而亡。则唐扬州仓曹通之孙，湖州安吉府君远之长女。幼而明敏，长而婉嫕。禀贞纯之德，有淑顺之仪。宗族称其贤，舅姑称其孝。事上以礼，驭下以慈。宗伯姬则贞而守谦，曹大家亦恭而有训。孤子吏部常选尚贤等，痛慈尊而永翳，瞻屺岵而增哀。越开元廿年二月十一日，合葬于河南北山，礼也。呜呼！千秋万岁，古木荒烟。酷诉遗烈，传之下泉。其词曰：

惟公膺期，问望不已。邦国之秀，人伦之纪。允光前烈，代济其美。奈何高才，而无贵仕。岁聿云迈，生涯已矣。衬礼非古，周公所存。远期三月，长阒双魂。重山雾暗，极野云屯。题少女之碑石，纪贞夫之墓门。

祖以天册万岁二年正月十七日，安厝于盐□。祖妣李氏以景云元年十一月十三日，殡于老君庙之西、宣武陵之北。因迁奉亡考，孤子尚贤以开元廿年二月甲申，并徙此原合葬之礼。谨衬铭后，刻记千秋。

京兆府金城县晋昌唐逸书。

(《全唐文补遗》第一辑)

唐故丰王府户曹参军皇族叔李府君复墓志铭（并序）

[唐]李收

前国子进士李收述。

公讳复，字自然，陇西成纪人也。宠章弈叶，国史家谍详焉。曾祖子同，朝散大夫、荥阳郡荥阳县令。祖慈力，新都、平遥二县尉，邺郡成安县丞。洋洋政声，嘉子游之用大；忽忽不乐，惜君山之位卑。父珍，鲁王府功曹参军。日曳长裾，时唯坐啸。词赋空满，思尽西园之月；人琴两亡，哀结东平之树。世济其美，公其嗣之。公秀而文，温而厉，在家而孝友著，从宦而冰霜洁。解褐补长葛尉。廉使以清白闻，迁获嘉尉。秩满，以考绩进，转陆浑主簿、兼御史判官。鸾凤之姿，犹栖枳棘；鹰隼之击，欲厉风霜。未登宪府之荣，忽卧漳滨之疾。势摧六月，时滞十旬，遂表请归闲养疾。朝议优奖，改授丰王府户曹，从闲逸也。梁王好事，且重枚生；子建为文，俄伤阮瑀。天宝十载五月廿七日，终于荥阳私第，春秋六十八。夫人太原王氏，宜家之庆，双凤于飞；偕老之期，一剑先没。以其载十月廿一日，合衬于偃师县首阳东原，周礼也。嗣子岫，泣血无从，哀号罔极。感霜露之永慕，惧陵谷之将迁。爰命抽毫，以旌丰石。铭曰：

逸翰腾凌，回飚忽劲。骐骥未骋，松柏本性。其一
龟岗卜兆，马鬣开封。愁云荒垅，苦雾寒松。其二
哀哀羁孤，血泣荼苦。黄绢幼妇，千秋万古。其三

(《全唐文补遗》第六辑)

唐故房陵郡太守卢府君夫人弘农郡君杨氏墓志铭（并序）

[唐]

夫人，弘农郡华阴人也。地灵河岳，门袭才贤。赤泉启封，郁丕构于来裔；玉环流贶，贻介祉于当年。四代五公，联华继美。盛德之后，子孙其昌。曾祖纲，皇岩州刺史、平河公。祖思谦，皇银青光禄大夫、司宰、司稼卿。父履言，皇河南府河阳县令、左卫中郎将。并休有令望，克扬耿光。爰膺竹符之宠，允斯棘列之寄。鸣弦而政美子游，感物而兴高潘岳。夫人资德门之纯懿，承庆绪之炳灵。兰容蕙心，婉行淑德。年甫十七，适

房陵府君。壸训生知,闺仪性与。琴瑟以睦,克谐鸣凤之占;婚姻可嘉,载协乘龙之好。故能动中图史,柔顺以奉先姑;静遵典则,谦和以承娣姒。加以躬服浣濯,不尚浮华;功亲组纼,未尝辞倦。泊府君即世,妇道增修。义感移天之重,哀深同穴之思。晨歌既绝,昼哭无依。夫人乃服绝缦,饭蔬食,焚炉香,专禅诵。将以誓志,期于终身矣。虽宋伯姬、梁高行,莫之迨也。宜其永锡难先,以为母师。如何彼苍,曾不与善。以天宝十一载四月遘疾,六月廿八日终于同母弟前朝散大夫、河南府河清县令,因公坐左责,量移灵昌郡酸枣县丞之官舍,享年七十一。呜呼哀哉!流晷不驻,远日遄临。即以其载十月廿九日,合祔于大茔之西北百步,礼也。徂阴岁晚,荒草寒色。芸其黄矣,风亦悲矣。孤子仲容,衔疚茹痛,疑慕永怀。徒星行而志切,终路远而莫迨。庶陵谷虽变,徽音不亡,用传斯文,贻厥终古。铭曰:

寒天沴寥兮,邙山之阳。泉户冥冥兮,大夜何长?老氏遗诫兮,多藏厚亡。今我送终兮,则惟其常。徽音淑德兮,托兹同穴。薤歌悲奏兮,只令人伤。

(《全唐文补遗》第二辑)

唐故同州澄城县主簿韦府君孟明墓志铭(并序)

[唐] 柳涧

君讳孟明,字孟明。曾祖,皇左屯卫录事参军讳默。录事生秦州成纪县令讳昊。成纪生阆州刺史讳浣。咸用翱翔素风,磅礴组冕。君即阆州第四子也。幼荷严训,躬服儒流,谦柔内融,温润外达。弱冠举明经,调补左内率府兵曹。其行己也恭,其事上也敬。次补同州澄城主簿。导之以政,齐之以礼。佐子游之贤,必资乎俭;奉仇香之理,必本于清。直气满襟,正色在面,奸罔能犯,吏不敢欺。考绩称尤,声动僚辈。既罢秩,退居华阴。上虔事兄,下友存弟,在家之行,饱曾闵之风焉。无何,驱车游于虢郭,乘奔历块。祸遘斯须,疾风起波,其如命何!元和三年正月廿八日,终于虢之逆旅,春秋卅有九。呜呼!谁无屯邅,嗟君少年;谁能不死,嗟君枉理。逸足蹄于短涂,长算屈于促晷。君之仁兄令弟,时在华阴,闻君之哀,叫于苍旻,心溃眦朽。奔赴舆槥,浃日启还旧居。自虢抵华二百里间,路人罔不一涕。夫人河南元氏,虢州刺史义方之女。性植柔惠,深践妇道,先澄城摧其芳兰。有二子。爱女在鬐,幼男未龀,酌彼余庆,冀不孤其裔。元兄前华阴县丞汶等,卜其年十一月廿四日,迁府君与夫人合祔于万年县白鹿原迩先茔,礼也。涧儿女君之出焉,备详懿行。重辱丞公之命,故得述于斯文。铭曰:

天生伊人,与道盈缺。有才无命,能否圣哲。玉树先秋,一枝云折。鹡鸰悲鸣,稚子泣血。泉堂俄扃,兰堂永诀。百岁之后,同归于穴。陵夷谷平,休问不灭。

(《全唐文补遗》第三辑)

唐故河东处士卫某夫人贺拔氏墓志（并序）

[唐]王勃

夫人讳某，字某，某郡县人也。自袭裳北徙，凭代野之宏基；旄旆南飞，慕轩台之遥构。钟鼎共风霜相映，忠孝与公侯叠起。祖某，使持节泾州诸军事、泾州刺史。山川降祉，还膺列岳之荣；珪璧成姿，□受连城之寄。父某，隋岐州扶风县令。子游弦歌之术，竟屈牛刀；士元卿相之才，终维骥足。夫人操业贞淑，容范祥和，敬实礼舆，孝为心极。先人有训，将辞班掾之家；君子好仇，自入王凝之室。春秋若干，于归某官卫某，实河东之令望也。门庭既穆，惟薄相和，傍稽《内则》之篇，下酌《家人》之繇。乘龙独鹜，上出云霄；鸣凤高飞，俯清琴瑟。既而陶门鹤寡，大野鸾孀，顾蒿里而难□，攀□□而易远。携抚孤幼，绥缉宗邻。州闾钦岁暮之风，亲党被日新之化。故能使珠胎遂□，映树长滋，秩累千钟，堂崇九仞。潘河阳之代业，班白承欢；卫洗马之门华，清羸不瘳。兰陔动咏，□□厚礼之思；蓼径含酸，遽轸穷埏之酷。以某年月日遘疾，终于密县之官舍，春秋若干。呜呼哀哉！

重惟灵和受气，廉顺呈姿，神周得丧，行满夷险。自郄长□，黔娄不归。将开净土之因，兼奉祇园之律。情超□域，思入禅津，以为合葬非古，事乖衣薪之策，弘道在人，思矫封防之□。平居之时，受疏别圹，迁化之际，骤形辞旨。遗命以三衣从窆。有子曰玄，官至梓州郪县令。聿遵先托，无累后人。践霜露而长怀，仰穹苍而绝诉。以为逝川难反，怀橘之思徒勤；幽陇方深，负米之期不再。将欲蓬蒿卒岁，衰绖终身，浆溢出于三年，苫块几乎十载。锡类之感，有识称焉！以年月日葬于女监池之北原。呜呼！其生也荣，成训终于禄养；其亡也哀，贻谋切于先觉。岂可使陵谷有变，空传岘岭之碑；天地相终，不勒泉亭之碣。敢凭诚委，敬为铭曰：

公侯盛业，忠孝灵因。实闻英媛，作俪高人。蒿簪去饰，蓬户全真。其一
鸣凤驰响，乘龙载德。道照嫔规，功流母则。率忠以孝，自家刑国。其二
柔姿外□，贞心内映。肃穆禅襟，优游道性。陶寡标节，恒鏊作镜。其三
王霸之妻，梁鸿之妇。义存生外，声□□后。石古泉深，长天地久。其四

（《王勃集》卷十七）

临邛县令封君遗爱碑

[唐]陈子昂

叙曰：苍生蚩蚩，其动也直，盖顓蒙乎？圣人颙颙，其汲也教，务黄中乎？则时至其理，树之君公，弼其机，驭之师，非能骏尊上帝，保乂黎元，虽则荷天之宠，祈人之爵。行其礼乐，骤睹于中和；裕其廉平，载闻于谣讼。我之遗爱者，不从事于是邪？尝试论之：

公名某,字某,渤海蓨人也。昔后稷有德于邰,文王受图于镐。珍符册命,始自于西周;珪社建侯,奄荒于东土。裘鼎轩冕,有家代焉。曾祖子绣,齐颍川、渤海二郡太守,霍州刺史,隋通直郎、通州刺史。荣分麾盖,道迈循良,时雨洽于齐陈,惠风被于唐楚。祖德舆,北齐著作郎,隋扶风郡南由县令。芸扃睹奥,见天下之图;石柱闻琴,知君子之化。父安寿,皇朝尚衣直长、怀州司马、豪州刺史、湖州刺史。良二千石,闻乎共理之尊;肇十二州,荣多刺举之首。公则使君第某子也,冲和诞命,光大含章,实公侯之子孙,有山河之气象。明不外饰,默昭于玄机;敏实内融,养蒙于用晦。故其廉不直物,恕必由衷,崇善足以利仁,自强足以从事,有朋友之信焉,有闺门之肃焉,非夫恭人,其孰能景行行之者也?年始若干,为国子生,言从太学之游,以观先王之道。某年以明经擢第,解褐守恒州参军。秩满,补许州司法参军。许惟旧国,陈实多巫。君子丰明,利用乎狱,载以课最,累加秩焉,又转洺州司兵参军。丛台袨服,一旦成市,非利器者,政以多荒。公实佐之,官无留事。信矣乎! 能其理者有其任,济其业者享其功,我岂蒙求?物思其理。某年选补临邛县令。夫蜀都天府之国,金城铁冶,而俗以财雄;弋猎田池,而士多豪侈。此邦之政,旧难其人。公按辔清途,下车而宰。览其谣俗,永叹于良图;想其风流,慨然于惠化。以为太上之理,因人者也;通变之机,随时者也。必使无讼,不亦由吾?用乎利贞,夫何在物?于是谋其教令,肃其仪刑,敬其事以顺其人,正其文以利其义。以为昔者圣人之务本也,在乎稼穑,有稼穑,然后可以养人。故公之劝人也,用天之道,分地之利。以为昔者圣人之利用也,实在财货,有财货,然后可以聚人。故公之化居也,贸迁有无,和其众寡。以为昔者圣人之事生也,谨其制度,然后可以富人。故公之节用也,饮食有节,车服有数。以为昔者圣人之事死也,慎其丧祭,有丧祭,然后可以睦人。故公之送死也,葬之以礼,祭之以礼。以为昔者圣人之用狱也,崇其法制,有法制,然后可以禁人。故公之恤刑也,唯齐非齐,有伦有要。夫如是者,岂苟其利哉?唯欲洁乎其源,正乎其本,慎之于谋始,要之于用终,将使姣攘矫虔由是以息,孤寡不谷由是以宁者哉! 夫然后磨之以仁,琢之以义,使男女异路,班白不提,熙乎其若春,肃乎其若神,然后文以礼乐,几乎以淳朴,道岂远乎? 呜呼! 旻天不悦,降此荼毒,某年以太夫人忧去职。于时公之莅始逾年矣。然三载考绩,是用未成,百姓哀惶,人吏嗟谘,咸云我父去矣,而人悴矣。乡望老人前某官等五百余人,或金堤之秀,玉宇之英,并服美于宽允,严祗于教义,遂走之州府,诉之上官,冀夺其哀,摧礼终秩,不谋而同者,日有百数。司马元公,帝王之裔也,康歌协化,盛德在人,悯烝庶之求思,嘉我君之懿绩,以为古之借寇者何以逾是哉? 遂用畴咨旧章,允怀畎诵,夺之公礼,上之于文昌台,非将协赞天工,慰彼黎庶,君子之教而日见之哉? 班白之老,胥吏之徒,又以天子在宸,勤愍孝理,我君云迈,谁其嗣之? 千余人复连表诣阙投匦,乞君以墨缞从事,遑遑焉若有望而未至也。郁陶增思,寤寐永叹,将欲思谟不朽,想见懿德,乃相与言曰:"昔者君子思其人而爱其树,蒙其泽则歌其诗,封君之仁,我无金石乎?"又述其行状,访余以铭勒之事。县丞等有弼谐之美,刀笔之能,永思清风,叹息仁化。尉安定梁慎盈,知名之士也,墨妙几于草圣,文义总于辞雄,昔仕京畿,左迁此职,自以为赞封君之化有日矣,承封君之德有年矣,夫其忠信之教,宽猛之机,古之官人,君其殆庶乎,父老之请允矣。余竭来旧国,传据其实,恭闻其去思,而亲睹其遗爱,余所备者,敢博斯文,犹惧后生有言,以为口实。河东薛稷,隋内史公之孙也,文章之伯,而时所宗,故凭其实录,寄之为颂。其词曰:

天地之间,有渤海焉。伯宗伯谷,神山在焉。精气飞腾,生良宰焉。良宰实生,代禄代卿。君达好道,风云上征。武兴察孝,州郡有声。陈其弓冶,戴其簪缨。筮仕斯邑,我龟观贞。深期高悟,绝策远明。既至肃肃,其来英英。临事若祭,视人如婴。三农懋困,折狱以情。轻重共用,谷货以平。我裳既袭,我簋斯盈。於惟我君,张仲孝友。家膺五福,堂享三寿。温清不违,喜惧兼守。枯鱼衔索,疾风过牖。匪降自天,谁执其咎?棘心劬劳,匪莪伊蒿。彼苍不吊,惟其永号。借寇为请,惠此噭噭。曾是奔告,谓天盖高。升仙桥下,赤车使者。客于临邛,文雅雍容。观风万里,谒帝九重。嗟嗟其旧,椎牛击钟。问于子墨,借翰雕龙。专思君兮不返,伐石登山。山高兮望远,怀车马于言告,欲弦歌于言偃。人实去思,我无愧词。

(《陈子昂集校注》卷五)

唐恒州刺史建昌公王公神道碑

[唐] 杨炯

王氏之先,代为佐命。秦之霸也,则王离灭楚国而三将连衡;汉之兴也,则王陵诛项籍而五侯同拜。南阳克定,应图谶而作司空;西晋聿兴,合歌谣而济天下。昔者伊尹、伊陟,但保乂于商朝;太公、桓公,唯夹辅于周室。萧何之后,居食禄而无闻;邓禹之孙,在当涂而不嗣。未有夏殷三统,金木五迁,册命重光,轩裳代袭。则我琅琊之郡,有冠盖之里乎! 建昌之县,有公侯之子乎!

公讳义童,字元稚,其先琅琊临沂人也。永嘉之末,徙于江外,皇运之始,迁于五陵,今为雍州万年人也。祖僧兴,齐会稽令,梁安郡守、南安县开国侯,禄位千石,珪符五等。营室迥于羽仪,山河入于盟誓。父方赊,梁正阁主簿、伏波将军、梁安郡守,隋上仪同三司。以惠和之德,有文武之才。伏波将军,从征等于马援;仪同三司,开府均于邓骘。家余积庆,郡不乏贤。代临本州,则元宾之父喜形于色;继为本守,则张翕之子迎者如云。自齐国逊位于梁庭,及隋人内禅于皇室。夏禹之鼎,宝命集于周朝;御龙之家,世禄归于范氏。

公台阶茂绪,昴宿精灵,五百岁之贤才,一千里之皇佐,忠规武节,学府词林。元方闺门,敬其有德;少游乡里,称其善人。实惟清庙之器,是曰皇家之宝。韵谐金石,奏虞庭之八音;德合珪璋,列涂山之万国。黄河一曲之水,莫测其源;赤城千丈之岩,未阶其峻。群童忽聚,缀帛而引旛旗;父老相呼,授履而传兵法。隋授左勋卫率,非其好也。汉东离析,海内风尘,天子溺于胶船,诸侯问于金鼎。能扶天下之危者,必据天下之安;能除天下之忧者,必享天下之乐。我高祖神尧皇帝,就之如日,望之如云,发三河之雷霆,平四时之历象。武王之仗黄钺,一月临于孟津;高帝之执朱旗,五星聚于东井。公瞻乌于屋,射隼于埔。陈平则间行而去楚,郦生则长揖而归汉。奉符系组,观织道之降王;偃武修文,见山阳之散马。初拜车骑将军,稍迁右屯卫将军,录有功也。考于周典,崇德报功;稽于《春秋》,策勋舍爵。车骑万队,备凉土之羌戎;卫军千兵,掌京师之屯禁。于时天保初定,边方未辑。二十八舍,尚有吴越之妖氛;一十三州,犹积东南之杀气。武德四年,诏公为江南道招讨使,鼓瑟而送,受命而行,乘使者之辂车,掌行人之旌节。陆贾至于南海,先责尉佗;随何入于九江,即征黥布。诏除泉州都督,封建昌县男,食邑三百户。斗牛星象,舜禹精灵,境接东瓯,地邻南越。言其宝利,则玳瑁珠玑;叙其风俗,则丹鸡白犬。公门容驷马,位列三刀,防薏苡之讥嫌,绝简书之流谤。岂知广州清节,酌贪泉于石门;合浦神君,返明珠于涨海。贞观三年,诏迁散骑常侍,行果州刺史。授期天帝,肇迹人皇,南充国之旧都,西岩渠之古邑。冈峦纷纠,天彭双阙而作门;珠贝浮沉,巴水三回而成字。公入参师友,出居方伯,金蝉石貂,朱旗曲盖。才临蜀郡,即闻来暮之歌;初践益州,已听中和之乐。七年,诏迁银青光禄大夫,行恒州刺史。西街毕昴,北岳恒山,天开太一之官,地列并州之镇。境分灵寿,魏将乐羊之所封;邑对行唐,赵王惠文之所筑。公政成期月,风行万里。邓晨一郡,汉帝称为主人;李广数年,匈奴号为飞将。行尝计日,郭伋不负于童儿;郡异中平,王观无私于任子。既导德而齐礼,亦胜残而去杀。三木在殿,将拜郑弘;两雁随车,坐悲虞国。享年若干,以十五年冬十一月二十五日薨于洛阳之清化里。

　　公家传将相,世有忠贞。属离乱之弘多,值风雷之草昧。河宗两日,负鼎而谒成汤;渭水七年,垂钓而逢西伯。将军再命,刺史三迁。仲恽栾巴,牧人之良翰;庞参虞诩,将帅之宏规。立事于当年,扬名于后代。兄国卬,谷州刺史。弟国稀,仁州刺史。荆枝擢秀,棣萼生光,何止平舆之二龙,是为贾家之三虎。唐虞之际,四岳分居;赵魏之间,八男为郡。公虽勋参缔构,位总班条,金友玉昆,良田广宅,而能吐食下士,倒屣迎宾,无笑客之美人,有拜宾之童隶,策名委质,善始令终。生当封侯,克成丈夫之志;死而可作,无忘事君之道。越十六年二月二日,葬于伊阙县之万安山。诏赐杂物百段,给仪仗往还,礼也。亭连长乐,城枕高都,守阙塞者汝宽,适伊川者辛有。北瞻洛汭,尚想元凯之境;东望邢山,依然国侨之基。

　　夫人杨翟县君河南褚氏,即太常卿阳翟康侯亮之女,中书令河南郡公遂良之妹也。

宋公子之流派,褚先生之苗裔,弘夫人之礼,传淑女之诗。有文在手,归于鲁国;有凤和鸣,适于陈氏。邑之石窟,县以封丘。夫尊于朝,妻贵于室。仙人暂别,初悲寡鹤之声;宝剑才分,终合双龙之气。以某年月日,薨于某所。越某年月日,祔建昌公之旧兆。

长子师本,太穆神皇后挽郎,袭建昌公,历韩王府祭酒、岐州司士参军、定州安喜县令。誉闻州里,学富丘山。以卿子而为郎,以象贤而开国。朝游楚泽,暮宿燕宫。东临石柱,雍为积高之地;右会长星,唐是中山之邑。出游邻国,不以陪臣见朝;上谒邦君,不以属官相待。洛阳朝觐,适见双凫;东都墓田,行悲驷马。以年月日,终于某所,越某年月日,即陪葬于先兆。

次子师表,左千牛备身,迁尚辇直长,历许州临颍、博州棠邑、沧州乐陵、绵州万安、果州西充五县令,能传祖业,克嗣家声。有言偃之文章,兼仲由之政事。晨陪紫极,绕钩陈之六星;旦奉黄麾,屯玉车之千乘。至若繁昌土宇,魏文帝之埠坛;堂邑堤封,汉陈婴之侯国。河分九道,渤海东临,江派五津,昆仑北指。莫不爱人以礼,为政以德。钟离意之禁暴,不用尺刀;公孙述之有神,能持五县。

次子师玄,隽州都督府嘉征县丞。次子师楚,夔州都督府云安县令。芝兰有秀,羔雁成行。滇北数十尹,莫大邛都之县;邑东七百里,唯有巫山之峡。言其县职,夔龙入于阙门;叙其宰人,鸾鸟翔于学舍。咸能生尽其孝,丧尽其哀。积粟万钟,思负米而何得;棨题三尺,泣吾亲而不见。卜其宅兆,麟凤匝其冈峦;陈其簠簋,春秋变其霜露。思传旧德,式建丰碑。戴安道作颂于郑玄,蔡伯喈披文于郭泰。魏武王读而称妙,非所望焉;夏侯堪见而陋之,固其宜也。铭曰:

厥初兮后稷,导生人兮知稼穑。降及文王,精翼日兮衣青光,平东迁兮郏鄏,晋上宾兮帝乡。秦三将兮继代,汉五侯兮克昌。比琅山兮峻极,等淮海兮灵长。惟祖考兮鼎盛,佩金璋兮叠映。彼山川兮降灵,生玉树兮青青。成张良兮昴宿,乘傅说兮箕星。出忠兮入孝,武纬兮文经。陈嘉谟兮制千里,摛藻思兮掞天庭。有隋兮丧乱,土崩兮瓦散。皇运兮权舆,人神兮攸赞。值笙镛兮变响,属天地兮贞观。河两日兮事殷,井五星兮归汉。带长剑兮昕昳,拥幡旌兮照烂。周命兮惟新,云雷兮尚屯。控东南兮荒景,负江海兮未宾。陈礼乐兮命使,动辎车兮辚辚。用蛇符兮泽国,颁武节兮山人。专一方兮革面,重九译兮称臣。天垂兮星纪,地连兮交趾。山草树兮潜移,蜃楼台兮郁起。迁合浦兮太守,为广州兮刺史。临涨海兮明珠,饮石门兮贪水。侃冲天兮八翼,代出身兮万里。全蜀兮奥区,枕邛筰兮倚巴渝。有灵台兮古迹,有充国兮旧都。丰貂兮左珥,介士兮前驱。浚三刀兮持节,昌两日兮剖符。降鸣鸠兮大夏,骋神马兮长衢。毕昴兮分野,兰堂兮四下。汉皇帝兮国都,耿将军兮坛社。若恒山兮诏邓,犹朔方兮命贾。李北平兮汉飞,郭并州兮竹马。瞻太阶兮坐蹐,惜天年兮不假。伊天姓兮颍川,有美人兮婵媛。桂生兮因地,女嫁兮因天。见乘龙兮奕奕,睹飞凤兮翩翩。知蘧瑗兮有礼,笑虞丘兮未贤。始衔悲兮昼哭,终共尽兮千年。卜龟谋兮习吉,陈旨酒兮嘉粟。车徒俨兮在门,旌旆纷兮竟术。循洛桥兮南渡,从国门兮右出。树萧萧兮有风,云惨惨兮无日。指丘陵兮一闭,与天地兮相毕。悲孝子兮纯深,孰忧思兮可任。诉高天兮泣血,蹐厚地兮崩心。树碑兮神道,无愧兮词林。历阳之都兮水没,圆峤之海兮山沉。俾外孙兮幼妇,生白玉兮黄金。

(《初唐四杰集·杨炯集》卷七)

益州温江县令任君神道碑
[唐]杨炯

汉丞相之尊官大位,乘轮满于十人;齐景公之利用厚生,有马盈于千驷。羽旄冠剑,拟金鸣玉叠其前;苑囿池台,清歌妙舞喧其后。崇高在于宠禄,大欲存于食货。义然后取,横玉带以当仁;道不虚行,坐盐梅而自得。若乃时之不与,数之不通,贵贱任于天,穷通由于命。左太冲之咏史,下僚实英俊之场;嵇叔夜之著书,贱职为老庄之地。虽复势力以高下相悬,尊卑以商周不敌。孔宣父中都之小宰,幽厉多借于陪臣;陈仲弓太丘之一官,公卿有惭于县长。是以德成者上,道在斯尊。陶潜则安枕北窗,言偃则鸣弦东武,抑扬足以仪四海,顾盼足以破三军,代有人焉,于斯为盛矣!

君讳晃,乐安博昌人也。其后因官,遂家蒲州之永乐。天子令德,轩皇为诞姓之源;诸侯计功,薛国在宗盟之后。西京执法,则有御史大夫;东汉循良,则有会稽都尉。任光乡里之忠厚,任隗朝臣之鲠直。益州从事,术数知名;临海真人,清贞克己。况乎东西海岱,强齐九合之都;表里山河,全晋三分之国。车马雷骇,衣冠鼎盛。盟书百代,可谓功臣;迁徙丘陵,实惟豪族。曾祖显,祖熙,考憬,并策名天爵,独步人师,怀素履之幽贞,保黄裳之元吉。张家碑碣,荆州有七代孝廉;荀氏乡亭,颍川有八人才子。

君外资刚健,内育文明,合千载圣贤之间,钟五行金木之秀。王恭濯濯,春柳怀风;和峤森森,寒松列景。有曾参之孝,有史鱼之直,有子夏之文,有冉求之艺。先王德行,固名言而在兹;大圣温良,亦颠沛而于是。当朝一见,许其王佐之才;行路相逢,加以美人之赠。解褐为家令、寺主簿。天王太子之位,赫赫前星;天地长男之宫,岩岩左阙。出身事主,元良永固于万邦;束发登朝,匕鬯不惊于百里。秩满,授将作监主簿。千门万户,张华穷壮丽之图;东主西宾,班固尽讴谣之实。职掌宫观,是名将作。大司马桓温之府,绩用在于元琳;大将军窦宪之曹,文章寄于亭伯。累迁右卫长史。南宫左掖,上将陪藩;北落师门,天军列卫。东观汉记,梁统有清白之名;中兴晋书,薛兼有恪勤之誉。诏迁朝散大夫,行益州温江县令。华阳西极,汉水东流。背面通秦越之乡,左右夹巴凉之地。风烟可接,悬车束马之山;云物潜通,织女牵牛之象。神仙所宅,则有二十四治;途路所经,则有五千余里。金城石郭,还闻上代之风;国富民安,时听中和之乐。

于是乎龙渊独断,龟旐旁求,品命千名,封疆万户。暂过云亭,乘轩之望可知;且诣中军,理剧之才有属。旌孝悌,劝农桑,省徭役,恤鳏寡,所以一县称平,所以百城尤最。萧育是杜陵男子,不入后曹;黄浮非乡里所知,不宽同岁。洛阳行马,门士无心;齐国池鱼,权家绝望。刘文公邵陵之县,但称男子之名;师尚父灌坛之乡,惟有神人之哭。实谓枢机八座,上下三阶;岂惟缚柱鞭丝,操刀制锦。巫马期之任力,弊起乘星;钟离意之悦人,灾生解土。享年五十有九,以仪凤二年六月二十五日卒于官第。

夫人姚氏,征士神人之女也。寿丘仙叶,妫水灵苗。定姚信之机衡,审姚光之术艺。明星焰焰,不临太丘之前;暮雨沉沉,不散巫山之曲。妇人谓嫁,女子有行,织纴组绅,枣修榛栗。南斗千龄之匦,忽怆沉江;北方三代之仪,终悲共穴。先以咸亨三年七月二日,终西京翊善里之私第,越仪凤三年冬十一月一日,归祔于永乐县历山之平原。卜虞芮之闲田,带关河之设险。居人致祭,桐乡有朱邑之祠;怪力成坟,叶县有王乔之墓。

君燕赵奇士,神仙中人,容貌魁梧,衣冠甚伟。扬子云之穷巷,好事来游;段干木之闾居,通侯展敬。自陈力就列,居家可移。妾本绝于织蒲,马无闻于食粟。原子思之厚秩,遍给乡人;孔文举之中樽,延留坐客。加以遍观图史,尤精释教。梦幻泡电,知一切之皆空;园林货财,见三阳之已净。时命屯坎,浮生蹇剥。佳人不再,荀奉倩之伤神;赤子无期,潘安仁之惨恸。天乎到此,命也如何!及其瞑目少城,归魂旧壤。平原古树,惟余孺子之坟;春露秋霜,非复皋繇之祀。于是乡邻作主,朋友加麻,撰德铭之于素常,披文刻之于翠石。鲁哀公作仲尼之诔,天不慭遗;蔡伯喈为有道之碑,人无愧色。其铭曰:

轩帝之族,汉朝之臣。西州智士,东海真人。豪杰天纵,衣冠日新。实生其德,必有其邻。道在为贵,知机则神。气冲南斗,价直西秦。太蒙之信,太平之仁。辨穷非马,学究成麟。孝友为政,观光利宾。重朋比德,四海为春。宫室之象,南斗北辰。甲兵之卫,闾阎钩陈。山控金马,江回玉轮。天文井络,地纪梁岷。庭前置水,甑内生尘。园蚕生茧,野雉来驯。时命屯蹇,生涯苦辛。实叙虚赠,玉树长沦。厚德无辅,清仁不亲。百年夭柱,一旦归真。雷鸣之下,长河之滨。旌旐委郁,徒御逡巡。悲风泪起,血下霑巾。死而可赎,人百其身。

(《初唐四杰集·杨炯集》卷七)

杨公伯明封志

[宋]杨简

於乎!道非心思言论之所及,虽圣人不能强人之必明。孔子大圣,其所启明,惟颜子三月不违,余则日至月至,当是闵子骞、冉伯牛、仲弓、曾子诸贤,余不能强也。他日子夏、子张、子游以有若似圣人,欲以所事孔子事之,曾子曰:"不可。江汉以濯之,秋阳以暴之。皓皓乎不可尚已。"厥后孟子得不学而能之良能,寥寥千载,无所考见。我宋邵康节、程明道至矣,而偏。象山陆夫子生而清明,某先大夫颠沛而拱如初。

伯兄讳筹字伯明,晚而顿觉,不勉不思,云为变化。易箦之言曰:"昔犹今,今犹昔。有能觉斯,随意而适。"於乎!斯其庸,众所能知。时嘉定三年二月庚申寿七十有八,□月甲申葬于慈溪县之石台乡句余村孝顺里王岙先大夫墓左。

娶李氏,葬同域。子:恬、惟、怟、愷、愉。孟女归颜衮。仲归舒钺。季归李竦。孙圭至、学仲。

弟朝请郎、新差权发遣温州兼管内劝农事某兴哀起敬以书。

(《全宋文》卷六二四二)

惠寺丞墓志铭
[宋]吴泳

叙之初为大司农主簿,余丞外府,府与农寺共屋而中通,故得相游以熟。每春秋佳日,花靓竹香,则缘翠崖,俯清泉,瀹茗池亭上,徜徉竟夕不能去。叙之雄辩博闻,能杂记经史成诵,尤嗜《左氏》,常常讽道之。余固已奇叙之矣。退而察其所安,则金玉其相,表里无伪。寒抄暑讲,手不停披。虽僦居湫隘,常置图史,轻舟往还,必携数笈自随。逮其卧疾河滨,客有问者,则犹执业而起,呻痛咏言,杂莫能知。甚哉,叙之之好学也!

忽一日语余曰:"子知日月之所以为易者乎?日,阳也,而毕月,乌居之,阳含阴也;月,阴也,而房日,兔居之,阴含阳也。二用无爻位,周流行六虚,非《乾》用九、《坤》用六,不足当之。"则其讲贯劈析之精,于老师宿儒所闻能守之不失盖如此。惜乎艺益工而病牢,志逾励而年啬,方望其以所传习者次第出之,而叙之则死矣。

叙之,字也;畴,名也;惠姓。家江阴。曾祖讳子明,韬晦弗耀。祖讳坚,以忠义死建炎间。父讳焕,赠朝奉郎。母蒋氏,乃乾道宰相家女。娶史氏,故太师丞相越王之孙,今太傅丞相鲁国公之子。方叙之生,母梦苍玉虬蜿蜒绕室,颇负以为瑞。既长,质灵性迈,峥然有场屋声。时鲁公望临缙绅,既任以官,而叙之躬自督励,弗改其度。贡于礼部,铨于吏部,三以《春秋》冠经,寻第庚长进士,人以是才之。

初辟为提领所干属,改浙东安抚司干办公事,两监西京中岳庙,三易乐平、余姚、常熟县宰,倅平江,未行,主管佑神观。绍定改元,被旨为内职事官。越三年,除簿,又一转为丞。请外,知武陵,以直宝章阁、朝请大夫致其事。叙之虽历十二官,而仅书常熟令三考,扈正簿一考,澹然亡营职思。

其居常熟,故子游里,息弦辍响者不知几百年,而叙之至其间,劝农以时,美士以学,擢良摘奸以政。政成,鲁公遂即其所居阁,榜曰景言,不虚美也。九扈掌仓储,委积事簿,勾检稽失,率以晨出夜归为常。昔之为此官者,佩玉长裾,不乐于走趋;而叙之弗懈于位,蟠奸错蠹,尽洗刷而爬梳之。盖与其践扬之多,分毫无及物之利;则宁若计考之少,所至皆惠人之实也。若夫心经意纬,唱义役于乡,饭饥薪寒,椁死药疾,与比邻鄹鄙共其休戚,此又叙之之所优为者。死之日,享年止五十,识与不识皆嗟悼焉。

其淑人史氏,柔嘉淑明,先十九年卒,而叙之义弗复醮。尝曰:"鲁公之德,何可忘也!"男一人,启孙,文林郎、监临安府都税务。女一人,游学浮屠法,不嫁为尼。孙男女六人,尚幼。将以某年某月葬于凤戈之乡,与淑人合圹。前事之某月,启孙乃状其爵谱、行年,乞铭于潼川吴某。是安敢以固陋辞?铭曰:

玉虬之苍苍,何梦之祥?于飞之凤锵锵,乃合葬于凤戈之乡。既予之以厚兮,胡不畀之以其昌?天乎,人乎,卒莫可知兮,尚倚梧竹以漱遗经之芳也。

(《全宋文》卷七二五七)

朝奉大夫知道州徐公墓志铭

[宋]方岳

始予耕祈下,闻有新令尹至者,约其民曰:"尔士尔学,尔农尔耕,毋或以非尔事奸有司,令不敢尔贳。其敢以游徼啬夫踵而门,尺寸圭撮非法取而赢,尔其唾。"予里父老既为予道之,问:"孰氏?"曰:"不知也,墙壁无文移。""来几何时?"曰:"不知也,催租吏去不来者月十日矣。"居无何,令尹枉车骑顾予,予以疕辞不见,不可,则迎拜延土座,问其所以来者,曰:"子游为武城宰,识澹台灭明,子独能终老牛口之下乎?吾是以来,子毋爱于言也。"既去,问知其浦城人,鲁国徐文肃公之孙,任以为承务郎。方是时,其诸父茂翁、直翁言论风旨,为一时名卿大夫,而令尹能自濯磨,落落不肯出人下,意徐氏世不乏两翁也。去之十年,乃官不过朝大夫,位不过郡刺史死矣。

谨按文肃公讳应龙,任光禄大夫,守兵部尚书,以徽猷学士提举西京嵩山崇福宫,赠太师。五子:蒙,知南剑州将乐县;荣叟,参知政事,清叟,工部侍郎,今为焕章阁学士、知漳州,所谓茂翁、直翁者也;深叟,军器监丞;独其伯曰予愚,早卒,赠朝奉郎。公其子也,讳拱,字拱辰。曾祖智接,赠太子太傅,曾祖妣杨氏秦国夫人,祖妣吴氏,继施氏、魏氏皆鲁国夫人,妣施氏宜人。累官朝奉大夫,历任监临江军新淦县酒税、知绍兴府会稽县丞、知徽州祁门县、广东提点刑狱司干办公事、通判南雄州、知南雄州,两易知高州、知兴国军,改知道州。淳祐四年夏某月代归,某月甲子次衡阳驿,暴病痱以卒,得年五十有六。

公资明锐,瘦隐立见,老猾吏不敢尝以事,所在识辨。于新淦宽征通商,庚前之逋有司者不訾而算以羡。于会稽浚暨湖溉民田,岁以不嗛。于祁门养士如诸侯学,聘进士之里居者使教焉。岁饥,画荒政以振穷而安富,部使者下其事为四十三县式。于广东峒獠群辈张甚,监军督捕,最于南雄,摄守事,以治状知其州。于高州,海盗昼掠,以州兵擒其渠,戮于市。事闻,知兴国,以嫌自列,改道州,州以宁一。于是作湖南道院以表章濂溪之学而安乐其民,可谓材也已。

初,公为令尹,既过予,一见定为莫逆交,率晨兴饭读书林,已则商略古今人物,抵掌谈天下事后当成败,划然声撼林木。或时把笔为诗,若引酒一再行,往返赓酬以十数,盖其捷疾若风雨,以是为笑乐。每夜漏下,雁鹜行抱文书以进,辄可否之,多至千数百言不停缀。其剔久蠹,剖滞讼,若束三峡之湍流而落之也,若注马于千尺之坡而夺之隶也,若干将出于椟,蛟龙截而虎兕刲也。予所亲见如此。夫有才者未尝不欲用于世,而用世者每患于无才,则理相求而势不相遭也,事相须而年不相待也,悲夫!

六年某月日,夫人与其孤葬公于县之下亭。夫人邓氏,封宜人。孤曰铨孙,迪功郎、新潭州长沙县尉,尝为两浙转运司发解进士;曰铉孙,将以公致仕恩补将仕郎。公既葬之年,铨孙走行在所见予辟雍,请曰:"先君子葬未有铭,非敢后也,惟是春秋窀穸之事,不肖孤不敢委之以来。知吾父者,非子而谁?愿有述以碣诸墓。"某其奚辞?则为之铭曰:

有铅其刀,不可以切。太阿无前,匪阙则折。蠢蠢不材,何有何亡。曰维材矣,不柱不采。栽者培之,而固摧之。曷畸于天,公则陨之。楚山丛丛,凄其以雨。雁驿荒寒,一碧万古。公归来兮,下亭有松。有松有槚,尚式来者。

(《全宋文》卷七九〇九)

金坛县重建学记
[宋] 叶适

致学莫要于辨人己之分而审其所处之义,使己立而物不病,可以达于道矣。孟子谓"伯夷、柳下惠,百世之师也",以孟子之言考之,伯夷以为人不尽如己,而己不可以苟用,故必不用以伸己;柳下惠不然,以为人固不尽如己而己亦不必志于不用,故或用或不用以伸物。夫二人之高卑皆过矣,惟其于人己之分豫辨,而所以处之素审,故虽高而不伤物,虽卑而不丧己也。又以孔子之言考之,"不降其志,不辱其身",固学之至极;虽降志辱身,而言诚能中伦,行诚能中虑,则亦不以其身为私己也。况于不伤物而不有其高,不丧己而无至于卑,其于人己之分尤豫辨,所以处之尤素审,一于恕而已矣。裁成群圣贤之道而制行定,率性尽习而教法明;用则自我而行可也,不用则敛藏以待也。此孔氏之所以学,而颜、孟皆传之,古今之义理准焉,虽更燔灭坏乱,而传注终不能汩,异说终不能迷也。然则后之学孔氏何当哉?敬其所传,可与言学之方欤?简传注,辟异说,可与言道之序欤?若夫人己之分未豫辨,而以敬其所传者貌加之;所以处之未素审,而以简传注、辟异说者众建之;成己不忠而成物不恕,是故高则伤物而卑则丧己,此非孔氏之学使然也。奉议郎李朵知金坛县,改旧弃陋,大为学宫,请前襄阳司理参军路苹主教后学,又请余记其大意。昔太伯、季札蓄德于己,不较于物。物纷然就之不足,己冲然自靖有余也。澹台灭明行不由径,非公事不出户,言偃以为得人。古人之行虽殊,学虽有浅深高下,然未有不辨人己之分而审其所以处之者矣。史称子游吴人也,而澹台子羽盖尝从弟子南游至江。方吴与越递兴,至汉、魏以后,京口常为江南必争之地,其人以智诈勇力擅名于时,而古人之遗风余教无闻焉,何也?今将因其地俗而教之以禄利,则所学者固科举之华藻尔。若将教之以道,则必自敬其所传始,必自简传注、辟异说始。嗟夫!去古远而师友不明,余上考太伯、夷、惠,下参季札、子游、子羽,折之于孔氏,以为人己之分当豫辨,所以处之当素审也,盖庶几云尔。

庆元元年十二月二十九日。

(《全宋文》卷六四九三)

湖南运判刘公墓志铭

[宋]真德秀

嘉定初,诏以敷文阁待制致仕信安刘公颖为尚书刑部侍郎。时天子新更大化,凡当世名儒耆硕继踵集阙庭,天下望治如元祐。独公坚卧不起,抱全节以终,士高仰之。累赠少师。龙泉叶公适志其墓。

公名强学,字行父,实少师冢子。羁卯时,王父正议授以《左氏》《班史》诸书,朝夕吟讽不去口。后侍少师官长沙,时张宣公尚亡恙,岳麓之教大兴,公往就学,日与贤隽游处。有彪君德美者,尝受学五峰先生,为公言前辈师友渊源甚悉。及补国子生,又尽从四方知名士观摩丽习,闻见益洽。屡上春官弗第,以奏补调主清湘簿。帅王公蔺檄致幕府,事辄咨扣。辟京西安抚司准备差遣,杨尚书辅为帅,尤器异之。

改宣教郎,知饶之安仁县。会边兵失律,虏骑蹂江淮间,郡邑敷配以应期会,吏并缘为奸,公独从容办治,若无事日。岁旱蝗,刻意荒政,凡所以振救者百方,竟事,民得亡流殍。学政久弛,公闻进士汤师中名,聘使领袖一学,月旦会讲,率诸生以听,由是士知劝慕,中第者相属。汤君后亦策名太常,乐道不仕终其身,论者伟公得人如子游之于武城也。先是学不养士而归其廪于郡,公请复焉,闲则会出内,裁冗滥,比三岁所余滋多,乃举以市田四百亩,名贡士庄,士之上南宫太学者赖以续食。又以余力缮官寺,葺学宫,治津梁,而作放生亭于江之濒,山川之观,豁然更新矣。居三年间,岁大丰,田里清晏,飞蝗过境不入,人谓美政所召云。

居庆国夫人杨氏忧,外除,辟户部提领酒库所主管文字。丐祠便养,得主管仙都观。明年,少师薨,外除,通判临江军,始罢榷酤,令民自酿输息钱,犯茶者宽其罚。擢知南安军,俗故犷骜,中更陈廷佐等乱,魁桀者往往得官,奸黠艳其利,是岁春南康饥,复啸聚为变。公至,首谕大姓出粟振赡之,蠲属邑赋租以万数,然后僇其幸乱始祸者,威行惠浃,遂以无事。公谓周子、二程子昔尝讲道斯土,乃即学东偏买地建祠,率掾属诸生荐献如礼,且刊《近思录》,俾郡之士识为学大方。又以贡闱隘且弊,徙而大之,规摹为江岭间最。提点广东刑狱,有郡守居台下,政苛甚,亟劾去之。摧锋卒戍淮甸归,道中辄剽劫,公命尸数辈以徇,士始识军律。改转运判官,广之属县曰怀集,地与岛蛮接,帅府督赋急,公移文责诮,俾体名县本意,毋酿怨生事。五羊故多盗,公立捕格授巡徼官,盗用衰止。连瞰湟为郡,城外有楞伽山、贞女峡。嘉泰中,峡之东崖震陷,江流壅底,舟弗通行,郡为荒瘠。法曹李华有巧思,且自诡疏导,公知其可用,命董厥事,斥钱缗六千资之,不数月石之为水患者尽平,连人镵石颂公德。帅宪仓俱缺,公兼绾数印,刬决沛然有余力。岁瘴且疫,公分医予药,垂死者多赖以全。士大夫没南中,皆赒恤使归,无寄殡岭外者。

提点湖南刑狱,湘民喜斗轻死,以故重辟多,吏常斛法出之,杀人者例不死。公曰:"此东坡所谓外邀雪冤之赏,内希阴德之报者,岂辟以止辟之意哉!"诸郡以具狱上,惟过误可悯若讯鞫有疑者,乃使奏谳,余悉论如律。然必召掾史议,反复数四,无纤芥疑乃决,故人自以不冤。按部所过,平狱犴,省牒诉,察吏问俗,冒隆暑,由潭、邵历全、永,驱驰二千里乃归,人谓前所未有。资兴民邓其姓者,推刃同气,匿尸草野中。耕者四人见之,以告邓,邓执而讼之官,官加考掠,民不胜痛,自诬服。狱上,公疑之,命官阅实,果得其情。四人者破械而出,叩头呼天曰:"生我者,提刑也!"公晨出视事,首阅州县申牒,或谓非所急,公曰:"吾欲知部内水旱盗贼刑狱尔,不然吏将蒙蔽我。"清湘县申粟家峒为邻峒所屠,邑人大震恐,公曰:"此峒民自相仇杀尔,置勿问已。"果帖然。新化奉家峒其酋曰奉梦贤,世与省民王布有怨,会布以事来衡阳,梦贤嗾其徒杀之道旁,已遁去。公命巡尉谕以祸福,许束身自归。未几,梦贤领其徒四人请罪庭下,公命鞫治,置杀人者于理。乃白之朝,谓梦贤世长猺峒,今又挺身诣官,四人已抵罪,足偿死者冤,乞贷梦贤一死系蛮猺心。人谓公是举不失刑,又不失恩,于威怀谿峒为得。武冈卒蒋宗等倡乱,某与公叶谋,属权军事叶莫使图之,未几枭三人首以告,一路弭服。改转运判官,以勤民致疾,嘉定十七年四月七日卒官,年七十有一,累阶朝奉大夫。

夫人李氏,封安人,柔明靓庄,有妇道,执公丧越期亦不起。子常道,某官;常德,某官;常先,某官。女适某官赵与勤、进士潘自慧、将仕郎王瀗。与勤,故正惠公希怿子。公在安仁,正惠实为守,嘉其政,荐之朝,且请昏焉。孙伯方,将仕郎;仲方、季方、汝方,一尚幼。

公夷澹雅靖,自少师蒉即息意荣宦,买园筑屋,扁曰"退庵",盖将老而休焉。常诵《孟子》"求在我"之言,以之名斋。当官而行,无所回挠。与人言倾尽肺腑,不为留藏。

四方书疏,率手笔酬答,字画妍劲可观。性嗜学,官事暇未尝食顷去书。尤喜宾接士,尊酒流行,娓娓皆文字语。

某之俟罪于潭也,适公来使,间相过剧谈,公为道畴昔所闻于父师者穷日夜弗厌,而窥其施置,大抵有所宗本,非若世之任情帅意者,宽近纵,严近刻也,盖尝以吏师目公。及葬,常道等请有纪焉,辄次其事如左而系以铭。其世谱见于少师志者,今不著。墓在常山县若干里长庚之原,以李夫人祔,实宝庆某年某月日。铭曰:

呜呼少师,事紫岩而友纳湖。紫岩不可见矣,得见少师,犹可考中兴人物之宏枕。少师又不可见矣,有子如公,尚庶几识典刑之遗余。昔话鸡坡,今铭马鬣,追怀曩游,一饭三咽。

(《全宋文》卷七一九六)

常熟县重建学宫记
[宋]魏了翁

常熟县学之始,图乘散失,仅有屋梁书至和纪年,余无所考。庆元三年,县令孙应时以言游里人也,始祠于学,新安朱子既为证其事。宝庆元年,祠迁于学之右,然而孔堂阙坏,萧不加治。今令会稽王爖始至,大惧无以崇化善俗,乃约缩浮蠹,逾年更而正之,属邑士胡洽、胡淳庀其役。以孔庙居左,庙之南为大门,北为言游之祠,又东北为本朝周子、邵子、二程子、朱子、张子之祠;以明伦堂居右,东西为斋庐四以馆士;为塾二,以储书,凡祭器、祭服藏焉。通为屋百有二十楹,而为垣以宫之。且增田二百亩有奇,岁助公养之费。访言氏之裔,官为衣食而延师以教之,别为田百亩以给其费。白于州于部使者,为庐以贮之。经始于端平二年之冬,落成于明年之秋,乃八月丁亥,释奠于新宫,属郡人叶辅之叙其役,以求记于了翁。窃惟朱子尝记子游之祠矣,如《鲁论》所载二三事,皆以发挥亡余,藐兹孤陋,安敢复措一辞?然尝读礼书而窃有见焉,因记庙学之成,并附其说。夫《檀弓》不知何人,而一篇之言独于子游极其称誉。虽其于孔门诸子率多讥评,又以言、曾并列,其是言而非曾者非一,几若偏于抑扬。然即其书以考之,大抵当典礼讹阙、无所考订之时,人之有疑弗决者,率以质诸子游。故前后议礼者十有四,皆以一言为可否,亦可以见其为时人之耳目。虽"汰哉叔氏"一语若讥之,而实尊之。然则游以习礼列于文学,兹其为文为学,盖三代典章之遗赖游以有存者。呜呼,信其为豪杰之士矣!昔柳宗元谓《论语》所载弟子必以字,惟曾子、有子不字,遂谓是书出于曾门,盖以字轻而子重也。始亦谓然,及考诸孔门之训,则字为至贵。盖字与子皆得兼称,如门人之于孔子,进而称子不敢氏,退而称仲尼不言子。其次亦有既子且字,如闵子之等不一二人,或子或字者又数人。然渊、弓至游、夏最号高弟,字而不得子也;有子、曾子,子而不得字也。就二者而论,则字为尊。盖子虽有师道之称,然系于氏者不过男子之美称耳。故《孝经》字仲尼而子曾子,《礼运》字仲尼而名言偃。至于子思字其祖,孟子字其师之祖,相传至今。人之字仲尼者,毋敢以为疑,字既尊矣,则虽以孟子亚圣,亦不得以字行。不宁惟是,仲尼作《春秋》,二百四十二年间,字而不名者仅十有二人,而游、夏诸子之门人亦各字其师。相承至于汉初,犹未敢轻以字许人。即是而观,则子游以勾吴孤远之士北学洙泗,遂得字而不子,以列于高弟之目,此又岂易易然者!今吴门密迩行都,而常熟为壮县,有如游之北学洙泗,遂以习礼辈行颜、闵,寥寥千载间,岂终无其人邪!或者狃于习欲,未有以自振,我朱子既尝表其事以风厉之,予又何言?独惟山川风气,古今犹夫人也,诵先圣之书,服先贤之训。呜呼!其必有闻风兴起,以无负建学尊贤之意者。士其勉之!

(《全宋文》卷七一○二)

丹阳公祠堂记
[宋]朱熹

平江府常熟县学吴公祠者,孔门高第弟子言偃子游之祀也。按太史公记:"孔门诸子多东州之士,独公为吴人。而此县有巷名'子游',桥名'文学',相传至今。"《图经》又言:"公之故宅在县西北,而旧井存焉。"今虽不复可见,而公为此县之人,盖不诬矣。然自孔子之没以至于今,千有六百余年,郡县之学通祀先圣,公虽得腏食,而乡邑未有能表其事者。庆元三年七月,知县事、通直郎、会稽孙应时乃始即其学宫讲堂之东偏作为此堂,以奉祠事。是岁仲冬长至之日,躬率邑之学士大夫及其子弟,奠爵释菜,以妥其灵,而以书来曰:"愿有记也。"熹惟三代之前,帝王之兴,率在中土,以故德行道艺之教,其行于近者著,而人之观感服习,以入焉者深。若夫勾吴之墟,则在虞夏五服,是为要荒之外。爰自泰伯采药荆蛮,始得其民。而端委以临之,然亦仅没其身。而虞仲之后,相传累世,乃能有以自通于上国,其俗盖亦朴鄙而不文矣。公生其间,乃独能悦周公、仲尼之道,而北学于中国,身通受业,遂因文学以得圣人之一体,岂不可谓豪杰之士哉!今以《论语》考其话言,类皆简易疏通,高畅宏达。其曰"本之则无"者,虽若见诎于子夏,然要为知有本也。则其所谓文学,固宜有以异乎今世之文学矣。既又考其行事,则武城之政,不小其邑,而必以诗书礼乐为先务,其视有勇足民之效,盖有不足为者。至使圣师为之莞尔而笑,则其与之之意,岂浅浅哉?及其取人,则又以二事之细,而得灭明之贤,亦其意气之感,默有以相契者。以故近世论者,意其为人,必当敏于闻道,而不滞于形器。岂所谓南方之学得其精华者,乃自古而已然也耶?矧今全吴通为畿辅,文物之盛绝异曩时。孙君于此,又能举千载之阙遗,稽古崇德,以励其学者,则武城弦歌之意,于是乎在。故熹喜闻其事,而乐为之书。至于孔门设科之法,与公之言所谓本、所谓道,及其所以取人者,则愿诸生相与勉焉,以进其实,使此邑之人,百世之下,复有如公者出,而又有以一洒夫偷懦惮事、无廉耻而嗜饮食之讥焉,是则孙君之志,而亦熹之愿也。公之追爵,自唐开元始封"吴侯",我朝政和礼书已号"丹阳公",而绍兴御赞犹有唐封,至淳熙间所颁位次,又改称"吴公"云。淳熙五年六月甲申望日,朝奉大夫致仕、婺源县开国男、食邑三百户、赐紫金鱼袋朱熹记。

(《常熟言氏家谱资料二种·言氏家谱》)

常熟县教育言氏诸孙记

[宋]袁甫

按《琴川图志》,言偃字子游,旧宅在县治之西北。唐开元追爵封吴侯,本朝升为公。庆元间,县令孙君应时即学宫建祠于明伦堂之东偏。后令迁其祠,祀事弗饬。有识嗟惋。今邑大夫王君爚移书谂余曰:"圣道蓁芜,心甚愧之。今且一新矣,东庙西学,前殿后祠,奠荐攸序,既顺且严。尝访公裔孙,则降在编氓,罕修儒业。繇是即新学西斋,扁曰'象贤',聚言族子弟于其中。县给养赡之资,买书延师,朝夕训导。择齿长者主公之祠宇。又虑岁月浸远,美意难继,则为之节冗费,得缗钱八千五百,买田以亩计者五百有二十,岁收米以斛计者三百有八十。庶贻永久,愿有记焉。"余叹息曰:"是举也,可谓知礼矣。礼,天之经,地之义,人道之所由立,而国家所以恃为元气者也。昔者,夫子与于蜡宾,实有感于鲁,喟然发叹。子游遂问礼,而夫子历言上古、中古与后世之变,而断以礼之废兴。子游凡三问,而夫子三答,皆所以极言礼也。异时燕居从容,子游、子张、子贡侍,纵言至于礼,而子游又发'领恶全好'之问,夫子然之。考诸《檀弓》所载,以曾子之任道,尚推子游为习礼,其辨裼袭一节,则曾子慊然自知其过。与他所论礼,皆精入毫发,独得圣人之传。至于论子夏之门人,则谓仅可当洒扫、应对、进退之末,而本之则无。然则知本,斯可谓知礼。此正夫子所以大林放之问,而未可以子夏之论小之也。且子游,吴人也,泰伯端委以治周礼,其源流有自来矣,而况讲习于洙泗之间,巍然在四科之列,武城弦歌之风,回视断发文身,裸以为饰者,其气象果何如? 故子游之言曰:'直情径行者,戎狄之道也。礼道则不然。品节斯,斯之谓礼。'呜呼! 一日无礼,则沦入于夷狄,甚可惧也。"故始之创祠,知礼也;后之迁祠,废礼也。今王君大修学宫,祠先贤而教养其后裔,于是乎能复礼。而言氏子孙藏修其间者,又能夙夜服习。则礼之兴也,其庶矣乎?《传》曰:"礼不明则上下昏,何以长世?"然则斯举也,于国祚亦有关焉,是不可以无述,乃为之书。嘉熙改元四月癸未,朝散大夫、试中书舍人、赐紫金鱼袋袁甫撰并书。朝奉大夫、焕章阁待制、知平江军府事兼管内劝农使、节制许浦都统司水军、赐紫金鱼袋王篴题盖。

(《常熟言氏家谱资料二种·言氏家谱》)

常熟令王公崇贤政迹碑记
[宋]赵师简

　　碑在专祠内,始祖像记之,碑阴志宋丞相、前常熟令王公讳爚之崇贤政迹也。从前修谱时因碑字剥落,未经载入。但念吾言氏中微,混迹氓庶,几不知为先贤之后,赖王公崇重先贤,广为搜访,建象贤斋以居之,置田亩以养之,延师儒以教之,始得列于士类。今味碑中语,意似为王公去后追思前事而立,虽碑字磨灭,可无载乎?载之所以志德也。剥落处则阙之字句,可疑处则仍之,不敢妄改,所以阙疑也。雍正九年正月二十四日,七十二世孙梦奎记。

　　志同气合,诵诗可以晤对;行异好乖,连屋不相往来。□□□□学道爱人。是以为政子文明以告奚益。会稽王君昔领此邑,余虽非亲交,以黾止去三蛰□□□□。雷尔田畴,墙屋依然,沟洫林木;户庭清闼,隐然有闻遗音。弦直冰彻,父老说不离于口。高山仰止,景行行止,窃有感焉。虽然,政也,非教也,每谒夫子庙,咏叹不息。殿学栋宇,如翚斯飞,规制弘敞,端自胸中所积发之。汉元成间,增学言弟子,后无以给而辍。今良畴接畛,不吝锡予,圆冠峨如,大裙襜如。文物如才,廪稍有羡,是有天下之力,不如一邑之有余力。兴学育士,犹曰只应尔。丹阳公,里神。坠绪弗振,世有气力得位者,顾任昉后,几何时反眼不相识?刻千六百年之遥,拔其裔孙,赎以模铸,饬斋寝,别田园,丹艧祠宇,俾修常事。仁至义尽,兹为专美。记事者谓斯举为知礼,于国祚有关。至哉斯言!夫以儒为吏,不以吏为吏,如官群玉府,弗类日缠朱墨,两汉以下,循吏当敛衽。事有符于余心。人之有技,若己有之,况仰承高躅,幸不为前羞。兹遂赋归,仰典型力也。焕麒像于黉,特为表而出之。昔庙学窄小,廪庾不继,儒效必至疏阔。今诸生酬酢,笑语升降,出入于此,谈道德性命,思期命辨说,悦怿于俎豆,钟鼓管弦,惟适所安。庸可昧厥从幸,相与固其祠宇,贻诸悠久?吁,单父一邑,戴星出入,日夜不居,其视鸣琴从容、堂阶不下者为孰胜?承平百年,雨露渗洒,气调时豫,邑计有裕,三载之间,触目事殊,旱蝗水溢,适当其会。虽难易在时,要折才器有利钝,不无劳逸之时尔,宁不太息于斯?君讳爚,字伯晦,贵名日起,远业未易量,其可龟藏而自晦,蠖屈而不伸耶?并记而刻诸石。淳祐三年二月壬子,奉议郎、知平江府常熟县、主管劝农公事兼兵马都监赵师简记并书,迪公郎、新彬州州学教授、充主学周彧题额。

(《常熟言氏家谱资料二种·言氏家谱》)

学道书院记
[宋]陈宜中

　　昔者夫子讲道齐鲁之郊,从游多北方之士,由勾吴之墟登圣门者,独吴公子游一人。今常熟,其故里也。宋兴,崇文尚治,吾夫子之祠遍天下。虽以关洛大儒、乾淳诸老得圣学于千载之后,凡其过化之乡,悉示表章,存矜式。吴为金吾郡,公实东南学道之宗,邑故有祀,紫阳朱先生尝记之矣。而郡未有讲堂,非前此司人风者阙欤?今枢密赵公顺孙守吴,日卜地于府城文正坊之南,甫经始而召余友黄侯镛继之,鸠工度材,命元僚陈宗亮董其事。三越月而堂成,请于朝,扁以"学道书院",取爱人易使之义,而嘱余记之。余按公以文学列四科,嘉言善行可传者不一,独此二语乃亲得于圣人而见于用。夫学而为儒者事,人所知也。武城弦歌乃将合君子小人而爱使之,既有闻于斯道,夫子莞尔之笑,又直与说开,与点意同。是其为义,岂不与后之言学者异哉?思昔盛际,圣教流行,满天地之间无非道,举天下之人无非学。康衢童子如咏舞雩,中林武夫如见大宾,汉广游女如在汶上。由后世言,虽若未尝学问,而其所得见训诂章句,岂能传之哉?流风未远,列国遗民涂歌巷咏,发乎情而止乎。先王之泽,夫子拾断句残篇而存之,非但疏越遗音,寥寥删后,而其吟咏性情于辞意之外,亦非寻行数墨者所能及也。道在天地,终古常新,何昔能为天下公,而今几为君子隐耶?此余所以慨然正学绝续之际,想弦歌之声而不可得闻,犹幸登斯堂者能有感于命名之义。人心未丧,斯文或因之而兴起也。嗟夫!知学则知道,虽窗草池莲亦足以起吾意,何异亲得圣人而师事之欤?其白首穷年而卒,无得于此,曾不若日用不知于耕凿之中者,琢磨虽未加焉,而璞固存也。吴亦泰伯所居,邦人至今质而无华,伯之遗也。《记》曰:"甘受和,白受采。"吴人有其质矣。使知以公之学而文之采进于道者,其不彬彬矣乎?余故乐书之。庶居是邦者,人人有士君子之行云。咸淳七年四月朔日,朝奉郎、新除尚书户部侍郎兼中书舍人、同修国史修撰兼侍读陈宜中记。

(《常熟言氏家谱资料二种·言氏家谱》)

常熟知州卢侯生祠记

[元]周驰

前应奉翰林文字、同知制诰、兼国史院编修、承务郎周驰撰。

前集贤直学士、朝列大夫赵孟頫书并篆额。

子游在圣门,以文学著名,而其宰武城,则能以学道爱人为先务。常熟,公故里也,凡官于此者,当以公为则。

大德癸卯,濮阳卢侯来守是州。始至,祗谒先圣祠,顾瞻公像,深惟学道爱人之政不敢不勉。夫常熟之为州也,土地广袤,人民富庶,视他州为剧。自非有明敏刚正之才,鲜克胜其任者。侯天资沉毅,识度宏远,御吏以严,待人以恕,听讼精明,而临事详审。下车之初,民有冤不能伸,至与平反而直得者四十余人。岁饥则劝率富民出粟以济贫乏,无流离转徙之患。与夫新社稷之旧址,展公宇之宏规。其于兴利除害,不啻如嗜欲然。故五载之间，于常熟一州无遗便，且以为学校风化之原，政教所系，簿书期会之余，必以诗书礼乐为务。春秋祭祀，朔望拜谒，未尝少懈。至如殿庑从祀诸贤神像，未称尊崇之意，而易以缣素。祭器杂用陶瓦竹木，参错不齐，则铸铜为之。言子废集则重新锓梓，学田湮没则严加核实而增羡之。若然者，侯之于学道爱人，可谓知所本矣。

侯既去官之逾岁，州之士民相与议曰："古之仁爱及人，流芳百世，如贾谊、文翁以学，朱邑、羊祜以惠，民到于今称之。近世邑令修斋王公，亦祠于学。今立祠以无忘侯之德，是亦风化之一助也。"祠成，乃请余纪述其事，以示久远。余尝辱为侯之僚佐，不可以文词鄙陋辞，乃依士民陈少雅等状而为次第。侯名克治，字仲敬云。至大二年正月七日记。

（《常熟儒学碑刻集》）

虞麓精舍记

［元］陈基

常熟为孔门高弟子言偃氏子游之乡，而海虞则吴之名山，仲雍之墓与世传，太公望之石室在焉。州人徐君公懋世居山之麓，其先大父益阳府君，起家儒林，历官中外，而虞山之族日蕃以昌。公懋尝介其从弟公远，以虞麓精舍图示予，且曰："愿有以记之。"

余辱交君家乔梓，最密雅知。公懋贤其读书精舍，工文章以举进士，为业有日矣。余闻之，君子居必择乡，游必就士。昔者七十子事孔子于洙泗，其择乡且就士亦至矣。然孔子没，弟子各以所学为诸侯师，而西河之民至有疑子夏于夫子者，而其学遂流而为庄周氏之徒。子游特起吴中，北学于中国，卒以文学得圣人之一体。百世之下观其服膺夫子之言，则"君子学道则爱人，小人学道则易使"也。其取人则澹台氏也。其为邑虽以武城之弹丸，必教以礼乐也。考其言，简易者宏以远，疏通者高以畅。究其为人，则所谓敏于闻道，而学之得其精华者，岂欺我哉！

今公懋生于文学之里，则乡不待择也。尚志澹台氏之流，则士不待就也。入乎耳，武城之声洋洋也；沁乎心，洙泗之言洒洒也。布乎四体而西河之人弗疑也，形乎动定而庄周氏之徒不能摇撼之也。夫为名族之人，居名山之麓，饮名泉之水，而能使国人称而颂之曰："子游之乡有学者，府君之后有闻人。"

呜呼，岂不贤哉！彼文章之工否，进士之利不利，抑末也。不足为公懋道其择乡就士之说，因公远以复之。余不敏，他日问津川上，命驾虞麓，览仲雍之流风，考太公之遗迹，徘徊言氏以访其故宅。因假榻精舍，尚能为公懋论之。

（《言子春秋》）

杜公世昌德政碑记

[元]周之贞

　　天子而下,三公九卿与夫台阁府寺暨诸有司,计其日所领受,皆州县外职簿牒会期之文耳。缓则让之以言,急则绳之以法,事或不前,辄停职罢俸,但随喜怒之间,无所不至,抑亦过哉。人徒见区区一县之令,位不过六品,俸不过二十缗,其为上位所轻,盖不知皇上以百姓之心为心,而县令之心贵以皇上之心为心也。此昔人以县令之职为甚近然。又其宗庙禴祀之费,军旅馈饷之需,百官廪饩之给,下至胥徒府史台舆皂隶所须,凡百调度,皆从一令手中来,以是较之,岂不亲且重欤!大率得其人则民受其福,否则民受其殃矣。为人上者可不慎择其人乎!是以唐文皇亲书其贤令姓名于御屏,至于饮食坐作之间略不暂废,其于亲民任贤之心不既勤矣乎!

　　若长清之为邑尚矣,在前金时为赤县会,其户不下十五万,其间势要之家八百有奇,所以号为难治,例以诸相各辟所知选其公干廉明者处之乃可。所职非如他县,秩满赴部,常调数投之已也。君下车之明日,即扬言于众曰:"吾终此任,使无一人滞于狱者。"每于听讼之际,温其言,和其色,一謦欬间,有罪者伏,负屈者平,囹圄遂鞠为茂草余二年矣。岁仲春,出郭督农事,但匹马而已,从者止一二人,皆裹粮而行,墟落欢声,四邻洋溢。岁军马南下,充斥旁午,邑人闻之皆逃窜。君乃出境迎迓,抚以译语,所过秋毫无犯,百姓大安。

　　阖境士民遂有借寇之举,数十百人联名具牒于按察,主者曰:"无用汝等,本司有文牒移台院去矣。"士民为之蹁跹忭慰者移时。若夫差役均,户口增,田野辟,盗贼息,词讼简,为之有余力,又岂止五事备而已哉!尝谓为吏处己以廉,莅事以明,此皆分内事,然徒廉只自苦耳,不以能继之,何益于政?徒明但过察耳,不以恕承之,亦伤于仁。如君所为廉而能明,承之以恕,其德政孰有加于此哉!

　　古有之,如子游之于武城,子贱之于单父,鲁恭之于中牟,元德秀之于鲁山,皆有惠政及民,虽千载而下,民爱之如父母,敬之如神明,又祠且碑焉,间遇水旱,祷之无不应,其福后世也若是其远耶?

　　虽然,时有难易,民有淳漓,向使四君子者来莅是邑,在今日者恐无所措手。噫!是古而非今,贵耳而贱目,天下之通病,如吾杜君者方诸古人,夫亦何忝!予故乐为之书,庶几来者有所景慕云。

(《全元文》卷七〇三)

内黄县达鲁花赤安住去思碑铭

[元]楚惟善

内黄介魏、滑间,居民繁夥,素号难治。泰定丙寅,监县安住实来,下车即以教养为急务。其意盖谓富而后教,孔子以告冉有;逸居而无教,又孟轲氏所以语齐梁之君也。致治之方,大率不出此二者,故为乐教。劝民以耕桑树畜,劳来循行,出入阡陌,未尝惮其劳勚。已而民安辑,有所盖藏,乃招县弟子,以为学官弟子员,为除徭役。又举行义,表孝弟,为之定嫁娶丧祭仪式,使不得过法。顷之,其化大行。狡狯者变而诚,强梗者化而顺。向所谓难治者,泯然无迹之可言矣。时宣圣加号,碑更数,政未立,乃谋于僚属,各捐己俸,僦工伐石,躬督厥役,不期月告成。又,邑税越元城而输馆陶,道路辽远,每隆冬寒秋,冲冒风雪,民甚苦之。然自立河仓以来,沿袭五纪,有司视为常而不加恤。侯即移文总府,躬诣执政,求改输元城。得请,然后归。事下之日,远近称庆。是皆有裨教养之大节也。

於戏!侯之为政如此,初若不见其有为之迹,而邑人思之至于久而不忘,其必有道矣。盖以术而为治者,事繁而有迹;以道而为治者,事简而无迹。人徒知有迹之可喜,而不知无迹之犹可喜也。故鲥筒固可以散奸党,而不知其纵私评;钩钜固可以得事情,而不知其滋奸伪。发摘奸伏如神,何若使民不为盗之愈也?如侯之治,虽不见有为之迹,然其三年之间,内黄之民熙熙如万物在春风中,一草一木皆有生意,恬然如江湖风定,纤鳞巨介各安其所,而微波不兴,则其教养之功为何如?视彼以术为治,一政一令之善,必欲表表在人耳目者,又岂可同日而语邪!

然其所以致此者,由其尽吾心之所当然,合乎人心之所同然,初无一毫为人之心故也。子路之治蒲,子游之为武城,宓子贱之宰单父,用此道也。侯之用心大率类此,故其治有成。向使少有一毫为人之心,虽或取效于一时,未必垂功于永久,纵或取誉于当日,又未必能见思于既去之后也。因邑人之思,固可以知前日之政,又可以卜他日大用之施措,而是碑所录,又庶几其为异时循良傅张本,俾后来者于焉取法,皆是心之推也。是不可以不书。

侯名安住,其先本西夏人,后迁居汴之鄢陵。故父名阿阙,讳赟,以吏员出身,授奉训大夫、中卫千户所知事。侯初警敏,甫卯,辄喜读书,不率俗好,时咸以远大期之。弱冠,游太学,折节下贤,恳于访问。典教悉儒宗名士,极天下选,故其学问渊源为有自来。甲子以进士擢高第,授承事郎、达鲁花赤。且系之以铭曰:

内黄为邑,介滑与魏。民居繁夥,素号难治。维贤为监,硕德长才。师友渊源,为有自来。下车未几,政平讼理。官比三年,化行百里。以猛以宽,从容有制,上恬下安。颇牧用兵,和扁疗疾。虽有施设,竟无形迹。勒之贞珉,以示不忘。千万斯年,为侯桐乡。

(《全元文》卷九九三)

文学书院田记

[元]黄溍

　　昔州县未有学,先儒或择胜地建精舍以讲授,为政者辄就而褒表之,号曰"书院"。宋初,天下四书院而已,然惟白鹿、睢阳之有田,仅见于传记。皆上之人以是而厚其养,未有以一乡之善士专任其事者。其后命州县咸立学,而学校之宫遍于天下,书院之创置日亦增多。我朝尊右儒术,以风励乎海内,闻者莫不知劝。有力而好事之家,往往购广厦以崇礼祠,辍良田以丰廪食。其为书院者,遂与州县学参立,而布满四方。既奉濂洛、乾淳二三大儒以为先贤,而于前代名臣、山林高蹈之士,有所弗遗。凡尸祝之者,非其仕国,则其乡邑。孔子之门,从游三千,速肖七十,独子游为吴人。今常熟州实其所居里。南州之先贤,孰有加于子游者乎?寥寥千载,莫有能表显之者,盖阙典也。州故为县时,余姚孙侯应时知县事,尝为位于学宫讲舍之西偏,率学士、大夫及其子弟行释菜礼,而未克为专祠。后百五十年,为今至顺三年,州人曹善诚始买地作祠宇,而辟讲堂于其后,列斋庐于其傍。有司因为请于中书,设师弟子员,而揭以新额曰"文学书院"。曹君既赡以田一千六百亩有奇,恐旱干水溢之不虞,将割田以继其不足,又虑或者疑为苟避征徭,未敢自言。大名王侯侃来守是州,力劝相之,于是曹君益畀以田二千六百亩有奇。事闻于郡,未报,而王侯以秩满去,曹君亦入橡太师府。今守武昌张侯衍阅故牍而得其颠末,亟命佐吏贾天瑞诣郡关白。自是其田有苗税而无力役,春秋之事得不匮乏。为士者亦有所蒙赖,而优游于诵弦俎豆间。乡贡进士达里新署其山长而未上。摄书院事者,儒学教授徐梦吉,以为曹君之有功于名教,与两侯之成始终,皆不可以无述,爰状其实,嘱溍记之。溍窃观孙侯举旷古之阙典,意甚美而为事殊简略,特以先师朱子之《记》传之。至今曹君乃能不爱其所有,而汲汲焉致力于孙侯之所不及,固已不易,以一乡之善士而专任乐育人材之责,亦古所无有也。顾欲以溍之蒙陋,嗣为之记,而自附于朱子之末,安敢犯是不韪哉?惟朱子之文,天下学者莫不家传户诵之,况为其州之士而群居于此,岂无闻其绪言而兴起者?诚能相与勉焉,朝益暮习,而无苟利乎?为养之厚,必有异于今世之所谓文学,而不为昔人之所谓贱儒。此则朱子之所望于来哲,溍无庸以剿说为也。他见于杨内翰刚中所《记》者,兹不复赘述焉。中顺大夫、秘书少监致仕黄溍撰。承务郎、镇江路金坛县尹兼劝农事知渠堰事段天祐书。荣禄大夫、集贤大学士致仕吴直方篆额。

(《常熟言氏家谱资料二种·言氏家谱》)

平江路常熟州文学书院记

[元]杨刚中

至顺三年十月甲子,新作文学书院于常熟,专祀吴公子游也。子游为圣门之高弟,常熟为子游之乡邑,见诸传记既炳炳,其不诬。况其以字名巷,以"文学"名桥,以遗址名其故居者,又其来有自。虽春秋之事,获俎豆于夫子之堂者遍天下,然其乡无书院以专祀之,则于理有不当然者。于是州人曹君善诚慨然以为,贤哲攸居,分在兹土,不表励而尊显之,何以彰吾乡尚贤之义,吾独不能发己资而自营之乎?遂将即其遗址而建祠焉。市氓据安,求贾莫得,乃更卜吉,考宜择材,命役禀承,协励上下,合谐畚筑,既登架构,惟翼植礼,殿而中魏优弘,祀而左峙,庭除夷密,门庑靓深,仪像孔严,丹垩交焕,宴栖讲隶咸廓其程,盥荐献陈悉备,其高广周详一与侯泮之制,比而无不如。既设训导以淑其人,别辟斋以教言氏之后与其乡之来学者。复捐田一十六顷有奇,以其入给时祀而廪师生。自起迨终,逾年乃具,由是有司上其事,省部翕其从,又为之置山长以职其教。嗣而至者,集庆陆士元以其举千载百年之阙遗,新州闾里鄙之观听,名弘而实伟矣。乃谋琢石以纪其成,来以记请。盖自道德之统绪弗延,而俗化之陵夷靡极,虽贤哲之昭迹具存,亦皆莫或顾省,芜翳欲无。今不惜恢数亩之,规而祠之,楹桷有严,裸馈加恪,使人瞻其容范之光、冠戴之度,而洙泗之渊源可想也,岂不亦可尚矣哉?且子游之学,讲于仪节者,固详矣。然道则隆乎本而不末之从,礼则一乎情而靡质之越,至于笃信圣贤,以政陶俗,又份焉。礼乐之盛,虽三代之治可几已,及所推进而师表于时者亦为从数百人,其德化之洋洋何如也!顾独以文学称乎今,而后藏修于其中者,其亦征贤哲之所至范,其颖然高明而不滞于形器,其确然敦固而有郁于风化,趾其出于遐邦蕞邑,而能杰然以道德著于中州,不徒假经训以名学而为口耳之言,极材力以事文,而隆词藻之技,使气质之变有加天理之融,无外庶几有出而绳贤哲之化于将来者,则书院之设,又不亦大有功于名教哉!是其肇始之勤,垂后之远者,固不可以不书。曹君字彦明,好古而敬贤,知方而向道,尝以材植之良举而官将仕郎、丞嘉兴路嘉兴县。其父名济满,字楫卿,从事郎,常州路宜兴州判官。元至元丙子三月望日,翰林院待制、承务郎兼国史院编修官杨刚中撰。平江路常熟州文学书院山长陆士元立石。

(《常熟言氏家谱资料二种·言氏家谱》)

子游像赞(并序)

[明]傅著

圣人之道,天地日月也;贤者之德,星辰河岳也。天地之覆焘,日月之照临,亘万古而靡息;星辰之昭明,河岳之流峙,将愈久而益彰焉。其先师子游氏之神乎!

子游,吴之常熟人也。孔子阐教东鲁,弟子盖三千焉,率多中州之士。自南而北学者,子游一人耳。其志行卓越,豪杰特立,孝敬以励其德,务本以推其学,遂得圣人之一体。其见于设施,教民必以道,俾君子小人,爱人而易使。其于师道,固昭昭矣。然于时尤以习礼闻,故葬以即远,有进无退,曾子多其论;裼裘以吊,袭裘而入,曾子服其礼。大道之行,天下为公;大道既隐,天下为家,孔子既详语之。欲能则学,欲知则问,欲善则详,欲给则豫,孔子又深许之。其嘉言善行,载于《礼记》《家语》者实多。而尤深究夫礼,其足为后世师法者,秩秩也。洪惟国朝以武勘文治,崇德报功,以承上下,肇称殷祀,咸秩无文。爰访地灵,用弘国典,实始称先师子游氏之神。以仲春次丁,祀以刚鬣,礼实尊焉。载稽先代祀先圣先师,周公南向,孔子东向。至唐开元二十七年,追谥孔子文宣王,南向,赠弟子公侯伯。至于我朝,以昔称孔子、称子游,亦既尊矣。所谓贤者之德,犹星辰河岳,愈久而益彰者乎? 敬为赞曰:

大哉宣圣,尼山降神。懿哉子游,嵎山委真。维圣阐教,洙泗之滨。维贤衍道,大江之渍。三千济济,七十彬彬。北学中国,南方一人。伟哉豪杰,圣道克遵。得圣一体,昭礼五仁。孝敬是励,大道具聆。文学斯擅,弦歌则闻。莞尔之笑,圣心实欣。牛刀割鸡,戏尔前言。赫赫国朝,先师实尊。爰致祠祀,及兹仲春。勖尔俊髦,裕尔后昆。刻像琬琰,播德烝民。星辰河岳,有烨斯文。

奉训大夫、潞州知州、吴郡傅著述。

睹河洛者思禹,入清庙者思文。过文学之里,谒大贤之庭,此所以有子游之思也。况受其罔极之恩者乎? 苏州府同知曹恒以公事至常熟,过先师子游氏之神祠,俨然有思,问及遗像。本县试主簿王诚、典史赵维俾儒访求后人烨得之,遂以其像刻之石,以垂永久,庶几河洛清庙之思焉。吴人王儁敬识。

常熟县知县余叔相、县丞陈义、儒学教谕张瑜立。

(《常熟儒学碑刻集》)

明科举题名记

[明] 傅玉良

赐同进士出身、苏州府常熟县知县、临江傅玉良撰。

常熟县儒学训导熊冕书。

山西平阳府解州芮城县知县、琴川沈洧篆额。

朝廷取士,未有重于科目者也。科目肇于成周,乡举里选。盛于唐宋,明经、进士诸科,得人之盛,彬彬济济,功名事业,照映简策千古,令人歆羡。先儒谓非科目足以得人,豪杰之士由科目进者是也。

常熟,东南名邑,邑先贤子游以文学名科,圣门遗教,沾丐后人。士知砥砺,学行名节,拾青取紫,代不乏书。我朝由太祖高皇帝平一区宇,至于今皇上继统以来,擢科之士,或学校乐育,或山林奋兴,政声宦迹,历历可数。而题名记由宋嘉熙以来,未有继书之者,盖缺典也。今年秋,诸生鱼侃辈领荐归,将诣春闱,有司偕教官歌鹿鸣,饯之于学宫。广文诸暨孟宗严、司训修江熊朝美谓予宜有所纪。予谓穷经致用,固士子之素志,而作兴劝励者,县官分内事也。予不职,承乏兹邑且五年,可得辞欤?爰采国初迄今凡由科目进者,书其姓名而系其出处于下,刻石立诸讲堂,将以耀前而劝后也。凡我同志,嗣而续之,庶斯文之不泯焉。

永乐二十一年岁在癸卯十月朔日,本学教谕孟恪立石。署县事巡检陈忠同建,邑人吕谦镌。

(《常熟儒学碑刻集》)

明处士章公叔华墓志铭

[明]傅玉良

前进士直隶苏州府常熟县知县归田临江傅玉良撰。

征仕郎吏科给事中郭璘书。

前进士江西瑞州府推官琴川杨伸篆。

处士姓章氏,讳原,字叔华。其先为淮阴清河人,避金寇随宋南渡,遂家于吴之常熟县市子游巷。九世至叔华,值元季兵变,奔窜流离,备历艰辛。国朝平定,海宇复睹隆平。洪武庚戌,公厌市喧,徙居县北福山镇东南偏,室庐田园,经理就绪。公为人资禀敦笃,好善乐施,而家益饶裕。教子有方,皆至成立。晚节屏去家事,与诸耆英逍遥徜徉,以乐余齿。一旦以微疾卒。生于元至元重纪戊寅二月十三日,殁于今宣德戊申十二月十一日,享年九十有一。公先世谱毁于兵,远不可考。父讳岳,字国宝。嫡母、生母皆綦氏。公娶薛氏,先公八年卒。子男二:镐,字仲维,娶陆氏;杰,字文杰,娶严氏。女二人:长适同邑檀林朱玉;次适同里褚端。孙男三:琳、珪,镐子也;骥,杰子也。女三,适王琪、王伦、郎翰恩。孙男:焕。曾孙男:诚、谏、训、谕、谦、让、谟。女三,俱幼。仲维将以宣德六年三月初八日,葬公于本里毛家山之原。适予解官南归,道经福山,仲维具状泣血,请于予曰:"镐不肖,无以显扬先父休烈,恐潜德湮没,故丐文为之志。"予嘉处士之寿考终而仲维之诚孝,故辞而为之铭。铭曰:

早经扰攘,亦孔之艰。晚际升平,既富且安。我田我庐,我疆我理。曰礼曰诗,教我诸子。年逾九十,孙曾满前。富寿康宁,公置具焉。毛山之原,山奇水秀。何千万年,克是厥后。

吴郡章敬镌。

(《明清以来苏州社会史碑刻集》)

学道书院记

[明]张洪

常熟有文学书院,旧在县治东北。元至顺三年,邑人曹善诚建,至正间废。宣德九年春,县令郭公世南即公馆室宇增饰之,为堂为寝,为庑为庖,层门深窈,不近市喧。巡抚官至则居之。其在郡中,尝居鹤山书院,故于其至止之处,亦名为书院。巡抚侍郎庐陵周公,因文学旧名改为学道。县令郭公世南冀丞、簿诸公,请记其事。

予谓创始改作、完旧益新,皆载于县志,不必复出,请畅其名之之义焉。书院一也,昔谓之文学,今谓之学道,何也?以子游为邑人,北学于中国,圣师目其所长,故曰文学。及为武城宰,施其所学于民,故子之武城,闻弦歌之声,形莞尔之笑,有牛刀之戏。而子游以学道为对,言君子学道,必推己以及人,故能爱人;小人闻道,知职分之当为,故亦易使。然则弦歌者,学道之具,非以道为弦歌也。古者春秋教以礼乐,冬夏教以诗书。弦歌者,乐之属,举乐以该四教。四教者,诗以理性情,书以道政事,礼以谨节文,乐则荡涤其邪秽,消融其查滓。忽不知入于圣贤之域,于君臣、父子、夫妇、长幼、朋友之交,各致其道矣。诗以兴起于前,乐以涵养于后,故以弦歌为学道。但子游之学道,本末兼该,重在小人,故以之为教于邑中。周公之学道,先用力于根本,重在君子,故以之标名于书院。古今人品不同,其为学难易亦不同,要必体立而后用有行。吾邑之大夫,当深求学道之意,以为出治之本可也,尚勉旃哉!

宣德九年春,行在翰林院致事修撰、承务郎、同修国史、东吴张洪记。邑人邹胤书。吕臻刊。

(《常熟儒学碑刻集》)

常熟县重修庙学记

[明]杨荣

荣禄大夫、少傅、工部尚书兼谨身殿大学士、知制诰、国史总裁、建安杨荣撰。

宣德癸丑,常熟县重修孔子庙学成。吏部稽勋主事钱衡,世家斯邑,少尝游是学,来请于予曰:"学在县治东南,其地隆然以高,宏然而敞,创始于宋至和,重修于开禧、端平,而再葺于元之皇庆、至正。其间政教兴替靡常,未可以概举也。洪惟国朝文教聿兴,洪武庚戌,教谕朱昞来掌教事,时学之制:左则殿庑、戟门、棂星之赫奕;右则讲堂、斋舍、庖廪之毕具;其后则有子游祠及先贤堂,蔚然可观。历岁滋久,上雨旁风,浸以圮坏,未有能振之者。近西江罗汝宽典教兹邑,慨然欲作新之计,其工费浩繁,虑有弗给,乃先度其力可为者为之,若廊庑、讲堂、门垣、斋舍及先贤祠宇,皆循次修葺,惟礼殿未之能也。壬子之秋,县丞李子廉、主簿郭南暇日视学宫,见汝宽用力之勤,亦慨然曰:

'修学责在有司,吾辈视其颓废,而不加力,宁无愧焉?'乃各捐俸以倡,训导徐万镒、翁玭力赞助之,命耆老平孟悦等督其事。衡适得请于朝,归省墓,乃奉白金四伯钱,佐其役。仍率邑之好事者王惠吉、陈崇道、张士良、钱汝周、杨师颜等,捐资以助,于是聚材鸠工,殿之梁栋榱桷、瓦甓墙壁之毁者易之,帷幙器用之弊者新之,圣贤像设章服则绘饰之,与汝宽先事所修葺者,轮奂华采,相为炫耀焉。是役也,不烦于官,不扰于民,而卒以时就,诚可谓难矣。敢求一言,以示不朽。"

余嘉佐邑者之得人,又嘉衡之能轻财,而知所尊也,故不辞其请,而为之言曰:学校,育材之地,风化之原,为国者之先务也。天启皇明大一统文明之治,开万载太平之业,在内则立胄监,在外则府州若县莫不有学,而学之教法规制盖已超轶汉、唐、宋,而娓娓乎唐虞三代之隆矣。皇上嗣登宝位,尊崇儒道,凡一言一动,莫不师法孔子,以弘尧舜之治,是以屡诏天下修理庙学。然郡县之吏能奉承者鲜,而常熟邑佐李子廉、郭南氏知其所重,一新学宫,可谓能祗顺德意者矣。夫常熟乃子游过化之地。子游,圣门高弟也。则今县之令佐与夫为师生者优游于兹,当何如哉?必景仰贤哲,修举学政,且务其为己之学,尽乎孝弟忠信之道,勿徒炫名誉、徇利禄,以负国家建学立师之盛意,则庶乎其可也。敢以此复衡之请,且告其邑人焉。

宣德九年夏四月望日,常熟县知县郭南,县丞李子廉、张寿方、林崇福,主簿陈阳福,典史柳俊,本学教谕罗汝宽,训导徐万镒、翁玭。

右《庙学记》,今少傅、大司空、荣禄公因吏部主事钱衡之请而作,时宣德八年冬也。记文付下则九年之春矣。主簿郭南已钦升常熟县知县,立石于是年之夏。不当复署旧衔,宜光今之宠命,既不失其实,且以示劝云。

行在翰林院致事修撰、承务郎、同修国史、邑人张洪识。董工耆老平孟悦、陈叔维。邑人吕臻镌。

(《常熟儒学碑刻集》)

重修常熟县儒学之记

[明]赵永言

常熟县儒学教谕浚仪赵永言撰文。

训导天台侯诚篆额。

莆田周哲书丹。

学校,所以育人材、明人伦也。人伦明则风俗美,英材出则治道隆,此学校有关于名教也大矣。常熟儒学,在县治东南一里,始于宋之庆历,左庙右学,庙前两庑,庑前有戟门,戟门之南为灵星门,东为神厨,西为刑牲房,庙后吴国言公祠。学内外二门,中凿为泮,伐石为梁,而架之以木。明伦有堂,堂之两旁为斋,各虚四楹。斋上下又各连六楹,为诸生讲肄所。堂后有寝,泮左为库,右则张尉旭之祠也。历元迄今,凡四百有余岁,若县尹孙应时、王爚、韩居仁,教授唐泳涯、陈聚,士民杨麟伯等随坏随葺,仍旧贯也。

正统改元丙辰夏五,余承乏是学,载瞻载顾,庙庑轮奂,言祠新建前轩,皆县尹郭侯之力也,少傅建安杨公荣尝记之。而学之堂斋隘且弊,余谋于侯曰:"庙既新矣,学其可以弗新乎?"侯曰:"当徐图之。"未几,侯偕丞分宜李子廉、簿延平陈阳福戾止,顾谓余曰:"堂斋将旋可理,子其相与计之。"余曰:"堂隘可广,基下可高,斋各可拓,储庤逼堂,非其所也。颐养逼斋,非其地也。学官廨宇,犹未备也。架梁以木,不能久也。"侯诺而还,首命工昇石斧斫,不逾月而桥成。徐辄经度,市木将备,适侯如京师,语丞治之。会提督学校监察御史吉丰彭公驻车,亦以堂舍卑狭,习射弯远,二者未宜。丞亟成之,拓基丈余,崇土三尺,堂崇旧如土数,经始于是年十有一月,落成于十有二月。侯还,相率寮寀,捐月俸,并募民之乐助,东贸射圃,得地若干亩,西贸膳所廨宇,又得地若干亩,正东南故宇一区,存旧圃为学之蔬畦。正统辛酉春三月,命生员谢昇、卫杰,邑掾苏拳、杨林,耆德平豫、陈浩,分董其事。彻其两斋,拓其址,构以重屋,工倍蓰于昔。于是观颐有堂,学官有居,习射有圃,观德有亭,易库址以建储庤,置肃宾处敬,为致斋之所。工毕于是年九月,高明爽垲,斩焉一新。

吁,宰是邑者非一人,教是邑者亦非一人,遍观旧记,举不过去腐易新,未有若此之拓建者。今侯能之,可谓知所本矣。抑侯莅政以来,凡诸坛壝与夫应祀祠庙,罔不修举,去淫祠三百余处。邑自元有弊俗,每岁春季赛会,蛊惑臧善。侯悉禁止,斯亦政教之大者也。矧常熟子游故里,子游游圣门,以文学名科,礼乐为教。流风遗俗,犹有存者。师之处于是,知所以为教;弟子之游于是,亦知所以为学。将见英材出,人伦明,可以俪于古矣。余首风教不容默,遂摭其兴学前后惠政始终,勒诸石,以为宰邑者劝。侯名南,字世南,唐汾阳王二十三世孙,吴中贤大尹也。

正统六年龙集辛酉嘉平月初吉,县丞张克明、刘得、陈澄,主簿陈阳福、吴泰,典史马庸同立。邑人吕顺刊。

(《常熟儒学碑刻集》)

常熟县儒学新建尊经阁之记

[明]吴讷

常熟为吴国子游言公阙里。公北学圣门,身通受业,因文学得圣人一体,以化洙泗以南朴鄙不文之习,泽及后人深矣。癸亥岁五月朔,讷抱病家居,教谕浚仪赵永言奉书来谒,曰:"常熟县学,首创于宋之至和,重建于端平之初。左庙右学,大成殿后有言公祠,祠右有明伦堂。元年丙辰,永言承乏是学。知县上虞郭南、县丞分宜李子廉,撤堂新之。越三载，知县郭南又撤两斋，改为重屋，并市学东民地，重建射圃，以便诸生习射。六年辛酉冬，县丞新建陈澄掌邑事，永言曰：'郡庠旧有六经阁，吴庠近建藏吾楼。本学曩承太祖高皇帝颁降《大明律》等书，暨太宗文皇帝五经四书大全等集，俱置庑下。地土卑湿，霪雨蒸浥，倘得楼阁以藏，庶尽其宜。'贰令闻而善之，乃撤堂后寝屋，捐俸为倡，复劝邑人佽助钱米，鸠匠市材，建阁五间二夹室，名曰尊经之阁。时县令郭南公出而归，因出俸米，完其未备。经始壬戌季秋既望，落成嘉平之月哉生明之日，敢求一言，垂示不朽。然永言读诸碑志，心窃有疑。宋宁宗庆元己未，徽国朱子为知县事孙应时记言公祠。后三十六载理宗端平丙申，魏文靖公了翁为邑令王熵作《重建学宫记》，惓惓然表章朱子记文之说，至篇终引礼书云：'时人以典礼质问者，十有四皆以游一言为可否。三代典章之遗，赖之有以存焉。'此朱子未言者。若记中所谓南方之学，得其精华，及一洒偷懦、无廉耻、嗜饮食之讥。此二事文靖公未尝发明，幸并开释，以告后学。"

於戏！讷蚤游邑庠，睹明伦堂扁，左刻新安朱熹书，右刻稽阴王熵立。稍长读《丹阳公祠堂记》，窃有得其一二焉。按《隋书·儒林传序》云："南北所为章句，南人约简，得其精华。"故朱子《记》称子游"简易疏通，高畅宏远"，"意必敏于闻道，岂所谓得其精华者自古而然耶"。又按荀况《非十二子篇》云："偷懦惮事，无廉耻，嗜饮食，是子游氏之儒。"朱子于是引而不辩。夫子游，圣门高弟，论子夏弟子之学，知大学之本。治武城，知礼乐之道。岂有荀况所讥者乎？荀去子游几二百载，其时弟子、乡人，或狃于俗习，遂乃讥及子游。故朱子《记》云："愿诸生勉进所谓本、所谓道。使此邑之人，百世之下，复有如公者出，一洒偷懦惮事、无廉耻、嗜饮食之讥。"期望后学，至深切矣。

洪惟圣朝太祖高皇帝诞膺天命，以儒术化成天下。即位之初，诏天下立学，遴选儒师，训迪子弟。厥后设科取士，以四书五经为主，本其《四书集注》《诗集传》《周易本义》，书《订定蔡氏传》，率皆朱子之说。迨太宗文皇帝命儒臣纂辑《大全》，凡悖朱子者弗录。今作阁记，舍朱子之言，何以为言哉？朱子尝有言曰："道在天下，原于天命之性，行于君臣、父子、兄弟、夫妇、朋友之间。其文出圣人之手，存于《易》《书》《诗》《礼》《春秋》《孔》《孟》之籍。"至后世国家行事之迹，又皆有史臣之记。凡天地阴阳事物之理，修齐治平之道，礼乐选举食货兵刑之制，靡不备著于中。昔之为师者，以是为教，学之者，以是为学。今学者类多记诵剽窃，内以傲其父兄，外以骄其闾里，终身不知自勉，而卒就小人之归，然岂专在学者之罪？亦典教者不知为教之道也。於戏！朱子集周、程、张、邵之成，以续孔孟之统，当时乃有记诵剽窃之弊。盖朱子之学，虽不能行之于一时，而实大行于今日。则今之为师为弟子者，其可不以朱子之言为法为戒，以无负国家建学毓贤之意乎？

昔者张伯玉记吾郡六经阁曰："诸子百家皆在，而不书尊经也。"夫尊者，恭敬奉持之谓，岂徒尊阁奉安而已？抑又惟吾邑山水明秀，登是阁则一览在目。窃虑昧者罔思天朝祖宗颁降经书在上,或设宴阁之上下,或酣酱之余,追逐笑嬉,非惟堕乎相鼠无礼之恶,而真陷乎嗜饮食、无廉耻之贱矣。愚也年登八十,杜门待尽,笔砚久废,故是阁之记,五年之间屡辞邑官之请。今则弗克终辞者,盖欲因是尽悃愊以告乡邑后进,俾勿悖先圣贤之训也。若夫本武城弦歌之政,推广学道爱人之心,此邑之令佐所当自勉,以求无忝其职者,然亦耋老之深望云。

正统十三年岁在戊辰二月初吉,嘉议大夫、都察院左副都御史吴讷撰。江阴严雍篆。邑庠生张绪书。知县郭南,县丞刘得、赵绅,主簿孔刚、王子钊,典史陈达,董工耆民郎藩、陈玉、蒋瑛等立石。邑人吕顺镌。

(《常熟儒学碑刻集》)

重修吴公祠堂记

[明]李贤

赐进士、资善大夫、吏部尚书兼翰林院学士、知制诰、南阳李贤撰。

敕封承德郎、南京工部主事、前行在广东道监察御史、邑人章珪书。

奉训大夫、刑部员外郎、里人孙纪篆。

孔门弟子大抵皆鲁人,以孔子生于鲁故也。间有一二他国之人,盖闻孔子之圣而景慕之,不远千里,往从游焉。是其识见出于寻常者,方能如是,若吴国言偃子游是也。宜乎,为圣门高第,视七十二子,不在十人之外,观于四科可见已。昔者朱子为作祠堂记,称其为人简易疏通。予尝诵其言而思之,如事君交友,谏不欲数,丧则致哀,学则务本,治邑以道,取人以正,莫非简易之所寓。裼裘而吊,以见从凶之失;因叹而问,得闻制礼之妙。达领恶全好之理,发难能未仁之论,莫非疏通之所存。由是观之,则朱子所称,信不诬矣。至于《家语》论子游之行,谓其能耻独贵独富,先成其虑,及事而用,故动则不妄。言虽可取,未知果出孔子之口,而尽子游之善否? 此予所以历考其实,而从朱子之论,以见子游文学之高,决非后世名为文学者之可及也。呜呼! 向使不生孔子之时,虽欲北游而学于中国,何所依归? 既遇孔子,则其愿从之志,不啻江河之决,沛然孰能御之? 所以卒闻圣人之道,每为孔子之所称许。谓非豪杰之士,可乎? 从此是邦才俊继出,见用于世,文章政事,后先争光,遂为诗礼文物之薮,未必不因子游之风而兴起也。千载之下,为乡人者敬慕当何如哉? 宜乎立祠而祀之。虽然,自子游殁后,至宋庆元三年,一千六百余岁矣,而邑令孙君始克建祠;于今又历三百余岁矣,而邑令唐侯礼乃能重修。刑部员外郎程君宗间告予曰:"吾乡常熟,实先贤子游故里。作祠之初,朱子已记之矣。重修于后,安可无记以白后人乎? 今愿窃有请焉。"予惟是祠,朱子一记足矣,岂可复有所赘? 辞不获,姑实朱子之言,用昭子游之善。而祠称吴公者,乃其封爵也。唐侯又以乡之后贤,如范文正公诸位神主,从祀于内,俾是乡之人益有所观感而奋励焉,其有关于风化大矣。因并及之。

天顺三年岁次己卯秋七月上浣,常熟县知县武康唐礼、县丞齐东王宪、主簿仪封杨瑾、典史漳德刘芳、儒学教谕青县张雯、六十四世孙铭钦同立石。

(《常熟儒学碑刻集》)

直隶苏州府常熟县儒学兴修记

[明]徐有贞

前太史中执法、经筵讲官、知制诰……奉天翊卫推诚宣力守正文臣、特进光禄大夫、柱国武……华盖殿大学士……

奉议大夫、山西等处提刑按察司佥事、奉敕提督屯田……

太中大夫、资治少尹、山西等处承宣布政使司□参政……

常熟,苏之上邑也,盖古吴国之虞乡,言游氏之故里也。于今以文献称天下,然其学宫虽旧而世弊未之收,科目虽盛而士风未之振,论者病焉。先是为邑者率惟簿书会计征科之急,而缓于学事。成化改元之秋,澶渊甘侯实来,周爱顾瞻,慨然以兴修为己任,乃咨于学官及邑之贤者,图惟经营次第为之,以明年春蒇事。及秋,而文庙礼殿,暨左右庑,棂星戟门,像设祭器,罔不毕具。又明年春及秋,乃修子游之祠,继葺明伦之堂,志道、据德之斋,建育贤之门,辟观德之圃,架泮池之桥,暨治师生之舍,库庾庖廥,周垣坊表,罔不毕饬。盖自经始至于落成,载历燠凉,为日三百有奇。而庙学规制,于是乎称。其邑人湖广大参钱君以书来,曰:"愿有记。"於戏!兴学之举,甘侯惟能矣,然吾于二三子尚有所谂焉。夫上之为教,未尝不欲其古若也;下之为学,亦未尝不欲其古若也。考其成功,卒未之古若者,何哉?岂其为教与学之名与古同,而所以为教与学之实与古异与?其在上者不可语,而在下者不可诱也。古之士为道德,不为功名,不为富贵。今则或惟富贵之为而已,为乎道德则功名在其中,为乎功名而富贵在其中,为乎富贵则出乎道德功名之外矣,安望其能古若哉?夫言游氏,天下儒学之哲,而常熟之乡先生也。其于孔门,以文学为称首,而其言学必曰道、曰本、曰礼乐之原;及其行事,见于《鲁论》《汉记》,彰彰矣。然则其为也,岂徒文哉?盖子游之学之道也,仲尼之学之道,尧舜禹汤文武周公之学之道也。学惟其道,虽穷而在下可乐也;学非其道,虽达而在上可耻也。古如是,今亦如是,不足以言学。吾愿与二三子省之,由子游以求乎仲尼,由仲尼以求乎尧舜禹汤文武周公。其于道也,若溯流而求源,由一心而运之天下,小试而为弦歌之治,大行而成礼乐之化,庶几哉其古若尔矣。吾愿与二三子勉之。甘侯名泽,字弘济,以名进士为名御史、名宪副,扬历内外台,诎而为邑于斯,其信而复升也,有公道在焉。其所启以图成乎庙学者,教谕乐安谢纮,训导严陵诸伦、开封高旦及邑义士钱昌、刘效,耆彦徐宗旸、曾昂也。

成化四年孟春良月，县……

（《常熟儒学碑刻集》）

县令李侯德政碑

[明]魏澄

长子为邑，民繁地瘠。路当要冲，送迎费巨。水旱相仍，岁比不登，流离死亡。野有不耕之田，租税所出饷边，岁不可缺。吏胥因沿为奸，征发徭役不均，民日益困，诈伪日滋，有志于民者病焉！成化己亥，李侯来尹是邑，以为治民莫先于仁政。仁政者，教养之道也。故下车之始，首驱民归农，劳来劝课，无种粒、牛具者，给与之。游惰不事事者，倍其罚。第民贫富为九等，以均徭役、租税、征发。簿书之劳，必身亲偕任之，以防吏胥之奸。著为条教，必在去奢务俭，□礼多婚，以节民欲，宜时劝农以备蓄积。于是野无不垦之田，困者苏而逃者复，仓有余粟而民生乐业矣。尤以学校为政首务，风俗美恶攸系，则充广斋舍，教养生徒，亲课其业，以为激劝，士习以正。凡旧政不宜者，一皆更之。比及三年，政成化洽。诈伪者诚，强梗者顺，吏胥敛手，而民以安。观之者亦不见其有为之迹也。兹当膺廉能取升，民嗷嗷曰："李侯去矣！吾长子当饥馑难为之后，而李侯实来置吾等于春风和气之中，熙熙然如草木之有生意，其德政之及我民也大矣！吾恐李侯遂去，我民德惠泯灭，方来者贤否不知。宜为文刻石，以抒吾民情，以垂不朽。"于是耆民任瑾、阎铭等，领众情造澄以言。愚窃惟善治民者，以道而不以术。以术者，事烦而有迹；以道者，事简而无迹。斯民之心至愚，而神以道治民者，民以道归之；以术治民者，民也以术应之。故缿筒可以散奸党，而不能止民之告讦；钩钜可以得隐情，而不免长民之诈伪。发奸摘伏如神，何如使民不忍欺；追捕盗贼无所遗脱，不若使民不为盗之愈也。此术之所以不如道。有迹之治，固不若无迹者之可尚也。孔子尝以此道而教冉有矣。厥后，子路治蒲，子游宰武城，子贱尹单父，率用此道，则知圣门治民之道无逾此矣。今李侯读孔圣书，学孔圣道，而尝景仰于子路、子游、子贱者也。今尹长子李能推此道以治民，而民爱之如父母，可谓壮行其学，以求无负于孔圣者矣。今是碑之立，足以验吾儒有用之学，足以见斯道化民之效，足以公斯民好恶之情，足以征李侯他日大用之所设施，且为后日入循吏传之所张本矣。是碑之立，其可缺哉？第澄固陋菲谫，无以揄扬李侯德政之万一，而少抒民情云尔。侯名政，字以德，河南裕州叶之仕族也。中成化戊戌曾彦榜进士。

成化二十年岁次甲辰孟秋吉日立。

（《三晋石刻大全·长治市长治县卷》）

常熟县重建吴公祠记

[明]杨一清

奉议大夫、山西按察司佥事、奉敕提督学校、石淙杨一清撰文。

郡人奚概书丹篆额。

成化乙巳冬,监察御史铅山胡君汉按节三吴,过常熟,祗谒先圣,退谒乡先贤吴公子游祠。祠出礼殿之后,隘陋弗展,君顾瞻蠡咨,乃进苏州府同知华容毛君瑄曰:"吴公大贤,常熟巨邑,维祠堂僻弗称,殆非所以崇明德、厉风教也,盍相与撤其旧而新是图?"毛君曰:"诺。"爰率诸博士弟子,度地于学之东偏,遂承檄任其事。然本以义举,不欲劳民力。时教谕天台张景元捐俸首事,邑之士民尚未丕应。无何,兰江祝君献起进士,为邑令,用君意劝诱属人,闻者风动,共欣助之,以后为耻。材甓糅壁,至于工佣饩廪之资,胥此焉出。乃卜吉庀事,命义官孙芮、周棠董其役,隆栋厚础,既蠹既安,堂室中严,门庑森列,经始于丙午春三月,至次年秋九月讫功。议者犹病祠前地迫,义官赵璧市民居以广之。由是宕然开朗,视旧观不啻数倍。耕农贩夫,但见新祠之焕俨,而不见庸调之及己也,莫不戴神之休,以上之人不虐用其民为德。毛君谓重建本末不可无记,寓书镇江,属余记。

呜呼!时至春秋,王者不作,诗书礼乐之化,或几乎熄矣。吾夫子出,始立教以振之,时则有若吴公迈迹句吴,北学于中国,笃信不懈,遂能以文学上齿颜、冉,为高第弟子,卒开东南文献之源,其有功于乡邑甚大。且当时称名卿相谋人家国者,漠乎未闻道,功利之说澜倒,故以由求之贤,其论为国,止于有勇足民也,可知已。公宰武城,独能以礼乐为教,使当官者知以道治民为贤,而刀笔筐箧之吏,不得为名教所贵。其为惠于天下后世甚博。先民有言:"盛德宜百世祀。"故乡先生没则祭诸其社,尸而祝之。公道德之在天下者,庙廷通祀,万世无议。其在乡邑,则泽润后人,不但所谓乡先生而已。为之特祠,以奉祀事,仰止景行之意,于是乎存。然自公没千有余禩,宋县令孙应时始创建于庆元之三年,晦庵先生为之记。厥后改建于王爚,鹤山魏氏记之。重修于国朝之唐礼,南阳李学士记之。第皆仅取苟完,无虑经久,其亦有待于后之人乎?夫祠不祠,不足为先贤重轻,独以义而风化其下者,有司事也。然世之为部使者所以程督其下,惟钱谷讼狱,期会间是急,郡县之吏,奔走不暇,以应乎其上者,如斯焉耳矣。胡君方稽核戎籍,顾能于风教究心焉,然不数月,擢金山西按察司事以去。使郡邑之间,不有贤者为之宣力,则其志莫可自遂。且以朝廷良法美意,动为有司所格,悬重典以待之,不事事者犹自若也,况于一祠之小,簿书督责之所不及者哉?君子于是当有以窥其趋操之正矣。若为政为学,公所受于圣人之家法具在。凡吏于兹而不能以诗书礼乐化训其民士,于兹而不能志公之志、学公之学,皆弃于公者也。因以丽牲之石,并著之。

弘治三年龙集庚戌仲春既望,苏州府同知华容毛瑄,常熟县知县兰溪祝献,县丞辽东王锦、会同杨明,主簿安邑戈敏,儒学教谕天台张景元,训导庐陵黄淑、黄岩林元吉立石。长洲章浩刻。

(《常熟儒学碑刻集》)

直隶苏州府常熟县重修庙学记

[明]李杰

立学教士,自唐虞三代已然。其制度沿革与夫所以为教,考诸经可见已。我朝立学遍天下,悉取圣贤及儒先格言大训辑录成书,俾士子诵习服行。教之之术,视古加详。故虽遐陬僻壤,文风丕振,而况常熟为姑苏上邑,密迩皇都,沾被文明之化,最深以久,士之育才于学,而登贤科、跻膴仕者,独盛于南畿诸郡。顾庙学岁久滋弊,弗称具瞻。弘治癸丑,监察御史河南刘公奉诏来巡,思振士风,必先学事,乃即赎刑之金,以为修饰之费。庙自圣贤像以及礼殿两庑、戟门、灵星门,焕然维新。学自师生舍馆,会馔之堂,习射之圃,以及碑亭坊表,翼然加饬。经始于甲寅之春,不五阅月而告成。于是阖学师生谓予宜有言,以纪成绩。

夫祇宣上德,以兴学为首务,刘公是举,可谓能尽激扬之职者矣。吾党之士,所当自励以副良有司之意,宜何如耶?尝闻之鲁穆子有言,太上立德,其次立功,其次立言。立德云者,仪范百王,师表万世,若东鲁圣人是已;立功云者,若皋、夔、稷、契,协和神人,以赞化源;立言云者,若周、程、张、朱,倡明理学,以诏后学为士者所以希贤希圣。图垂不朽之盛事,舍是三者,何以哉?

常熟自言子游氏北学圣门,列于文学之科,盖古之立言而庶几乎立德者。使其大用于时,则礼乐之化,不但施于武城,而皋、夔、稷、契之功,可立致矣。於戏!今之人才即古之人才,何子游氏奋于百世之上,而后之闻风兴起者寡也?岂科举利禄之学,有以夺之邪?朝家立学教士之意,殆不如此。吾党之士,知而戒之,岂无踵子游之芳躅于百世之下者哉?刘公名廷瓒,字宗敬,巡历所至,风采凛凛,爵禄盖未可量。而知县事澶渊王纶,教谕徐朝翰,训导黄淑、陈畅,皆协力以相庙学之成者也。是为记。

赐进士出身、朝列大夫、南京国子祭酒、前左春坊左庶子、兼翰林侍读学士、经筵讲官兼修国史、邑人李杰撰。赐进士第、文林郎、湖广道监察御史、邑人王宗锡篆额。赐进士第、奉训大夫、湖广黄州府蕲州知州、前广东道监察御史、邑人钱承德书丹。弘治八年岁次乙卯五月吉旦立。

(《常熟儒学碑刻集》)

乡贡士题名记

[明]夏时正

赐进士出身、嘉议大夫、南京大理寺卿致仕、仁和夏时正撰文。
赐进士出身、嘉议大夫、南京工部右侍郎、邑人徐恪书丹。
赐进士出身、嘉议大夫、南京大理寺卿致仕、邑人章格篆额。

惟昔尧、舜、禹、商汤、周武之有天下也,以神圣之德,得君师之位,以行其政教。又得皋、夔、稷、契、伊、傅、周、召为之臣,相与辅相之,治底雍熙泰和之盛,其道载之《易》《书》《诗》《春秋》《礼》五经、《语》《学》《庸》《孟》四书,以开示治天下之大经大法于万世。后世能用之则无不治,不用则乱,征之已往可见已。洪惟太祖高皇帝聪明睿知,文武圣神,受天明命,为天下君,道继二帝三王绝统,而克君师之重以自任,以治以教乎万方,亿兆亦既化成之。至于用人以辅治,则亦因周礼乡三物教之制而教之,以是五经四书非是不之教,遂诏天下三年一大比而取之也,亦皆以是非是则不取,是以一时傒志敬应,亦皆以是,而敢有以他术奸之,列圣相承,恒持一道。百二十余年来,一道德,同风俗,巍巍乎其有成功,焕乎其有文章,轶二帝而超三王,有以哉?

夫士而黄卷青灯,矻矻穷年,非徒口嚅耳学所志,心领神会,物之精粗表里,心之全体大用,贯通无不到者,是之谓穷经,穷经将以致用也。天启文闱,秋腾刻鹗,德昭天鉴,祥开日华,麈白战于词锋,吐天葩于墨沼。虽目眩于五色,喜头点乎朱衣。虎榜高标,鳌头雄擅,亦已登名天府。兹复书之贞石,荣矣哉!其遭逢也,鹏运九万,青云足底,此第一程。如有用恭,执此以往,其时也已。由是计偕,进扬天庭,行亮天工,仰依日月之光,荣又加焉。然惟天工人代,德懋懋官,官非职乎?尸位;功懋懋赏,赏非禄乎?素餐。诸君子学足以致其博,德足以润其身,青紫俯芥拾,应不以一第以自恩。知县杨侯又为立石题名,以垂不朽。言之无稽,焉能有无?惟是五经四书赞定删修,正与授受述作于一圣三贤,所谓托之空言,不如载之行事之深切著明者也。用以致其君,尧、舜、禹、商、汤、周武其君,其民,尧、舜、禹、汤、武其民。不啻持券齿征,诸所寄耳。

言子游游于圣人之门,得一语于函丈间,惟善用之,犹致弦歌武城。五经四书,道本天地,著之人心,日星行天,烂满方册。顾有籍之徼一阶而即荃蹄忘,自绝于天,天绝之哉?《传》曰:"其人存则其政举,其人亡则其政息。"此之谓也。惟今内外、臣属、疑丞、辅弼、藩维,以至法从、谏垣、郡邑,一皆自科甲升。非诗书有所不言,非礼乐有所不行。虽知圣帝惟天治底熙和,犹思日孜孜进尽忠而退补过,将以致治保邦于未危未乱,而夙夜之匪懈也。何业四书五经而善用之,本之皇上以身教之也。故下之从之草上之风,何业五经四书?盛遭逢有如今日,记乡贡士题名,敢以是为乡贡士诸君子贺。常熟县旧阖县士之得乡贡者,立石题名于县儒学。自洪武初科来,相沿立石,书已满。其新石则自天顺己卯至弘治乙酉。杨侯,费宏榜进士,名子器,慈溪人。是为记。

弘治十年岁在丁巳冬二月吉日。

(《常熟儒学碑刻集》)

重建吴国言公祠堂记

[明]桑悦

吾邑子游言公北游而学孔子之道,得其文学一体以归,为东吴兴文教之祖。大江以南,万世尸而祝之,攸宜。宋庆元间,孙君应时宰吾邑,曾庙于学宫之东。后令王君爚加意存其后人,其庙累代修辑。至今惟祠之于家者或有兴废,系时与人何如。本朝巡抚、工部尚书周公忱及健令甘君泽皆鼎新之,后毁于邻灾。四明之慈溪杨侯子器由名进士知邑事,至任拳拳以稽古崇德为事,于公之胤周其学歉,婚其未匹,既为屋数楹,以妥公神,仍置田若干亩,资延世祀。

祠成,公之六十五代孙江以记求予言。予观应时庙公时,尝求紫阳朱子为之记,凡公高弟圣门与能过化于吴,大略朱子言之已详,予何敢赘一辞?独公在当时以文学名,犹居四科之列,公之所为文学者,当以为乡之后人告。《易》曰:"观乎人文,以化成天下。"何如其文也?孔子曰:"文王既没,文不在兹乎。"是故圣人学文于天地,贤者学文于圣人,文学以经纬天地为极,自非圣人,莫能与乎斯文也。然则公之文学,又何如其文学哉?观其为学,必欲知本。燕居必论礼,取人必以正大,治人必用礼乐,故朱子谓其敏于闻道。道即吾夫子,闻道是闻夫子。然则公之文学,乃入圣师文学之阶梯,又岂止言语文字而已哉!若曰孔子作《春秋》,笔则笔,削则削,游夏不能赞一辞,是又以言语文字为文学也。以言语文字为文学,特艺焉而已耳,所以汉唐诸书以儒林、文艺分为二传,抑彼扬此,意深有在。杜子美诗亦曰:"文章一小技,于道未为尊。"若公之文学,诚可谓道德博闻者,果可以小技目之欤?今去公二千余年,而世之名为儒者,不过醻啜简册,二尺四寸之糟粕,为出入口耳四寸之妙用,就使其文其学,华藻如相如,勤笃如元凯,亦画饼充饥,曷足以窥圣学之一班?而况谀识廋闻之士,稍能呼风喝月,抽黄配白,即以小□自恃,渴思吞海,狂欲上天,不复知身心为何物,甚至剽窃章句,惟取掇拾科第而止,以是谓之文学,宁不有玷公之文学乎?学公之文学,必以求道为主,等而上之,见道卓尔,则颜子之文学在是。由是优而游之,不知由之,乃孔子之文学也。呜呼!是可一蹴而至否邪,人能学公之文学则不死,公之心在是,庶几斋心以祀公者无穷,而凡暗室屋漏之中,与夫明窗净几之下,皆为庙公之祠宇者矣。古称王谢崔卢,谓之高门,然则为公之子孙者,则又何如?苟能不坠家学之传,斯为公之佳子弟。以是为一瓣香,为五十席,为十七物,以供以献,犹为过之,而今日之梁栋,亦可化万间之广厦,大庇学公之徒也。

予辱与公为后进,虽愿学孔子而景仰于公者,自丱角以至白首,亦非一日。右记公之祠,遂述公文学之实,以勉乡之人并公之后人,亦用以自勉。

弘治己未八月望,柳州府通判、邑人桑悦撰并书。邑人吕奎镌。

(《常熟儒学碑刻集》)

重建昭明读书台亭记

[明]陈察

南沙伟望为虞山,山东南麓,有致道观。观后有台,世传为梁昭明太子读书处。弘治间,浙东杨名父先生来令,构亭以表。未三纪,亭荡然矣。君子惜之。金川邹晋卿贰兹邑,会余谢职滁阳,赴潮海,道云泽。邹因晤余,入观。循虎既折而东北登陟几百步,松竹深中得遗址,巍然峻突,即之则平直天成,负层峦,面平湖,若文庙经阁,若邑治诸廨宇,若四民邸第,暨郊坰农圃,江海远峰,气象万千,毕献目睫,胸次一开。胥叹曰:"胜哉斯地,良称书台,亭宜复。"无何,余南迈。令尹黄川胡君文明协邹是构,古迹以彰。第栋柱悉以木,制度卑隘,上雨旁风,顾瞻犹歉。中州柳川沈侯君叙继令于兹,器度廓如,图新庶务,尤急兴贤敦化。又明年,政通人和,而崇文吊古,益叹靡倦。捐资鼎建,柱以贞石,广隘崇卑,庄重有加,震凌无虞。邑士大夫暨耆民属余记之。

余窃感夫昭明距今千有余岁,撮尔一台,独久存,且来人表章,诚重读书也。台以人重,人以书显,善乎其读书也。或曰,君子欲自得,曷以台为?亭抑末矣。噫!是或一道也。自得,信吾当务也,论世教不有树表风声之典乎?读书如昭明,有足称者。夫贵为储嗣,富享方物,不期骄侈,乃克通诵五经,数行并下,过目皆忆,赋诗剧韵,属思即成,斯亦难矣。比长,克省万几,内外奏有,谬误巧妄,辨析可否。断狱称仁,宽和容众,喜怒不形,固曰天质过庸,而读书之力,其可诬哉?史称性爱山水,不用丝竹,劝者惭止。意其为人,崇雅悦儒,志专文学,介居择胜,清兼心迹者也。使天假年,继统为政,梁祚之大以遐,盖未可量。然则斯台擅久,信非偶然之故。斯亭之复,殆无愧乎树表风声云。登适者试思之,书一也,善读者德性若是,达于用若是,台至今重,吾可不务乎?盖凡因迹求心,希先以上达者,概可得于俯仰,问斯举亦有相之道而岂徒哉?曰虞仲清权,德高千古,子游礼乐,道契圣心。二公遗芳孔迹,过祠则式,经墓则吁。不假外求,得师也已。虽然,学何常师,宅心砥行,吾从至让,学道爱人,吾仪丹阳公。博文缮性敏政,吾兼资不遗乎昭明。食实采英,敦本该末,主善协一,归成吾美,夫何不可?是则斯举,固君子所不废也。废修而前哲表,章往而将来劝。回视直观,美资燕游,而与世教邈无,与焉者有间也。抑杨公辈式开厥先,若今柳川实克继志,以大厥成,规模弘远矣。将来君子能同此心,尚嗣葺于永永哉!

嘉靖十五年岁次丙申仲冬月吉旦,赐进士第、大中大夫、南京光禄寺卿、改都察院左佥都御史、奉诏提督江湖闽广军务、兼抚地方、上疏自陈致仕、邑人虞山陈察原习撰。赐进士、朝列大夫、国子祭酒、奉诏致仕、前翰林吉士、检讨、经筵讲官、同修国史、两京司业、琴溪陈寰篆额。

（《常熟儒学碑刻集》）

重建学道书院记

[明]陈察

　　明嘉靖乙酉春,察从吉。仲秋用,宦吴。诸贤劝驾。出,将赴中台,道郡城,入焉。创见远门一,曰"东南邹鲁"。登数步,重门三楹,曰"学道书院"。又数步,塞门一,曰"学得精华"。盘辟以上黄庭,砥平,中陈如矢。正堂三楹,高可四丈,深广殆加十之三,颜曰"学孔",中肖吴公子游遗像,雍容严饬,瞻拜若生。正堂后为讲堂,曰"文学",高深稍次于正堂,长过之。堂后为楼,曰"弦歌",竣整与正堂称。轩窗洞启,四瞰城郭,郊坰民房数十万,毕献目睫。旁翼斋舍,东西各几十几楹,谛视之,蔓硕穆清,概可容数百人,凡诸什器暨庖湢溷厕而亦无不给。察讶曰:"规模宏远矣,胡然乎?"吴县尹杨君叔器进曰:"前代景德寺也。我郡守天水可泉胡侯,仰吴公子游之正学,惧文学之晦蒙,请于巡抚高安朱君实昌。君曰:'吾闻郡故有学道书院,岁久湮没,宜复。且抑墨崇儒,袭成者功,易其治之。'侯下令曰:'乐助者来。'民咸趋之。其费白金才百有四十两,不逾月而落成。盖驱佛像,而因其故宇加润色,若斋舍则颇增新焉。将选言氏之敏者充入,僧徒移萃外舍。顾胥庆曰:'吾今乃脱虚旷而闻弦诵,何幸哉! 愿易缁以蓝,敬司、扃钥、燎爇。'侯听之,复给闲田几亩为香烛值。君子谓是举也,备而藏矣。子观厥成,盍记之?"察曰:"苏郡为东南要会,生齿数百万,贡赋特重于列郡,且政繁狱滋。四方之士大夫之过者无虚日,有能辨集目前者亦可矣,而暇及此乎? 盖侯感吴公之风旧矣,故志果力勤工逸效速有如此。"予窃叹,勾吴昔列蛮夷,不在五服。泰伯、虞仲以天下让,介止以德高千古,雅道之来,远有端绪。比吾吴公崛起,悦吾夫子之道,不远数千里往学,至孔子没然后返,谓非抱天下之真知而浩然至刚者乎? 其得圣人之一体,而擅文学之名,于世固宜。然观其言曰,直情径行者,非礼之道也。品节斯,斯之谓礼。其取人曰"行不由径,非公事,不至于偃之室"。其为治名,不过教以礼乐,上爱人而下易使,凡此皆夫人之所能知能行者也。今病弗思耳。试思之,此有人焉,动有品节也,行必不由径,非公事必不至也,从事者必先王之礼乐,而古诗之歌也。若人也,谓非学道而能然乎? 其或反是之谓学道可乎? 然则所谓学道者,信不离于吾身日用之常,善学焉者亦惟审其是,而笃信以果行耳。是之不审信,弗笃行,弗果歧而之他。顾谗曰世有升降,兴时高下,何其厚诬也。使斯世斯时信有至刚而独立者将不得为吴公之徒与? 察无似谨以切于人人者,申诚敬为入门,忠信为入地。趋向必高明而广大,动止必中正而和平,义重聚乐焉耳。凡古今人物之可友以师,即言行政事其可大以久自余。则若衣服之制,饮食之节,凡游于斯,不可不慎。陈馈八簋,先王之燕也。令馈罔逾四,可矣。彼醉不臧,作圣之戒也。今饮不至醉,可矣。音乐,时乎当用,故不敢废也。罔厕以钲铙,继以优曲。夫钲铙、优曲非公之弦歌也。若以为小节,不必若是之拘拘,吾恐一念之肆,怠心日胜,岂所以为公学者哉?昔紫阳朱夫子记丹阳公祠于吾邑,曰:"安得此邦之人,复有如公者出,一洗偷懦惮事、无廉耻、嗜饮食之讥。"至我朝,御史中丞吴文恪公复记之,其说益详。百尔君子,尚敬勖之哉!此邦之心,犹四海之心也。今之道,犹古之道也。尚敬勖之哉!胡侯名缵宗,字世甫,关西名士。蚤听胪传,入读中秘书,出贰嘉定州,迁长潼川,最擢安庆守,又最更治于苏。所至政以才敏,治以儒饬,崇德象贤,如斯举者,不一而足,类非俗吏所及。一时僚友周君仲仁、郭君田、万君奎、熊君伯峰、蒋君文奎、左君季贤,胥激昂协德,同道以相左右。若兴作之岁月时日,董役之群吏、向义之民暨匠石之名氏,别载碑阴云。

(《常熟言氏家谱资料二种·言氏家谱》)

常熟县重修庙学记

[明]瞿景淳

侍御尚公奉命按吴之戊午春,行部至常熟,祇谒先师。时庙学多倾圮不治,公顾瞻咨嗟,亟欲新之,念民方困于军需,公私廪廪,莫可为者。乃计本院所余赎金,得五百八十两,发县令冯舜渔俾葺之。冯乃鸠工饬材,卜以嘉靖三十六年九月十三日始事,越次年六月初一日告成。庙貌孔严,弦诵有所,士类咸忻忻,谋欲纪公绩。余时适典南试归,冯因诸生之请,以记属余。余曰:"事固有待哉,惟兹庙学肇自宋元,厥有历年。入国朝以来,独学谕罗文宽、邑佐李子廉、郭南一尝修之,然以力乏不赡,而仍其故者多矣。微尚公,安知庙学之不浸以废也?"自公之按吴,纠贪残,禁侵暴,吏治咸贞。威名所及,岛夷屏伏。公政绩章甚,然犹惟安吾之生,乃兹庙学之新,俾人知自进于礼义,淑其身心以自远于禽兽。盖公之爱吾人,于是为益深,固宜诸生之德公不已也。

夫王道之污隆系人才,人才之盛衰系学校,学校之重于天下久矣。古今守土之臣,学废不修,率以时之多故,日有不给为解。然人存政举,岂可以罪夫时哉?夫多故之时,人之所急者曰兵与食耳。昔秦人起汧渭,拥崤函,包巴蜀,战胜诸侯,富轻天下,遂墟六国而定于一。然焚弃诗书,礼教不修,人心之薄,虽父子兄弟之间,滑然有离心。故刘项起而诸将交臂乞降,不复知有君臣之义,则以上不知教,而士节不素励之过也。夫秦之形胜则天下奥区,秦之锐士则天下精甲,秦之富厚则天下上腴,然犹不足以延祚,而忽焉不祀。治之所急者,果徒在兵食之间哉?我高皇帝之创大业也,四方僭伪犹未尽平,兵革犹未尽偃,首诏有司立学造士,庙祀孔子,俾学者知所向。方圣神有作,度越常情,盖如此。公今远承圣谟,所至率加惠学校,在吾邑者,一旦翼翼严正,有以起士子怠弛之气,而日进不倦。嗣今居则为孝子,出则为忠臣,无负国家造士之初意,无愧先贤子游之乡人,公之所以成人才、裨治理者,盖未可量矣。公岂以簿书先礼教,急一时富强之谋哉?《诗》曰:"既作泮宫,淮夷攸服。"言文德之可以怀远也。余于今盖有望焉。

公名维持,字国相,河南罗山人,岁庚子发解第一,登辛丑进士,以刚方直谅名台中。按吴一年,百废具兴,城要害,核兵粮,诸所经略,必为东南久安计,盖治教兼举者。余纪公绩,特先学校,以公深达治本,且以示礼义之当明,人心之当正,不可以一日忽也。

嘉靖三十七年孟冬吉旦,赐进士及第、翰林院侍读、前国史编修、会典纂修官、兼管诰敕、邑人瞿景淳谨记。掌常熟县事、苏州府通判张牧,县丞陈元、林爌,主簿徐樻、丘岳,典史双昊,教谕熊东周,训导戚宠、周光立石。

(《常熟儒学碑刻集》)

文学书院记

[明]瞿景淳

永嘉王公治常熟之二年乙丑,政修民和,百废具兴。学宫左有吴公祠,公既展谒,因叹曰:"嗟乎!兹固先贤吴公之乡也。国家方以文学造士,今仅有祠而书院未备,造士之制,无乃缺诸?且嵩阳、岳麓类有书院。矧兹为吴公之乡而独缺焉,固有司事也。"乃相地于邑治之西,得元废书院一区,介两宪院间,西枕山麓,顾瞻则吴公之墓在焉。公曰:"是矣。"乃白之按院温公。温公亟是之,首发赎金若干助其役。公乃度基址,计丈尺,具材用,卜日兴工。其地南阻民居,乃东辟为书院门,门内稍虚,其南为坦途,北折为门,表曰"南方精华",言南方文学肇吴公也。门内为池,树以绰楔,表曰"洙泗渊源",言吴公之道本洙泗也。又进为学道堂,揭示遗训,俾士民知所兴也。堂北为祠门,中建祠宇,旁翼以亭,自非瞻礼,门不轻启,明有敬也。堂之左右,稍北则对立书楼,稍南则对立号舍,各蔽以墙。出入有门,升降有阶,士之肄业其中,而升堂问难者有过廊,冀士或得沾时雨之教也。吴公故有专祠,然仅容俎豆,而不足以聚生徒,则崇教之道未备。今书院之复,奉祀有祠,讲道有堂,藏书有楼,肄业有舍,规制宏敞,真足以报吴公之德,而慰吾人景行之思矣。余独念今之以文学名者,或有异于吴公也。吴公之文学,盖笃其实,非徒饰空言者。若今之文学,徒饰空言,为干禄之资耳,无乃有异于吴公乎?世有豪杰之士,必有不安科举之习而以操履为重者,矧至吴公之乡而依其门墙,可徒浮华是竞以忝吴公乎?是可以省矣!不然,邑故有学校,岂不足以造士,而司教化者,必勤勤于书院哉!是役也,成于王公,而温公实主之。温公宪体振肃,事之害财者,虽小必革。独善王公此役首助成之,其表章名德,风励人心,可想见焉。王公复济以精敏,役兴而民不知劳,事节而民不知费,使千年旷典新于一旦。盖均可书云。

(《常熟言氏家谱资料二种·言氏家谱》)

重修常熟县学记
[明]沈应魁

天生下民,而阴骘之,以治代乱,是庸作为君师。黄帝之兴以蚩尤,尧舜之诞以四凶,神禹之生以洪水,汤武之起以桀受,孔子之出以乱贼。然数圣遭时乘会,值其易也,孔子代逢叔季,当其难焉。夫以君卑臣僭,道丧权移,太阿倒授于凶德,戎夷陵轹于中华,天下岌岌矣。孔子一相于鲁而正卯诛,一会夹谷而齐侯惧,雍容垂绅而费人北、莱夷却,毅然笔削而冠履辨、夷夏严。无君临之位而犹贤尧舜,无命讨之柄而篡逆悚息。倪生今世,登庸之宁俾奸雄之得志,南北之跋扈乎?圣承天意,出以牧民,用之者昌,舍之者亡。秦之敝也,焚书弃儒;汉之伯也,太牢王祀;宋之理也,敦崇道学;元之污也,蔑废彝典。首建太学,彰明卧碑,我圣祖所以革命也;撤像正号,敬一是箴,我皇上所以建极也。今观黉宫庠序,崇饬遐陬,博士弟子,布列中外。经有表章,人有儒行,家礼乐而户诗书,可谓盛矣!然而名存实丧,文浮质漓,讨论遗根极之要,篇章课举业之长。帖括诵习,雕虫绨绘,射誉一时,叛圣弥远。眩其小慧,而骤施于政,欲冀学道爱人,难矣。是以士罕表仪,民罔劝率,忽夷夏之大坊,暗匡攘之至计。德不胜妖,义诎于战,非儒之不效于,天下渐靡使然尔。

海虞常熟,为吴之首邑,巫咸、子游之孕灵,而虞仲、仲雍之遗俗也。沨沨乎,礼让文学逊自古哉?巍然素王,南面屹立,配以十哲,七十子列两庑,而诸儒从焉。北有启圣祠,以示追崇;东有言公祠,以表专设。庙栋翚飞,宫墙带绕,而讲堂西峙,义在明伦。二百年来,中经刘侍御廷瓒、杨县令子器所葺,久而浸敝。比倭夷震惊,士冒矢石,救亡之不暇。烽烟仅戢,陋制何观?乃御史大夫河南尚公维持,字国相,别号仰山,巡行下车,特先风教。谓庙貌不足以崇具瞻,胶庠不足以资游息,亟为移文县治,核帑羡余,计得五百八十余金。鸠工庀役,鳞集麇至,自正殿、二祠、庑宇、戟门、亭坊、经阁、贤宦诸祠,以及师生肄业会馔之堂、号房厢库、墙垣石阑,靡不易朽以材,易移以正,易故以新,易危以安,圮阙者增,漫漶者鲜,绚然霞辉,奕然岑崟。始于丁巳之冬,讫于戊午之夏,未半岁而厥工落成焉。是役也,于民亡扰,于官亡耗,裁冗费、蠲繁役、遏奸宄、议赎刑,不劳力而经始裕如,君子曰:"善!今而后,徂庭倍肃,入室加敬;奠设有严,尸祝有闲。弦歌之音,取便拊击;周折之仪,可以相观矣。"

尚公家迩邹鲁,学邃渊源,持节所至,激扬有体。将使军旅之事,不得以先俎豆,为臣教之殉忠,为子教之殉孝,以文偃武,以义销兵。潜回中夏之夷心,谈笑折冲于荒服,奚啻入学受成,在泮献馘而已焉。孔子曰:"我战则克。"得其道也。大哉,宪臣之用心乎！风声树而轨物章，柔远在迩，化之始也。凡我师傅，其益务自敬约，端厥模范；凡我同志，庶其濯摩逊业，升堂睹奥。以仰副上官作新之意，不负为巫咸、子游之乡人。毋徒射策决科，媒炫青紫，以学舍为蘧庐，斯可矣！知县事冯公舜渔，字泽甫，共命夙戒，敏慎相成，庶氓子来，幽明胥悦。非恺悌君子，将焉致之？茂哉丕绩，皆不可以不书，是为记。

皇明嘉靖三十七年，岁在戊午夏六月之吉，赐进士第、奉议大夫、广西按察司佥事、前南京礼部郎中、邑人沈应魁顿首谨撰。赐进士及第、翰林院侍读、前国史会典纂修官、兼管诰敕、邑人瞿景淳篆额。赐进士第、亚中大夫、河南布政使司参政、前礼部郎中、邑人陆堂书丹。赐进士第、文林郎、知常熟县事、蒲州冯舜渔、县丞陈元、周祯、林爌，主簿徐櫺，典史双昊，教谕熊东周，训导萧永陵、戚宠立石。郡人吴矗立石刻。

（《常熟儒学碑刻集》）

翰林修撰升庵杨公墓志铭

[明] 游居敬

余之莅滇弥月，前太史升庵先生杨公以书至，并惠所著《海口碑》并《晏公庙碑》刻。余读所为文，古雅奥丽，灿然若珠璧，鈇目刿心。作而曰："兹秦汉之轨也。"余垂髫时聆公名，及宦游，四方搢绅学士谈先生博雅而奇，若不容口。今验之，信然。然询先生起居、容貌异往昔，心忧之。又逾月，先生复贻书，并惠制《便民纂叙》一篇，文之奇博，犹夫前也，而光焰觉稍减。余心语曰："先生得毋有恙乎？"无何，先生走仆告余以病，余数遣医诊视之，医复曰："病不可为也。"乃七月六日乙亥丑时，先生卒于昆明高峣之寓舍，为嘉靖己未岁也。距生弘治戊申十一月六日乙丑，年七十有二。余闻之曰："吉人陨矣！"为之悲而悼者，数日食不饴。九月，先生之门人安宁庠士丘生文举辈，述先生素履之概，就正于池南唐君锜，谒余而请曰："愿为之志，先生将属圹时所托也。"余惟先生为海内贤硕，余曷足以辱命！然余闻先生为有道士，表贤树声，系余责也，又曷可辞！乃按状而拟其大者。

先生讳慎，字用修，升庵其号也。四川新都人，前太师大学士石翁某之子，督学留耕翁某之孙。母夫人黄氏，家世渊源，储祥颖发，非一日矣。先生生而聪明，异常儿，孩童时所读书，过目辄成诵。年未总角，著诗名，与李献吉、何仲默诸名公并称，乃祖留耕翁每奇之。于诸经古书，无所不通，子史百家，乐律之言，一阅辄不忘，至于奇辞隐义，人所难晓者，益究心精诣焉。作为文数千百言，援笔立就，悉出经入史，不蹈袭他人语。正德丁卯，四川乡试第三，辛未会试第二，廷试赐进士及第。一人三试，俱首隽，名实称也。官翰林院修撰，秩承德郎。益专文事，三载考绩，同官毣之。为经筵讲官，著《大学》"正心"、《论语》"君使臣臣事君"讲章。丁丑，武庙圣驾北巡，有疏请还宫。副总裁两朝国史，文词以尔雅为流辈所称让。辛巳，校文礼典，受卷秘阁，所取多知名士，官至馆阁台省者若干人。修撰杨公维聪、中丞陈公讲，其著也。今上嘉靖改元，壬午代祀南渎，有《江祀编诗记》，学士玉溪张公潮、秩官棠陵方公豪评之。甲申，以议礼忤上意，谪戍云南之永昌卫。遂安于义命，以天王圣明，悔艾自新焉。

居常诵咏古人书，日探索三代以来旧所观经史子集、百氏之言，博而能约，粹而弗泥，或发摘隐潜，或哀采菁华，长歌短篇，铿然中金石。撼为记、颂、序、论、铭、书、赋、赞、杂著，无虑百千万言，用是以治其身。人有叩者，无贵贱靡不应，时出绪言，以诲掖群髦。滇之东西，地以数千里计，及门而受业者恒千百人，脱颖而登科甲、居魁选者，蔼蔼然吉士也。先生又不以问学骄人，藏智若愚，敛辩若讷，言质而信，貌古而朴，与人相接，慷慨率真，评论古昔，靡有倦怠。以故士大夫乘车舆就访者无虚日。好贤者携酒肴往问难，门下屡常满。滇之人士乡大夫谈先生者，无不敛容，重其行谊博物云。前巡抚黄铁桥公、巡按郭公为择安宁州云峰书院以居先生，黔国沐敏静公处以别墅，巡抚白泉汪公题其碑亭，巡抚擢司寇箬溪顾公为创广心楼于高嶢，歌以纪之，皆好德之心所表见也。先生居滇，泛昆池，登泰华，游点苍并洱水，探奇挹胜，所在有述，人争宝之。又工书法，片纸只字，相传摹拓，殆遍宇内。名硕谕德任君少海、方伯孔君文谷辈，率千里神交，邮书相讯。述古好文，至于临殁无杂思焉。其庶几古之所谓豪杰者乎！卒之日，巡抚侍御吴公右泉、黔国沐公云楼暨藩臬诸大夫，咸有奠赙。余尝博稽众闻而为之论曰：

位有崇卑，惟德不朽；名有污隆，惟实斯符。自洙泗振铎，素王世祀。惟时德行、文学、政事、言语列为四科，并获依归，永垂令闻。至仲尼作《春秋》，记者曰："笔则笔，削则削，游、夏不能赞一辞。"言游、夏之以文学擅长也。余闻诸：升庵先生，考赜钩玄，进于邃古，搜冥发隐，网罗旧闻；摛辞达情，彪炳溢采，叙事辨疑，贯穿典坟，而又蔚成一家。凝神冲澹，晋之圣门，其不将为游、夏之匹乎？子游为宰，弦歌教行；子夏笃信，序《诗》淑世，皆不外言辞以传圣翊经也。先生《禹碑》有释，《檀弓》有训，经疑有录，古史有评。论述往古，提觉来今，拟之往哲，抑又何疑！有言于余者曰："先生蜀人也。蜀之先，文士彬彬，著于《诗》传。若王褒著《得贤》之颂，扬雄述《太玄》之经，左太冲之赋《三都》，司马相如之赋《子虚》，皆制作富蔚，镠镂造化，与楚之屈、宋争鸣。宋而后，道学有张南轩氏，文章有三苏氏，世之所亟称其人而乐诵其书者也。先生其诵习上古，远观近稽，萃为文辞，丽而辨，宏而奥，非是之流演而渊涵者乎？譬之河而委于海，山而宗于岳者乎？不然，何先生之文肆而大，笃实而光辉，包括宇宙，曲尽事变，若钟镛之叩，声彻苍玄，大韶之舞，时间云门，使人玩之而神怡，睹之而目眩，莫测其端倪，有若此乎？故尝评先生之古诗歌行若魏晋、初唐，文若两汉，词赋比之长卿、子云云。"余曰："固然。先生殆采华而茹实，溯流而得源者与！故华藻虽泛滥于百家，而道谊则统宗乎六经。奇博虽上掇乎班、扬，而理趣实沉潜乎伊、洛。幽居之久，时寄谐戏，以抒兴泄思，亦皆若古之思美人、思公子然,而卒不诡于道。非养之深,而能然与?非有得圣人之教,而能然与?"故尝观先生之作《禹碑歌》,其叙述甚羡慕唐韩愈之为工,而隐若自附焉。唐三百年见,道莫如韩愈先生,私心拟之,其自负岂寻常所可窥哉!旧尝闻国朝状元著称者,博学若曾棨氏,节概若罗伦氏,好古若吕泾野氏,藻丽若康对山氏,皆世之所称,卓然名垂后先者也。以今先生观之,其著作之富,提躬之勤,是与数君子并茂而同传,无惑也。吁!可谓难矣。先生所著有《经说》《丹铅余录》《滇候记》《韵林原训》《风雅逸编》《卮言》《文集》《诗集》《诗话》《南中集》《行戍稿》诸书若干卷,多梓行于世。配黄氏,封安人。子男四:同仁,安人出,娶欧氏,新都庠生,早卒;宁仁,娶滕氏,泸州庠士;右仁、资仁,尚幼。女一,许适韩参将孙某:皆侧室某氏出。兹将归榇于蜀,以某年某月日葬于某县某山之原,安人之弟松江郡守黄君梓谷于余为同年进士,缄书来速余言,遂为之铭曰:

先生之生,岷蜀之精。先生之出,朝庙之英。文拟班扬,学侔游夏。首选大廷,无双声价。擢君禁中,实才之雄。主上曰咨,汝毗朕躬。未几落魄,出戍滇甸。圣德如天,臣罪莫测。乃安义命,述作自娱。挥毫对客,落笔琼珠。人言天才,天实赋汝。俾列史官,佚相之侣。竟老碧鸡,光射斗奎。金莲莫返,昆池草凄。吁嗟已矣,有书盈屋。石室副藏,永仇天禄。惟忠惟义,远近诵之。不亡者存,尚俟穹碑。

(《升庵诗话新笺证》附录三)

叙建院始末

[明]王叔杲

余令常熟之三日,肃谒文庙。庙之右偏,有吴公子游祠附焉。余入而礼之,出而问赞者曰:"是邑也,子游之乡也。岂无所谓专祠、书院者乎?"咸对以未之有也。

夫句吴自泰伯端委以治,而尚仍文身之陋。惟子游北学中国,传仲尼之道以归,而大江以南,学者莫不得其精华,由是称文献之邦者,盖三千年于兹,其功匪亚于仲尼者欤?而是邦为首善之地,诸乡后进又其教诲之所先也,乃书院之制缺然未之有作,讵非士之耻而有司之过欤?于是谋及乡大夫,谋及士庶,佥曰:"惟令是命。"会巡院温公行部至县,诸生有以状白者。公毅然以崇贤举废为任,亟命余曰:"是邑之缺典也,令其图之。"余乃度地于虞山之麓,都院行台之西,去吴公墓二百步而近,有隙地一方,从若干丈,横若干丈,厥土黄壤,广衍爽垲,可八亩余,于院为称。余平价而易之。于是刓丈数,揣高低,书糇粮,虑材用,佣工役。南为门者一楹,曰"文学里",以临通衢。直北百武,东向为门者一楹,曰"文学书院"。由甬路折而西南为正门者三楹,曰"南方精华"。又北为池者一泓,石梁亘其上,石楯环其旁。又北为绰楔而四柱者一,曰"洙泗渊源"。又北则为学道堂,中三楹,夹室二楹,前为轩又三楹。堂之前左右为斋舍,东西向者各十有四楹。两舍之前，又各为高垣以界之。堂之后，左右各为楼者三楹，楼左又为庖灶三楹，而祠之制略备矣。又以瞻依无所，则士心罔摄，于是为祠以妥先像者凡五楹，前为祠，门于堂之后，其外则缭以周垣，尘嚣罔杂。经始于乙丑之二月，落成于是年之七月。木必丹艧，石必砥错，厥材孔良，厥工孔精，直者如绳，折者如矩。闳伟壮丽，盖邑之公宇民庐，悉罔有逾之者矣。然祠临之于上，不可以莫之祭也，于是岁为释菜者二；士群之于中，不可以莫之程也，于是月为考试者三。祭有品，试有馔，费安从出也？于是有常稔之田者六十亩，除其税收，其入以为共焉。夫院制备矣，祠义周矣，而掌之非其人，胡可久也？议以分教一人居于斯。而建廨之役，余以赴召不遑及，而仅具其费，以属之董役者。总为金千六百有奇，出公帑者十之六，余捐俸而设处者十之四。是役也，主议者巡院温公。规画调度，余则身之。董诸役罔懈，俾速于有成，则卫簿重鉴之劳也。

噫，余之令常熟仅十有六月，而于兹实殚心焉。今院宇整整然列，诸士子彬彬然集矣。聿以无辱监司之委，以无隳崇贤劝学素志，然岂余之勤哉？亦诸大夫士之乐赞，民之欢趋而相与以有成者也。余故纪其岁月与其规制，以谂于后之君子，尚相期冀于永久焉尔，乃若述圣谟、明正学以开示群贤，则有诸巨公之文在，余乌乎能？

赐进士第、知常熟县事、永嘉王叔杲撰。郡人周天球书并篆。嘉靖乙丑岁仲秋吉日。

（《常熟儒学碑刻集》）

文学书院记

［明］严讷

先贤言公，吴产也，尚矣，海虞邑治有子游巷，有文学里，而虞山则有冢。自宋邑令孙侯始表扬之，而祠于学之东偏，语具朱文公先生记中。明兴，至侍御史铅山胡公，有加礼焉，语具先宰辅杨邃翁记中。而书院专祠，则自永嘉王公始也。

嘉靖乙丑岁，公选地于虞麓之阳，延袤几若干丈，而里有居人苏宪者，上体公意，愿割基以成之。公于是庀材鸠工，饬制诹良，而役肇兴焉。为门、为沼、为坊、为堂、为寝、为楼、为周庐，凡为楹若干，中妥先贤像，以瞻礼之。题其堂曰"学道"，而书院则名之为"文学"。语具王公自为记中。

王公初为靖江有声，余叨柄天曹，闻而才之，请调吾邑。书院既告成，公寓书京邸，请记于余。而余方大计天下群吏，未遑也。余既告还里，无何而公拜简命，奉玺书备兵苏松。行部至邑，首莅书院，谒先贤，已，乃选邑校髦彦，讲肄其中。月给饩廪笔札费若干，而余亦捐田六十亩，校士张君继诗亦六十亩，每岁各入租以助之。公于是又以记请。而先之以邑令晋江留侯，申之以郡倅新昌刘侯，不懈而益力也。

夫古之善为吏者,岂不以风教为先务哉?即子游之为武城,盖亦尝以礼乐教矣。公治先贤所产之邑,而首崇先贤,以风乎邑人,是与先贤同官,而亦与先贤同政。斯于吏道,实为得之。而视夫斤斤簿书者,不同年而语矣。夫武城小矣,且服先贤之化,而有弦歌之声。公之化,即先贤之化,而吾邑方幸被之,将于文学益茂进焉,而弦歌云乎哉。虽然子游以文学称,而其闻诸夫子者不过曰:"君子学道则爱人,小人学道则易使也。"然则其所谓学者,学乎道也,而文亦文此而已。盖孔子称子游之行曰:"先成其德,及事而用,故动不妄。"是故其辩丧之不可去踊,有子尝服其精。其议出祖之无反,则曾子亦多其说。而子张之堂堂,则病之,子夏之教门人,本之则无,则讥之。至其所甄识,号称得人者,乃直不径趋不室澷之澹台灭明焉尔。子游之所以为文学,斯略可睹矣。而今之所谓文学者,殆异于是。占跸一经,入出四寸,猥徇程度,仅射科目,而以为文者,非道也,其学也陋。搜抉缥缃,握珠抱玉,镂绩章句,掞天凌云,而以为文者,非道也,其学也夸。支离裂术,曼衍多岐,缪悠荒唐,猖狂恣睢,而以为文者,非道也,其学也僻。即使窥姚测姒,袭姬蹈孔,扬榷奥窔,论撰踔轶,此之为文,庶几哉于道不畔不诡,而无所牴牾于圣门之训矣。然或求之于心,而未必其有得也;反之于躬行,而未得其允迪也。则亦所谓书肆说铃云尔,而奚贵于学?甚者睥睨霄衢,假涂坟典,缘餙奸赝,以簧鼓而欺世,圭璧其外,碱砆其中,抑亦小人之傅,而道之贼也,又将焉用彼学为哉?

昔者子贡谓于石子曰:"子诵诗乎?"于石子曰:"吾暇乎哉?父母求吾孝,兄弟求吾弟,朋友求吾信,吾暇乎哉?"子贡曰:"请投吾《诗》,而学于子。"夫受业于人而能使之投所业而学焉,善哉!于石子之为诗也。今使学子游者,能如于石子,纵不得子游投诗,将必不为所讥病,而得甄识如子羽矣,而况所诣不趋为子羽也。道之既学,而扩充其爱人之量,随所肩任,恕施弘济,将老安少怀,各得其所,而在家在邦,无所处而不当焉。勋猷炳蔚于当时,声光照耀于无垠,斯学之为君子事者,可以谓之实学,而文亦天下之至文尔。公所为,先贤是崇而亹亹焉以学道为教者,固甚盛心,而岂徒望为今之所谓文学者哉?余是以绎而阐之,以为吾邑人勖。因遂记之,以申勖于来者。

赐进士出身、光禄大夫、太子太保、吏部尚书、武英殿大学士、知制诰、国史典志总裁官、邑后学严讷谨撰。郡后学周天球谨书并篆。万历丙子岁孟春吉旦,掌常熟县事、苏州府通判刘体道,知常熟县事留震臣同立石。

(《常熟儒学碑刻集》)

重建常熟县儒学西舍碑记

[明]许成器

署学谕事、举人、宛陵许成器撰文。

中书舍人、邑人严澂书丹并篆额。

海虞有学旧矣,盖自子游北禀学于洙泗,遂得精华而称速肖,蔚为南戒,以南圣学开先。其在于今,表首善而敷人文,制科之盛,林林并起代兴,未易偻指计。虽其渊源者远乎,要以上直斗分,云汉为章,负虞山若扆,挟两湖若日月,二渎百川,导灏漾真气,而委之大海,若襟带,实天纪地络之所终始,灵秀异矣。县宇推毂海虞,学不啻邹鲁,有繇然哉!尝考邑乘,先正荐绅起家者,率溯所自始,时而修创,不烦公府,流风迄今尚存。顷者学之西舍,不戒于郁悠,县大夫何公以闻之诸台,诸台具报如一指,其亟议更始毋缓。何公奉将惟谨,顾岁比侵,间阎膏脂已竭,核之帑籍堇堇耳,计惟不腆之俸可蠲。公循且廉,荐绅先生之里居者,闻而聚族以谋:学,吾海虞学也。范希文何人哉?吾海虞先正尝踵其休烈矣。今日之事,是在吾侪,奈何廑县大夫虑,递义助有差。会太仆徐公归自白下,蒿目焉,愿身为植,首以百金,鸠工捃材,诸所部署,若营其居室。工必当程,无惰窳,材必中物,无赝败。盖自丁卯筮事,迄丁未落成,仅仅逾月,秩秩翼翼,学宫倏若增而壮也。观者骇为神功。于是诸生之贤劳者因寅友孙君、葛君抵不佞,以碑属焉。

不佞窃惟西舍所以署名约礼之旨,进二三子而谂之曰:先圣有言,以约失之者鲜矣。舍礼奚约哉?古者立学必释奠于先圣先师,勿亦缘尸祝而摽仪的。先圣犹之鼻祖,大宗,亘古。今孔子尚矣,《乡党》一篇,以身教万世。子游非海虞之先师耶?其受先圣之传,惟礼为兢兢,实与颜、曾称南北宗,彼其一裘之褐袭,犹然致严。当时高第如曾子,亦逊。夫夫娴于礼,燕居之问,礼也者,领恶而全好者,与根极于精微,斯与克己复礼岂异耶?则子游所谓本,所谓学道,固自得于礼者深矣。晚近鲜言礼,徒见子游以文学著,猥操习虑,斗精箪技于羔雁之末,用相矜诩。垂髫之秀,搦管吐一二厄语,举趾辄高,愿□前薪。斯逾节蹟等,礼坊所由阐出也。二三子之尸祝先师,非一日矣,岂其不望以为趋,而随俗屑趾。有志者必不其然。然亦安知贤智者不卑疵,当年摘僻矜缀之沾沾,跳而为倘宕,以自托于超顿弊,且使人伥伥乎其何之。譬今之筑舍,藉令上下僭次,大小紊宜,其能成秩秩翼翼□观乎?故孔子之告子游,历数无礼,至于宫室失其度,礼何可斯须去也。且以颜子具体圣人,循循然约之以礼,非礼勿视、听、言、动,天下归仁焉。动容周旋,中礼盛德之至也。诸生慎毋粗视礼,当是而行,动则不妄,一切奉礼为幽室之烛,由之上可以契心斋之密藏,次可以绍弦歌之嫡派。即不然者,亦不失为行不径、私不谒之澹台,毋宁使人谓第以羔雁之文,徼制科之盛,足张海虞之灵秀而已。此则乡先生之所拟注于二三子也。不佞越鸡耳,恶能覆鹄卵?惟是礼不忘其本,有二三子之国故在,聊为之摈昭其斯为归,而求之有余师。

何公名节,广汉人,乙未进士。徐公名昌祚,以王父大司空公任太仆寺丞。诸台为少司马中丞巴赵公以督抚,侍御南昌陈公以督学,仁和秦公以代巡,郡贰守富顺朱公以视郡事,南昌李公以视邑事,咸敷文贞教,嘉惠作新。寅友司训孙君名以会,平乐人,葛君名思贤,丹阳人,实与擘画。邑丞郑君名一鸣,西安人,以巡工。尉陈公名岳,会稽人,以被救。诸生之贤劳者,孙林、李乔新、蔡儒、张浩、徐耀祥、赵用贞,而陈用益、陈允元尤效拮据。若诸乡先生氏名,敬勒碑左,个有光禄署正徐公名振德,囊曾捐百金修宫宇,不宜泯其义,法当附书。

万历二十五年岁次丁酉孟冬谷旦立。邑人吕据德镌。

(《常熟儒学碑刻集》)

常熟县儒学新建养贤仓记
[明]詹向善

岁癸丑,余叨一第,符绾海虞,私心窃自喜。海虞,子游文学之故里也。其墨井遗迹,依然在焉。幸承乏于兹土,安知武城弦歌之响,不可再振于海虞乎?始至谒先师庙,讲学行礼,见诸生肃肃乎其饬也,雍雍乎其貌也。其阐圣贤之微旨,有味乎其言之也。信子游学道之化,迄今犹在人心矣。暨十有二月朔,从诣学,有连生士英者,跪而请曰:"本学旧无学田,穷约之士半菽不饱,前令杨公加惠后学,规制学田,而抚台徐公又捐俸而益之,价以□号者,上田以百计者,□俾寒士得永藉焉。又虑积贮他所,□无干没之弊,欲相学宫余地而建之仓,为入觐迫,窃有志未遑预行之。属司训□□朱师诧以必成吾志。于是朱师集诸生而商之,英思萧观察曾助修学银三十两,耿□公曾留造院仓银十八两。借此二者,倘亦托始之□乎?随请命于署县事大府席公。公即捐俸十八两,委尉董其役,择启圣宫之旁,聚奎楼之南,建仓八楹,额曰'养贤'。鸿厖方集,而白师适捧檄至,叹多方规书,相与以有成,积日以百计,积赀亦以百计。由六月肇基,迄九月告竣,规模初备,而碑记尚阙然也。明公色笑藻宫,匪怒伊教,肯赐如椽之笔,以□□□乎?"余闻而叹曰:"微田则士奚所资,微仓则粟奚所贮。朱公体杨公之意而营建□前,白公又继朱公之意而赞成于后,其有功于后学岂浅鲜哉?子舆氏云,无恒产而有恒心者,惟士为能。士即谋道不□食乎?而仓以养贤名,则一念作兴之意,居然可□矣。仓廪实而知礼节,衣食足而知荣辱,□庶犹然,况士□然为四民之首哉?今虞之庠,礼让成风,而他日释褐登朝,必且清白自励,为时名卿硕辅,必自此始。不然则良有司、贤师傅至意,诸生奚忍负之也?余牛刀初试,方以学道爱人为己责,而□□虞庠有此盛举,不觉莞尔,喜为之记。是役也,□田者为巡抚徐公民式、邑令杨公涟。建仓者,为署印同知席公遵路、教谕白公绍光、训导朱公正定。继至而完仓之所未备者,训导朱公家栋、边公凯飏。董役者,县尉俞君□元。经营者,连生士英、□生□颜、何生天宠。例得镌石,永垂不朽。"

万历四十二年岁次甲寅,赐进士第、文林郎、知常熟县事、常山詹向善撰。生员连士英书。

(《常熟儒学碑刻集》)

重修儒学碑

[明]王铁

粤自鲁侯尝修泮宫,公子鱼董其事。史克颂焉,仲尼录之,以昭厥功。咏事抚时,旷世相感。是岁壬子夏四月,予方忝职是邦,谒庙诣学,第见仞墙崇严,殿宇绚耀,前后映带,莫辨新故,窃自喜曰:"学校饬哉!"有进而告者曰:"学校久敝。"会稽钮公署邑,锐意作兴,言之当道,出之公帑行之,典史颜君伯芳俾任其劳。乃春正月,聚材鸠工,命日戒役。自大门而礼殿、经阁、堂庑、斋庐,暨言公、名宦、乡贤诸祠,凡榱题楹桷之朽蠹者更之,瓦甓石阑之倾移者正之,号房废圮者营造之,丹碧漫漶者鲜明之。越三月竣事,游居易心,瞻视改观,作士振俗之助,可嘉已乎!予曰:"有是哉!鲁侯明德之风懋矣,其所颂祷,乌可已耶?钮公由礼科而臬宪,以事诬迁贰是邑,剸裁迎刃,已不足为其治矣。学校之加饬,其志盖有欤?顾予会逢其适,坐受厥成,盍亦因其功以明志乎?"

夫学校加饬,存乎有司,而其所以增重之者,则深有望于士类。增重云者,奚俟他求?子游言公,邑之乡先生也,如公之徒绳绳焉,学校不由是而增重乎?言公崛起南服,笃信圣师,得文学一体。朱子谓其学知有本,异乎今世之文学。予惟今世之文学,讵宜异乎言公?况盛世兴学,造士之隆,又大异于往世。士庆遭逢,自不容不以学校自重,是故本忠信以为之实地,励行检以为之廉隅,礼义自闲,垣墉固焉;德业日新,堂宇辟焉;文艺发扬,藻绘丽焉。至于明时荐拔,以苾芬邦邑,则又有司之所加饬焉。斯学斯宫,诚哉誉髦渊薮,迥出寻常。视瞻之外,言公文学之风遍矣,其所增重,不既伟耶?然则学校之设,有本有文,增重之者本也,加饬之者文也,本与文而交修,尽善之道也。苟遗其本,将轮辕餙而弗庸乎?悉以识之,庶几知所重者,求诸身心,嗣后饬者考。夫岁月若其劳绩之着,固无待于夸诩焉。公讳纬,字仲文,浙之会稽人。

(《常熟儒学碑刻集》)

道爱亭记

[明]李棠

天顺戊寅夏五月,武康唐君礼以内艰起复知常熟。下车首访民之所急者力为之,既而屏奸息蠹,修举废坠,悉已就绪。君谓邑之先贤,子游为之首。乃即公署后为亭,取《论语》"学道爱人"之言,匾曰"道爱",以致景仰之意。且将政暇则学,而一事之施,必求其宰武城者,师而行之。落成,书末缙云山中,求为之记。

或曰:"子游去今几二千年,其所以为武城者,孰从考而师之耶?"予曰:"不然。人有古今,而道无古今。子游虽远,其所以治武城而煦育斯民者,岂出于学道爱人之外哉?此而求之有余师矣。"

君不欲闻其说乎？夫爱人之心，人皆有之，然不学道，则昧于知而冥于行，或夺其功利，或流于姑息。虽有爱人之心，而人不被其泽矣。吾学道而有得焉，则知之至，行之笃。凡见诸政教以仁，其民皆知为吾分之当然，而必有以尽其诚。视民之饥由我饥之也，必求其所以食之，使无一民之饥；民之寒由我寒之也，必求其所以衣之，使无一民之寒。民或罔攸，知愆于庶，度由我愚之也，必思所以教之，开导之，俾复其性而协于中。积之久而扩充之，将使民皆知学而不畔于道，其服劳顺事，亲上死长，有莫知其能而能者，是又学道爱人之极致也。学道爱人，岂独为邑者师之，凡为人上者皆所当师！

君昔以贤良荐为藤县令。藤处边，傲号难治。君为之期月，政平事集，夷氓向义。有遣子入学者数辈，桂广间传为盛事。予时巡抚岭南，特加奖异。疏而上之，每举以励郡县之吏。逮君以优去，藤民诣予，泣而请留有数十百人。予以优为大，故难之。民之思君，弥久弗忘。今常熟实畿内之地，被圣化为已久，绥服之易，有非梧藤之比。君又以子游为师，以"学道爱人"为训将见政，日以修民，日以和风俗，日趋于淳厚，而君子之治行，亦将与古循吏并称矣。予既复以"学道爱人"之说，因及其治藤事，以告常熟之贤者，俾知君夙有治行，且以励君之终云。

（《海虞文征》卷九）

题学道堂记语

[明]张鼐

尝疑漆雕开"吾斯未信"，斯从何处信得？至子游学道，数语乃知古人的有一段信得处，方用得来。若不能彻首彻尾用得来，毕竟是他源头上信不过也。子游所信者，学道。"率性之谓道。""和也者，天下之达道。"认得道字，真把柄在手。如子游科只居文学，今何尝不妙于政事？一件百件，无所不可。且看子游学道是何。信受子游，直从本之一字信过来，本体个个和平，只为人血气心知，摇动了血气心知，如水有波，销镕得来，波原是水。父子、君臣、夫妇、兄弟、朋友各有本性，依此相与。有何不和？倚着血气心知，便平地起无限风波。当境有许多邪戾，天下自此错综棼乱，便不太平。其实五常上面不曾戾得一些，特世人浮气浮想，自为乖张耳。子游信得到此，便谓君子小人，只是一道；爱人易使，只是一和。其治武城，但和其民而了无多事，弦歌者和之也。孔子曰："成于乐。"古者乐正典，乐以和其性，而圣门鄙。由之瑟以其不和，至匡歌陈弦，虽当颠沛患难之际，犹以声气雍和、销镕磨荡二三弟子。可见治身、治民，圣贤一生得力全在和。血脉和则无病，风俗和则无事。此大道之妙用也。今人只须信受子游得力处，本体各各跃然，不须在弦歌上寻求。弦歌诵读是销镕习气的指南，却又是指点本性的鞭影。若默默于日用五常中认取自己本体。若何为和而吾心安？若何为戾而吾心不安？日日刻刻动于所安，无动于所不安，便是文之以礼乐，便是人人亲其亲、长其长而天下平。诵诗读书都是有源之水,滴滴归宗。若口诵手弦,都为耳目知见,牵扯将去,不思诵之、弦之是谁作主。日用了不能见,便是百姓不知其于五常中。虽到画方自守,还是外修边幅,不是浪静风恬,自己如何用得去?天下如何得太平?本之则无,言游所叹。蓝阳先生教训世俗,从诵诗读书指点下手,从五伦达道说个真学问。五谷疗饥,药石伐病,依此认取各各本性,和平出来。此地荐绅、生童、父老、百姓以五常为乐体,以弦诵为鸢鱼食。今公弦歌之德于无斁也,今日学道堂一章公案,愿与虞山诸君子共信之。

(《虞山书院志》卷十)

知县题名碑记

[明]曹立

国家建官,惟守若令最重,为其奉朝廷德意,以惠黎元、淑风纪也。蒲自置邑迄今,未尝无令,而名随去泯,将何以昭法戒。不佞叨令是邑几五载矣,诸废颇集,每慨兹典尚缺。乃远考谱牒,近询父老,自陈公而下,共得四十余人。咸题其姓名、贯址以镌于珉,竖"忠爱堂"左,以镜永久。或曰:缘名立事者,行恒不实,奈何用名?咄嗟!是未知名所从来也。盖名以宾实,德业由兹而立。昔者单父以调琴名,武城以弦歌名,良缘子贱尊贤取友,德洽民心;子游学道,爱人仁乎,民志而实胜也。厥后,时德秀留胙淮南,名在寿春;刘桓公气清峄洛,名在江陵。以至垂帘制锦,种柳栽花,随寓而得名者,孰非实胜所致乎!今继令诸君子咸得题名于石,人得就而目之,得无有指其名,而考其政者乎?其政也善,荣于旗常之铭;其政也不善,严于鼎象之铸,真可惧哉!语曰:"古者今之鉴,前者后之师。愿治君子,其尚鉴于斯!"虽然,方今圣化熙隆,人文振起,宇内瑰玮,卓荦之夫,踵接肩摩,当必有善政芳猷,垂名竹帛,超越今昔万万者,又奚必取诸石,以为鉴哉!

(《三晋石刻大全·临汾市蒲县卷》)

助工碑记

[明]何节

海虞自子游北学于洙泗,遂称速肖,为南学开先。后儒翕然宗之,曰南方之学,得其精华。以故横序之设,历唐宋迄今,人文丕振,毋论元魁辈出,科第蝉联,甲于县宇,即理学文章、节义功业,代不乏人。虽其渊源有自,亦繄当斗牛云汉之纪,绾江海吐纳之交。虞山厎拥,巨浸襟环,灵秀攸萃,于斯为盛,则横序之在县宇固等之为重,而在海虞顾不尤重乎哉?

不佞自解属文,时读海虞先辈所为制举义,即津津然向往,愿一游其邑。乃徼一命,为海虞长,时至学宫,顾瞻形胜,则益叹地灵人杰,良非虚语。而孰何有圮而当葺者乎?有敝而当新者乎?则学博许君洎孙君、葛君枚举以对。不佞心识之,而图有以藉手也。无何,西不戒于祝融,程庸计费乃愈浩,不佞益蒿目焉。顾求之闾阎则已侵,求之帑藏则已罄,悉核可以请之当道者蕫蕫也。而三君踌躇者久之。三君乃以其私与诸逢掖张生浩辈谋之,诸逢掖聚族而语曰:"记云,时教必有正业,退息必有居学,斯非吾侪所世世而正业居学者耶?敢不共襄其役,而以廑父母师忧?"则抵诸荐绅先生以请,诸荐绅先生亦聚族而语曰:"是在吾侪。昔范文正不难捐其宅为郡学,其何有于阿堵?即以吾虞先正,若钱吏部衡、周大参木,亦尝捐金为宫墙计永久。而顷者文庙之修,徐光禄振德专任之,其润色则吾侪共成之,岂直以起家发轫之地,不敢秦越视。抑亦少佐圣明菁莪朴棫之化,令后来者有所劝,以是为生三报耳。矧今也灾,毋乃祝融氏益耀吾虞于文明。柱下有言,不敝不新,成兹固更新之一会也。有先正之芳规在,奈何廑父母师忧,而曰在家不闻。"诸逢掖以告三君,三君以白不佞。不佞则以责在有司,敢烦里旅?三君曰:"缮居息,兴文治,公之所以造士率民也。集众轻,裨时诎,乡先生之所以倡义绍休也。各有攸当,公其听之。"不佞唯唯,且计请之当道者,未足胜是役也。爰捐俸为之先驱,而备次诸荐绅先生之德意与海虞横序所繇重,以谂四乡之赴义者。

赐进士第、文林郎、知常熟县事、成都何节识并书。

(下附捐资姓氏,略)

(《常熟儒学碑刻集》)

子游祠记

[明]张洪

常熟县学有子游祠。宋庆元三年,县令孙应时建在明伦堂之东。晦庵朱夫子仍其旧封,为《丹阳公祠堂记》。端平元年,县令王爚徙于礼殿之后,其碑尚存,字画剥落不可读。宣德十年,县令郭世南、县丞李子廉惧其久而湮没也,既重刻之,请识于碑之左。按《史记·仲尼弟子传》,子游吴人,盖自吴而学于鲁,擅文学之名于圣门,而不为书以传后世。若思孟氏之为者,思得孟而道益明,孟得万章之徒,而言以存书,非思孟氏为之,其徒为之也,子游之无闻焉。所可见者在《论语》,则有武城之弦歌,而知灭明之为贤。论子夏之为人,则曰本之则无。称子张之难能,则曰然而未仁。论体,则丧有进无退,以故兴物,或袭而哭,或裼而吊,随时制礼,各得其宜。其为文学可见矣。后世慕文学之名,而不求所以学,则末矣。天下皆知曲阜之有孔庭,邹县之有孟庙,而常熟之有言祠也。郭令继嗣其刻,亦将吾邑之重云。致仕翰林、国史修撰事、承务郎、邑人张洪谨识。里人邹彻书。吕臻刊。

(《常熟言氏家谱资料二种·言氏家谱》)

重修吴国言公祠题名记

[明]吕㘝

士大夫居官，临民政虽多端，而先务所当急。何为先务？凡可以激劝后人，有裨风化者是也。若吾邑令武康唐侯，敬身其知急先务者欤。侯自春下车，首谒庙学，见吴国言公祠岁久颓圮，惕然叹曰："孔子之时，东吴从学者子游一人而已。况其文学名科，礼乐为治，列孔门高第弟子。正宜尊严庙貌，修明祀事，以励后学。顾乃倾废若此，非予之责而谁？又兹乡后贤如范文正公辈，文章政事，表表在人，俱未获祀于左右，亦缺典也。"因捐俸鸠工，谋以作新之时，乡之好义者闻侯言，互相劝曰："吾侯之为是，无非激励后人，使观感而兴起也。吾等幸生于斯，夙所敬慕，又安可不资助，以成厥意？"于是众力相资，工材辐辏，不半载而落成焉。侯以宋庆元时县令建祠既有朱子记之，兹焉重修，并入后贤于内，尤不可无记，乃征文尚书南阳李公。予近或诵之，见其历列子游文学，识见之高，发明朱子简易疏通之语，与夫称道。是邦才俊之多，文物之盛，皆由子游之风而兴起。末而归美孙、唐二令，前建后修，相去数百年，以为古今之盛事。其记述极详切而无遗矣。侯又以不书助资之人，则无以彰厥义而厉其后，欲予题诸碑阴。嗟夫！知者无不知先务之为急，在他人为令，莫不以征催听折为先务，视先贤之祠等为末节，略不经意。殊不知上之人能端风化之本，则下人观感奋发，去恶迁善，有不令而自从者矣。吾侯一修吴公之祠，举邑之人皆景仰文化，思欲熏陶于弦歌听教之中。吾侯一增祀，乡之诸先生、举邑士大夫皆感激奋励，兴起见贤思齐之心。吾侯一书助资之名于石，举邑士民交相劝勉，皆有重义轻财之念。其于风化世教，岂小补哉？吾故道侯知所先务而能急者，非虚誉也。是用列次助资之人氏名、居址并董功者民于下方，俾久而不泯云。天顺三年岁次己卯冬十二月上浣，赐进士、中宪大夫、湖广等处提刑按察司副使、前监察御史、邑人吕㘝识。江阴严雍篆额。三山林宗书丹。里人王济镌。

(《常熟言氏家谱资料二种·言氏家谱》)

虞山书院记

[明]王锡爵

昔者仲尼之门，盖聚天下之长材秀民，而经纬以礼乐，黼黻以诗书，凡彬彬洙泗之间者，上下千载，纵横九州，以求其人而不得一再见者也。言游氏生长江海之滨，去文身断发之俗未远也。而北学中国，遂蔼然见推于七十二子之徒。盖东南之人由是与闻圣人之道，可谓盛矣。海虞故有文学书院，祀子游。宋元以来屡兴屡废。岁丙午，耿侯初令尉氏，以治行高等徙令兹邑。而不佞属受廛接壤，与在膏沐之下，窃尝剽闻为政风采，如清徭、均赋、垦田、浚河，皆凿凿号神明。而其大者，催科与抚字并行，庭卧桁杨，里无哗论。吾以为此天下真循吏,即不阶文学,亦自可以甘棠竖不朽矣。而侯方饬吏以儒,弦歌讲诵不辍,间乃修复言子之祠,辟书院于左。前者为堂,后者为室,而加以重楼邃宇,胪列其次。其外为门、折桥,仍别为署,以存二氏。创祠馆以祀前令之贤者。射有圃,浴有房,庖湢惟称。自邑之荐绅先生与子弟之好学者,四方之愿从者,相与讲学、校艺、习礼其中。既成,请记于予。予惟世降东周,王者之道熄,而我吴去邹鲁绝远,其师承孔氏,号文学名家,独言子一人止耳。时亦有延陵季子与之生同时,居同地,而不得见《易象》《春秋》与六代之乐。则其时虽有贤公卿大夫欲聚其子弟,而与之谈说圣人之道,如陈九奏于击壤之衢,行百拜于抔饮之处,安所信而从焉?今江左幸治安,海虞得贤侯,表章先贤之遗迹,而日与横经负笈之彦讲求其所学于仲尼者。士生其间,岂非千载一遇哉?抑尝闻言子之学,其入门在六经,而其效归之"君子爱人,小人易使"。夫此两效者,则耿侯亲行之,亲验之已。二三子傥未习乎古,目前经术、政事一禀于侯,抑诡怪而依中庸,离口吻而求实际,是即谓之善师言子可也,盖不佞数耳?讲学家言,人握灵蛇,几无孔氏,何况言子?登斯堂者,其亦先辨志与择术,事师在此,事君亦在此矣。

(《常熟言氏家谱资料二种·言氏家谱》)

重建文学书院记
[明]钱仁夫

昔衰周之世,圣师孔子设教洙泗,北方之士从游盖三千也。独子游吴人,悦其道而北学于其门,身通受业,列科文学,得圣人之一体,遂以化洙泗以南鄙朴不文之俗。出宰武城,以礼乐为教,嘉言善行具载《鲁论》《礼记》,衣被后人多矣。崇德报功,天下后世孰无是心,况其乡之人耶?况其以世继世,奕叶云仍耶?子游吴人,常熟吴之上邑,子游实生于斯。宋儒新安朱子作《丹阳公祠堂记》,谓"巷名'子游',桥名'文学',公为此县人不诬矣"。今天下学校,春秋丁祭文庙,子游以十哲列坐殿上,配享圣师,尊崇亦至矣。万古此天地,万古此人心,则所以尊崇之者,宁有穷耶?在常熟文庙之外,特建吴公祠,崇奉子游,春秋次丁祭焉。此则请于朝,而设有祝文之仪注,所以崇圣学而励风俗也。祠之外有文学书院、言氏家庙。书院则元至顺间义民曹善诚创造,赡以己田,有司上其事,省部设山长主之。今废无存。家庙则旧所有者毁于兵燹。宣德间,巡抚周文襄公即其子孙之所居建庙。弘治间,毁于回禄,县令杨子器重建,给田以供祀事。然俯临阛阓,地实逼仄,不足以妥神灵而疏具瞻。今其主奉孙弘业,择地于县治之南,琴川之上,土燥亢而位面阳,左为家庙,右为居室,庙门则揭以"文学书院"之旧榜。视旧庙,则有门、有堂、有庑、有庭,四时之祭,合族人以行礼,周旋折旋,中规中矩,闻者见者莫不赏叹。前此提学御史江右张公、浙东萧公,据邑学师生呈词,批送言氏裔孙名弘业者,复主奉之旧,以奉祀事。且录其子名震者,教养于学。及是书院告成,巡抚都宪西蜀李公行县,因睹其盛,询之邑学师生,质之山林耆旧,咸以为宜,遂移文有司,岁拨门仆,月给廪米,则所以崇重先贤,激励后学亦甚盛心。弘业自谓德实凉薄,无以承继先绪,恐负上人兴起盛心,请记其事于石。窃惟吴国言公,自衰周至今二千余年,文学一脉,传之愈久而愈彰,历代尊崇,愈久而愈盛。观之邑学诸碑,自紫阳朱子、鹤山魏公而下,昭昭具在。晚生末学,何敢赘以芜辞?第上人尊崇兴起之盛心,书院经始落成之岁月,皆不可以不记,于是乎书。大明嘉靖二年岁次癸未五月朔,后学钱仁夫撰。

(《常熟言氏家谱资料二种·言氏家谱》)

重建会馔堂记

[明]黄体勤

　　帝王造成天下之贤才,惟重夫教养之道焉耳,粤自唐虞夏商,其制莫备于成周,历汉隋唐宋,尤莫隆于我朝。夫立为学校而丰其原,教养之具,道之在乎外者也;明以礼仪,而正其心术,教养之实,道之在乎内者也。教不出乎养之外,善实寓乎教之内,是又圣人造育之深。太祖高皇帝定鼎金陵,首以建学为务,教养之道,内外不遗,鉴百王而垂万世,是以于今百有余年,化导旁浃。皇上继统,益崇儒术。践阼之初,道辟雍其,作新天下,士气至矣。犹虑真才未臻实效,复慎选宪臣,分行天下,专理学政。浮梁侍御戴公实膺南畿之命。南畿大江南北,郡卫州县百二十余学,生员以逾万计,而闾巷之学,山林之士不与焉。教化之未易周,莫此为大。至倡以明体适用之学,本诸躬行心得之余,不为口耳词章之习,以副圣意,而其条约合本末精粗,靡不悉备。

　　古赵兰君以进士出知常熟,为政敦尚本实,注意学校,惟以公体之心为心。学舍有会馔堂,岁久栋宇不支,材日以就蠹。兰君申其建立之状于戴公。公允其请。遂量材授役,以付能者。邑人曹淳闻义而起,愿备木石以自效。百凡费需,君复经画其宜,一不以属吏而烦于民。堂初面东,寒暑会食不便,君召诸生而语之,移改南向,高敞宏邃,视旧有加,制度华不及靡,朴不至陋。为堂三间,中广二丈有奇,左右二间,狭于中之一,深加于广而高杀于深,庖厨器皿,灿然具新。始工于成化乙未九月初十日丙申,落成于十一月十日乙卯。

　　嗟夫!教养之道,戴公既已躬行于上,兰君又能力体于下,然吾党之为教职者尚当知所以教,而为弟子者亦当知所以学。朝而游焉,进而聚于是堂;暮而习焉,退而坐于是堂。思夫外,而学校廪禄所以养吾身,先立其大,不役其小,使身以之而修。思夫内,而礼义廉耻所以养吾心,为子尽孝,为臣尽忠,使心以之为正。正心修身之道,不必远取诸外,宣圣之明训,皎乎与日月并丽于天。吴国言公子游,孔门高弟,邑之先贤也。试登堂而望焉,西有言氏之里,文学之名尚在乎?南有桥井之古迹,琴川泠泠,犹闻武城弦歌之音乎?东有吴公之祠,仪容严肃,恍若讲道洙泗之时乎?诸生兴高山仰止之思,诚能寻前贤正印之绪,以溯圣人之道,而求无负国家教养之原。制乎外以养其内,养乎内兼修于外,则戴公身心之教、兰君作兴之功于是乎在。苟所学非其所居,溺其所养,则非建堂之本意也。体勤芜陋,愧不足以为教,然所愿于诸子,而因以自励者,欲其无忝于斯堂。

(《常熟儒学碑刻集》)

学道书院重修记
[明]徐缙

圣贤道被天下万世,而尤深于所生之乡。惟吴古为荆蛮,文身断发,混于龙蛇。自泰伯之至德,延陵之高风,俗始一变。迨言公北学,而孔子之道渐于吴,吴之俗乃大变。千载之下,学者益众,家诗书而户礼乐,东南道学之宗,实言氏启之。按《史记》,仲尼大圣,勃兴于中土,四方之士从游者盖三千焉,而产于吴者惟公一人,岂非振古之豪杰哉?《祭法》:"有功于民则祀之。"言公生于春秋之世,而能不远数千里亲受业于孔子之门,传圣学以淑诸乡人,一洗其陋而归于儒,其功不在泰伯下。虽从祀孔子庙廷,然未有专祀,无以展敬妥灵。宋咸淳间,郡守黄镛始奏立书院祀公,而揭之曰"学道",盖取公爱人易使之训也。厥后改创不常,志弗可考。明典百五十年,天水胡公缵宗守苏,崇正辟邪,特请于朝,即城西废寺重建书院,以修祀事,拔士之尤俊茂者肄业其中,一时弦诵之声洋洋乎,泚泚乎,若登阙里而游洙泗也。迄今垂二十年,梁倾垣圮,日浸以敝。嘉靖辛丑,巡按侍御蒙泉赵公行部过苏,顾瞻祠宇,喟焉叹曰:"邑有先贤之庙而芜焉,是吾责也。"遂命吴令衡阳张侯道修葺之。自学礼之堂、弦歌之楼、文学之所、爱人之堂,以至仪门周垣、斋庐庖舍,咸饬旧而加新焉。君子谓赵公之为政,得风化之本矣。工既迄,张侯谒缙记其事。缙惟孔子之道出于天,而有以助天之不及,国家生民不可一日无者。若言公在圣门,亲学圣人之道,为高第弟子。其宰武城,以礼乐为教,弦歌之声四达,孔子闻而叹之,则其学道之语,固已见之于政矣。而况生于吴乡,又非过化之地之可比。虞山墨井,至今犹存。先贤风旨,宛然如见。多士讲习于斯,景行仰止,以究斯道之精微。求之于心,反之于身,见之于事,而不为词章口耳之习,挺然拔于流俗,为世醇儒,又何异于亲熏而炙之者乎?于是出为世用,以行其所学,以成夫善治,特举而措之耳。是书院之举,诚有不可缓者。时蒙泉公甫平海寇,即祗饬文事,以端教本,以澄化源,汲汲如弗及。侍御云川舒公继至,政务修明,风纪振肃。既迁长洲学宫,仍督书院之成,表尚正学,激起颓俗。二公之功,善始而善终者也。郡守南岷王公,乐善与贤,兴教复古,多士讲肄,由公训程,有儒雅之化焉。张侯协谋效力,中礼舍宜,乃安神栖,乃畅儒风,可谓岂弟而文者也。夫诸公之用心若此,其视拘拘于簿书期会之间者,相去远矣。於乎!其贤矣哉!其贤矣哉!自是爱人之政举,易使之俗成,俾是东南移为邹鲁,道化之盛,当永永无替矣!予故论次之以告于史氏而刊之兹石。

嘉靖二十一年春三月之吉,赐进士出身、通议大夫、吏部左侍郎兼经筵日讲官致仕、前詹事府少詹事兼翰林院学士、同修国史、吴邑徐缙记。

(《苏州校园碑刻集》)

重建学道书院记

[明]胡缵宗

吴有学道书院,尚矣。孔门言子,吴人也,封吴公。宋咸淳间,郡守黄君镛奏立以祀公而教育其子孙。故址在常熟,书院在普贤子院,直锦帆泾之上。元初,夺于豪僧。至元间,山长和宗震辈改创之,在徐贵子桥。元末,复夺为僧舍。入国朝,又百五十余年矣,久不克复,迹亦湮晦。嘉靖初,缵宗受命来守郡,谨按故籍,得其概。窃叹曰:"事有若缓而实急者,其是之谓乎?"虽然无所因而为之,吾惧其侈且劳也。既而行视诸佛老之宫,有曰"景德寺"者,去故址数百步而近,南临通衢,形势宏敞。欲即是改为之,然不敢专,则以请于巡抚、右都御史庐陵陈公,巡按御史高安朱公,提学御史光山卢公,皆报可。岁乙酉二月,爰始兴工,撤其像,去其丹臒,追琢其逾制者,而增葺之。其南为门,稍北为仪门,又北为中堂,肖公像曰"学孔堂",之北为师生讲授之所,曰"文学堂",之东西增作斋舍,以居诸生之学道者,凡若干间。又北为楼,曰"弦歌楼",墼而垣之四周,凡若干丈。须其成以闻于朝,岁修祀事,而择其子弟之进修者,俾讲读其中焉。工既讫,缵宗从博士弟子释菜以告成事,燕而歌泮宫之诗以落之。佥曰:"书院之废,垂三百年,及今而复,不可无记。"予惟周道衰,先王之教熄,赖孔子及其门弟子传而授之。惟吴公起南服,北学于中国,哀然以高弟称圣门,盛矣。顾其曰文学云者,非尽于今之君子所能而已。盖圣道之精蕴诸心,见之言,而达之政事,凡其灿然者,皆是也。而公独得之,故其治民以礼乐为教,曰"君子学道则爱人,小人学道则易使也"。彼所谓识其大者非欤!今去圣益远,虽政与代移,俗随化易,而吴之人文每先天下,非公则谁启之?君子揆礼意、原人情、循报本之义,则今日之举固不可缓哉!惟人才之作养,则学校存焉。条贯品式亦既具备,宜若无事乎?此然玩常愒故,则劝督作兴之意,当有出于法令之外者,于是乎拔其尤而储焉,以待天下之用,亦识治者所不废欤。若夫尚论景行,以追前人之懿,以求所谓学道之实,则诸君子所有事者。先正有言:"没不俎豆其间,非夫也。"诸君子于是亦有所感乎?缵宗不敏,愿相与勖之,以观其成,用为记而镵诸石,且以劝夫嗣政者,俾勿坏。赐进士、中议大夫、赞治苏州府知府、前南京吏部郎中、天水胡缵宗撰。

(《常熟言氏家谱资料二种·言氏家谱》)

学孔堂记

[明]胡缵宗

天不可以象名,孔子之道不可以科名。日月星辰,象也;德行、政事、言语、文学,科也。谓天尽于日月星辰,是小天也。谓孔子之道尽于德行、政事、言语、文学,是小孔子之道也。学孔子者,不得其全而各得其性之近似,乃名以科,而不知孔子之道,何可以科名哉?虽然,学孔子者非得其门,吾未见其入也。夫苟不欲知天则已,苟欲知天,在璇玑、玉衡以观日月星辰,几乎天矣。夫苟不欲学孔子之道则已,苟欲学孔子之道,由博文约礼以达德行、政事、言语、文学,几乎孔子矣。言子游,孔门高弟也,其称于同列也以文学,而其治武城也以礼乐。礼乐固文学之见乎其外者也。德也,政也,言也,文也,无不存焉之,谓礼;德也,政也,言也,文也,无不和焉之,谓乐。子游学于孔子而独得乎礼乐之传,亦微矣。夫礼乐,孔子之道也。学礼乐以入道,孔子之教也。故学子游所以学孔子也。学至于子游,具孔子之一体矣。而顾文学之者,是所谓学焉而得其精华焉者也。子游吴人也。吴之先,启于泰伯,泰伯以让风,子游以礼乐风,吴之文实彬彬矣。夫岂后世之所谓文哉?亦岂后世之所谓学哉?后子游而兴起者,唐有若陆公贽,宋有若范公仲淹。贽曰:"上不负天子,下不负所学。"仲淹曰:"先天下之忧而忧,后天下之乐而乐。"文章勋业度越一世,虽未敢上拟孔门,其亦学子游而得者欤?学子游所以学孔子也,故吴之文称盛者,圣曰泰伯,贤曰子游,先正曰敬舆、希文焉尔。其以文擅当时名,后世者不与焉。吴故有学道书院,创于宋,复于元,迨至我朝,湮废已久。缵宗忝守兹邦,乃因佛庐之隙而鼎建之。外为书院,门内为学孔堂,傍为庐舍。择言氏子弟之良者肄业其中,而以孔子之道相切磨。正与诸士子学敬舆、希文以至子游,学子游以至孔子,其庶几矣。传有之,士希贤,贤希圣,圣希天,其尚勖之哉!其尚勖之哉!后学天水胡缵宗撰。

(《常熟言氏家谱资料二种·言氏家谱》)

重建文学言公祠记

[明]王言

嘉靖乙巳秋八月,予奉命南巡,道按吴郡。未几,常熟县令葛桷以前御史新昌吕公重建文学书院、言公祠成,具以兴废颠末,请记于予。予谓孔子之道,无所不寓。其徒各有所因而入,乃有得夫一体焉者,犹水之行地中,无往不在。其分流别派为四渎,式见夫水之一支耳。夫渎为水之一支,尚庙而荣之,古今不废。顾言氏子游之在圣门,获擅文学一科,犹夫渎也。其祠而祀之固宜。然予以孔子之乡之后进,追维孔门弟子悉皆北产,惟言叔氏实产吴之常熟。在春秋时犹为荒服,未沐先王诗书礼乐之化。言叔氏独能悦仲尼之道,北游而师事之,遂以文学列于四科,与颜、冉、商、赐并称。粤自长淮大江以南,特一人耳。观厥平居以礼范族,为学必以知本,论丧止于致哀,事君交友不欲数谏,取人则以正大为则,治邑则以诗书礼乐为先。其所谓文学,信能变易旧俗,诞启东南文献之源。子朱子所谓南方之学得其精华,讵不益信矣乎! 全吴世飨,与天壤相为悠久,亦所宜也。而况当常熟为故里,墓巷俱存,墨井遗香,精爽凭依,祠祀之建各有攸当。顾文庙位于十哲,天下之通祀也;学宫有专祠,邦人之公祀也;宗子有家庙,后人之私祀也。兹祠之建,乃其后裔曰弘业者,昔裕于资,因庙于家,以自别于齐民耳。冢子弗克肖,展转相鬻,末后归于太学生王鲁。事闻于吾院长吕公,遂矍然曰:"先贤祠祀几废,法当兴之。子姓弗赡,义当赒之。"将尤及王生,亟令倍出工费,循其旧址,益宏新制,中奉遗像,俾学者得以居业,过者得以瞻仰。别令有司给田以赡之,其祠门扁曰"文学言公祠"。内复重门,乃立神宇,翼然居中。联讲堂于其前,列斋庐于其旁,为从屋于其后,凡数十楹,赫然壮观,恤然靓深,庖湢蔬畦,罔不完具,谅为事神育才之区矣乎。若前后之有功于祠事者,如周文襄公及宋县令二人,原奉于别室,今亦仍厥旧焉。其祀田之圩图亩数,祭祀修葺之需,悉当著为定令,以附刻碑阴。厥工经始于清和之二日,再逾月而落成。复虑言氏之后,弗克永世,以负今日盛举,因令老氏之徒守之。公既复命还朝,予实代焉。君子谓是役也,有四善焉,上不伤财,下不损民,义以行罚,营而不怨,中以定制,完而不靡。予实初代其记事,勒碑有弗得而辞焉者矣。爰稽专祠之建于有宋,文公朱子尝记之矣。重修于我明,文达李公又记之矣。家庙之记,则邑之闻人思玄桑先生所制也。予幸以文字相踵大儒名卿之末,又重吕公之尚名教,以风来学,窃有告焉。兹祠之建,匪以崇虚文也。凡景哲开来,励治隆教之意,胥此焉。凡士之生于斯者,克遵其所学,践其所言,恒勉勉以求造乎! 务本勤礼之实,将不为良士君子乎? 吏于斯者,以正大取人,以礼乐为治,不屑屑于簿书期会之末,将不为名公卿大夫乎? 是则吕公与予建祠属辞之意也。更为迎献送神诗五章,俾春秋歌以祀公。予将巡历来兹土,当释奠而试歌焉,亦并以记其成。赐进士出身、文林郎、巡按直隶监察御史、前翰林院庶吉士、东牟王言撰。

迎神诗曰:虞山峣峣,琴川弥弥。笃生言公,道化在兹。于昭德象,祗奉新祠。明禋有格,神其降斯。初献诗曰:卓哉言子,有吴先觉。奚佀文王,列科文学。束帛荐忱,侑享以乐。登献清酤,昭格无邈。亚献诗曰:东南文献,自公作则。佑启后人,修祀无斁。黍稷维馨,牲牷孔硕。式陈明荐,庶几来格。终献诗曰:香柜在前,豆笾在列。以享以荐,既芬既洁。登献惟三,人和神悦。于嘻成礼,率遵无越。送神诗曰:新祠奕奕,文教是崇。有司庶士,共事雍容。神既享祀,百福来同。亲贤之利,永世并隆。

(《常熟言氏家谱资料二种·言氏家谱》)

虞山书院记

[明]耿定力

在昔尼山诞圣之年，勾吴犹未及侪于冠裳。天启子游奋焉，北学占孔门文学科第一人，归而道与俱南，故大江以南靡不当尸祝子游也者。矧兹土实其灵秀所毓，遗魄所藏，绍休袭明，于兹特盛，岂宜饮泉而忘其原？衣冠是袭而迷厥本指，道明而文学始振，文学振则当年北学之精神迄今不磨。彰往诏来，伊谁之责？此书院所自立也。历考往迹，宋庆元间，实肯堂构，颜其门曰"文学"。迨元季而废。昭代宣德、正统间复焉，名曰"学道书院"。旋又废。嘉靖乙丑，王尹叔杲者重恢新制，绍复旧名，以万历庚辰议毁天下书院而废。夫废者是，则兴者非也，兴复书院非是，即明道亦非也，子游当年北学之意非耶？瀛海耿庭怀氏以进士高第来尹是邑，怆焉有痛于兹，爰以听政之暇，振缨山巅，俯仰古迹，见废祠孑立，四顾平芜，曰奚墟也。讨王令所恢之故址，曰奚削也。会海寇就擒，台奖荐至，曰弭盗靖民，维吏之司奚赘也。乃益割俸资若干，赎锾若干，率先士民，与之经始。士民鼓舞从之。鸠工以乙巳之嘉平月，其明年鼎建一新。有祠翼然，曰"言子祠"。祠之东，其堂曰"学道"，室曰"崇本"，名义章矣。精华舍以馆名贤，以授来学，别室以栖言氏之后人，规制备矣。丹垩未毕，俊彦云从。至撤东林之皋比以就海虞书院，风声于焉大振。乃益拓其西偏，访墨井之遗而浚之。楼其后，池其前，周缭其外，分列经房，其中包络弘矣。更辟隙地构堂，西向以存射圃之遗。重修昭明太子读书台，使与弦歌之楼遥相映带，除道属之院中而总名"虞山书院"。谓子游子翳虞之人，地以人灵，则名宜以地著也。工既成，寓书问碑不佞。不佞尝维春秋时，东鲁号娴于文学，及观尼父莞尔一言，则弦歌久已绝响，才于武城闻之耳。子游筮仕为宰，亦何尝招招焉以学道为名，而君子爱人，小人易使，自是学道实际。我以此道宰武城，而武城之君子小人自相率从事此道。耳目恬夷，精神欣畅，不觉声满四境，居然有吁咈都俞之意。尼父安得不一为之解颐？至其所取士，竟出于斤斤绳墨之澹台子羽，又何说也？盖子游身为邑宰，意指所向，靡然从风，不有所拣择去取，其间则都雅之盛，或流为浮薄圆通之极，或化为奔竞，以故鼓吹休明之真意，不得不运，以维持末俗之苦心。如此真实作用，无论后贤，即求之孔门诸英，得未曾有真命世淑人之师表也。以余闻庭怀子拮据，甫集，而士有自歙至、自越至者，甚有自闽、自东粤至者，固知四境弦歌，不难坐致，毋亦有如灭明子羽者，出而应之乎？苟得其人，则典型具存，源流可接，将北学所得之一脉，藉手勿坠，而此业之可期永久，又其迹矣。余以匆匆渡江，不及拜言子之墓，因与庭怀子商确，崇本室中，而所冀无坠言子一脉者，或于书院乎？有托也，是以乐为之书。庭怀名橘，河间府献县人，万历辛丑进士。

（《常熟言氏家谱资料二种·言氏家谱》）

虞山书院弦歌楼记

[明]侯先春

予游虞,陟洞观山,其峰峦雄整,惟石奇丽,揽结秀色,吞吐高明。顾瞻东、西两湖,明莹如练,四望清明。极目力所至,有大海渟泓潆洄环绕其外,山川之气清淑郁积,称江东冠矣。胡得不来虞仲而产吴公言先生哉?先生浴兰之所,在山之东南,而故第、故井乡人犹能历历指说其处。若里、若桥皆以"子游"、以"文学"名之。而藏骨一丘,林木茂畅,二千年来,樵牧不敢及也。夫当言先生始生时,去虞仲之化远矣。而吴在要荒之外,僻立海隅,其君尚不得与中国会盟,荆蛮夙习犹未尽洗,典仪犹未尽备,厥文隐而未彰。当是时也,东鲁有圣师孔子者,振教中土,声达东南。言先生慨然向慕而心仪之,渡江而北,寻师于洙泗之滨,亲入孔子之室,而得过化之妙,遂称圣门高弟,列文学首科。沉涵于礼乐文章者既久,始以弦歌之教默化武邑,继以弦歌之教归化其乡。言先生佩道南归也,三吴之民因之而济其行,三吴之物因之而彰其彩,人文于是乎始著。曩之朴鄙夙习为之一更,渐染既深,东南文学遂甲海寓,及今以言先生之教起家建勋树业者,居然当海虞之半。若言先生者,非三吴文学之开先者哉?故三吴之士视先生无异邹鲁之视孔子也。宋庆元初,孙会稽应时来为令,以虞为吴公之阙里也,创专祠,俎豆之。后人因立书院,旋整旋倾,而竟毁于江陵柄相之日。四方之士匡不为之忾叹。万历乙巳,瀛海耿君捧檄至,时以弦歌之化,倡率斯民,兴起人心也。则首捐俸以复书院,置别馆为养士之所,而更建楼于祠堂之右,榜曰"弦歌楼"。启楼之扉,言先生之居与墓咸在目睫间。繇是服习先生之教者日密,观感先生之化者日深。耿君,其大有造于虞哉!耿君请予为之记。予惟有礼乐文章之实,然后发为弦歌。弦歌者,礼乐文章之外见者也。声音之道,上可以通神明,尧舜以之治天下,而况一邑哉?通神化民,斯文学之至矣。特挽近世之文学,日趋于章句华藻,而不知经纬天地、弥纶参赞之术,去文学之真精神益远。犹幸虞为首善之地,时时邑有贤令,乡有君子,其前固不可更仆数,如迩时严文靖、瞿文懿两公者,彬彬质有其文,始以章句华藻而终之以经纶参赞之业,不愧言先生者也。而我耿君,丕厘百度,去纤图大,凡所发虑皆宏阔悠远,务以诗、礼、乐化导其民,期年而民即康功,邑称大治。君方引延邑士如金乡侯、澹台公者,居于斯楼,日与讲习先生之礼乐文章,入其邑者无异入武城也。吾愿邑之良子弟,由兹洗涤今时所习,竭力以求言氏之真精神。言氏之言尽载《论语·檀弓》,苟能因肤及髓,即未能一旦媲美先贤,而真儒如靖、懿两文公者,不将接踵起乎?耿君以今日治邑者,推而施于治天下,又何难于经纶参赞之业哉?异日以礼乐文章而弼成唐虞之治,俾后世指史而言曰:"此梁溪侯子所荐士也。"予亦与有荣施云。

(《常熟言氏家谱资料二种·言氏家谱》)

虞山言子祠记

[明]顾宪成

常熟,先贤言子游阙里也。有书院一所,相传为吴中子弟从游聚讲之地,一名"文学书院",一名"学道书院"。自宋入元,尝废于至正之末。至国朝宣德间而复,尝再废于万历之八年,无几何而又复。盖斯文命脉所关,自有一段精光灼烁于人心,不容灭没,宜其尔尔。惟是规制未备,过者惜焉。瀛海耿侯孜孜好道,来莅邑事,厘奸剔蠹,百务维新。期年,民大治,肃将祇欢,弦歌满四境矣。一日,谒子游祠下,低回不能去,慨然叹曰:"是予之责也夫?是予之责也夫?"遂请于当道而鼎新之。首捐奖金为倡,继之以俸。于时巡抚周公、李公,操江耿公、丁公,巡按今擢提学杨公,巡盐左公,巡仓孙公,巡江李公,兵备杨公、蔡公,知府李公,咸高其谊,各捐金佐之。衿绅翕然丕应,越父老子姓亦莫不踊跃供事。甫五月,遂告成。峨峨虞山,俨然东南大观在焉。因易名"虞山书院",志地也。颜其祠曰"言子",亲之亦尊之也。配以游寓梁昭明太子统、名宦宋县令孙公应时、邑贤明修撰张公洪、都宪吴公讷、侍郎徐公恪、别驾桑公悦、大参周公木、孝廉邓公黻、县幕朱公召、布衣邹公泉,从舆望也。又为之溯厥渊源。颜讲堂之前曰"愿学孔子",是子游之所逾江蹈河,不远千里,抠衣而趋北面,禀业者也。旁建精舍,颜曰"友颜""友曾""友思""友孟",而汉之董,宋之周、邹、二程、朱、陆,我明之薛、胡、陈、王诸先生,俱次第列焉。是子游之所后先二千载之间,相与疏附奔走,作孔子羽翼者也。入其门,登其堂,俯仰瞻盼,洋洋乎如在其上,如在其左右。宗庙之美,百官之富,不减洙泗当年矣。于是其裔孙诸生曰福、曰禧及侄逢尧偕诣予,乞文记之,以旌侯德,识不忘。予曰:"此非君之所得私也。"而侯适以书来,嘱曰:"愿闻一言之教。"予谢曰:"侯业已命之矣,何庸赘。"福曰:"何曰侯之标,愿学孔子是也。吾侪吃紧在发是愿耳。"曰:"自我侯提倡以来,凡环而听者,亦既蒸蒸奋矣。"予曰:"谈何容易!窃计以为是必有日忘食、夜忘寝之真精神焉;是必有独立不惧之真力量焉;是必有行一不义,杀一不辜而得天下不为之真操概焉;是必有遁世无悔,不见是而无闷之真胸次焉;是必有夭寿不贰之真骨格焉;是必有为天地立心,为生民立命,为往圣继绝学,为万世开群蒙之真气魄焉。六者备矣,然后可云能发是愿耳,谈何容易?"福曰:"若是,其难欤!"曰:"又不然要在识得孔子耳。孔子曷从而识,要在识得自己耳。何者?自己原来一孔子也。"福曰:"然则,孟子何云'人之所以异于禽兽者几希'。"曰:"此正言人不为圣贤即为禽兽,须从几希处辨取也。试以见在证。当夫一堂之上,彬彬济济,非性命不谈,非礼法不动,居然圣贤之徒也。固此人也,俄退而与乡人处率,未免堕入习套中矣。俄又退而与家人处率,未免堕入习情中矣。甚而放僻邪侈,无所不为,违禽兽不远矣。亦此人也,何判然悬绝如此哉?其几只系于一念间耳。故曰:'庶民去之,君子存之。'其存其去,两者不能以寸,几希之谓也。魏庄渠先生述陈元城之言曰:'凡人自期待当以圣贤自克,责当以禽兽。'每读之辄隐隐心动。窃以为必如此乃能识得几希,识得几希乃能识得自己,识得自己乃能识得孔子,果识得孔子即欲不为孔子,不可得已。此予所窥于侯之微指,敢代侯引其端。君幸为余复于侯曰:'侯之潜心孔子有年矣,必有会也。庶几沛然悉其藏,以嘉惠我吴,俾斯道昭昭如白日之中天,俾吴人士自知洒扫应对。'以上皆明于向往,如拨云雾而睹白日,斯予之愿也。夫岂惟予之愿,实侯之愿也。夫岂惟侯之愿,实孔子之愿也。然后言子之北学而归不为孤,孔子之所莞尔而笑且不独在武城矣。侯其无让哉!"福等咸起拜曰:"论至此,委非眇末可得而私也。"遂次其语,归而镌诸石。周公名孔教,临川人;李公名三才,顺天人;耿公名定力,麻城人;丁公名宾,嘉善人;杨公名筠,仁和人;左公名宗郢,南城人;孙公名居相,沁水人;李公名云鹄,内乡人;杨公名洵,济宁人;蔡公名献臣,同安人;李公名右谏,丰城人;耿侯名橘,河间人;乃若教谕则黄家谋,训导则化大顺、朱朝选,县丞则赵继俊、楼汝栋,主簿则王化、曾承忻,典史则俞钰,皆与襄乎盛事者也。法得附书。

(《常熟言氏家谱资料二种·言氏家谱》)

重建言公祠记
[明]王世贞

弇州生曰:吾郡盖有言公祠云。言公者,郡下邑虞人也,讳偃,字子游。昔在宋世,绍隆先圣之统,而公以高弟子得进爵吴公,至明世宗朝罢吴,封称先贤言子。其祠故在虞,载之祀典。而在郡者,前守令因民之懿好而创之,顾杂市嚣而处,且湫隘不称。今少师申公汝默尝读书其中而陋之。既贵,谋所以称公者,问地而得一巷,故名"学道爱人",喜曰:"兹地也,非公之所,尝从事类居肆者耶,抑何默吻标著若此也?"乃大出赐金,买故社学及傍地,庀良材,为堂五楹,两庑翼之,戟门屏之,傍饬丙舍以居受经者。郡邑守令相顾局蹐自责:"师帅之不称,何以辱我公?愿一切任费,少师公不可。"既成,而贻书世贞山中曰:"子为我记之。"世贞伏睹乘志,吴之先泰伯固以至德三让天下,第荜路而来,因循故俗,不能遽有所移易,其国至寿梦而始大。然与其三子相禅,以武德则不竞,而日寻于干戈,季子札始复以让成之。因北使中国,以观十二风之盛,著为咏嗟,盖彬彬矣。不三纪而公始复游吾夫子之门,获闻性与天道之概,而记《鲁论》者,列之文学之科。自是二千余年,而吾吴之文学遂以巨丽闳爽甲天下,其黼黻章施,足以表盛世之象而有余。识者谓季子仅嚆矢焉,而公实廓大章明之,其功有不可掩者。虽然,公之所谓文学也,将今所谓文学而已乎哉?穆叔有云:"太上立德,其次立言。"吾夫子之门固未尝歧德与言,而二之公之视颜、闵若少逊其文学,不必不通于德行也。记者所以重目公耳,不然武城之郭弦歌之声蔼然,而学道之对卒不屈于夫子之莞尔。子夏之门人于樽节退逊,亦既雍雍矣,犹倨然而命之曰:"抑末也,本之则无。"如之何?呜呼,是本也,岂今之所谓缀声偶韵、属事俪辞以苟就世之耳目而已乎哉?盖不特孙卿子之所讥称,即以语公,公亦贱儒之矣。少师公,世所推以文学衡世者也,然不自足,反而归之德行,以其所蕴藉佐圣主,斟酌元化,与民更始。夫礼乐积德者,百年而后兴。高皇帝之洗去狄膻,视泰伯何啻万万,德之积为百年者两矣。以圣主之敬承,而少师公与二三哲辅毗赞之,其视当时何如也?亡论季子论乐归而不获伸于其父兄,即以公之贤,得夫子为之依归,而所谓弦歌者,仅施之蕞尔之小邑。圣主方垂裳而听少师公与二三哲辅,郊庙之典,尊尊亲亲,诗歌乐律,金声而玉振之,又何待哉?世贞老自废,辱少师公推毂而不能应,又不能通一介之书以谢,而少师公命之记公祠,岂谓于公之道少能窥见一二?毋亦以其拘方自好,庶几澹台之末节,而或有当于公者。故略述公文学之所重,且推公未竟之志,以属少师公,不知少师公以为何如也?嘉议大夫、南京刑部右侍郎、予告郡后学王世贞敬撰。资善大夫、南京礼部尚书、后学袁洪愈书丹。通议大夫、兵部左侍郎、新安后学汪道昆篆额。万历丙戌七月,六十九代裔孙主奉生员言某董立。长洲章藻镌。

(《常熟言氏家谱资料二种·言氏家谱》)

严文靖公读书馆记
[明]王世贞

相国严公尝读书于虞山之北麓。云会公去,诸生久其书屋渐以废,独遗址存,而公之执戚萧君者,感公恩而葺之,为堂五楹,以庋公之所读书。其进而三楹,祠故言子游。其又进而三楹,祠故虞仲雍。盖公之平生所服膺而愿学者也。堂既据山之胜,怪石巉岏而赘目,清泉瀄瀄而荐耳。修竹茂树,中外映带,其苍然之色与石会,而铿然之音与泉会,即公杖屦一再过亦为之欣然忘返。而萧君谓不可无述,乃属余记。

余不佞,窃谓公之服膺而愿学者,既无如二子。然虞仲之时,当未有所谓书,而其所佩习,不过太王肇基之训,而长我勾吴至奕世,而尚未能革断发文身之俗,仅以一侧恒之让而使天下晓然,而推通于君臣、父子、兄弟之际有余味焉。子游北学中国,其推而用之于武城者,其迹仅在弦歌,而精微则归之道。然则二子之为书,大约可知也。严公于书,虽无所不读,顾其好则常在二子。及其业成,而用词科,入中秘,以寅恭佐人主格天下之化者十余年。而宰铨柄,参化机,其奖进士,类必捐遗金之披裘。公行不由径,非公事不造,庭之澹台子羽。而一时之格,心真若化,阳鱎而神,龟削虎翼而麟趾者。然天下甫能窥公书之用,而公内不胜其让,归其职于天子,而奉二尊人以安于乡。过者若以为华胥、为畏垒,而不知其文和至顺之俗,去言子之前而虞仲之后无几也,嵬然与虞仲、言子鼎峙,而称三不朽焉。公字敏卿,天下称养斋先生。

(《言子春秋》)

重建虞山书院记

[明]周孔教

　　海虞故有文学书院祠,言游氏旧矣。宋元以来,屡兴屡废,比且鞠草匪庑,伊威在室,余虽未遑徘徊钟虡,副幸豆笾,乃高山仰止,景行行止,每饭意未尝不在虞山也。会一二巨寇薛扑辈,窃字号,啸徒党,横行海上几二十余年,为地方隐忧,然率惮不敢动,直养痈待溃耳。不知痈溃所伤实多,则以计属耿令,令谢以为失布,由令敢不四封,是诘灭而朝食。居无何,竟授馘。二十年,绿林以次买犊,余心窃喜令能即朝歌彩绽不减,洵称利器乎?为檄镂金若干,以志瓜衍之旌,而令顾愀然,且却且请曰:盗贼未平者,教化未行也,是罪在有司,何敢以为功?虽然,此岂武健严威能胜其任而愉快乎?无以,有爱人易使之训在也,请徵灵前命,弘化舞干,甚盛。因檄如令,且拓以书院若干楹,遂不日落成,而四方之学士如云,而以记请于余。余惟言游氏之祠记,自紫阳氏而下,诸所称述,如《鲁论》所载二三事,皆发挥无余,余不论。余独怪吴之先筚篥而来,断发文身,最朴陋,乃因俗而治,民亦习而安之。已而季子札北使中国,以观十二风之盛,著为咏嗟。不三纪而言游子游吾夫子之门,列文学之科,开南方之精华,盖彬彬矣。乃当其时,日寻于干戈,甚至于窟室,作难匕首,发于炙鱼之中,此何以故?岂始之以质则治,而末之以文反乱耶?夫文极则朴散,朴散则机知,利害之心生,而攘夺篡弑之祸作,如江河之不返也。识者忧之,而思邃古之亡事,曰:此朴也,乃道也。即武城之宰,弦歌之声满天地,而卒归之学道。及其取人,必于质行之士,如不行不至之澹台灭明也者,宁质有余而文不足也,此其意微矣。然则言游氏之文学,岂专以文哉?今吴之文学,以巨丽开爽甲天下,岂不蔚然称盛?然物丰而思变,文极而芽乱,即今闾巷之侠,以武犯禁者岂少乎?至于以武犯禁,而文愈敝流,而亡命探丸几不可使。此无他,以易使,不使之为义。即使之为侠,不以教化提防之,不止也。今兹书院之建,倘亦有弦歌武城之意乎?夫弦歌之于干戈异也,然卒不以彼易此,何也?人之良心未尽绝也。毋曰:教化非所行于乡亲,义不入于盗贼,患吾道之不明耳。不患道之不明,而患道之不实。昔汉传儒林,而宋始标道学之名。或者谓宋亡于道学大明之日,而宋之儒效反不如汉,何也?盖汉士质,宋士浮。质则修行,浮则争名。当宋之季,虎噬切邻,鱼烂在目,诸儒方持说相难,角胜成敌,奸人因之设禁,士议未一而宋社已屋。黄履翁曰:愿士大夫务道学之实,毋务道学之名。言有味哉!言有味哉!今国是瞻乌,疆场养虎,虚文胜而实意衰,议论多而成功少,凛凛晚宋之光景已在目中。吾人幸生崇文之代,非有道学之禁,各敦笃实之行,务先国家之忧,非今日贤士大夫之责哉!自古质文胜反之间,关系世道理乱之故,不止一隅忧已也。余故因虞山书院之记而并深言之。余有忧世之心也夫!有忧世之心也夫!令名橘,燕人,故余门下士。余不佞,即不能亡愧于学道之训,而兹日也,能无莞尔而笑也哉!故特详其始事而为之记。

(《虞山书院志》卷九)

虞山书院记

[明]杨廷筠

　　虞山故有文学里,即里为祠,始自宋庆元年间,考亭朱子为文记之。厥后递废递兴,魏鹤山、徐武功、杨少师、桑民怿辈迭志其事,而文学之旨顾阙焉。久之,祠复圮,至万历丙午而工大辟。夫子游子距今二千余年矣,其精华文彩,不可想见,乃学士景行,若旦暮遇之。虞令耿子至邑,睹钟虡草莽,牺象榛芜,慨焉兴嗟。甫发令议新,而士绅踊跃,如触其素所郁勃者,金钱米粟,襁属争先,不逾时而工落成。仍有余赀以斥建书院,美轮美奂,翼翼壮观。嗟乎!非人性本善,何以秉彝一脉,千古常新,触之即投,莫或强之,而自不容已哉!祠即成,请余为记。余惟文学之名,并列四科,身通六艺者,莫敢望焉。不知圣门所谓学何学,而文何文也。道之显者曰文,孔子惟教颜子博文而自任,以得与斯文,文在即道在,学者学此者也。子游子得之为爱人易使之训,深于学矣。顾此一学也,同列名之为文学,言子自名为学道,竟其所学,定是何物。夷考武城之教,邑人弦歌,与《礼经·檀弓》诸所问答,秉礼知乐之事居多。意其人必留心中和之训,而辨仪章,考度数,能不失先圣之遗教,而齐鲁诸儒翕然宗之。

　　当时所谓文学,意在是欤?吴当周室,列在蛮服,虽泰伯端委,犹未荟通。子游子生斯长斯,固断发文身之裔也。慨然不安其教,而悦慕洙泗,间关跋涉,以北学于中国,卒也得圣道之精华,开南方之草昧,岂非千古豪杰哉!方今夫子之道大明,家弦户诵,学者不烦远求。又幸生君子之乡,入其里,升其堂,服其言语文字,不能学其所学,招之不来,呼之不醒,不谓之凡夫,不可得也。

　　欲学子游,无如法澹台子羽始,而行不由径,其要矣。径非路小与捷之谓,凡世之见小欲速,皆径也。事求便而不顾是非,功求成而不问可否,皆由径也。明之守在不由径,是以其立必正位,行必大道,光明正大之象,已自可见。至偃室之入,必由公事,此又其动合时宜,隐然有相助为理之意焉。非但无枉己,无徇人,即世之杜门环堵者,又逊一俦矣。此真守礼之士,能不违先圣遗教者,宜贤令所亟取也。文学之旨,不于斯有实征哉?方今礼教渐衰,偷薄成习,大道甚夷,而士好径,末流之弊,乃有相轧相倾,以至犯上干等,有识忧之。耿子为治,不沾沾簿书,惟锐意文学之教,鼎新书院,以为居肆之所,彬彬进诸士,诲以礼让,四民莫不向风焉。嗟乎!子游子以南方之学而治征武城,耿子又以北方之学而治成虞山,就其所学浅深,顾诚不知何如,要以爱人使民,虞城歌舞之矣。观风所至,不动人莞尔之思耶?

(《虞山书院志》卷九)

虞山书院学道堂记

[明]申时行

沈阳耿侯来令吾吴之海虞,约己恤民,锄奸剔蠹,三年而政成,则以兴教化、明道术为己任。顾瞻言祠岁久摧剥,则喟然叹曰:兹先哲之故墟,礼乐所自出也。修缮之不时,谓师帅何?则鸠材命工,葺而新之。已复于祠之东偏,卜地一区,筑室百堵,中为堂五楹,而颜之曰学道,翼以斋庐,表以重楼,虞山为枕,琴川为带,深秀弘敞,可息可游,煌煌乎,奕奕乎,祠庙增辉,而黉宫并丽矣。

工始于某月某日,讫某月某日,其费取诸俸入与邑中之义助者,其程事以耆老某之朴茂者,盖力殚事集,而民不知劳焉。侯乃大会衿弁,招延名流博闻有道者,谈经讲艺其中,至有饷给,居有供具,拥皋比而环桥门者相属也。于是分宜令徐君待聘偕其弟孝廉待任等,以通邑士大夫指属余记。维昔夫子之门人优于从政者多矣,由之果、赐之达、冉求之艺皆不得闻学道之说,而独子游闻之,遂用之武城,教以礼乐。礼乐者,六艺中物耳,非有绝德伟行,超卓可喜。而子游拳拳服膺,若曰:道在是,平生所学在是,罔敢逾越。则圣门之所谓学道者,盖可知也。夫子尝叹道之不明不行,而归责于贤智之过。夫非贤智之为病,而病夫过而不反者,钩抉为聪明,矫抗为志节,轶而之伦常典则之外,其入愈深,其去道愈远,而害滋甚也。子游娴于文学,得南方之精华,而有圣人之一体。先儒以为豪杰之士,其才器有过人者,夫子诏以礼乐,使之渐涵服习,肃然谨其恭敬辞逊之节,而油然生其易直子谅之心,用以安上治民,移风易俗,咸取足于是。其术约而易操,顺而易达,所以明示之的而预设之防,使不为贤智之过而已。故子游兢兢师训,设诚而致行之,不敢少炫其英华,而自多其博洽。其为文学,盖实而不浮,正而不颇,卒以十哲为万世所宗仰,则夫子善诱而曲成之也。繇斯以观,则圣人之道与圣门之学,乌用是索隐行怪、夸世震俗者为哉?今之搦管而挥、盱衡而谈者,吾惑焉。家慕为瑰奇,人习为诡异,背弃经传而浸淫于二氏之说,殆孟子所谓淫词诐行者,吾未知其末流之所极也。侯之提躬厉政,既善体乎学道爱人之旨,而又景行先哲,辨析微言,直欲阐明圣学,以挽颓风而偕之大道,若回狂澜,若决丰蔀,其振兴教化,有功于道术,岂浅鲜哉!余谓侯之学渊源于子游,其于治海虞也,虽与武城并称可也。侯之善政不可殚书,而兹其章志贞教、化民成俗之大者,余因记堂成之岁月而并著之如此。

(《虞山书院志》卷九)

重建虞山书院记

[明]翁宪祥

余邑故有文学书院祠言子,祠址距县治西里许。嘉靖末,东瓯王侯尝鼎隆厥规,累阶而起,楹桷错落,外缭垣苛柏,甃池潴水,光莹抱映,其庐如涵璧然。树坊曰洙泗渊源,溯本也;扁堂曰学道,纪实也。邦有先贤,繄士之矩,聿观用丽,勿诋其侈。迨万历庚辰而后,承旨堕郡县私创书院,言子祠亦在堕中,仅遗摧栋残甍,少延春秋之祀。狄梁公毁吴楚祠至千七百所,夏禹、泰伯、季子、伍员四祠居然无恙。言氏得统圣门,树型后学,不翅四祠。当事竟无持议以障其澜,毋乃吾道丁迍遭之运,昭明而昼晦之乎?缔造之繇,动衷于数,废而兴,兴而复废,伊胡靡恒也?老成愤懑其事,多太息,不置三十余祩。来莅斯土者,宁乏贤长吏,而惮于任劳,终罔攸厎。岁甲辰,瀛海耿侯自尉氏剡移令余邑,拮据甫及瓜,政浸以舒。时戒驺从,营度旧址,诹谋新图。经始于乙巳冬,凡数易月籥,遂告成。盖悬鱼令赎锾不充繁费,则诸大夫暨弟子员乐输录粟佐其工,一木一石无取资民膏,故落成易也。既成之明年,会主爵者廉侯政考最,推秉铨业,以名上。诸太夫暨弟子员虑秘当宁征侯,急欲卧辙无从,亟请侯镌石以诏来者,谬走使燕邸,属记于余。余惟言子先是封爵加号具郡志,奚俟余言?言侯今日因废为兴,实以创为复也,殆一举备五不朽焉。河流弥下,士习先颓,兔罝莫觏,相鼠可危。即癸卯之厄,厥有从来知者,归咎于道蚀学湮。今执经问难,一禀东鲁之宗,则圣贤正脉,揭日月而中天。纵有鄙吝未消者,亦驯揉以就陶镕。青黄逐染,芝兰忘馨,非虚语也。不朽一:鹅湖讲道,邈哉尚矣。圜桥观听,犹为美谭。讲幄既启,亡论此邦。黄发青衿,毕集四郊。邻封乘轩拥盖,负笈裹粮,跋履山川以赴,真旷世雅会。不朽二:兴作之难,那借公庾,疮孔曷补。加增徭赋,搜索奚堪。孰是帑如故,民安堵,工猝竣。若兹役也者,良为后之兴作者师。不朽三:长令亢法公庭,乡达停干谒之骖,诸生慎出入之防,丞簿尉鲜受謦咳之隙。独聚讲合堂,联次时务得印可,小民疾苦得与闻。不朽四:黉宫天地与立,休㟁有然,讵谓贤祠之制。其间奠基结局,悉出巧裁,设器定仪,奇中窾系。祠宇爽豁,妥言子像于上。两庑复祀前令之贤者。辟院祠之左,堂寝辉煌棋布。讲席池仍其旧,而架桥于池上。桥以内外严门禁,辟除进讲,鼻息尽屏。广修精舍,陈供帐,待肄者之托宿。迩弦歌楼,又绚如矣。不朽五:乃若传餐饷客,命题校艺,尤侯料理沉密周至,抽公忠之绪而悉用之。此也屈指侯之不懈于位也。刃歼漏网而海波恬,犀燃舞文而城社肃,镜烛覆盆而肺石清,以至垦田、浚河诸善状,总大造我海虞,此其有裨道统者。侯名橘,字庭怀,辛丑进士,直隶献县人。

(《虞山书院志》卷九)

学道堂记

[明]耿橘

言子之道,何道也?天下之达道也。礼者,履此;乐者,乐此者也。然必从诗书而学焉,方能明于此,心不昧所往。自科举之学兴,而人之小用诗书也滋甚。耿橘起而申之曰：父子、君臣、夫妇、长幼、朋友，凡五等，而尽乎人矣。人资动植飞潜之物以为用，履地戴天，稽古征后，无之非用，而总不离于父子、君臣、夫妇、长幼、朋友之间五等，而尽乎物矣。有用斯有事，而事总不外于君臣、父子、夫妇、长幼、朋友之际五等，而尽乎事矣。道者，事之善，物之则，而人之所以为人者乎？不涉五伦，何以言道？不学古训，何以有获？古训者，古圣人之道在焉。弦歌者，诵诗也。诵诗，学道也。孔子尝教门弟子以学诗矣，又尝自言好古而敏求矣。古岂有舍于诗书而求，岂不是求道哉？夫诗曰诵，书曰读，读如今人念书，诵则琴瑟歌咏矣。今人会唱曲不会诵诗，乃风俗之坏，然而唱曲即诵诗之遗也。夫唱曲之人，其情未有不和者，即听唱之人，未有不因而和其情者也，而况于诵诗？诵诗者，戛玉击金，鼓瑟鸣琴，平舒悠折，发扬振叹，洋洋然，穆穆然。即其诗，得其志；即其志，得其人；得其人，得其道。故足术也。善读书者，亦必吟哦咨嗟叹息而后得之。今人读书，学作时文；古人读书，学得达道。学之在道，得之在身，学则愤，愤则乐，吟哦嗟叹，其安容已。吟哦嗟叹，即与诵诗之意同。由是言之，今人岂惟不会诵诗，抑亦不会读书。呜呼！诵诗读书岂惟今人不会，即春秋之时会者已少。言子治武城，却专教人诵读；言子之诵读，却专教人学道。一时弦歌之声达于四境，即一时学道之风遍于一邑，君子、小人雍雍乎。五等之中，无有一人佚越于斯道者，孔子得不为之一破颜哉？礼履乐，乐在其中矣。爱人易使，即亲义序别，信之实事，而君子取其爱，小人取其使，乃治平之妙用，此言子之所以为言子也。盖君子有爵位者，故势常足以凌人；小人无爵位而人众也，故势常难于驱使。邑以"君子爱人，小人易使"为治，天下之治亦如是。此孔子之所以尝有是言也，何也？天下五伦而已矣，五伦和而已矣。爱人则势位尽忘，里党相亲，而君子之为父、为兄、为长者和；易使则三征不亏，群黎顺命，而小人之为臣、为子、为幼者和。和则无争，无争则无讼，邑宰可以无事矣，大君可以无为矣。然必由学而得之，学即是诵读，诵读即是学道，学道即是父子、君臣、夫妇、长幼、朋友之道。父子、君臣、夫妇、长幼、朋友之道即是和。和也者，天下之达道也，不既信乎？吾愿今之荐绅、生童、父老、百姓，人人诵诗读书，人人如武城之诵诗读书，而无徒为口耳观听之美也。橘实藉以免罪已！

（《虞山书院志》卷四）

有本堂记

[明] 耿橘

言子之本，何本也？达道之大本也。道非本不行，本乃行，行乃道。道也者，本也。小人由其道，不知其本，君子得其本，斯得其道。本，即之人身而在，但知者鲜矣。有道无本，谓之外道；有本不知，谓之无本。本之则无，如之何？言子为子夏之徒而发，子夏之徒不与小人同科，此盖为君子之学道而发矣。溺于所闻者，谓言子之学为躐等，不如子夏之循序。耿橘起而申之曰：物有本末，事有终始，知所先后，则近道矣。违此之，谓躐等；达此之，谓循序。二贤之学，橘何敢知？天下之达道五，所以行之者三；天下之达德三，所以行之者一。此言何谓？吾道一以贯之。夫道，一而已矣。道，即达道。一者为何？然则爱人易使，言子无乃驱一邑于五伦之内，而道之所以为道者，犹有在焉，而未悉其蕴者乎？尝试譬之于树：根深干固，枝叶荣茂，树斯美矣。然而枝叶易识，干虽违根不远而亦可识。根藏土中，有目者不可得而睹，衡材者不可请而观。亦惟有不可得而睹、不可请而观之根也，而后固干荣枝，克遂其畅达之天焉。五道，枝也；三德，干也；一，根也。枝、干、根合而成树，五、三、一合而成道也，必有一而后有三，有三而后有五也。吾学道者，一之是务，亦如种树一般。粪之沃之，必于根本；封之固之，惟恐动摇。非不扶其条干，非不视其枝叶，非不禁之斧斤，而斥之牛羊，然而栽培之力、滋长之功却不在此，而世乃于是有割股之孝，于是有批鳞之忠。饰叶涂枝，比比而是，而世乃于是有知者见之谓之知，于是有仁者见之谓之仁。古干奇标，百围千寻，贯日拂云，万代瞻仰，而初不知其本之何在也。嗟嗟，道固难言，学道固不易哉！昔者言子学于圣人，既久，业窥见大意，其宰武城也，又以尊贤取友为先务。故貌若子羽而圣人失之，言子得之。奚止子羽，唯一贯作《大学》之子舆，非武城之贤圣第一流乎？《礼记》所载二子会讲处最多，彼此相与以心，而相符以本，千载之下，犹令人想见，则当日之所谓学道者可知已。橘不敏，不幸生不逢圣人之世，犹幸仕宦而在多贤之邦。即自愧于道未尝学，而不敢不望多贤以学；即自愧学之无本，而不敢不望多贤以有本之学。夫本，固人人素具也，但自不反求尔。伯淳曰，不可分本末为二事。余亦曰，不可分一三五为三事。伯淳曰，非谓末即是本，但言末而本，便在此。余亦曰，非谓道即是一，但言道而一，便在此。父子、君臣、夫妇、长幼、朋友，相与之中节者非道乎？日用间有节，便能见，见便能中，而且见必明，中必决也，非知仁勇之德乎？何所自而见而中而决也，非一乎？一体也，三用也，五用之得也。曰用，曰得，有目者无不见矣，有耳者无不闻矣，而体亦可见乎？可闻乎？不可见而见之，不可闻而闻之，可与论一矣。是求其一者也，非论一也。自求其一，故能自见其一，能自闻其一，能自得其一也。见其一，闻其一者，明善也。得其一者，诚身也。得其一，而三五之事毕矣。夫三非止于三也，义、礼、信、忠信、忠恕、敬、乐、种种大用，皆三也。五亦非止于五也，父之慈，子之孝，君之礼，臣之忠，夫之爱，妇之敬，兄之友、弟之恭，朋友之信，常变曲直，毛生发长，千万无穷，皆五之用，惟得其一而俱毕矣。前记中，余以忘势睦里为君子之学道爱人，固余所窃向高风，而喜而谈，乐而道者。夫忘势睦里，即居乡之节也。愿多贤即于此忘势睦里，时一反而观之，可曾明达不惑否？可曾同体无异否？可曾果决不退否？假若无是三者，多贤亦断不能为忘势睦里之事，而业已忘势睦里也，三德备矣。独计此明达不由天降，同体非自地出，果决岂从外得？更于此一反而求之，所谓不可见不可闻者，业已恍然，柱多贤之方寸,而岂曰本之则无哉?不可见,不可闻,便是喜怒哀乐之未发,便是中。以其浑然无着,不囿四方上下之域也,名之曰中;以其超然独存,不涉二三形气之扰也,名之曰一。一也者,中也,大本也,和之体,达道之所以为达道也。帝典王谟鲁论曾学思庸孟辨,皆是物矣,总之不越。诵读而得之,多贤如是诵读。橘不敏,请从而后。

(《虞山书院志》卷四)

义 助 记

[明]耿橘

匹夫而承五帝三王之统者,孔子一人而已。故孔子以前五帝三王之统,天统也,非人也。孔子以后,秦汉唐宋之统,人统也,非天也。人可绝,而天不可绝,自然之理也。孔子之门惟颜渊、曾舆为之最,次之即言游。夫大江以南得孔子之天统者,言子一人而已。有书院而毁之,伊何人哉?呜呼!天则民彝不可磨灭,私憎作恶只自徒劳,有其昧之明乃昭焉,有其疵之醇乃大焉,有其废之兴乃勃焉,此非人力所能为也,天也!若乡宦蒋侍御等,乡民王诗等,助银复建言子书院者,皆天则民彝中人物矣。岂非本县之所善谈乐道者乎?本县此役亦随良士民后顺风而呼云。尔工完,不可无记。记良士民之姓名,矧一时上官多嘉与其役而给助者,尤不可无记。于是乎言。

(《常熟言氏家谱资料二种·言氏家谱》)

邑侯杨公奉旨重建先贤言子书院祠记

[明]瞿式耜

道之在天下也,犹经天之日月,行地之江河,永无得而蔽塞之者也。我虞言游氏之书院,犹曲阜之阙里,而邹邑之孟庙也。在昔万历间,毁于江陵。江陵宁毁之?附江陵者毁之耳。天启间,再毁于东厂。时为私创者惩宁知及先贤故宇,但一时声势可怖,当时者遂概及之耳。嗟夫,道坠地耶,天丧文耶,际斯时也。道其常者,蚤知有不远之复而乘其变者,直视为一任东流之景,幸有裔孙力砥其间,仅存一瓦砾土,深可悲已。未几而圣明当阳,君子道长,恢复之请,朝奏夕下,不犹日月之东升而江河之沛决哉!犹有认书院地为其祖基,而思没之者,不更可骇乎?予考书院始自宋,元至顺三年,邑人曹善诚重建,百有二十楹,以居言裔,捐田四千亩赡之。翰林编修杨刚中、至顺秘书黄溍咸为之记其事。夫曹君,一富民也,且知景仰先哲,读圣贤书,不能羽翼圣贤而及操室戈,其若世道人心何?总緜正学不明,势利炎炽,薄其裔之式微,并先贤而弁髦之使,非正直不阿者主特其上,孰禁其徒与不皆右袒乎?赖我侯直指神明而面折之,狂议既息,遂捐俸以助其裔,营建有本堂三楹,学道堂三楹。虽不及旧制之什一,而规模闳敞,一时读书子弟复得游泳于斯,斯以见道之不终坠,而文之不终丧也,毁者亦徒劳耳。

由是而渐次恢复,再整旧观,复何难哉?是所望于继起者。

(《常熟言氏家谱资料二种·言氏家谱》)

修海虞学志序
[明]杨涟

　　海虞,故文学里也,余不佞则楚鄙朴薮中人,谒选得承乏兹土,时诧余弁缨。而观俎豆之场,无益其不相肖。既受事,入其泽宫,周视殿庑堂阁,询其创置颠末,若多所圮缺云。大者如天子肆俊士于胶庠,即以先师礼祀孔子,令岁时什菜什奠,以不忘所自。乃亦多具文以承者。余忾然有爱羊之思,而未有以当也。会云杜本石李先生以振铎至。本石,博雅君子也,既精于典故,尤率履不越以视先诸士,乃相与共两朱先生讨训故实,而轻重举之。诸凡什奠之数如礼,升奏之节如制,尊经阁如名,月课士如事,核正养士之田如籍,庶工粗有次第。夫亦既观俎豆之场,无辞于不知礼,聊同三先生与诸俊士修行故事已耳。诸弟子员缪生肇祖、严生栴等若以是可备虞学文献之未足,相与私志之,更搜贤踪宦迹,及艺文之散失与复在断碑荒碣者,纲挈而纪分之,比事拾遗,得若干卷。志成,群请刻其策,以观来者。杨子曰:志,史之流也。圣人之于文,所重惟史。其说礼也,辄嗟文献之不足,而恚杞宋之莫征。事非文弗垂也,虞声名文物之盛甚矣,夫志乌可已也?要以征往昭来,余微有感于虞之初焉。

　　虞当商周间,不犹然荒服榛莽之区乎?仲雍入而虞之名尊,子游出而宇内尊虞者,傲然与邹鲁埒。夫仲雍屣去侯封,文身断发,祈与俗俱浑耳,如今时之所驱逐之以为荣、骛之以为高者,仲雍无有也。子游北学于中国,是时冠剑簪缨之伦,与饰名竞采者何可胜原,而率不能与沾沾爱人易使之武城宰争晦流,则虞之开今日声名文物之盛,与今日养声名文物之盛于益光者,所重可知也。明天子右文,以科目进士而陶成之于泽宫,士之于进取,如车之辀、舟之楫,脱是无以托于行,岂其必文断隐放。要以大人经世有如不得已而应之,则养之力沉,发之力全,世与己共不失焉。如第以学者舍人爵荣名,若别无安身立命之处,童而习之,日夜蹶蹷以竞,视饮食裘葛焉失之弗快也?将无仲雍之耻与人,且以窥其出之所,竟而躁之所受也。夫诚漱六经之精,得圣人之一,不弦歌武城,不掩子游之文宰武城,行学道之端宰天下。究学道之量,则子游之为子游具在。若泛于南方菁华焉,求之失其质矣。

　　余以为今日之谓胶庠者,猎较功名之场也,还其源于学而静以观之。今日之谓文学者,衿帨粉藻之饰也,敛其浮于道而质以出之。处不失文学之真,出使人实收文学之用,是为重虞学而不失虞之初。若夫制度文章之举,前事之不忘焉耳。汉成都不有礼殿讲堂乎?帝王圣贤写在目间,一时侈为盛举。卒之人文之蔚起者,赋《上林》《子虚》,颂金马碧鸡,徼取一人之宠,高足里门耳。再起而为草玄美新,风斯愈下,岂其益于国家右文之数？夫登高则望，临深则窥，处地便也，何况文乡墨儒，履先贤君子之地，而可无善返其初？语尤有之，无高不可升，不必画冈陵以为望也；无深不可探，不必画崖壑以为窥也。仲雍姑无论，令子游而在，文学或非其所驻足之地。夫沉涵德行之原，郁养英华之积，使虞学之巨儒名公，贲相望于当日者，尤光大于来许，庶几哉，益以备文献之全。今日愿与诸俊士志之矣，诸士其有意乎？本石听然而笑曰："真吾楚鄙朴蕲中语，迂而远于事情，然可以备志之一说。"因弁诸简端。

赐进士出身、文林郎、知常熟县事、应山杨涟撰。邑人严澂书，门人谭胤扬刻。

（《常熟儒学碑刻集》）

重修常熟县儒学尊经阁记
[清]鲁超

圣人教人，必以六经。经者，载道之器。道无不在，故学者往往得其性之所近，要其指归，期于相通而已。仲尼之门，子弓善于《易》，颛孙善于《礼》，漆雕善于《书》，左丘明善于《春秋》，子贡、子夏可与言《诗》，而子所雅言，《诗》《书》、执礼。其自谓学易可无大过，而志在《春秋》。夫圣人之于经，其尽心也如是。自汉以还，诸儒守专门之学，党同伐异，觝牾万端，其后始定为大经、兼经之法以取士。由明迄今，专用一经，然视学宫所藏六经具在，且旁及于子史百家言，盖取士不必求备，教人则欲兼通，此先王分弦诵书礼，而四时董之成均之遗意也。末世竞功名、务章句，以希弋获，视一经外，若殊方语言之不相通，怠废讲诵，放弃诗书，所由来矣。

虞学有尊经阁，始于明正统，时教谕赵永言建议，署县事陈澄成之。其后再修于明万历间，去今六十余年，栋桡梁折，几成榛莽。简册之仅存者，尽在风啮雨蠹中。览者增叹。余以采风校士，每过其地，思捐俸葺之。会右藩佟公讳彭年、大参卢公讳绖、安公讳世鼎、李公讳来泰、前督学孙公讳胤骥、督学梁公讳儒、郡守吴公讳道煌、曹公讳鼎、督捕郑公讳燨、督粮吴公讳江伟、司李龚公讳在升、邑令李君璞、于君宗尧咸乐为饮助。于是鸠材聚工，经始于丙午秋。董其役者，为学博沈君汝兰，协劘尽瘁，阅岁告成。

余复徘徊瞻顾而叹曰："勾吴之俗，劗发文身，不与风教。吾孔子教兴东鲁，而子游氏崛起南国。虞虽小邑，得为东南风气之首者，以有子游氏之儒也。子游氏以学道爱人教其君子小人，而弦歌之声遍闾巷。至孟轲氏驱邪说，辟异端，闲先圣之道，而要本之于经正则庶民兴。然则所谓道者，岂有外于君臣父子夫妇兄弟朋友相接之间？而所谓经者，非即亲义序别之灿然可纪者欤？我世祖章皇帝命儒臣纂修，诏天下郡县得以《孝经》试士。皇上继之，罢前朝帖括，使士子崇尚实学，其他斥邪崇正甚力，宜天下之靡然向风。乃余所见郡县，珠宫绀宇，以藏其所谓梵书呗字、琅函宝笈者如故。至吾尧舜禹汤文武周公孔子之书，虽学士大夫犹有不知尊礼之者，何其重彼而轻此也？良由玩其文,不察其义;习其言,不体诸身。虽日取圣人之书而尊礼之,无益也,何况乎蔑视圣经贤传,甚至散弃灭裂也哉?呜呼!道之不行,自经学之不明始。"

余承乏兹土,官以备防为事,非有教化之责。于躬幸承天子仁圣,德威遐畅,海波不扬,以与二三子讲道问业于此。《诗》不云乎:"至于海邦,莫不率从。"又曰:"矫矫虎臣,在泮献馘。"余之此举也,亦犹行古之道也夫?因记之,以诏来者。

康熙七年岁次戊申仲夏上浣谷旦,奉政大夫、江南苏州府海防同知、前内弘文院掌典籍事、诰敕撰文、秘书国史两院中书舍人加一级、会稽鲁超撰。常熟县儒学教谕居鄢沈汝兰立石。河南晚学程峒谨书。

(《常熟儒学碑刻集》)

重修文学书院言子祠碑记

[清]马逸姿

太史公《仲尼弟子列传》载闻见于书传者三十五人,子游为吴人,《家语》作鲁人。唐司马贞《索隐》云:"子游仕鲁,为武城宰耳。"今吴郡有言偃冢,作吴人为是。冢在常熟县,历代封树不废。子游为常熟人,信而可征者也。吴、鲁相去二千里,子游少孔子四十五岁,其年之少,游之远,仕之早,七十子中所罕。常熟带山为城,所谓虞山,冢在城内山巅,登而眺,城内外万瓦鳞次,一目可尽。其祠有三,一在学宫之内,曰专祠;一在县治之东偏,曰家庙;一在虞山之麓,曰书院。旧制设守祠生三人奉祭祀,免其徭役。自唐、宋至今,无所增损。康熙乙酉,玉辂南巡,召见其七十三代孙德坚,御书"文开吴会"四大字为祠额。予奉命分守,驻节常熟,所居官署与书院仅隔一垣,讶其颓圮已甚,其七十一代孙继光进曰:"书院兴废不常,前此不复记。忆有明万历丙午,邑令耿君讳橘实鼎新焉。后此无继者,子姓式微,乡党寡助,虽崩压无告也。"予闻而慨焉。圣门高弟,皆鲁、卫间人,子游生于断发文身之乡,而能北学中国,得圣一体。迄今林墓岿然,后裔本支井井,实与颜、曾氏匹休。予幸际圣天子重道崇儒之世,宦游适在先贤之里,可坐视庙貌之不修乎?乃为捐俸,督工葺治,稍复旧观焉。抑有异焉者,万历丙午至康熙丙戌,屈指恰及百年,予与耿君皆秦人也,先后从事,不谋而合者,若有数存焉。可见仰止先贤之心,无古今,一也。因书其告成之岁月,而铭以示后,其辞曰:

夫子之道,日月同光。子游文学,云汉为章。明德远矣,百世流芳。遗迹可寻,犹在其乡。虞山苍苍,琴水茫茫。君子之泽,山高水长。瞻仰仪型,摄齐升堂。衣冠俨然,哲人不亡。告尔子孙,肃奉烝尝。俎豆修洁,黍稷馨香。一念敬肆,实分圣狂。可不戒哉,神听聪明。音容非邈,□□□□。亿万斯年,恪守无忘。

江南布政使司、督理苏松常镇粮储道、从视漕河、分□苏□□□方□□□□□今特升江南江宁苏松常镇淮阳七府徐州一州等处提刑按察使司按察使、加四级马逸姿撰。

康熙四十六年岁次丁亥季冬。

(《常熟儒学碑刻集》)

厘正祀典碑记
[清]郭朝祚

江南松江府海防督捕、清军同知加二级掌常熟县事、中阳郭朝祚撰。

赐进士出身、候补内阁中书、邑人龚晋锡篆额。

赐进士出身、候选知县、邑人归鸿书丹。

粤稽孔门诸贤,率在中土,独子游氏迈迹虞山,不远千里,而师事孔子。洎学成归里,而圣道遂南。迄今吴会之区,人文甲天下,皆子游氏一人之功也。是以褒崇之典,代不绝书。恭遇我朝,恩礼尤渥。康熙乙酉,玉辂南巡,特召其裔孙生员德坚,赐以御书祠额。猗欤休哉,诚异数也。古有敕建专祠,在儒学文庙左。春秋祀事,邑宰之职也。而流俗相沿,往往委员代之,失敬贤之礼矣。其裔孙诸生梦奎心窃慨焉,因请正于藩宪宜公。公是之,亟檄县厘正,且命志诸石。朝祚佐理云间,戊子仲冬,摄符斯土。兹届春丁敬于释奠文庙之后,即诣祠致祭。祭毕,谨伐西山片石,书其始末,以告后来。于万斯年,毋俾或替,庶圣主贤臣重道崇儒、主持名教之至意,永与云汉为昭矣。

康熙己丑仲春谷旦立石。原呈、缴呈申文,另勒石碣。

(《常熟儒学碑刻集》)

御祭言子文
[清]

维乾隆十六年岁次辛未己巳朔越二十一日己丑,皇帝遣经筵讲官、刑部左侍郎钱陈群致祭于先贤言子之神曰:

惟先贤言子,灵萃勾吴,道承东鲁。赞成麟笔,首圣门文学之科;小试牛刀,布下邑弦歌之化。周旋裼袭,群推习礼之宗;品藻端方,允副得人之问。殿庭俎豆,班十哲以同尊;祠庙枌榆,阅千秋而在望。朕省方时迈,览古兴怀。问俗武城,信学道之遗风足尚;敷文南国,溯人才之教泽所渐。用遣专官,虔申告奠。苾芬在列,尚冀格歆。

(《常熟儒学碑刻集》)

重修石梅游文书院碑记
[清]苏凌阿

虞山在江南诸山中最秀,其北麓有游文书院在焉。盖取《汉书》所谓"游文六经之中",而又合于邑先贤子游子之文学,此前人命名之义所由来也。溯自国朝康熙庚子,邑绅言翰博讳德坚、陶编修讳贞一诸人醵金购址，请于前观察朗山杨公，爰创规模。嗣是拨田规画，为师生膏火。数十年来，鸿儒硕彦，多出其中，是虞山固毓材地，而书院又储材薮也。顾岁久弗葺，将就颓圮。

余莅兹土，尝试士于其中，见敝陋殊甚，方与两邑宰谋所以缮治之。适邑之绅士咸请曰："有昔岁捐赈余资在，可办也，不足则愿以私财益之。"余嘉此邦士大夫之勇于好义，亟白之大吏，得报可，乃筮日庀材，讲堂学舍一撤而新之，下至庖湢器皿，罔弗毕具。又虑诸生肄业其中，或无以发舒精神，涵泳机趣也。院之东故有梁昭明太子读书台，台下植老梅数十本；又西偏有堂，堂前古桂数株，盘郁可爱；后则缘坡北上，松篁掩霭，蒙泉出焉。向为名胜地，游者趾相错。今则另辟一径，自读书台之右绕出院后，而达于西堂。其南复构三楹，祀商相巫贤父子，名其园曰学山，俾诸生诵读之暇，得以荫茂树、俯流泉，天机自来，会心不远，以息游为藏修之助。于是书院之事大备。是举也，院则仍其旧，而园则谋其新，诸生其顾名思义，绩学砥行，缅言子流风则思前贤弦歌之化，抚昭明遗迹则思古人读书之勤，缅巫相乂王家则思人臣康济之略，将必有奋一篑之进，而不甘于九仞之亏者。人材辈兴，蔚为世用，以仰副我圣天子蒸士育材至意，则书院之设，其不徒矣。

经始于乾隆四十二年夏五月，落成于是年十月。邑之绅士以碑记请，用志颠末于石。时董斯役者，襄阳言太守名如泗；襄事者，封中书吴君名敬、封主事姚君名大勋也。又山椒旧有辛峰亭，岁久亦圮，形家谓地脉所系，因并新之。八十老人州同李维铨、盐大使郭汾、庠生郭钰实克赞其成。书石者，为贵池令言君朝楷云。

诰授中宪大夫、江苏督粮巡道、署江苏按察使、长白苏凌阿撰文。常熟县知县常养蒙，昭文县知县林培选、儒学教谕胡青芝、儒学借补训导奚世麟、承行平振声、金玉文。刻者刘希圣。

（《常熟儒学碑刻集》）

重修尊经阁记

[清]陈祖范

宋张伯玉《记吴郡学六经阁》云："诸子百家皆在焉，不书尊经也。"尊经名阁，盖昉于此。阁之下曰南华堂，取朱子《吴公祠记》，谓子游为人，"敏于闻达，而不滞于形器，岂所谓南方之学得其精华者，自古已然欤？"今尊经阁为学宫通名，而南华堂则缘乎言子，他处不得而冒，以有朱子之言也。夫所谓南方得其精华者，盖亦惟经学是谓。《隋书·儒林传》云："南北所治章句，好尚互有不同。江左《周易》则主王辅嗣，《尚书》则孔安国，《左传》则杜元凯。河洛《左传》则服子慎，《尚书》《周易》则郑康成，《诗》则并主于毛公，《礼》则同遵于郑氏。大抵南人约简，得其英华；北学深芜，穷其枝叶。"此朱子之言所本也。由此而推，宋室南渡，眉山著述，流行于北，程张理学，独盛于南，其亦南方得其精华者欤？今者道一风同，家遵钦定之书，人奋穷经之志，无复南北区别久矣。而吾邑独以言子故里，独占南华之号，讵不美哉！

稽旧志，阁有贮书千余卷，岁久残缺，十存五六。阁亦上雨旁风，日就圮坏。师儒弦诵之所，将鞠为园蔬薪刈之场，邦人士共有责焉。岁壬申，教谕吴中衡从元和司训来迁，思率作兴事，以张其职。会有封知州钱翁飞鹏，年八十有六矣，慨然曰："此急务也，岂不在我！"独输家财，通庠门、明伦堂、廊庑，皆葺而新之，约费千金有奇。封君用勤俭起家，见义勇为，不以老耄自诿，可谓加于人一等。而吾乡子弟亦宜三复朱子《记》中"偷儒惮事，无廉耻而嗜饮食"之讥。夫荀卿以目子游氏之儒，未必有当，而朱子引之，则或有感于当日吾乡风习，况又数百年以至于今乎？工成，宜有记，予忝执笔，谨述旧闻而镌于申之如此。

乾隆十七年九月望日，邑人陈祖范撰。徐铸书丹。

（《常熟儒学碑刻集》）

御祭言子文
[清]

维乾隆二十二年岁次丁丑癸亥朔越二十日壬午，皇帝遣散秩大臣、副都统、懋烈伯李境致祭于先贤言子之神曰：

惟先贤言子，秀毓东吴，教开南国。从游洙上，闻型仁讲让之风；出宰武城，本爱人易使之训。守知能而识学原于道，辨品节而知礼制乎情。朕稽古时巡，心怀贤哲。夙仰弦歌之化，益钦文学之宗；访宅里以非遥，命具官而荐飨。灵其昭鉴，妥此明禋。

裔孙封翰林院五经博士、晋封直隶保德州知州臣言钧，世袭翰林院五经博士臣言如洙，湖广襄阳府知府、护理安襄兵备道臣言如泗，安徽贵池县知县、护理池州府印壬午举人臣言朝楫，内阁撰文中书、庚子召试举人臣言朝标恭录。

（《常熟儒学碑刻集》）

言子遗像
[清]

先贤言子讳偃，字子游，又称叔氏，圣门文学首科，为武城宰。生于周敬王十四年，少孔子四十五岁，没于定王二十六年，年七十有二。唐开元二十七年，封吴侯。宋大中祥符二年，加封丹阳公。咸淳三年，改封吴公。元大德十一年，封吴国公。明嘉靖九年，改称先贤言子。

宋高宗御制像赞：道义正己，文学擅科。出宰武城，聊以弦歌。割鸡之试，牛刀谓何？前言戏耳,博学则多。

宋工部侍郎赵安仁赞:鲁堂登科,睹奥将圣。武城之下,可以观政。澹台之举,行不由径。追建上公,素风逾盛。

修墓恭纪

始祖吴国公林墓在虞山北麓,乾元宫下,影娥川上。《史记索隐·吴世家》注:据《吴地记》,子游冢在常熟西虞山上,与仲雍冢并列。历今二千余年,保护勿替。明弘治中,知县杨子器修,参议王纶重修。嘉靖十八年,巡按舒汀于墓左建崇祀堂、仰高亭。二十七年,巡按陈九德立石碑一座,植松柏千余株。三十七年,知县冯舜渔建报功亭三间,后俱废。崇祯间,巡按路振飞重修立石。国朝康熙二十五年,知县杨振藻重修。雍正间,先翰博系园公移牒当事,时总藩鄂文毅公尔泰建坊,题曰"南方夫子"。兵备道王澄慧修筑罗城一带,墓地土性宜兰,土人竞求无艺。近奉严禁,均知恪守。先是,守墓之人康熙二十三年部檄饬取贤墓护□姓名,因将泗祖履功公达部。康熙五十一年,通族复呈举先封君驭平公人品端方,世守奉祀。传至如泗,以先泽余荫,出守三晋。居忧在籍,瞻省林墓,规制未备,责有攸归,敬承先志,偕翰博兄如洙相度经营,墓前恭建御书坊额、御祭碑亭,开辟甬道,层筑台阶。墓下疏浚古川,伐石驾梁。仍于崇祀堂旧址筑室数楹,中奉始祖遗像,旁衬本支木主,以昭世守。计需费若干,悉出廉俸,节省工竣,绘图勒石,恭纪始末云。

七十五世孙、山西保德直隶州知州、保举知府、军功加一级如泗重修谨识。乾隆二十四年岁次己卯三月谷旦。

(《常熟儒学碑刻集》)

五子赞碑

[清]

冉子赞

循良之要,在于有政,可使为宰,千室百乘。师门育才,治心扶性,退则进之,琢磨之柄。

仲子赞

升堂推先,千乘惟权,陵暴知非,委质可贤。折狱言简,结缨礼全,恶言不耳,仲尼赖焉。

言子赞

道义正己,文学擅科,为宰武城,聊以弦歌。割鸡之试,牛刀谓何,前言戏耳,博约则多。

卜子赞

文学之目,名重一时,为君子儒,作魏侯师。不可后礼,始可言诗,假盖小嫌,圣亦不疵。

颛孙子赞

念昔颛孙,商德为邻,学以干禄,问以书绅。参前倚衡,忠信是遵,色取行违,作戒后人。

文林郎知太平县事顾钦,儒学教谕牛敬修,儒学训导高拱枢,典史杜嘉璋,督工生员、杨黝、王泽涥,增广生员张政和书。康熙四十七年六月吉旦立。

(《三晋石刻大全·临汾市襄汾县卷》)

复言子故宅记

[清]孔傅铎

常熟治城,言子始生之地也。墓在虞山北麓。去山半里,为子游巷,有故宅,子孙世守之,垂二千余年。明永乐初,六十二世孙名信者,由象贤斋弟子员宾兴擢胄监,寻任课垣,以言事得罪,簿录其家,而宅遂废。至明季,泰西氏之教淫溢中国,所在多有,于是言子宅为天主教堂矣。皇帝尊先君孔子之道,以为耶教惑民,一切宜屏去,乃命天下郡县驱其人,使就外国,置之岭海穷处。所谓教堂者既废,言子大宗孙五经博士德坚因得以请复故宅,言于抚藩。檄下有司,置木主而释奠焉。于是乎向者二千余年之世守,其废又三百年,而岿然复为言子宅矣。德坚顷以其嗣孙如洙谒予,因属为记。

予读《史记》,谓尝适鲁,观仲尼庙堂车服礼器,诸生以时习礼其家,低回留之不能去。今斯宅也,南方之学士可以时习礼其中,庶几所谓得圣人之精华者,亦可以讲明而切究之乎?四方来观者,亦有低回留之不去者乎?圣天子崇正除耶,而大吏总风化之任,亟亟于常昭德政。德坚以其时复先公之宇,盖自我先君,孔子之道与时污隆。今言子之宅之既废而复,固有数焉于其间,实遭斯道昌明之会也。嗣而守之,吾望言氏后人,其相与世世保之,使千万年如始衪时者,则又将来师帅之责。

有苏涛者,助田在隆庆间,今得百五十亩,再归言氏,世世奉祀不替云。

大清雍正五年八月,太子少师、袭封衍圣公孔傅铎拜撰。赐进士出身、文渊阁大学士、海宁陈元龙篆额。乾隆四十七年五月,襄阳郡守、七十五年世孙如泗集元赵孟頫书。浙江浦江县知县、壬午举人、七十六世孙朝楫,内阁中书舍人、庚子召试举人、七十六世孙朝标校字。承袭翰林院五经博士、七十七世孙尚变督刊。

(《常熟儒学碑刻集》)

重建先贤言子祠墓记

[清]杨泗孙

昔言子传文学于圣门,而后吴中僻陋之区,一变而为学道弦歌之地,此至圣所以有"吾道南矣"之叹也。言子墓在虞山之麓,专祠在学宫之左,岁时崇祀,列代因之。我朝崇儒重道,康熙五十一年,贤裔言德坚奉特恩世袭五经博士,后以世相传。雍正七年,上谕督抚,先贤祠宇茔墓若有应行修葺之处,动用本省存公银两,委员料理。乾隆间,銮辂南巡,致祭赐额,所以褒荣者至矣。咸丰庚申,粤匪陷城,祠墓半就倾圮。宰斯邑者同邑人士屡议修复,而经费莫筹。

同治十年秋九月,节相曾侯阅兵过虞,邑人与贤裔以修理言子祠墓请,侯即檄令金陵、苏、沪三处牙厘局合拨制钱三千串,以充经费,并饬苏省善后局委员勘估监修,与邑之官绅同襄厥事。时中丞张公之万、方伯恩公锡、廉访应公宝时俱以振起教化为己任,遴委贤员,率作兴事。经始于十年冬,竣事于十一年秋。是役也,民不劳,财不糜,材之可用者仍之,其坏者新之,庀材鸠工,一如创造。乃工未成,而曾侯殁矣。侯之勋业彪炳寰区,此特其政绩之一端耳。然方侯之来虞,登瞻山垄,徘徊久之,语泗孙曰:"从来刑政之余,必陶以礼乐;干戈之后,必被以文章。然后人心可归于正,风俗可返于醇。盖本'君子学道则爱人,小人学道则易使'之道也,而况乎圣门贤哲,万世景仰。筹款兴修,不容缓也。"呜呼!侯之崇道学、敦教化,不即于此可见哉?泗孙夙从学于侯,略窥见其大凡,窃悲侯之遽殁而未及见事之成也。爰谨志之。

专祠大门三楹、体圣门三楹、正殿三楹,中设神位。两庑各三间,设从祀神位六。墙阶均如旧制。林墓围墙四十二丈、碑亭三座、桥一座,阶级、照墙亦如旧制。另筑室三间于墓下平地,以居守者。俱有册籍可稽。始来勘估者,盐运使衔补用道、候补知府刘君文棨。总理其事者,常熟县知县、候补知府汪君福安。驻虞监工者,五品衔县丞陈君叔谦也。是为记。

赐进士及第、南书房行走、太常寺少卿、加十级杨泗孙撰并书。同治十一年壬申七月敬立。

(《常熟儒学碑刻集》)

新建敬一亭记

[清]吕维榕

康熙十有七年戊午夏,余知赵城三易岁矣。百废俱举,其最大者,莫若学宫。余省视之,咸葺新焉。而敬一亭未建。余慨叹者久之。诸弟子员抱书楚楚来阶下,曰:"公曷为叹也?"余曰:"嘻!诸文学欲闻之乎?旧朝嘉靖时,内阁张文忠公孚敬厘正典礼,奏诸天下府州县学宫立敬一亭,列程子《视》《听》《言》《动》四箴于其中。其意以为视听言动,不一而总,归之于礼,斯敬一所由起也。"而学者又广乎敬之说曰:自大义乖,微言绝,百家争鸣,异学蜂起。于是有杨墨家、阴阳家,有名、法家,有纵横排阖诸家,殊涂异轨,于圣贤之道,纷而难辨,歧而莫稽。微茫津漫而不可寻诘,固矣。而吾道中复有子张氏之儒,有子夏氏之儒,有子游氏之儒,秦汉来有盖公、韩太傅之儒,辕固、浮丘、高堂、梁丘之儒,至不一矣。迨至宋而考亭与金溪异,西山与慈湖异,至明而河东白沙与姚江龙溪异。文忠公鳃鳃然忧之,俾于宫墙之内,构此新舍,使衰衣博带、执经问业之徒,走圜桥,拜皋比,听铎鼓,采齐肆夏,操缦安弦,皆一其心志,齐其观听,斋袚其神明,合并其思虑,以从事于洙泗之教,于百家则黜之,于曲学则正之。浑考亭、金溪、西山、慈湖、河东、姚江、白沙、龙溪之异,同而一之。敬一亭之设,学者端有赖焉。今者,虽时逢升平,学者踵出,而汉阳学士,服膺紫阳,苏门遗贤,规仰南部。圣天子建中和之极,遵尼山之旨,谕各省直省,博采名儒,讲求宗要,收天下学者之视听言动于此志此物之中,敬其一而摄其万,此尤其时也。且古今称圣人者多矣。曰尧舜,曰禹文,曰周公,精一危微,怠胜敬胜,而总归于五父之衢,若百川之朝宗一海,群山之仰止一岱,斯所谓敬一也。又曰:吾夫子之仕止久速动静语默,呼曾子而告之曰:一贯。此吾夫子所谓敬一也。今赵城亦邑也,尔诸文学得无异,乃趋旁,乃见支离其学术,此吾之所以慨叹无已,汲汲取敬一而救之也。爰饰敬一亭,计日鸠工。工竣,记其工役年月于石。乃著之铭,铭曰:

猗欤至道,浑沦大同。其原自天,宏之者人。尼山既丧,学术纷纭。坚白互出,同异争雄。谁其正之,永嘉元臣。取名敬一,巍峨其亭。四箴具立,学者景从。予省堂构,是经是营。畚锸拮据,用董厥成。言言斯筑,丽彼赵城。类璧多士,视此刻铭。

(《三晋石刻大全·临汾市洪洞县卷》)

周邑侯鼎新言氏家庙记
[清]钱谦益

治术有二:攻滞气者尚政事,电威霜令,发摘奸伏,此治在标者也;养元气者尚文学,经星纬宿,宣布中和,此治在本者也。余尝叹治本治标兼擅其才者不可得,今得之前溪周侯。虞为故吴国子游氏之阙里,盟坛、捣石载在《吴地记》。丰碑荦墓,乔木蔚然,实首著南方英华之学。宰是邦者,多刓割琐务,遗略大端。即虞令之表表文学者:剔顽育秀,黼黻前修,有若名父杨侯。区明经术,倡辟讲堂,有若庭怀耿侯。整饬祭器,增置学田,有若忠烈杨侯。亦皆因仍旧制,崇子游氏于学宫,未尝于言氏家庙一加意也。今日言氏裔孙森始就向所回禄地,恢廓旧观,归族人之他售者,迁市侩之逼处者,倾囊倒庋,竭蹷从事,惜乎力弗克终。周侯来,顾而叹曰:"余身生浙壤,叨令名邦,坐使先贤子孙憔悴,庙貌榛芜,余小子所羞也。"于是蠲俸鸠工,畀金量值,不日而神座肃穆,堂庑陆离,缺者备,硗者平,漫漶者翚飞,黯汶者霞举。告成之日,勒石纪事,征余言为悖史。余于斯举有以窥侯制治之本矣。盖侯治虞期月耳,而美不胜书,书其大者:拔进文士,则宓不齐之求贤禀度也;戒严漕务,则西门豹之登城鼓粟也;增浚城池,则韦景骏之堤防障水也;焚销积牍,则萧子昭之立决疑滞也;搜除乱党,则彭子阳之谕散海寇也;禁革大蠹,则钟离意之尺绳缚虎也;杜绝苞苴,则叶景温之衡平水清也。三异十奇,古无专美。余方嘉叹侯治虞实政,何以致是?及观其鼎新言祠,乃知侯器资恢杰,庶绩允厘,劲操清芬,皆根源于含《经》酌《雅》,所谓治本治标,兼擅其才者非耶?政事文学,焕发张皇。滞气以攻,元气以养。将聚岘山人文之气,蜿蟺于泰山、虞山之间,俾言氏阙里与孔氏阙里并峙为鲁灵光。一祠虽小,而系望在湖山千里之外,侯之志远矣!讵曰丹漆黝垩,戋戋束帛焉已哉?是为记。周侯,讳敏,号芷间,湖州武康人。由顺治十三年乡进士贡于廷,初授常熟县令。言氏家庙在县治东偏,其大宗裔孙生员森,森之子煌并得牵连。书之以志其盛云。赐进士及第、内翰林秘书院学士、礼部侍郎、纂修国史、邑士钱谦益肃拜谨撰。

(《常熟言氏家谱资料二种·言氏家谱》)

重建书院门记

[清]言继光

书院门之改为言子世祠也,于前朝天启之年。天启初,魏珰用事,矫旨拆毁天下书院,而文学书院亦与焉。千秋名迹,一邑巨观,顿成废址。其仅存者,殿堂、两庑屋而已。是时里中豪贵人已夺去地一块,其存者且并欲得而甘心焉。叔祖振里翁欲以身徇得,不果,然犹念睥睨者。众恐终不可以久无患,乃除殿堂庑基外余地,悉纳价升科,复改作门道,更题其额曰"言子世祠",避时忌也。盖已六十有余年于兹矣,两傍障墙已无复存,门亦日就倾圮。我兄弟侄聚族而谋,俱不可如何。康熙丙寅,快睹学宫明伦堂一新,而启圣祠、始祖专祠、名宦祠倾者废者犹如故。邑令杨侯殊烦经营,光及弟廉计巡方废署,其败屋颓垣十不存一二,且日为居民所侵蚀,更俟一年,必无复一椽片瓦之存。曷不撤其材以葺学宫诸祠,少抒当事者之虑乎?爰是谋诸通学,通学曰:"可请诸杨侯。"杨侯曰:"便。"且得徽巡抚内部赵公之俞,而撤彼葺此之议行矣。启圣祠既告成于丁卯之夏,而专祠、名宦祠之材亦具。董工县尉师君名允中,遂筹及于余之祠门,告杨侯,抽废署中余砖剩瓦,属光及廉以新之。光与廉曰:"是固我两人素心,特未之敢请耳,敢不勉旃?"方虑丹雘工资之无自出,而廉遂慨然为己任。既贫时且欲赴秋闱,去不能有所助,仅以秋丁祀银佐之。比归,则已饬材矣,则已鸠工矣,则已尽撤其旧而图更置矣。不五日而门屹立焉。廉复谓光曰:"是门,本书院门耳。吾祖易之不得已也,今复称书院可乎?"光拜手飏言曰:"善哉!道污则从而更之,道隆则从而复之,独非吾叔祖之志乎?其复之无容议。"遂复其旧所题额曰"文学书院"。由是丹之垩之。虽殿堂之葺事尚有待,而门则已焕然矣。嗟乎!是门之改作也,由吾叔祖振里翁,是门之复建也,由吾弟廉祖、作孙、述孙绳孙志,岂偶然哉?天地之数,六十年而一周,书院之废久矣,今复作是门,为之兆也,未可知也。是役也,计费数金,其往来督率,独兄遵道力居多。凡我后人出入于斯门者,尚无忘今日之举乎!七十一世孙继光簪笔谨记。时康熙丁卯季秋朔之吉。

(《常熟言氏家谱资料二种·言氏家谱》)

虞山西麓吴公言夫子庙碑记

[清]杨振藻

余少时读鲁《论语》,窃慕吴公为武城宰,能以君子学道爱人之训,化洽弦歌。公于武城为著封,于虞山为著戴。今者承乏兹土,披阅邑乘,见有巷名"子游",桥名"文学",至今未改也。公之封丘焉鬣龙岗,与先贤孰哉之丘垅岿然相峙,而春秋祭扫不绝也。公之故宅在县西北,而墨井犹留其余迹者也。公之子姓衣冠济济,不替习于礼者之家风也。每释奠先师,随祀公于专祠,见庙宇倾颓,有风餐雪虐之慨,不禁低回久之。今现在修复以返旧观,此余之责所不得辞也。邑之西偏有文学书院,相传公自南归时吴中子弟从游聚讲之地。余尝拜公遗像,如亲闻学道爱人之训于当年,则曩时高山仰止,景行行止之思,庶几一慰矣乎。顾庙貌剥落已久,葺之维艰,思所以妥先灵者,莫如废淫祠,崇正学,使千百世而后吴中子弟仍服习公之礼乐文章,更使莅兹土者无异武城之为宰。此又予之责所不得辞也。邑西麓向有关壮穆侯与张许双忠之庙,夹拱于东岳行宫之所,载在祀典,有其举之,莫或废也。旁有五仙淫祠,儒书所不道。吴中风俗,每当夏五,必洁尔粢盛,羞尔酒醴,为禳灾祈福之举。人生有命在天,"惠迪吉,从逆凶,惟影响",《书》言之矣。何灾可禳?何福可祈?则五仙为怪诞不经之神,其大彰明较著者矣。今圣天子崇尚正学,废黜淫祠,絜令遍天下。余奉宪檄,凡邑之淫祠,改为官署者一,改为先贤之庙宇者五,舆论莫不称快。昔道州有鼻亭神象祠也,宋元和九年河东薛公由刑部郎中刺道州,除秽革邪,披地图得是祠,骇曰:"以为子则傲,以为弟则贼,以恶德而专世祀,殆非化吾民之意哉!"命亟去之。于是撤其屋,墟其地,沉其主于江。又曰:"吾之斥是祠也,以明教也。苟离于正,虽千载之违吾得而更之。苟有不善,虽异代之鬼吾得而攘之。"时柳柳州述其事为记,以刻山石,俾知淫祠之当毁也明矣。又读朱考亭夫子作《吴公祠记》,有曰:"南方之学得其精华者,公是也。"其封爵自唐开元始封吴侯,至淳熙间改称吴公云。公习于礼者也,讲习于洙泗之间,巍然在四科之列,读其书者,谁不知武城弦歌之化,真得力于学道爱人之训,所谓高山仰止,景行行止,宁独余一人向往已哉？兹举也，废淫祠，崇正学，向为邪魔踞而有之者今一新，匾额其门，则曰"阙里门"，其楼则曰"弦歌楼"，其庙则曰"先贤言夫子庙"，盖以明礼也。礼者，天地之经，天地之义，人道之所由立，而国家所恃为元气也。知离乎正而不善者为非礼，则知得乎正而无不善为是礼。从礼而易以庙貌，谁曰不宜？学博程君峄生、张君廷衡率诸生进而前，有援狄梁公毁淫祠以况余者。余则何敢？惟志河东薛公之志，废其所当废，崇其所当崇，责其何辞？俾后之入其庙者，知吴公著戴著封于斯，而礼乐文章巍然炳然于天壤间也。岂非名教之乐哉？是为记。时大清康熙岁次丙寅菊月，知常熟县事、后学杨振藻盥手拜撰。

（《常熟言氏家谱资料二种·言氏家谱》）

重修文学书院门记

[清]言廉

　　文学书院相传为始祖南归时，吴中子弟从游聚讲之所也，屡兴屡废。万历丙午，瀛海耿公讳橘来令吾虞，扩地构屋，费币万金，辉煌壮丽，自有书院以来未有若斯之盛也。至天启年间，魏奄擅政，荼毒儒林，凡天下圣贤书院拆毁靡遗。比我王父振里公号泣于县令饶公，独有保全始祖书院之意，奈族人心力不一，反有以私意睥睨者，所以终致拆毁。自正殿、两庑之外，片瓦无存。地亦官卖，邑中豪贵竞欲得为园囿。王大父典衣揭债，纳价告买。豪贵势压利诱，百计谋夺。以死挣之，得复地十分之五。不能尽得者，限于力也。重建书院院门，改其颜为"言子世祠"者，避时忌也。迨崇祯年间，有旨恢复。吾王父与吾父恭模公竭生平之力，又建有本堂三楹，学道堂三楹，得门三楹。而得门甫竖木植，适逢鼎革，毁于兵。其他至今具在。廉生也晚，不获见书院废兴，幸吾王父《备死录》中载其略，得以读而知也。呜呼！吾祖父为祖宗而一生劳苦，家徒四壁不知，捉襟露肘不顾，得以保全片壤，遗之至今，不然书院旧迹安能复睹哉？以视世之铜臭，积金遗后者，霄壤不侔矣。第廉不肖，弗克丕承厥志，使殿堂年远倾圮，风雨不蔽，不能葺治，其罪可胜道耶！今丁卯秋，当事以巡方废署材料修葺学宫，而董事县尉师兄讳允中见书院门之坍颓尤甚，请于邑侯给以余砖剩料，而灰石、人工一无自出。不肖勉力兴举，费银若干。不数日而告竣，复其颜为"文学书院"者，非敢擅更祖父之遗意也。方今天子圣明，崇贤之诏屡下，百废具兴，正克复旧章之日，谅祖父不我非也。但正殿、两庑及有本堂、学道堂倾圮如故，尚欲徐图，未知得从否耶！嗟乎！祖父买地构屋，动费千金，而不肖仅建一门，亦何足记？然一时官长盛意，以及公路兄之出力佐工，公觐兄之赞襄筹画，均不可泯，于是乎书。

（《常熟言氏家谱资料二种·言氏家谱》）

复先贤言子宅记

[清]陈祖范

先贤言子,产于吾虞,有宅在县治北,其巷曰"言子巷",桥曰"文学桥",宅有"言公井",亦曰"圣井",去县治百九十步。图志可复验也。杨仪《明良记》载,"明太宗时言氏有任谏垣者,以忤旨簿录其家,男女皆边戍,盖言氏由此几中绝,而宅亦弃之他族。其后西洋人入而踞之,为天主堂"云。皇上御极之二年,命天下郡县资遣西洋人,赴京及编管,澳门天主堂悉改为公所。于时方伯鄂尔泰乘孔氏之道,蕃宣七郡,以振兴风教为己任。廉知此地本先贤故居,而言氏裔孙博士德坚列图志,具颠末,以请复斯宅也,而奉俎豆。公为牍,上督抚,悉如所请。博士乃洒扫蠲吉,奉先贤木主于中,以克复告。邑令长以下暨荐绅诸生来会,皆肃恭瑞拜,瞻望嗟咨。吁呼!自先贤时距今二千余年,道有显晦,祠祀有崇替,而永乐靖难之际,子孙至翦刈窜伏,不得守其族姓。今则命服有常,而一亩之宫亦俨然遗构,岂非所遭之时异与?惟圣祖崇儒重道,表阐往哲,录其后昆,而言氏得授世职,比颜、曾诸家。惟皇上黜奇衺,同风俗,封疆大僚克奉行德意,而先贤旧宅既委沦于昔而大显于今。兹在《诗·閟宫》之颂曰"复周公之宇",重先业也;唐魏徵、狄仁杰旧第官为赎还,恤有功也。若夫驱斥异教,廓清扫除,而归之贤裔,是举也,为尤盛且难。盖治隆而道明,于是可见非独一家一邑之光荣已也。雍正二年冬至日,恩科会试中式举人陈祖范拜撰。

(《常熟言氏家谱资料二种·言氏家谱》)

重建言子祠碑记

[清]吴元炳

言子祠初建于府城东北隅,旧长洲县学南,今干将坊祠堂则明万历四十二年申文定公出赐金所营造也。国朝乾隆初,给帑重修。四十一年,再加葺治。知府韩君锡胙为之记。中经兵燹,祠宇榛莽而学道、爱人二坊犹东西屹立,行道之人,咨嗟忾叹。同治甲戌冬,元炳奉命抚吴,既重建泰伯庙落成,议次第复先贤祠庙,金谓莫言子先。饬庀工具,计日程材,檐楹翼翼,美轮美奂,凡六阅月而竣事。盖自泰伯端委治吴民,于是乎兴礼让。言子以南方崛起之材从游圣门,特以学礼著闻。《礼运》一篇,《戴记》《家语》纂述綦详,迄今读之,觉大道之行,三代之英,夫子叹其未逮者,自与言子发之若有余慕焉。维我国朝重道崇儒,翠华南幸,特遣大臣致祭,厥为常典。赐祭碑文之丽于石者,字画厘然,摩挲可读,非独子姓里闾光也。三吴古今人文数学,士大夫济济辈出,其致君泽民者,固不仅以文章显,即伏处在下亦能立说著书,知以正人、厚风俗为本,而不为异端诐行所摇惑,是诚能服言子之言行。言子之行植本于先,敷荣于既,积德弥充衔道,益固于以追踪至德之风而靳造兴贤之域。吴其邹鲁乎?修复之举乌可以不亟?庙大门三楹,仪门三楹,后则为殿三楹,东西庑为楹者六,又东西房为楹如庑之数。东别设门,备平时出入。屏墙一,前临河岸,有级维舟,瞻谒者所止也。地基计广袤三亩七分九厘二毫,又屏墙地基七分六厘九毫。启工于丁丑五月,落成于十月,共縻金钱五千九百千有奇。工程提调候补知府钱君宝传,督造前候补知府刘君文荣、候补直隶州知州达君常五,管料候补知县吴君成,候补县丞俞君世球,监工试用未入流诸君瀚华皆有功于祠事者,例得备书。

赐同进士出身诰授光禄大夫、兵部侍郎、都察院右副都御史、巡抚江苏等处地方、提督军务兼理粮饷、前翰林院侍讲学士、日讲居注官、军功赏换花翎加三级纪录十五次、固始吴元炳谨撰并书。光绪三年岁在强圉赤奋若阳月谷旦。梁溪周秉锠刻。

(《苏州校园碑刻集》)

南菁书院记

[清]黄体芳

体芳以光绪六年继仁和夏公督学于江苏,八年竣事,奉恩命仍留,益恐恐焉,以仍久不效为惧。而所见人士之秀,萌而未达,强有其质而不能自立者,粲乎日营于吾之心中,于是谋就江阴建书院一区。

江阴在江苏四方为中,而书院附于学政,为士之所归,循而嬗之可以久。体芳则以是告前总督左文襄公,公欣然许奏,拨盐课二万两为束脩膏火之资。于是体芳与同官出资庀材为庐,择县人曹君佳实董其事。经始八年九月,成于九年六月。既成,乃取朱子《子游祠堂记》所谓"南方之学,得其菁华"者,命曰"南菁书院"。使来学者不忘其初,而袷祀汉儒郑公及朱子于后堂,使各学其所近,而不限以一先生之言。礼致训诂词章兼通之儒以为之师,而征求各行省官刻书籍以庋乎其中。于是既敕既周,檄下诸郡,各以其异等诸生四面来至。日有读书行事之记,月有经史杂著之课。每岁一甄别而进退之,以至于今三年矣。

人才之兴,无非为国家者。先圣先贤诚知夫国家须才之事日新无穷,而不能尽有以待之,故惟是充其本原,而强乎其不可变之道,以待无穷之变。乃其所以层累结绛而至于若此之伟者,亦莫善于读书。且古之人以弦歌之身,一旦出而绥天下,彼非幸天者也。彼通乎一经,则存乎三代圣人之心;而操乎一艺,则忘乎天下众人之利心。圣人而忘利者,与夫谈谋略、策机械之人为孰可凭焉?

今之事变,前代所未有。盖时务方兴,而儒者左矣。要其所以不振,岂为攻乎夷狄者少哉?独少吾所谓儒人者耳。诸生生长是邦,熟睹乎乱败之由,而务为反经以求其实。要知从古圣人拨乱世反正之道,不能独穷于今兹;而本朝圣人经营之天下,事事足以万年,不能不归咎于儒术焉。

体芳且行矣。十年之后,庶有归、唐之文,顾、秦、二王之书,复兴于东南者乎?然使国家猝遇缓亟,则又有起于坛席之间,而瑰乎立盖世之功如曾文正、左文襄其人者哉?君子以为天也,而庶其有存焉者乎?非体芳之所逆睹也已。

光绪十一年九月,兵部左侍郎、江苏学政、瑞安黄体芳撰并书。

(《黄体芳集》卷五)

二、序　跋

《古文孝经训传》序
[汉]孔安国

《孝经》者,何也? 孝者,人之高行;经,常也。自有天地人民以来,而孝道著矣。上有明王,则大化滂流,充塞六合。若其无也,则斯道灭息。当吾先君孔子之世,周失其柄,诸侯力争,道德既隐,礼谊又废,至乃臣弑其君,子弑其父,乱逆无纪,莫之能正。是以夫子每于闲居而叹述古之孝道也。夫子敷先王之教于鲁之洙泗,门徒三千,而达者七十有二也。贯首弟子颜回、闵子骞、冉伯牛、仲弓,性也至孝之自然,皆不待谕而寤者也;其余则悱悱愤愤,若存若亡。唯曾参躬行匹夫之孝,而未达天子、诸侯,以下扬名显亲之事,因侍坐而谘问焉,故夫子告其谊。于是曾子喟然知孝之为大也,遂集而录之,名曰《孝经》,与"五经"并行于世。

逮乎六国,学校衰废。及秦始皇焚书坑儒,《孝经》由是绝而不传也。至汉兴,建元之初,河间王得而献之,凡十八章,文字多误,博士颇以教授。后鲁恭王使人坏夫子讲堂,于壁中石函得《古文孝经》二十二章。载在竹牒,其长尺有二寸,字科斗形。鲁三老孔子惠抱诣京师,献之天子。天子使金马门待诏学士与博士群儒从隶字写之,还子惠一通,以一通赐所幸侍中霍光。光甚好之,言为口实。时王公贵人咸神秘焉,比于禁方。天下竞欲求学,莫能得者。每使者至鲁,辄以人事请索;或好事者募以钱帛,用相问遗。鲁吏有至帝都者,无不赍持以为行路之资。故《古文孝经》初出于孔氏,而今文十八章,诸儒各任意巧说,分为数家之谊,浅学者以当"六经"。其大,车载不胜,反云孔氏无《古文孝经》,欲蒙时人。度其为说,诬亦甚矣。吾愍其如此,发愤精思,为之训传。悉载本文,万有余言。朱以发经,墨以起传,庶后学者睹正谊之有在也。

今中秘书皆以鲁三老所献古文为正。河间王所上虽多误,然以先出之故,诸国往往有之。汉先帝发诏称其辞者,皆言"《传》曰",其实《今文孝经》也。昔吾逮从伏生论《古文尚书》谊,时学士会云出叔孙氏之门,自道知《孝经》有师法。其说移风易俗,莫善于乐,谓为天子用乐,省万邦之风以知其盛衰。衰则移之以贞盛之教,淫则移之以贞固之风,皆以乐声知之。知则移之,故云"移风易俗,莫善于乐"也。又师旷云"吾骤歌南风,多死声,楚必无功",即其类也。且曰庶民之愚,安能识音,而可以乐移之乎?当时众人,佥以为善,吾嫌其说迂,然无以难之。后推寻其意,殊不得尔也。子游为武城宰,作弦歌以化民。武城之下邑,而犹化之以乐,故传曰:"夫乐,以关山川之风,以曜德于广远。风德以广之,风物以听之,修《诗》以咏之,修《礼》以节之。"又曰:"用之邦国焉,用之乡人焉。"此非唯天子用乐明矣。夫云集而龙兴,虎啸而风起,物之相感有自然者,不可谓毋也。胡笳吟动,马蹀而悲;黄老之弹,婴儿起舞。庶民之愚,愈于胡马与婴儿也,何为不可以乐化之?经又云:"敬其父则子说,敬其君则臣说。"而说者以为各自敬其为君父之道,臣子乃说也。余谓不然。君虽不君,臣不可以不臣;父虽不父,子不可以不子。若君父不敬其为君父之道,则臣子便可以忿之邪?此说不通矣。吾为传,皆弗之从焉也。

(《全上古三代秦汉三国六朝文》第一册)

《论语》序
[宋]周行己

圣人达则化人以德,穷则教人以言。其穷也,其达也,皆天命之以成人而已。尧、舜、汤、文,化人以其德者也;孔子,教人以其言者也。由尧舜至于汤,五百有余岁,其化浸失,而汤救之。由汤至于文王,五百有余岁,其化浸失,而孔子救之。由孔子至于唐,千有余岁,其化浸失,而未尝无救之者。盖圣人之德不可以传,而其言可以载也。德不可以传,而其化行于五百余载之间而已。言可以载,故虽无圣人出,而中人行其言,亦可以教化于天下矣。由是观焉,则天之于圣人,或穷之,或达之,岂虚言哉?

晚周之时,先王之教既以浸息,非特在上无其人,在下亦无其人矣。孔子不得见圣人,又不得见君子与善人,则在上可谓无其人矣;未见刚者,又未见自讼与好德者,则在下可谓无其人矣。上下无其人,则孰能知之耶?故其事君尽礼,非谄也,而或谓之谄;其称君知礼,非党也,而或谓之党。固不可不疾也,而或以疾之为佞;名不可不正也,而或以正之为迂。于宋则有桓魋之患,于鲁则不免叔孙之毁。或厄于陈,或屈于卫,可谓不见知于上下矣。当是时,内之人能浅知之者,子贡而已;能深知之者,颜子而已。外之人或小知之者,达巷党人而已;能大知之者,仪封人而已。呜呼!可谓穷矣。其穷如此,亦可以已矣。

然犹与物纷纷役役相应以言者,亦曰天命我以其言教人而已。或见其处己,或见其处人;或有以明其善恶之实,或有以辨其是非之似;或有以救其失,或有以长其善;或当其无事而言之,或因其有问而告之,或试其所为而称之。其言虽周旋曲折,千变万化,无非为中人而发尔。是故绝之者四,而众人未能,不可不知也;道者三,以君子之德不可不循也。

文之未丧将丧,则任于天而已,以非人力之所能为也;道之将行将废,则委之命而已,以非人力之所能致也。景公不用也,则其行也速,去他国之道也;桓子不朝也,则其行也迟,去父母国之道也。于阳货则不见,而于南子则见焉,以势之有可有不可也;于孺悲而不见,于童子而见焉,以义之有可有不可也;众之拜上则不从,众之纯冕则俯身而从之,以礼不可无,而俭亦不可舍也;使之媚己则不诺,使之从仕则逊言以诺之,以正不可忘,而权亦不可废也。凡此之类,皆可以见其处己也。

所罕言者,利、命、仁而已,以中人之所难言也;所雅言者,诗、书、执礼而已,以中人之所可知也。教之者四,所以成君子之善也;恶之者三,所以黜小人之恶也。性与天道则或不得而闻,以其未能尽性以至命也;死与鬼神则或不得而问,以其未能保生而事人也。言其乐之所损益以修诸内者,不可不慎也;言其友之所损益以求诸人者,不可不择也。凡此之类,皆所以见其处人也。

世之治,在于得人而已;世之乱,在于失人而已。于舜则曰有五人焉,以其治在于得人也;商则曰有三仁焉,以其亡在于失人也。不累于高名也,笃于仁而已,此至德也;不累于厚利也,笃于义而已,此亦至德也。故泰伯以天下让,民无得而称焉,谓之至德者,以其笃于仁而不累于名也;文王三分天下有其二,以服事殷,谓之至德者,以其笃于义而不累于利也。不上人也,下之而已;不抑人也,推之而已。好学不耻下问而谓之文者,以其能下人也;文子荐其家臣而谓之文者,以其能推人也。其志于学,无志于仕,不隐己之所短,不掩人之所长,是人所难为也,而有以与曾晳、与子贡者,以其能为此也;交久而不狎,富有而不矜,是人所难行也,而有以善平仲与子荆者,以其能行此也。谓臧文仲为窃位者,以其不仁而无下也;谓臧武仲为要君者,以其不义而无上也。若此之类,皆所以明其善恶之实也。

于管仲则与之仁而不可相废也;以申枨为非刚,则刚之名不可盗而得之矣;以微生为非直,则直之实不可以伪而为矣。若此之类,皆所以辨其是非之似也。

子路能勇而不能怯,则告之以临事而惧,所以欲其怯也;子贡能辩而不能讷,则告之以予欲无言,所以欲其讷也;司马牛多言而躁,则告之以其言也切,所以欲其寡言也;冉求说中道而画,则告之以闻斯行之,所以欲其无画也。若此之类,皆所以救其失也。

于其问也,或大之,或善之;于其答也,或然之,或悦而进之不已,或乐其才之可育。若此之类,皆所以长善也。

以士进而为君子,以君子进而为贤人,中人之所可致也;以孝出而为仁,以仁出而为智,中人之所可能也。其所欲言非教而出于六者,或当其无事而言之,或因其所问而告之,或试其所为而称之者,以教之莫先乎此也。

盖言贤、言君子、言士、言孝、言仁,所以使人之知学也;言政,所以使人之知仕也。知学,则不失己;知仕,则不失人。子游、仲弓之问孝问仁,至于为宰然后问政,则见其急于知学,亦缓于知政也。其言贤则告之以贤,皆所以使人之为士也。然弟子未尝称其士者,盖以士兼君子与贤,则虽善为士者,固不足道也。其言孝,则告之以孝,皆所以使人之为孝也,至于弟子称其孝者,闵子骞而已,孝可谓难得矣;其言仁,则告之以仁,皆所以使人之为仁也,至于弟子称其仁者,仲弓而已,仁可谓难得矣;其言政,则告之以政,皆所以使人之为政也,然于弟子称其政者,子游而已。盖以政本于孝与仁,则虽为善政者,固不足道也。其言贤,则必继之以不贤;言君子,则必继之以小人;言仁,则必继之以不仁者。所以使人知仁之不可不为也,而恶之不可不去也。至于称子贱之所行以为贵,而知樊迟之所志可以为贱也;称仲弓为仁,而又称宰我为不仁,盖欲人之知仲弓所行可以为荣,而知宰我之志可以为辱故也。

呜呼!其所言所称以劝戒如此之详,则其成德者亦宜众矣。然其卒也,贤无若颜子,君子无若子贱,仁则无若乎仲弓,岂其命有所成,形有所适,而不可损益耶,亦在乎人加勉而已?扬子曰:"有学术业,无心颜渊。"又曰:"希颜之人,亦颜之徒。"颜子贤者,犹可希也,又况仲弓、子贱乎?且颜子之所以贤者,不在乎他,亦在乎不改其乐也。世之学者,不以富贵动其心,而穷亦乐,达亦乐,是亦颜子之徒而已。《诗》云:"今我不乐,逝者其耋。"学者之于学也,犹可以不勉乎!

(《周行己集》卷四)

送孙季和赴遂安序
[宋]史浩

子游为武城,夫子闻其弦歌,尝戏之曰:"割鸡焉用牛刀?"子游以所得于夫子者对,夫子不能夺。

盖有民人社稷,大而天下,小而一邑,皆当以道化也。今季和去为遂安,其以道化乎?其从事于簿书期会,汲汲征利,以趋目前之急,如俗吏之所为乎?吾知季和有志于道也。

夫道化,岂终不享其利乎?傥百里之内,君子爱人,小人易使,利斯在焉。第当优柔涵养,以须其成尔。季和蕴蓄操履,著闻于时,岩廊有圣天子,当路皆良有司,不患名之不显,仕之不达。当以道化为先,则后世卓、鲁不得窥其涯矣。将行,序以送之。

绍熙辛亥中春朔吉,鄮峰真隐史某序。

(《史浩集》卷三十二)

《曾子》序
[宋]杨简

圣贤之等不同,圣贤之道同。道也者,所以明其无所不通之称。惟同,故通;不通,无以谓之道。

孔子曰:"谁能出不由户,何莫由斯道也?"然则奚特圣贤之道同,虽愚不肖之道亦同。惟愚不肖由之而昏,贤者由之而明,圣人由之而大明。《易大传》曰:"百姓日用而不知。"孔子语曾子曰:"吾道一以贯之。"曾子曰:"唯。"子出,门人问曰:"何谓也?"曾子曰:"夫子之道,忠恕而已矣。"忠恕之旨,至于今,人致其疑。

孔子殁,子夏、子张、子游以有若似圣人,欲以所事孔子事之,强曾子,曾子曰:"不可。江汉以濯之,秋阳以曝之,皓皓乎不可尚已。"学者至是益疑。乌呼,夫何疑! 吾之所以事亲者,此也。吾之所以事长者,此也。吾之所以应事及物者,此也。无所庸复致其思,尚何庸复致其疑? 曾子以为忠恕而已,而学者疑而远之,曰:"忠譬则流而不息,恕譬则万物散殊。"似大而小,似通而窒,正道不明,意说陷溺。

曾子之书,世罕传诵,小书幼纸,讹脱为甚,岌岌乎将遂泯绝。而蔽学异说蔓延充塞,甚者词人墨客俳语戏论、淫谈秽辞则相与俎豆,特书大册,溢案充宇。痛哉! 人心安得不胥而入于昏谬熟烂,愈陷愈下之污泞? 谨取曾子之书,参古本而厘正之,间释其疑义。尚俟同志者相与扶持正道,反人心,归之正。

庆元三年夏四月,四明杨某谨序。

(《全宋文》卷六二二〇)

《族箴》序

[宋]薛疑之

丧礼之废久矣。恤由之丧,哀公使孺悲之,孔子学士丧礼,士丧礼于是乎书。夫士丧礼非独废矣,用下僭上,故上下均一等耳,而亦不自知,孰为士,孰为公卿大夫也!

予未为习礼者,知礼之不可废,而有意于古耳。咀味前书,悼叹当世,于是援经据义,以针砭其膏肓之疾,定其可指者二十有七事。可指曰死其亲者七,倍其亲者四,违经者十,徇俗者六。

曰:何谓死其亲? 曰:始死不复,大敛不用,三日敛而不读祝,酬而不奠,未葬先立主、先祔,将葬不朝祖,既葬不迎返,是谓死其亲也。何以谓倍其亲? 曰:世久而未葬者先释服,与未葬而卒哭,宿于内,既葬者不虞、不反哭,是谓倍其亲也。何谓违经? 曰:成服者不以日数,哭临不为位,不为丧次,不用脯醢,不用素器,未丧不读《丧礼》,既丧不读《祭礼》,葬不以时,葬用乐,衰用墨。何谓徇俗? (下阙)

孔子曰:"之死而致死之不仁,而不可为也;之死而致生之不知,而不可为也。"然则死其亲者可以为孝子乎? 子游曰:"人死斯恶之矣,无能也,斯倍之矣。"是故置绞衾,设蒌翣,谓使人勿恶也。始死,脯醢之奠将行,遣而行之,既葬而食之,谓使人勿倍也。然则倍其亲者亦可以为孝子乎? 若违经而徇俗者,疑于孝无损,而沿用鄙俚,则不称于情文。《记》曰:礼有微情者,有径情而直行者,戎狄之道也,而情文不称,亦戎狄之道耳。于是欲善族焉,作《族箴》。

(《全宋文》卷六六○一)

陈大庾《公余集》序
[宋]徐鹿卿

古今官职号为繁剧者甚多,而邑为甚。处繁如处约,处剧如处闲,可以观政矣。不齐之琴,子游之弦歌,其胸中浩然,与造物者并游于八极之表,曾是繁且剧者得以累其天哉!

三山陈君国华来宰大庾,逾年而余适到,值君方摄学事,辱为交承。即之而温,叩之而不穷,而尤乐寓意于诗语,一出口则士流争取传诵以为楷。时益久,作益富,则又为之锓梓以传。

余得而观之,其词清而不癯,赡而不污,而意态更自闲适。盖喟然而叹曰:"琴于单父,弦歌于武城,诗于大庾,殆异世而同辙者欤?方其调素弦,耸吟肩,声出金石,笔落风雨,豁然而万象呈,悠然而百虑消,岂知有所谓棰之楚之劳,簿书期会之迫哉!至于诗出而人诵之,既诵而梓之。士民相安之情,亦可概见。"

夫惟为政而不得罪于士民,斯可矣。然余之所欲言者,外与内一理也,身与政一本也。君之体方有所底滞,而未得其平。繁剧既不能为吾政累,则底滞当亦不能为吾身累矣。噫! 养身之法,诗法是也。君盍反求之?

(《全宋文》卷七六七五)

送张季德序
[宋]欧阳守道

季德以丙辰冬十二月朔别予归高安,予与之俱至名屋山,望科岭,夜宿于彭氏庵。

初,季德请予,愿得一言名其读书之室。予未有以告,而尝出《象山语录》使读之,季德有省。是夜遂与言曰:"舜居深山之中,与木石居,与鹿豕游,其异于深山之野人也几希。及其闻一善言,见一善行,若决江河,沛然莫之能御也。此章予尝讲焉,以为舜得力处究当在深山时。其后闻见感触,只是一分事。此讲义是十年前作,想必见之。今夕更说'若决江河,沛然莫之能御'。水之流行,见御土石,若用人力开导,则必与除去所御者。所御者不除,则水止于此矣。水有大小,土石有多寡。以水之小而遇土石之多,非藉人力之至,安能除之?今江河之决,水力浩大,流行所至,卷土石而去,土石有尽而水无穷,自此但有江河,岂复有土石?若使水力小,则人力虽弊弊,其除几何?此所谓沛然莫之能御。盖水力自胜土石,不以人力胜土石也。吾心天理,气力自大,诸所障蔽乃是外来,何足以相当?若自处小弱,而弊弊然与之较胜负,曾不知此中蓄而未发者,是以大水源不敢肆,然放去任他吞吐,而欲日竭畚锸之力,先与水开通千万里,其徒劳也甚矣。岂知此水一决,土石自当辟易,何用如此也。原其用力徒劳如此,盖由不敢自信,畏土石过甚,而忧水不足以胜之;若能自信,泰然无事。予于季德此别无他语,只愿季德反观吾心天理大与不大,真见此大,吾事都了,不见此大,虽忧恼终身,亦无了期。"

说此章已,又说"孔子志学"一章曰:"人言孔子之学十五年十年一进,然以予观之,固是十五年十年一进,而其进岂是逐步跻攀?曰立、曰不惑、曰知天命、曰耳顺、曰从心所欲不逾矩,句句字字皆是十分快利光明。未说从心所欲不逾矩,只耳顺已似从心所欲不逾矩;未说耳顺,只知天命已似耳顺;未说知天命,只不惑已似知天命;未说不惑,只立已似不惑。若无后一级,则先一级有何不可?今不于快利光明者观圣人,却看取圣人只是逐节窍通透,则此章内本无此意,此乃子夏、子游诸子之学,颜、曾不然也,况孔子乎?"

又与季德言:"予读书不会错综牵合,纵有不晓,亦复何妨大理。观圣贤言道理,譬如观草木生意,枝叶扶疏,纵有偏侧,不害其为天然。园丁弄巧,必一枝对一枝,一叶对一叶,乍时见之若好,然生意固不如是。"

又与季德言:"震霆一奋,白日一出,清风一发,阳达阴散,皆不俄顷,天地豁然,此岂复有待哉?"

是夜语稍多,彼此皆快于心,次日书之,因以赠别。某再拜,翼乎如鸿毛遇顺风,沛然如巨鱼纵大壑,此《象山语录》中所举王子渊是夕语,此意是纵肆无拘碍处。纵肆于物欲则不可,若天理中得纵肆,岂不快活!

(《全宋文》卷八〇〇七)

郑野甫字序

[宋]章望之

鸟兽与人,杂生于世,鸟兽之形,有头足毛羽之异。吾人者,因其形之一类,概以其物称之,人之形同,莫可辨者。

古之人以名名人,出其父祖之命,以为识别。后之人因名配字,以义类相符,非谓有劝沮之殊,欲令人人行其名字也。故有因义以配物;有因物以配义;有因名之文,损益藏显,而字乃反之;有因名之物,遂以其实配之。是以因义以配物,如耕之于伯牛,如由之于子路;因物以配义,如赤之于子华,师之于子张;字反名,如商之于子夏,偃之于子游;物配实,如长之于子长,予之于宰我,是其意也。

今之人不究本初,以意起事,或谓此名也,宜充之以是道;彼字也,可行之于终身。

虽失古人之心,犹未离乎告人以善也。然而以名字自守,于吾道之门,固已狭矣。

郑子名叔熊,其友字以正夫,子不安其说也,命予为言其理以易之。

夫子学于古人,闻深而见博,又以行谊自潜,不待正夫之字然后劝也。请字之曰"野甫",以附于因物以配义者。如曰,不已质哉？为赋《白驹》之卒章曰:"生刍一束,其人如玉。"其生如玉云者,谓其来非外也。

(《全宋文》卷一二七五)

繁昌乡饮序
[宋]袁燮

孟子曰:"规矩,方员之至也。圣人,人伦之至也。"莫尊于圣人,不可复加矣,然不过于人伦之中。全之尽之,非能外是而加毫末也。其言之的如此。徐行后长者谓之弟,疾行先长者谓之不弟。行之疾徐,跬步之差尔,而弟与不弟,是非异涂,尧、舜、桀、跖之所由分也,岂可谓细事哉！

古者乡饮酒之礼,六十者坐,五十者立,笾豆之多寡,皆视其齿,其别有四,严于长幼之辨如此,风教所关故也。而俗吏以为不急而忽之,而废之,可乎？

吾友南仲,宗室之秀也。名善潼,有志斯道。为宰繁昌,举行乡饮于学,仿古者宾主介僎、三宾众宾之制,三揖三逊,献酬修爵之仪,而参以今礼,济济乎其可观,秩秩乎其可则。周旋其间者,悌顺恭逊之美油然而生,世俗桀骜之习泯焉不作。而司正扬觯又语以忠于君,孝于亲,睦于闺门,比于乡党者,其为化民成俗之助,不既多乎？

昔子游弦歌武城,其言曰:"君子学道则爱人,小人学道则易使也。"南仲之意,端在于此,余是以嘉之。

(《全宋文》卷六三七〇)

《通鉴外纪》后序
[宋]刘恕

孔子作《春秋》,笔削美刺,子游、子夏门人之高弟不能措一辞。鲁太史左丘明以仲尼之言高远难继而为之作传,后之君子不敢绍续焉,惟陆长源《唐春秋》、尹洙《五代春秋》。非圣人而作经,犹春秋吴楚之君僭号称王,诛绝之罪也。

《左氏传》据鲁史,因诸侯国书,系年叙事。《春秋》所贬损大人、当世君臣有威权势力,其事实皆形于传,故隐其书而不宣,以免时难。后汉献帝以班固《汉书》文繁难省,命荀悦依《左传》体为《汉纪》,言约事详,大行于世。晋太康初,汲郡人发魏襄王冢得《纪年》,文意大似《春秋》,其所记事多与左氏符同,诸儒乃知古史记之正法。自是袁宏、张璠、孙盛、干宝、习凿齿以下为编年之书,至唐、五代其流不废,汉、晋起居注,梁、唐实录皆其遗制也。

《国语》亦左丘明所著,载内传遗事,或言论差殊而文词富美,为书别行。自周穆王尽晋知伯、赵襄子,当贞定王时,凡五百余年,虽事不连属,于史官盖有补焉。七国有《战国策》,晋孔衍作《春秋后语》,并时分国,其后绝不录焉。唐柳宗元采摭片言之失,以为诬淫,不概于圣,作《非国语》六十七篇,其说虽存,然不能为《国语》轻重也。司马迁始撰本纪、年表、八书、世家、列传之目,史臣相续,谓之正史。

本朝去古益远,书益烦杂,学者牵于属文,专尚《西汉书》,博览者乃及《史记》《东汉书》。而近代,士颇知《唐书》,自三国至隋,下逮五代,懵然莫识。承平日久,人愈怠惰。《庄子》文简而义明,玄言虚诞而似理,功省易习,陋儒莫不尚之,史学浸微矣。

案历代国史,其流出于《春秋》。刘歆叙《七略》,王俭撰《七志》,《史记》以下皆附《春秋》。荀勖分四部,史记旧事入丙部,阮孝绪《七录·记传录》纪史传,由是经与史分。夫今之所以知古,后之所以知今,因善恶以明褒贬,察政治以见兴衰,《春秋》之法也。使孔子赞《易》而不作《春秋》,则后世以史书为记事琐杂之语,《春秋》列于六艺,愚者莫敢异说,而终不能晓也。

恕皇祐初举进士,试于礼部,为司马公门生,侍于大儒,得闻余论。嘉祐中,公尝谓恕曰:"《春秋》之后,迄今千余年,《史记》至《五代史》一千五百卷,诸生历年莫能竟其篇第,毕世不暇举其大略,厌烦趋易,行将泯绝。予欲托始于周威烈王命韩、魏、赵为诸侯,下讫五代,因丘明编年之体,仿荀悦简要之文,网罗众说,成一家书。"恕曰:"司马迁以良史之才,叙黄帝至秦汉兴亡治乱。班固已下,世各名家。李延寿总八朝为《南北史》,而言词卑弱,义例烦杂。书无表、志,沿革不完。梁武帝《通史》、唐姚康复《统史》,世近亡轶,不足称也。公欲以文章论议成历世大典,高勋美德,褒赞流于万世;元凶宿奸,贬绌甚于诛殛。上可继仲尼之经、丘明之传,司马迁安可比拟,荀悦何足道哉?"

治平三年,公以学士为英宗皇帝侍讲,受诏修《历代君臣事迹》,恕蒙辟置史局。尝请于公曰:"公之书不始于上古或尧舜,何也?"公曰:"周平王以来事包《春秋》,孔子之经不可损益。"曰:"曷不始于获麟之岁?"曰:"经不可续也。"恕乃知贤人著书,尊避圣人也,如是儒者可以法矣。

熙宁三年冬,公出守京兆,明年春移帅颍川,固辞不行,退居洛阳。恕褊狷好议论,不敢居京师,请归江东养亲。公以新书未成,不废刊削。恕亦遥隶局中,尝思司马迁《史记》始于黄帝,而包牺、神农阙漏不录;公为历代书而不及周威烈王之前,学者考古,当阅小说,取舍乖异,莫知适从。若鲁隐之后,止据《左氏》《国语》《史记》、诸子而增损,不及《春秋》,则无与于圣人之经。包牺至未命三晋为诸侯,比于后事,百无一二,可为前纪。本朝一祖四宗一百八年,可请实录、国史于朝廷,为后纪。昔何承天、乐资作

《春秋》前后传,亦其比也。将俟书成,请于公而为之。

熙宁九年,恕罹家祸,悲哀愤郁,遂中瘫痪,右肢既废,凡欲执笔,口授稚子羲仲书之。常自念平生事业无一成就,史局十年,俯仰窃禄。因取诸书,以《国语》为本,编《通鉴前纪》。家贫,书籍不具,南徼僻陋,士人家不藏书,卧病六百日,无一人语及文史,昏乱遗忘,烦简不当。远方不可得国书,绝意于《后纪》,乃更《前纪》曰《外纪》,如《国语》称《春秋外传》之义也。自周共和元年庚申至威烈王二十二年丁丑,四百三十八年见于《外纪》,自威烈王二十三年戊寅至周显德六年己未,一千三百六十二年载于《通鉴》,然后一千八百年之兴废大事,坦然可明。

昔李弘基用心过苦,积年疾而药石不继。卢升之手足挛废,著《五悲》而自沉颍水。予病眼病创,不寐不食,才名不逮二子,而疾疢艰苦过之。陶潜豫为祭文,杜牧自撰墓志,夜台甫迩,归心若飞,聊叙不能作前后纪而为《外纪》焉。他日书成,公为前后纪,则可删削《外纪》之烦冗,而为《前纪》,以备古今一家之言。恕虽不及见,亦平生之志也。

(《全宋文》卷一七四〇)

《滑稽小传》序
[宋]周紫芝

乌有先生平生有三拗:不交俗人而与人和,不善饮酒而喜人醉,对客寡言而乐闻滑稽,一闻其言,为之绝倒。客去静坐,往往思之,辄发一笑。客有怪而问其故者。先生告之曰:"孔子大圣人,犹以言戏子游。卫武公周之大臣,尚作《抑》诗以戒厉王,且以自警,想其为人严肃端毅,非滑稽谐谑之流,而诗人美之曰:'善戏谑兮,不为虐兮。'司马迁作《史记》一书,上下数千载,而特为滑稽立传。东方曼倩目如悬珠,齿如编贝,胸中有书四十四万言,而以滑稽自雄。岂非俳谐之中自有箴讽,或能感动人情,使之改过,是以有取焉耳。昔韩退之作《毛颖》等传,而旧史乃谓讥戏不近人情,此文章之甚纰缪者。在当时如张文昌辈,号为深知愈者,犹且不乐于斯文,则旧史之陋固已不论可知矣。余昔游士大夫间,当酒杯流行,歌正乐阕,堂上客醉,谐戏杂出之时,虽街谈巷语,小说不载,稗官不录者,时有可观,辄采而书之,号《滑稽小传》。久之,得数十事以传好事者。虽有愧于马迁之书,方朔之辨,闷则取而观之,亦足以自娱也。"年月日,乌有先生序。

(《全宋文》卷三五二一)

送应教谕诗序
[元]黄潜

古之为师友者,非徒有所严惮切磋,其相与之际,至亲且乐也。盖夫人之少也,既游于党庠术序,而其以贤能兴于乡也,必还使长而治之。逮夫老而不仕,则又朝夕坐于闾塾而为之师,以教其子弟。岁时射饮读法之事,莫不相与从容揖让、升降酬酢,奔走出入乎其间。士生斯时,自少而至壮且老,固未有久去乎。学者虽以公侯之贵,任君师之重,为士者不敢以其尊而弗亲之也。故其诗曰:"无小无大,从公于迈。"又曰:"载色载笑,匪怒伊教。"由是言之,则其师友之亲且乐何如哉?是以及其衰也,诗人犹歌之曰:"纵我不往,子宁不来?"盖师废民散,而流风遗俗有未泯也。古者学校之盛,非后世所及者,岂独其道之隆、法之密乎?盖亦相接以粲然之文,相爱以欢然之恩,熏陶鼓舞,优游而厌饫之,有以兴起其良心,而成就其德性焉尔。今之士,既不必群居于学,主教事者又皆以资格序迁,而不能久于其职,不幸有如荀卿所谓子游氏之贱儒,且将盼盼焉疾视其长上,尚安望其亲且乐耶?黄岩应君署吾邑教官,以秩满当受代,邑之人士咸惜其去,相率赋诗以道其离合之思,大篇短章,亹亹而不已,非其亲且乐至于久而不厌,何以得此欤?予故诸生也,忝被官使,不得从先生长者之后,日与应君相周旋,以寓其亲且乐之情。窃喜应君之得于其人者为不易,又以见夫土风士俗视它邑为犹近于古也,乃为本诸诗人之旨,以序作者之意,且志予愧云。

(《黄溍集》卷十一)

郝孝子诗卷序

[元] 胡祗遹

受于天,根于心,不学而能者,孝也。然而圣门高弟,如曾参、子游、子夏,而以孝为问。孟懿子、孟武伯,亦以孝为问。圣人之教人,谆谆焉以孝为先,其见于《孝经》《语》《孟》《六经》,前后百有余章。孟子推广孝弟之极致,则曰:"尧舜之道,孝弟而已矣。"事亲若曾子,不敢自以为孝,而曰:"如参也,直养者也。"以是观之,孝岂易能哉!故孔子以养犬马、服劳、具酒食深警乎游、夏。圣人去世千八百年,门弟之学于师,师之传授乎门弟,父之诏子,君之择臣者,果何事耶?为师虽于《语》《孟》《六经》中讲解圣贤之孝行,不过寻章摘句,随注按疏,资空谈而已。世变若是,民不兴行。卓然以孝闻于官府,得旌表门闾之荣,安阳郝泰其人也。邦人能诗者,乐道之,喜称之,遂成卷轴。呜呼!人之成德,必由父兄之训诲,师友之讲习,学校之教养,耳闻目见,朝熏暮沐,习与性成,庶勉于善。如郝某者,皆无资藉,以孝自勉,得名于世,可尚也已。因读诗人赞咏,起予悲慕,姑以赘辞,为群诗之序。紫山野老书。

(《全元文》卷一四八)

送赵生游吴序

[元]戴表元

邑有隽者赵生寿父,美其衣冠。过余门而别,曰:"櫄孙生于燕娱,长于艰虞,年几壮而始知学,然而未尝知游之乐也。惟家世父兄尝宦于吴,今将往而涉足焉。惟长者赐之言词以先之。"余闻而嘉之。夫吴,古奢国,有陆海、盐绨、稻鱼、锻冶之饶,闻于天下。其地形介于荆越,姬太伯之所逃,夫差、项籍、刘濞、孙权之所用也。然而有言偃、公子札之化,故其人多闻而善让;有朱买臣,机、云兄弟之驰骤,故其人好词章而长说谒;有范蠡、张季鹰之慷慨高举,故其人机变喜事而无留心。其山有虎丘、灵岩之嵬富峭刻,其浸有松江、震泽之弥绵浩溔。烟云鱼鸟、池台苑御、渔帆歌酒之玩,日充于前。故其居者抚资内足,可以不出户限而通公侯;其游者轻装空行,亦能谈笑跬步,转易拱把而居千金。昔余之少也,当寿父之年,则尝游之矣。其君子者,余尝亲之,其故实犹可征也。其野人者,余尝接之,其质朴犹可治也。迨再游之,不如昔矣。迨三游之,又不如再之见矣。今寿父之游,其得如余三游之所见者乎?虽然,寿父之游,不可已也。寿父不可已,则有一焉。古人之游必择国,既择国也,而后择所与游。寿父其既有所择于吴否乎?吴之良大夫,以余所尊敬,莫先于方处州。因处州而吴之所与游尽在焉。寿父至吴,其以弟子礼游于其门,安知余三游之不能得者,寿父不一游而尽得之。山川风物,盛衰荣枯,外物之美,皆不足为贤者道也。他日充囊饱橐,满欲而归,则复以报我。

(《剡源集》卷十三)

顾伯玉诗文稿序

[元]戴表元

古之闻人,能以文学华其躬,而名于后世者,岂独系乎人力之所成就,亦其豪杰之见有以异于众人而然乎!予常怪今人好揣摩时材者靳吴士。呜呼!彼直见其居衍沃、安纷华,而无志于超观远举,以为土风适当然耳,是焉知其初。吴之初,有延陵季子以多闻博识,能使齐、鲁、晋、郑诸国之名贤倾身而愿从之交者;有言子游经千里而北学于仲尼,仲尼之门游者累千人,而子游为文学首。凡东南之儒者,班然名扬艺显,宜皆出于二人之苗裔焉!故其流膏余泽,沾注吴土。汉魏以来,阀阅尤盛,若华亭顾氏其一也。顾氏起丞相雍,子孙世世不坠清业,其详著于史牒。余尝客华亭,闻所谓亭林野王读书堆,而愿游焉。亭林之东数十里,亦有顾氏之居东园,而与余同太学,屡为之留连往复。如是二十年始识伯玉。伯玉虽世居东园,业成而科举罢,即大纵其学于六艺百氏之书。浩浩乎,慕为古文章,而出交于当世之胜己者,以广其识。既而犹以为隘也。

会郡国以其名举茂才异等,则橐其书走燕、赵间,尽与其奇士游。遂逦迤见执政大臣,将撼动之以太平经济之略。当是时,年甚少,气甚锐,视勋名爵位若不足致。留滞未见省,而亟翻然以归。诸公相知者,颇极力羁縻之,不可得。人或为伯玉惜,伯玉曰:"我之为我未失也。"归而益力学攻文章。乃今丛编巨帙间,楚客之赋词,汉儒之论议,唐贤之篇什,旬抄月纂,已使人脍炙不暇,令不止,其可以名终身、传后世者,虽古之闻人何远也。士大夫怀居养安,内无豪杰特起之见,外无交游广博之助,而望有所立,其难哉! 惜予虽知出此而早衰多累,年又加长,不得从伯玉驱驰先后,而相与观德业之进,则为深可愧悔耳。大德戊戌秋望后七日,前进士戴表元序。

(《剡源集》卷十一)

送唐长孺赴平江学录序

[元]陈栎

乡友平江学录唐长孺书来,将以夏五问道所由,需赠言于余。余谂之曰:"录于侯泮,教官为第二员;古苏阜繁,于江南为二郡。地分千里,师道参任之,其若为称此书生家法,舍孔孟而它求,非忠告也。敢撷二章以告:'居是邦也,事大夫之贤,友士之仁者,以友一乡一国之善士为未足,又尚论古之人。'圣贤格言,子饫闻之,予何言哉?然势有贵贱,道无贵贱,时有古今,道无古今,子之此行,无遽以师自好,盍兼以取友自力?'事之'云乎,师之谓也,岂但曰'友之'云乎?凝香燕寝,大府元僚,皆极一时之选;绾铜章,据皋比,必多君子,事其贤者,严惮以成吾德,何可忽?钟茂苑笠泽英气,彬彬林立,老成何限,隽秀亦何限?友其仁者切磋以辅吾仁,又何可忽?道在焉,不以贵贱分也。子前是训导乡校,玉成一郡佳子弟,郡侯僚佐贤子孙多执经,所友乡国善士众矣。游渐远,友渐多,国士、天下士将尽友之。然未也,盍而友古之人?泰伯、季子,皆以让称;季鹰、天随,高风清绝;文正范公,近代名卿第一流;石湖,冠冕佩玉之诗文,首杨陆而出之:皆所当神交于千百载上者。其与乎圣门师友渊源者又有焉:曰吴公言偃,吴人也,其祠朱子记之;和靖、尹焞尝寓虎丘,今寺祠之。子游,孔门文学科;彦明,程门高弟,不待赘。子之此行,谒二公祠,瞻六公像,当致高山景行之思,以平昔所闻于乡先师朱子者参之二公,与苏之士友精讲而实践之,道在焉,不以古今分也。子行矣! 余他无以赠子矣。吴江垂虹桥,天下奇观;松江四腮鲈,天下奇味。子也观其观,味其味,凡与他俊游,必多有诗焉。第苏州而后,诸公吟未尽之物色,分留遗子者,将尽唵之,好风东来,时以寄我。"

(《全元文》卷五七〇)

送娄行所归吉安序
[元]程端礼

古者学制,于二十五家之间节目独详。庠序云者,以时属民之所也。盖去民愈近而施教愈密。州长属民读法,岁不过四,下之党正七,族师十有四,而闾胥则无时矣。以此知民常在塾而时会于序,非如后世违亲越乡,群居族食,比闾无以考其行,州党无以施其教也。自学制、田制坏,士贫,始出农工商贾下。穷乡晚学,无书可读,无师可亲,故子游自吴北学,相如东受七经,退之读书江南。士之有志者,其势不得不游且学也。虽然,士幸生今日,又与前日异者。程子、朱子出而四书六经之道大明,其书布天下,在杜门下帷,取其书熟读精思,反身而诚焉耳,此岂求有弗得而待于游!使其家衣食粗给,生读书之乡,有父兄师友可资,非有甚不得已,又何必旷定省、费日力,以冒道涂风尘之劳?吉安娄行所倦游将归,出其师草庐吴先生游说示余,且征余言。草庐已言为之尽,顾余何言?行所力学能文,生读书之乡,家世簪组,诗书之泽甚深。设有塾,非有不得已而出。今其归也,岂不为计之得!因陈古制,实草庐之说以塞请。

(《全元文》卷八〇七)

送刘宗道归夷门序
[元]程端礼

自昔田制、学制坏,士始贫,出农工商贾下。违亲越乡,比闾无所考其行,州党无以施其教,虽有志者,亦不得不游且学也。以有志者少游而不学也,凡曰游学云者,俗例厌之。噫!子游自吴北学,长卿东受七经,退之读书江南,游学可少乎哉?夷门刘宗道奉亲命游学江南,肄业明道精舍有年。今其归升,士喜其立志不渝,能力学以归慰其亲。岁适大比,又将与其乡贤能之兴,咸为歌诗以饯,且求赠言于余。余谓凡宗道学焉而得者,皆足以自勖,奚俟余言?窃以为自朱子集诸儒之成,讲学之方,悉有定论。傥归取其书,熟读而精思之,于穷理反身兼致其力,而见于事亲从兄之实,此岂求有弗得而待于游邪?宗道志于学者,故以告焉,而书以为别。

(《全元文》卷八〇七)

送浦江邑长元凯公序
[元]吴师道

科举之选,所以望天下之士者重矣。由科目而仕者,要必以有异乎人。然异乎人者,岂有他故哉?正身明教,守职奉法,一循圣人之道而不戾明天子之意,则所谓异者又不过即其常而已。彼其矜智能,侈事功,思逾其分,干赫赫之誉者,君子顾弗取焉。

愚识斯说久,其尝为吏,则未能自信否也。浦阳与吾里壤接,顷见前太常博士柳先生谈其长官元凯公之贤,知其一出是道也。盖浦阳山邑,号少事易治,公既临之以不烦,萧然坚清之操,熏然慈良之风,恒久不渝,而租赋簿书之余,惟兴讲学艺是务,故不令而民自化。子游不云乎,"学道则爱人"。仲弓亦曰,"居敬而行简"。斯人也,非有得于是与?未之多见也。今其满去,邑人士争为颂歌,而远以属予序之。诚嘉夫公之政,有以契予心,其所立真足以增科目之重而励吾党,又信柳先生之不诬,不敢以未识为辞。公发身胄监,擢首乙科,始授秘书郎,选长山阳,而至兹邑,舍馆阁之清华,而亲民社之烦劳,司政柄者盖将尝试而跻用之,其于此乎征矣。

(《吴师道集》卷十四)

乐清县尹卫侯之官诗序

[元]陈旅

乐之用大矣,圣人以是箫勺天下,八风从律,沴气不作,神行奸伏,物化刑措,所谓体信以达顺,天地将为昭焉者也。昔舜命夔典乐教胄子,而先王之学曰瞽宗,曰成均;官曰乐正,曰太师,曰籥师,曰司成,曰司业,皆以乐言者。谓乐以中和为德,而胄子与所共学者,皆将有长人之责。具是德,则可以长人矣。蓟丘卫侯好义,成均之胄子也。学成入官,所至声实著闻。余见其貌庄以舒,其言畅以节,其莅事静易而辨理,其与人交恧愿而欢和,盖庶几乐德之具焉。至元二年秋,将如东瓯为乐清令,所尝往来者皆送之以诗,而使余序。乌呼!乐清非轩辕氏奏乐之地乎?山海之间,流响销落,而靡靡之音,谁昔倡之,当时识者,已知宋氏之不国矣。我朝造都于燕,实轩辕氏之墟也。治功既成,作乐崇德,简大雅壮,充宣咸和。江南被声教六十年矣,乐清之风声气习,固何如也?孔子闻弦歌于武城,喜子游能以道教其民。颜子问为邦,则告之曰"放郑声"。甚矣,声音之有关于政治也。好义以成均旧学而施于乐清,君子宁不于是乎观焉!饮饯之日,凡得诗若干首,余与客歌之。有审音者过而闻之,曰:"美哉,沨沨乎!卫侯将大治其邑。"

(《全元文》卷一一七〇)

送郑学可山长序

[元]朱德润

州郡有书院,自宋太平兴国中建白鹿洞始,自而后有嵩阳、岳麓、应天府。四书院皆儒先君子讲学之所,盖古者党庠遂序之遗意也。沿至国朝,凡郡县有先儒遗迹所在,皆得请立书院,且设山长一员,掌教养事。学道书院,盖吴国言公子游之故祠也。子游在孔门,尝以文学称,而武城弦歌之治,乃被服孔子之言,谓"君子学道则爱人,小人学道则易使",以为礼乐之教。今书院以"学道"名,其以是欤?至□六年秋,余姚郑君学可来为书院山长,职教养之三月,诸生德之,邑人称之,是宜为贤师儒矣乎!夫道之在天下,若大路然,无适而不可,而书院特以是名者,岂非以子游之学著于圣门,而吴又为其乡邑,先儒欲使邦人渐其礼乐之教,而知夫道之所以发原于天者,即人心之秉彝好德著于行事者也,故特揭其名,而使夫来教于书院者,有所承也。郑君在吴,凡三周岁,设训导以教大小学,入岁租以养耋髦之士,居而学者德之,去而邑人歌之,岂非能承于古训欤!传曰:"礼节民心,乐和民声。"礼者,殊事所以合敬;乐者,异文所以合爱。自周迄今,百世而下,圣人之道不泯,子游之教不息,由礼乐之教在天下,爱敬之道在人心故也。职师儒者以是为教,而学者不可不求其所承也。冬既孟,郑君既满秩,诸先生赋诗以饯其归,俾朱德润为之序引。德润不敏,不敢以学官论,敬述言公之训,以为赠言云。

(《全元文》卷一二七三)

赠邵仲谦序
[元]朱德润

至正十九年夏六月,淮南分省以前乌程典史邵君仲谦调常熟州提控案牍,选材也。初,仲谦在乌程,以比年民物凋瘵,疮痍未复,凡事悉从宽简。征需自两税外,无他敛;徭役自正遣外,无烦扰。由是众庶安之,一遵王化。吁!典史,一邑吏曹之首领也,而能顺民情者若是,则其守一邦、令一邑者,宜如何哉?余于是又有感焉。夫法缘人情而作,而掌于曹吏,凡今大小诸司文牍分科,必由幕议均平之,方成案治,民情之悦服,由幕评之审也。邵君盖审于法,而详于情者也。琴川,子游乡邑,千载之下,弦歌之风,至今闻而仰之。人情古今,天理不异。邵君苟能念斯民之无告,思弦歌之遗美,文以成之,言以劝之,则琴川民物之受福,犹乌程民物之怀德也。书以为序。

(《全元文》卷一二七四)

送平江路推官冯君序
[元]杨维桢

平江路推官许下冯君秩满,苏父老留不可,则相与述为歌谣以送之,求予言,登载其所善以为之序。予客苏未久,不识其所善,询之父老,则曰:"由东嘉经历治最任高等,升任刑官于苏。苏,烦剧郡也,狱讼繁兴,奸伪百方出,上游之署有行丞相府、监漕官、都水使司、海道都司,或所为政不直,则卖直者乃声于上,受谤责在须臾间,而况贰推者阙?君独任大府狱事,其视犴狱常欲为陷死者求生路,惟恐失附于律。成案具,吏多受狱货,欺情伪于君者,在署审成案未察,退参所疑于父老宾客,故月朔作乡约于父老宾客,使之过有以告。君之于刑官敬事类此。"予曰:"狱者,天下之大命也。推官又命死生决也,何可以不之敬乎?孔子于言偃之宰,首以得人为问。欲其资于人者,施于首政也。刻狱之不自用而审取诸人以为明者乎?明智如皋陶,淑问如皋陶,其狱之疑,犹有资于神羊之所决者。冯君任推讯,而能取诸人以裕诸己,忠信清明见诸歌谣,不必资于神物以为聪,则冯君不贤于皋陶已乎?夫皋陶举而不仁者远,冯君举而在高位,吾见其民之有赖其仁者矣。"故书。至正八年冬十月。

(《东维子文集》卷四)

《孟子弟子列传》序
[元]吴莱

太史公《孟子列传》,首孟轲,继邹衍、奭、淳于髡、慎到、荀卿、墨翟、尸佼、长卢子,曰皆在孔子后。荀卿可言也,彼数子者,不同道,奈何同传?将以孟子置诸战国辨士之流乎?是又非不知孟子者也。一则曰述唐虞三代之德,二则曰述仲尼之意。彼数子者,亦有一于此乎?当战国之时,士多以游说纵横、攻战刑法之说行,而时君犹欲好儒自饰。吴起,战士也,乃以儒服见魏武侯。武侯之子惠王与齐宣王皆卑辞厚币以聘孟子,然徒切于事功,卒以迂缓不合,人且谓其好辩而已。儒墨并称,百家杂说浑殽之矣。岂太史公狃见而溺闻若是乎?方其叙《孔子世家》,进之与十二诸侯同列,《周本纪》、十二诸侯世家则又皆书曰:"孔丘卒。"尊之也至矣。及所载,多左氏、《国语》杂事,欲以明圣人多能,圣人岂果以多能称哉?又作《七十弟子列传》,则徒分裂《论语》问答以实之。余征《家语》弟子解,他悉无所征,是亦《孟子列传》类也。东汉赵岐始注《孟子》,其序曰:"孟子幼被慈母三迁之教。史不载,今犹见故《列女传》,且言孟子将去齐,母老,拥楹而叹,有忧色。母乃引《诗》《易》诏之,似与充虞路问时意同。"岐又曰:"有《外书》四篇,文不能弘深。"今犹略见刘向《说苑》所谓"人知粪其田,而不知粪其心"者,疑即性善辨中语。若他事之逸者,虽太史公不能具知,况后世乎?盖战国以儒自名者八家,而四家最显:子游氏、子夏氏、荀氏、孟氏。孟子学出于曾子、子思,荀卿犹从而讥之曰:"世俗之沟愚瞽儒,嚾嚾然,略法先王,案往旧造说而不知其统。我则异焉,治则法后王而已矣。"至于子游、子夏,亦曰:"是儒之贱者,所重必仲尼、子弓。"子弓,未审何人。韩子曰:"仲尼弟子,有馯臂子弓。"汉《儒林传》:"商瞿授《易》仲尼,瞿传鲁桥疵子庸,子庸传江东馯臂子弓。"子弓与仲尼不同时,又行事无大卓卓,不足以配孔子。邢昺《论语疏》引王弼说"逸民朱张,字子弓"。然弼说又不见有他据也。要之孔子尝称冉雍可使南面,且在德行之科。雍字仲弓,盖与子弓同是一人,如季路又称子路然也。将荀卿之学,实出于子弓之门人,故尊其师之所自出,与圣人同列,亦已浸淫于异端矣。于是孟子之没者久,所谓沟愚瞽儒,正指万章、公孙丑之徒也。荀卿在战国号称大儒,犹同门异户者如此,又况邹衍、奭、淳于髡、墨翟以下诸子,违离怪诞者甚矣,何可与同传哉？荀卿既死，李斯用事，孟子之徒党尽矣。悲夫！予故本太史公《孟子列传》，删去诸子，且益以高第弟子万章、公孙丑之徒凡十有九人云。

（《全元文》卷一三六六）

送知县诸仲仁朝京序
[元]宋讷

上子视元元，每于近民之职，必精选而慎择焉。盖近民者莫如令，令之于民，审淑慝而旌别之，辨强弱而扶抑之，察勤惰而赏罚之。以至明纲常，笃教化，观其风俗，知其土产，使咸得休养，以业其生。则令之责，岂轻也哉！国家重其任也，洪武初，凡遣令，有赐币焉，有锡宴焉，乃所以爱吾民也。今则久其任，三岁一朝京，录行事而考绩焉，亦所以爱吾民也。吁！既选之，复考之，子视元元之心灿然在天下而不可掩矣。滑以州改县，河朔重地也。在汉为东郡，在唐为义成军，视他县尤重，朝廷乃选前遂溪县丞诸君仲仁来牧焉。君由儒筮仕，典文学，赞宪纪，掾中书，以材艺入兹选。甲寅秋至，而敷其治。一言也民感其教，一行也民服其威，一政也民沐其泽。丁巳秋，遵制朝京。税课局使李子西，以儒召入仕，嘉尹之善其身，明其视听，俾民安田里而无妄作妄词，可谓良牧矣，亦可谓不负近民之选矣。凡再驰书，请予作饯言。予尝喜谈子游宰武城，澹台灭明非公事未尝至游室也。今观诸尹，门无请谒，室亦严矣乎。所亲者，皆多闻多识忠信士也；所论者，皆修身为政公正言也；所践者，皆报国爱民、孝弟恺悌行也。彼强颜抂面以假儒、巧言令色以乱德者，无一得以入其室而挠其所学所守。此三年之政所以全也，是宜有言为饯。乃不辞而作朝京辞，仍以序先之。若夫行事，具载考绩录，兹不缕书云。其辞曰：云五色兮天九重，闾阖启兮蓬莱宫。圣皇临兮垂拱，股肱列兮夔龙。麟趾兮振振，凤鸣兮雍雍。海日升兮羲驭，朝仪备兮昭王度。浮御香兮枫陛，拂仙仗兮宫树。召郡邑兮朝臣，趋赤墀兮簜羽。鹓鹭斧扆兮帝所，胪传兮天语。嘉字人兮劳绩，复汝职兮接武卓鲁。臣受命兮仰尧天，沥寸丹兮敢怠承宣。虎拜兮抃蹈，祝圣寿兮万年。

（《全元文》卷一五二一）

送浦朝宗序
[元]陈基

余尝读《太史公书》，见其传仲尼弟子，独子游为吴人。盖泰伯、仲雍未逃吴时，吴为古要荒之地，其俗盖可知矣。及泰伯端委弁冕而以礼治之，其后延陵季子又承其流风，让国春秋时。观其聘鲁而闻乐，审贤而知政，鲁、卫、齐、晋之大夫，盖未有或之先者。降至子游，北游洙泗，比肩七十子之徒，北面以事孔子，而与卜子夏同以文学得圣人之一体，则吴之多士，其所由来者久矣。吾闻之，学莫要乎近其人。子游已矣，其嘉言善行,见于圣门师友之问答。千世之下,四海之内,凡读其书者,皆知有所兴起,况生乎其乡者乎?况弦歌其文学以教其子弟者乎?此浦君朝宗之行,君子所以乐为之道也。夫子游之文学,非今之所谓文学也。朝宗盖尝观其论子夏之门人,而求其"本之则无"之旨矣。本者何?圣贤《大学》之道,所谓正心修身,推而至于治国、平天下者也。子游之乡,实惟海虞,仲雍之墓在焉。朝宗今受文学精舍之聘,率其子弟,出则从仲雍之遗民,入则诵孔氏之遗书,而观其师友之问答,先其小者近者,而其大者远者弗外焉,则子游之文学,其庶几乎!《书》曰"惟教学半",朝宗其勉之!

(《全元文》卷一五三一)

送张州尹序

[元]陈基

常熟,言子游氏之乡也。子游当春秋之季,列国争衡,而其为武城宰,独尊信孔子之言,弦歌礼乐以教之。及汉兴,收秦民于百战之余,而相国曹参独师事盖公,用其清静之说以治齐,而齐大治。夫清静之说,与君子之道不同,然驯而致之,亦足以胜残去杀,与民休戚。则夫学子游之学,仕子游之乡,而所以迓续爱人之休烈于变易,使之淳风,顾不益简且易乎?然百战之锋或不戢于秦、汉,争衡之势或不杀于列国,于斯时也,欲治之以清静,而不先教之以礼乐乎,则机轴其空,疮痍未复。故今日之务,莫要于教民,莫艰于拯民。苟非仁足以周抚字,智足以遏强御,才足以综繁剧,廉足以律顽贪,而又将之以老成,强之以精力,如保定张侯庸道者,亦乌足以守北门之锁钥,奠水陆之咽喉,卵翼生民,股肱藩省也哉?今日用侯,与侯之为今日用,殆非徇其名而已,盖将有以收其实也。吾闻之:"十室之邑,必有忠信。"常熟为吴大州,荐绅之徒,岂无忠信,非公事不至尹之室,如澹台子羽者乎?斯行也,吾知不待盖公而州治矣。申公有云:"为治不至多言,顾力行何如耳。"侯尚勉乎哉!

(《全元文》卷一五三二)

送扬州同知赴官序

[元]戴良

和阳王秉彝氏,由金华抵三衢,既而以书来告曰:"同知三衢郡事某君,今以秩满调江都。三衢人士咸赋诗以惜其去,而右简之文,非子之托而谁耶?"三衢距仆仅百里远,行道之人,多诵君之美,而获稍知其为人。今又重以王君之命,虽不能文,讵得而辞诸?仆闻之,郡府之职,惟别驾为易为。盖有地千里,有民累万,而趋走之吏,呵卫之卒,一皆视郡守为降杀。然郡守之任乃独重。任之重者,责之所归也。别驾有郡守之荣,而无其责,吾知其易为耳。虽然,方今天下多故,兵事未息,郡县之烦劳,非复承平之比。

况江都当百战之余,城郭无居民,官无第舍,空郊百里之外,遗黎仅数十家而已。当此之时,而有戈甲之供亿,刍饷之转输,往来之馆劳,郡守岂能独任其责哉?吾见别驾之难为也。虽然,古称江都多才学之士,窃意其如汉之刘瑜、魏之陈琳、唐之李善者,犹往往避乱山谷间,深匿而未出。君能访其人而罗致之,与之议官政,究民隐,图利害,损益以行之,则别驾之易为,将在于此乎?昔子游之治武成,吾圣人首以得人为问。仆因窃取斯义以为序。

(《全元文》卷一六二七)

《琴川志》后序
[元]戴良

《琴川志》自宋南渡,版籍不存。其后庆元丙辰,县令孙应时尝粗修集。迨嘉定庚午,县令叶凯始广其传。至淳祐辛丑,县令鲍廉又加饰之,然后是书乃为详悉。自是迄今且百余年,顾续编者未有其人,而旧梓则残毁无遗矣。靖惟是州,虞仲子游,文化之地,不可无绝。爰属耆老顾德昭等遍求旧本,公暇集诸士,参考异同,重锓诸梓。其成书后,凡所未载,各附卷末。总十有五卷,仍曰《重修琴川志》,其续志则始于有元焉。

(《全元文》卷一六三○)

送张伯圭序
[元]杨翮

周之季,孔门诸子多出于东州,独以文学称,与卜子夏并者,是为言子游,实产于吴。南方固离明之地邪。后世运降,化治声明,文物之美,萃于南方,而南方盖彬彬乎几邹鲁之盛矣。故江以东,浙以西,若番若吴,特表于近服。学士大夫林立于世,而伟人代兴于是。诗书礼乐之泽,绎然于贤哲统绪之余,昌然于师友讲授之际,世之君子未尝不为之嘉叹焉。番故有双峰饶先生,起宋末,推明朱氏理性之学,大振于时,天下后世之士咸宗之,而况生于其乡者欤!余所见学者张伯圭,质敏而志笃,能游远方,从儒林名师,是其识有过人者。问其乡,盖番也。今将侍其师官于吴而受业焉。道宜,征言于宜之能言者。呜呼!余所闻张氏之泽远矣。伯圭诚自是而以饶先生之所推明,进求夫言子游之所由得圣人之一体者,则夫知行并进之方,与学道爱人之论,皆可体而用之。本末之该者,将不以二而厘也。设施之大者,将不以小而废也。会理性于身心,力文学于事业,非伯圭之所当勉欤!伯圭育于忠孝之门,又拳拳焉以师友之劘切为事,异时其不以诗书礼乐倜然而自见于南方也哉?宜之能言者,既为说以告之。余盖幸伯圭之生于番而游于吴,皆贤哲之所出也,故书。

(《全元文》卷一八四三)

言氏旧谱前序
［元］干文传

予观司马迁之表列侯，先叙其爵，后叙其子孙，则知汉人象贤之意。又观欧阳公之表宰相，先列其职，次列其谱系，则知唐人世禄之典。呼！乔木旧望，见者兴念；甘棠遗爱，去之感思。则席勋业旧著之观瞻者，岂可无久长之念哉？言吴公之在圣门，号高弟。今吴之常熟以"子游"名巷，以"文学"名桥，其为公之故里无疑也。公殁千有七百余年，而其子孙繁衍，迄于顺孙，考诸旧谱，重编葺之，自公以下凡六十一传。其源流之远，履历之详，与夫崇报之典，靡不悉备。且夫风雨有晦冥，而其道无变迁；时世有污隆，而遗泽无转移，吴公之迹陈矣。自周、汉、晋、唐以迄于今，续其统，振其绪，导其源，浚其流，上以接先贤之正传，下以发潜德之幽光。所谓根之茂者其实远，膏之沃者其光华，而衍庆当无穷矣。夫公之祠，庆元间邑令孙君应时，后令王君爚，前建后修复，即学宫西斋，扁之曰"象贤"。聚言族子弟，官给养赡，延师训诲，择其派之长者而主公祀。则二令念吴公之遗泽，崇尚先贤，维持道统，意固隆矣。至若后代宗派绵绵，山斗拳拳，稽古而志于学，有益于身心，以光大其国家，而不泯于颓靡之中，庶无负于"象贤"之意矣！而顺孙字尚贤者，以是谱求序于予。予闻夫子集群圣之大成，为百王之师表，其子孙衍庆，至于今未已也。圣人之泽固有异于他人矣！吴公为圣师之门人，得圣人之一体，传至于今亦已远矣，而其子孙当与先圣之子孙相为久长也。予与尚贤交处十有余年，每见其恪守礼法，和而不流，慎择交游，不为邪媚所惑。言氏家法有如此者，非徒不忘其本，又能推及敦祖敬宗之意，非习于礼教，其能然乎？予乐为之，书其梗概，而系于篇首。至元庚辰岁二月既望，嘉议大夫、礼部尚书致仕干文传谨序。

（《常熟言氏家谱资料二种·言氏家谱》）

言氏旧谱序
［元］言顺孙

谨按旧谱，言氏之先谓虞舜命龙作纳言之官，故赐以言为氏。显于吴者，自始祖子游始。按，始祖讳偃，字子游，诞生常熟，为圣门高弟，列于四科，为宰武城，卒葬虞山之椒。唐开元间，追封为吴侯。宋政和中，加封为丹阳公。淳熙间，改封吴公。传至一十六世祖成大，始创其谱。至二十六世祖既孝，辑而上之。三十五世祖寅恭、四十三世祖思本、五十四世祖斌，累代修葺。至元丙子，邻灾回禄，延及毁庙，致令遗书散轶，谱牒毁伤。顺孙随按旧本重复鼎新，间有名讳阙疑，不敢妄补，径书曰"某增入"。五十六世祖仁温以下，列而为图，仍题曰"言氏家宝"，俾子孙永保守之。至元四年岁次戊寅孟春既望，六十一世孙主祀顺孙谨识。

（《常熟言氏家谱资料二种·言氏家谱》）

言氏家谱后序
[元]徐梦吉

学之于人大矣!贤者虽贵生质之美,尤贵于学知所用力。盖质系乎天,而学由乎人。质美矣,非学则无以成之。夫勾吴,南蛮也。言子,吴人也。使其不自拔于流俗,则未免为乡人而已耳。乃殷然悦仲尼之道,北学中国,卒令弦歌之声深契于夫子,转朴鄙之风为文学之邑,岂惟其质之美哉?学实为之也。夫言子之在吴,道在夫子。及其得圣人为之依归,学在言子。后之人绳祖武,以其心为心,将见流风余韵,千载一日也。公之六十一世孙名顺孙,字尚贤者,过予以族谱见示。与之语,知其持身行己,不敢有愧于道,其知学者欤!言氏子孙之贤者,其在兹乎?予故嘉之,辄题其谱之末。尚贤勉乎哉!尚贤勉乎哉!至正乙酉岁春三月既望日,儒学教授钱唐徐梦吉书。

(《常熟言氏家谱资料二种·言氏家谱》)

《常熟县志》序
[明]李杰

姑苏为南都辅郡,而常熟其属邑也。倚虞山以为城,环江海以为池,实东吴要害之地。其土膏腴,其田平衍,其物产殷盛,若粳秫、布枲、鱼盐、蔬果、水陆之珍奇,所以供国赋而给民用者,充然有余,而不资外助。

自阖闾、夫差雄据一方,虎视诸夏,而俗尚豪侈;自泰伯、子游礼让风行,文学化洽,而人材汇出。是固江南名区,非特为一郡六邑之冠而已。惜前志毁于宋绍兴兵燹,自吴通上国以来二千余年,故实茫无纪载,良可慨也。庆元间,令孙应时始一修之。元至正间,知州卢镇又复修之。然文献无征,遗轶不少。若人物一类,自汉迄唐,寂寥无闻,他可知已。

弘治丙辰,慈溪杨侯来尹兹邑。莅政之初,百废具举,以邑志久不修,废无甚焉者,乃旁搜典记,近取见闻,询遗老以正舛讹,委文士以司考校。于是,山经水志之所述,陈皮败箧之所藏,残碑断简之所寓,几无留良矣。

编帙既成,谓余为邑人,宜有言志颠末。夫三代盛时,九州山川记于《禹贡》,天下图籍掌于职方,后世因之,而郡国有书,寰宇有志,坤元有录,风土有记,皆所以存古证今,以为考求治具、损益事宜之张本,其于从政者不为无助。而乃困于簿书期会之繁,顾视此为不急之务,宜吾邑废典必有待于通才卓识如杨侯者而后成也。

侯名子器,字名父,成化丁未进士,历任昆山、高平二县,皆有异政。兹以当道论荐,更任常熟,其向用未易量也。

赐进士出身、中顺大夫、太常少卿兼翰林侍读学士、经筵讲官兼东宫讲读官、同修国史、会典副总裁、前南京国子祭酒邑人李杰序。

(《苏州旧志序跋汇编(府县志辑)》)

《常熟文献志》序

[明]李右谏

三吴,故文献之国也,而中吴之常熟尤居其先。自玄黄剖判而大海分派,而为长江,则由常熟而起,此宜无论已。即《禹贡》三江,白茆居一;岐周两让,虞仲居一;孔门十哲,子游居一。夫是三者,三吴之所有而非常熟之所无也,三吴之所无而实常熟之所有也。而犹未也,入国朝,而文章辨体自吴文恪始,科甲大魁自施显始,初试进士刺方州自杨集始。夫是三者,亦三吴之所无而常熟之所有也。若夫王、唐、瞿、薛则文懿骎骎焉,《春秋》《诗》《礼》则魁名最焉。其它山川、土物、宫室、关梁、寺宇、陵墓、名宦、人物以及节烈、仙释之属,与三吴同者,又不可指数。然则三吴文献孰先常熟乎?纂修常熟志者,其先亡虑数人,而迄于今几八十年莫废。有文人管先生士恒者,聚书伴于邺架,博学富于惠车,毅然肩斯任焉。大都诸志稍略,以为纪载在前也;文献独详,以为考核在后也。书成而视余,谓:是举也,不解衣衾、不事颒栉者,逾年而始就。盖士恒自嫌其钝也,而余甚讶其敏也。张衡十年,左思一纪,而士恒仅逾年,何其敏也。事核而详,文简而密,何其裁也。余尝慨苏州郡志莫废,亦已百年。及今申、王二相国馆阁鸿裁,张、王诸君子山林名品,必能典掌校定如刘向、班固其人,而余未及造请。即士恒,今犹业公车,余又不能壹意造请,是余缺略之过也夫。夫使吴中有两士恒,即三吴文献之成,可濡墨含毫而待,乃何论姑苏志哉?

吴郡守丰城李右谏撰。

(《苏州旧志序跋汇编(府县志辑)》)

《皇明常熟文献志》序

[明]管一德

吾吴自鲁成公世始通中华,而常熟文献之传则已肇于三代。在太戊时,则有若巫咸。在祖乙时,则有若巫贤。父子相继为贤相,商道复兴。而其后虞仲来游,使天下后世晓然有味乎君臣、父子、兄弟之伦。子游北学,而天下文明之气益廓大而章施之。然则开吾吴者常熟也,而开常熟者文献也。历两汉、六朝、三唐以逮胜国,罕有闻人,文献稍稍诎焉。于是青乌家言始有谓"虞山重浊,琴河湮塞,故其人多温厚而寡才节"。

余不佞,则居恒叹诧,曰:夫远稽汉、唐、宋而近忘我明乎?夫汉、唐、宋吾无论,明兴以来,其世治乱,人忠邪,可指数也。独高皇芟刈群雄,而我常熟柔脆不与于武功耳!自是以后,一变而文皇之靖难,则黄钺自溺于琴河。再变而英庙之北狩,则程序殉难于土木。再变而逆瑾乱于朝,群盗乱于野,则蒋钦死谏,唐天恩死守。他如立朝,则李文安、严文靖之正直忠厚,陈庄靖、赵用贤之耿介刚毅;奉使,则张洪东入扶桑,南穷缅甸;

言路,则陈察上批逆鳞,下绳墨吏;廉介,则鱼侃馕粥不给;义侠,则王鼎为友复仇;艺苑,则吴文恪之详明,瞿文懿之尔雅,桑悦之宏放,杨仪之赡丽,丁奉之淹洽,邵圭洁之古练,孙楼之警敏,俱能润色虞山,增深琴水,庶可以追巫公、迹虞仲,而俎豆言氏之傍。以至近世修文砺行之属,尤不可殚记。

然则常熟之文献几塞而重开者,又自我明也。吾不敢谓青乌家言是也。迩者邑乘芜缺垂且百年,废先民盛德不载,灭世家贤大夫之业不述,非后死者之责欤?而秉笔之士相诿相推。夫孟坚《汉书》大家可续,董狐直笔执简可书。譬之一夫举鼎,负而趋耳,谋及万人,又谋及寄径之途,举将何日?

余故贫且贱,今则俯仰老矣,进不敢望二巫之相业,退不敢望子游之文学,而尚友一念若自天成,乃秉包诸乘,罗网旧闻,僭为纂辑,有善必书,间有负俗之累者亦书,甲是乙非者两书,惟稗官小说与夫后进讥弹之口,则阙而不书。不曲意雌黄,亦不巧作涂饰。盖垂成,而故宦子孙有以金币尝余者。余笑谓:"魏收求金,陈寿求米,千古谈之,犹为呕秽,而顾以尝披羊裘生,君不知故人矣!"其人亦笑而去。

盖分更分漏,凡六阅月而后成。二百四十年文物衣冠,灿然胪列。藏之虞山,传之通邑大都。虽不敢曰狐史,庶几不为秽史乎!题曰《皇明文献志》。不及明以前者,前志已备,不必复烦删润也。先文献者,其说在义例中。大都科第独详,而名宦人物、诗赋纪载以至山林隐逸、荜门圭窦之善,并而载之。凡得十有六卷。

万历乙巳,邑人管一德撰。

(《苏州旧志序跋汇编(府县志辑)》)

送翁好古教授广州序
[明]宋濂

郡府之设教授,自宋之中世始,然不轻以畀人。严立试法,即舍人院受题,呈大义五道,文入等者,方白省臣用焉。复虑无以统临之也,别设官提其纲要,司其举刺,验其惰勤,而惟恐有不及。至于闾里有出为句读师者,亦必从所隶属,陈试经义,弗悖于理者,始听。其法至详且密矣。或者犹病其不法三代大小学为教,而徒泥于训故文词之间。呜呼!可谓难矣。

近代以来,急于簿书期会,而视教民为悠缓。司学计者,以岁月序迁。豪右海商,行赇觅荐,往往来倚讲席。虽有一二君子获厕其中,孤薰而群莸,一鼓吻,一投足,辄与之枘凿。唯彼饮食是务,号称子游氏之贱儒者,日夕与居。是故稍励廉隅者,不愿入学;而学行章章有闻者,未必尽出于弟子员。论至此,宁不为之长慨。

今我皇明,一遵三代为治。初入小学,习以礼、乐、射、数。及升大学,则明修己、治人之道。且为之择师尤慎。府设教授一员,必试经义于铨曹,文既中格,然后白宰相署牍，俾权教职。三年有成，始令为真。其视宋益加密矣。四方风动，无不淬砺濯磨，以思显所学。

当是时，越有翁君好古，旧以名经举进士，兼工古文辞。有司荐之于朝，将官于州县，好古以目眚辞。众惜其才，不忍听其去，乃试教官，用为广州教授。濒行，陶参政中立、朱太史伯贤，既各有序赠之，好古复来征予言。

予闻之师曰："牧伯以政为治，校官以教辅治。"其职盖钧重矣。夫以一韦布之儒，获际昌辰，与牧伯分庭抗礼，得以施化民成俗之道，诚非细故哉！好古之行也，灵承皇上法古兴学之意，而尽革近代循习苟简之弊。闾里之句读师，必月会之，授以彝伦大义，使渐摩诱掖之，庶几相率而为进德之归。时虽不设提举官，而府尹之统莅，部使者之所核实，其法尤严也。岂无以好古学政之善闻于上者？好古勉哉！毋徒泥训故之繁文为也，毋徒溺藻丽之词章为也。好古勉哉！

（《宋濂全集·翰苑别集》）

送王明府之官序
［明］宋濂

我国家重于民社之寄，虽遐州僻壤，必慎选守令以抚摩其人民，苏息其凋瘵。而擢用人才之道，必以常从事于朝廷省部者为先，以其历练之精，而深达于民情政体也。会稽王君元凯，受命出宰夔之开县，告行于余，征言为赠。两川入我版图未久，其民新脱于锋镝之余，自非善于承流宣化者，未易以涵煦生息之也。庙堂之议，以为元凯久以文墨议论，赞佐春官，仪文礼法谙习有素，其为人持身砥行，又端谨清修，克称兹选，故有是命。

余闻昔子游氏之为武城也，以礼乐为教，而圣人喜之，此千载牧民之良法。而近世以来为县者，率以法度束缚而操切之。故礼教之泽，不下流于民，而醇风美俗罕或见之。今元凯之往，不惟使其百里之内政平讼理而安于田里，其所以化导全安之者，要必有其道矣。他日观风之使有言于朝者，曰："西蜀之地，有万家之邑。其令之治，先政教而后刑罚；其民之俗，好辞让而耻斗争。以故弦歌比屋，而囹圄空虚，虽在数千里之外，而蔼然不异乎邦畿之中。是宜旌褒其县大夫之能，以为在职者劝。"若然，必元凯之所治也。余在礼部，常知元凯之为人，今守职词林，秉笔史馆，晨入夜归，无敢暇逸。故于元凯之请，不及缀缉文辞为赠，而姑道其所期望者如此勖之。元凯其勿以余言为简也。是为序。洪武六年九月既望，金华宋某序。

（《宋濂全集·集朝京稿》）

《孝慈录》序
[明]朱元璋

丧礼之说，闻周朝已备，至秦火乃亡。汉儒采诸说以成书，号曰《周礼》《仪礼》，或云《新书》而未行。历代儒臣，往往以为定式，以佐人主。若识时务者，则采可行而行之。其有俗士，执古以匡君，君不明断，是以妨务而害理，中道废焉。朕观其所以，于事甚繁。

洪武七年秋九月，贵妃薨。敕礼官以定仪，诏翰林稽诸古典。三日而后来奏，人各以《周礼》《仪礼》以为定式。所云：父在，为母服期年；若庶母则无服。又引子游问孔子，鲁昭公之服有二，以孔子不许为必然。

朕思之再三，迂儒俗士果不识时务。孰不知，孔子之说有大义存焉。宰予问：期年之丧可服？孔子以为不仁。与昭公之事何异乎？不然。当是时，诸侯不有天王而自专，孔子务以三纲五常教不善。昭公，诸侯也，其丧礼久出天王，问孔子欲更其礼，可乎？在孔子必不教人不忠，所以不言期之非。及宰予闲居之论，孔子却言其非，可见母之期服不近人情焉。

今之迂儒，止知其一，不知其二，是古非今，昭然矣。且礼出于天子，上行下效焉。今天子、皇子，母服期，庶母则无服，五服之外则不服。若以其服为必然，则尧之德靡矣。尧乃亲九族，而平章百姓，岂独五服之外者欤！

于是命诸儒遍考诸书以报。又数日来奏：古今论丧服者，凡四十有二人，愿服期年者十四人，愿服三年者二十八人，比服期年增倍。由是观之，三年之丧，岂不合人情者乎！

夫父母之恩一也。父丧三年，父在，为母则期年，岂非低昂太甚乎？其于人情何如也！且古不近人情而太过者有之。若父母新丧，则或五日、三日，或六七日，饮食不入口者，方乃是孝，朝抵暮而悲号焉，又三年不语焉。禁令服内勿生子焉。朕览书度意，实非万古不易之法。若果依前式，其孝子之家，为已死者伤见生者十亡八九，则孝礼颓焉，民人则生理罢焉，王家则国事紊焉。

又闻周公《无逸》篇述殷王，中宗享国七十五年，高宗享国五十九年，祖甲享国三十三年。自时厥后，惟耽乐之从，或十年，或七八年，或五六年，或四三年，寿可稽而短者考，岂不明矣。然周公止知如是，不知定期服已失伦，终致后王寿短而社稷移者，亦由庶母无服焉。或父归而子乘之，人伦安在？所以寿促而王纲解。迂儒茫然哉！

朕观宫生之君，好内山林之士，任为股肱爪牙，暴贵其身，致君牵制文义，优游不断，国之危亡，非迂儒者谁？其丧礼之论，时文之变态，儒乃不能审势而制宜，是古非今，灼见其情，甚不难矣。

每闻汉唐有忌议丧事者在。朕则不然。礼乐制度出自天子,于是立为定制:子为父母,庶子为其母,皆斩衰三年。嫡子、众子,为庶母皆齐衰杖期,使内外有所遵守。

(《明太祖集》卷十五)

送梁宏省亲还广东序

[明]方孝孺

木不必皆产于泰、华,求其足用而已;玉不必皆出于荆、蓝,惟其可宝而已。材能之士何必皆齐、鲁、韩、魏之国哉!苟能任之,四海之内,无不可用者。不善任使,虽邻里之人,犹且相猜,乌足为治乎?昔尝称南士轻剽,不可当大事,此北人自私之论。三代圣人非不欲用南士也,限于封域,不能有其地,虽欲用而不可致尔。《春秋》寓周之法,不鄙季札。孔子论文学,不鄙子游。使孔子居乎位,其将不用南士乎?亦将用其才也。汉之时有徐稚,节行高当世;三国魏晋以后,士之可称者多南方之人。唐之时,与魏徵齐名者曰陆贽,为宰相有行义者曰张九龄。贽吴人,九龄南粤人也。宋之盛世,有杜祁公衍、范文正公仲淹,皆居吴越间。其后立功名,有文学者,率多江淮以南之士,孰谓不足用哉?世之取法以为程准者,莫过于孔子,而孔子未尝鄙南士。言治道之盛者,莫过于汉唐宋,而未尝不用南士。然则论者果何所本哉?其不足信亦明矣。

今国家知其然,凡任人命官惟以材,而太学之生,海内之人无所不有,已可以矫论者之弊。而自私之人犹窃窃相訾不置,何其甚惑耶!夫天之所以授人,使为贤愚不肖者一而已,何有南北之殊?国家尽有宇内,视四海皆其闉阇,何尝有所偏厚?而云云者,譬之群儿相詈于慈母之前,是可笑其无识也。然南士亦有过焉,诚使能自治其身如古人,立乎朝则著忠谠之声,处乎大位则政修而事治,论者之喙将自息矣,何以空言为乎?

太学梁君,南粤人也,入学二年,其师材之,其友敬之。其将归觐其亲,其乡之人蒙由道来言,吾故以南士之说赠之。

(《方孝孺集》卷十四)

送天水胡公序

[明]王宠

自秦郡县天下而有郡县吏,秦吏大抵皆酷也。汉良吏为盛,班固氏传循酷而吏道备矣。余读《循吏传》,论考其世,未尝不喟然叹也。盖钩奸摘伏,取威树声,赫赫乎若揭日月而行者,世所称良也。至若风学敦礼、植本培化,使民回心而向道,汉吏亦无几焉。夫以循名者犹然,而况其下乎?我皇明受命溥将,疆理万国,循吏如林,然窘于期会书牒者繁焉。故圣人作而化窒,礼乐衰而风微,荐绅先生所扼腕也。

嘉靖癸未，吾师天水胡公自皖守徙吴。吴启于泰伯，春秋时有季札、子游辈兴，故其民以廉让、文学相高，犹有先王风也。然濒海下湿，土浮而民惰，卒难帖服，亦其地然也。公下车，葺泰伯之宫，崇子游之祀，广厉学宫，躬帅诸生习射、乡、冠、祭之礼。饬匏弦管，祝金玉之器。磬折盘辟，示以揖让。执经讲解，与相问难酬答。褒其异者，降为主客之仪。不期月而吴之风泱泱矣。夫吴号难治，以金谷溢腾，宾傅狼藉，吏隶舞法，谤剌丛兴也，而教化独阙焉。岂非隆本抑末、颠倒无当哉？公超然远览，独追古之人，而与之上下摹画，奋以泰伯、子游为必可师，而进我吴于三代之列。故化易行而功则倍，信道不惑之验彰明也。使吏天下郡县者，皆如吏吴之吏，王道成矣。乃夫廉以远利，明以谳狱，详以理赋，严以督奸，俭以节费，恤以柔民，皆炳然为天下称首。而求所以纲维鼓运，回斡转易，则唯古之道。故略而弗著焉。乃丁亥之秋，圣天子擢公为山东左参政，吴民丁壮号哭，老人儿啼，曰："公去我乎？民将安归？"于是其门人王宠识公为政之大者，以序其行，以为他日传循良者告也。

（《王宠集》卷九）

乡耆赵翁七十寿序

[明]孔天胤

余读夫子"父母之年，不可不知。一则以喜，一则以惧"之训，以为此亦人子之恒情耳。而圣言垂宪乃如是之谆切，何耶？及读孟子"人少则慕父母，知好色则慕少艾，有妻子则慕妻子，仕则慕君，不得于君则热中。大孝，终身慕父母"之言，而后知孩提之童，无不知爱其亲者，良心之始然也。及其感物而动移，随事而迁改也，斯有不爱其亲者矣。不爱则不之慕也，不之慕则不之知也，不之知则其喜也孳孳焉，惟得其私之为也；其惧也孳孳焉，惟不得其私之为也。一心之微，众喜纷之，群惧殽之，几何而能及其亲也？昔者子游、子夏、曾参同受教圣门，求仁体孝以事其亲，然游或优于饮食而短于敬，夏或长于服劳而少于色，求其善养志者则参焉一人而已，其余固已难矣。是故夫子之教人孝也，自知年始也，盖自良心之爱易知易能者发之也。今匹夫匹妇虽号称至愚，然于其亲之生日也，必有以乐之，而为之拜焉觞焉；虽身处异域，亦必感时兴怆，而为之忆焉唶焉。何也？良心之不容泯也。然则感发人子之良心，最为切近而易晓者，莫大乎知父母之年矣。知则能爱，爱则能慕，慕则能养，故一日之养重于三公也，如之何其勿喜？三秉之荣不俟终日也，如之何其勿惧？夫百年之内，喜也，以吾之养亲之日永也；惧也，以吾之养亲之日有限也。乃孟子所谓"终身慕"也，曾之孝，舜之大孝，繇此其广之也。是故"圣谟洋洋，嘉言孔彰"者，百行之源也。诵法孔、孟，表里《诗》《书》，介亲之寿，永保康福者，万夫之望乎！

乡进士赵文冈子，聪敏诚懿，夙能孝养其亲，盖身体先圣知年之训而有得者。兹于其尊翁七旬之岁,令诞之辰,奉觞称寿,以展家庆。情文烁于襕彩,孝养芬于鼎颐,而同游之侣,通家之旧,各以其豹蔚之文,鹤算之祝,彬彬而来也,所谓"跻彼公堂,称彼兕觥,万寿无疆"者也。太老先生目睹兰桂森庭之仪,耳聆丝竹侑觞之响,心和锡纯聚顺之致,神游无怀葛天之野,陶陶焉,融融焉,不知老之将至云尔,望者以为仙也。而文冈子之喜焉,而可以无惧惧焉,而可以长喜者亦可知也。然世之欲如曾子之孝者,穷居可能也,以禄养不可能也;欲如舜之大孝者,穷居可能也,以天下养不可能也。文冈子羹墙思舜,三省学曾,既以登氏贤书策名天府矣,行将跻膴仕,禄万钟,日羞五鼎之珍,以隆爱日之诚,其谁不曰文冈子之孝,不可能也。虽然,曾子不为窘身以约其亲,文冈子亦不以未仕而不为亲寿,其仁孝之志,亦已不可及矣。故曰:万夫之望,文冈以之。

(《孔文谷集》卷三)

赠宋伴芦先生通判黄州序
[明]孔天胤

天子于大郡置守贰之臣,以奠邦国。若通判者,于郡事靡不关决也。必其人才有德焉,而后可以弘赞襄、广忠益;学有文焉,而后可以美敷陈、光润饰。盖不徒解诂经训、明习法令而已。昔者子游、子夏皆有大才德,独以文学名圣人之门,诚学以广才,文以经德。以故游之武城,尚弦诵而修礼乐;夏之莒父,略近小而图远大。非其道与?若二子之于天下可也。

比黄州府通判员缺,适调我学正宋伴芦先生补之。先生有敏硕之才、恺悌之德,自起家贤科,通仕籍,出入文学之林、政事之司者十有余年,则阅历之甚深,操履之甚信,淹贯之甚详,综理之甚悉,其于判也何有?先生之教人也敬以宽,其与物也和以厚。敬以宽,故弟子日入其熏陶而其兴也勃焉;和以厚,故僚寀皆爱,署邑皆见思,其于判也何有?除书既下,太守闻而迎之,喜其良佐之来也。夫题舆以待仲举,解佩而赠休征,兹非其时哉?汉世称盛得人,及推儒雅则公孙弘。弘岂游、夏之匹乎?直亦遇其时耳。今先生当弘之时而有游、夏之实,其之大郡,犹驾轻车,就熟路,按辔徐行。第骎骎不已,必至天之衢也。

兹文斾将发,聘主考陕西乡试,称品藻得俊。十月还汾,始南迈,官僚及弟子送者蔼蔼依依,因请余为纪其行。时余亦与供祖帐,斯序之如此。

(《孔文谷续集》卷一)

《望云祝寿图》序
[明]孔天胤

嘉靖己未九月廿有三日,为杨母太夫人连氏七十诞辰。时其子前原君司训汾学,以不得亲承膝下奉觞上寿为歉意,忽忽如有所思而不自醳,色如不豫者然。诸生跽而请曰:"人子之孝其亲者,大率以承颜色、备甘旨为善事之能者也。然而有进于是者,则顺志之为美,禄养之为荣。古之人有行之者,曾子是也。孟子述其事而称之曰:'事亲若曾子可也。'昔者子游、子夏皆不离其亲之侧,而日以味颐,夫子皆弗与焉。曾子徇禄三釜,盖涉远游,而其孝顾卓绝如彼,岂非真有进于恒情之外者哉?太夫人贞惠慈宣,教吾师以明经励行之学,其志实欲膺一命之寄,沾升斗之禄,外之则于物有济,内之则于亲有养也。吾师体太夫人之教,竟明经励行,拜师儒之职,用迪我多士,端雅而敬敕,勤恳而善诱。我多士式遵允蹈,故趋步师门,实远被太夫人之休泽,不可谓顺志以为美乎?虽官卑禄薄,然分而致养,犹愈于菽水之贫者也,不可谓禄养以为荣乎?且嬉娱堂阶,儿女毕集,四邻斗酒,庆康祝禧,太夫人今岂少哉?又孰愈荐绅彬彬、衿佩济济,出仁义之言,彰礼乐之文,环桥门而颂之也?是大君子之孝固与众庶异,吾师乃善学曾子而有得者。即其一念之诚,固已建诸天地而不悖矣,而何芥胸情于离合之间哉?"

前原君于是意平色怡,整衣冠,望青天白云,百拜太夫人称寿。诸生即取其事绘图,乞余叙之,而使人驰献太夫人。

(《孔文谷续集》卷三)

《重刊校正唐荆川文集》序
[明]王慎中

吴之有文学旧矣。诸樊为国,断发之治未变,盖方甚陋,而公子札已能尽通易、诗、书、礼、乐六艺之文,以观于中国,则名卿硕士有愧于其所知,悦其说之博雅而慕之如不及。孔子教于洙泗,来四方之学者,则言偃逾江蹈淮而往游焉,卒以文学列于大贤之科,南方之精华为之尽发,而孔氏之道资其言之有文以行于远,至于今为烈,盖其盛如此。画长江大湖以为国,方地千余里,林麓川泽之美殆不可数,而光英冲粹之所渐涵磅礴于其间二人而已。虽其甚盛,而亦岂非难哉?吾于二人读其书、观其言,尚而友之,而庶几知其人。于今所见而及与之为友又得一人焉,毗陵唐应德也。君于学盖所谓得其精华,其于言可谓有文而必行于远者也。其文具在,学者苟读焉而思,思焉而有以得之,则知其心之所通于季札孰为浅深,言之所成于子游孰为先后,有不可得而辨者矣。君仕为翰林编修,复为太子司谏,皆以守道直己之志,弃去不啻弊屣,有吴公子轻千乘之国之节。其文之以礼乐,得言氏之传,而廉隅操行必谨于一介之取予,刚果自断,不可以威武利禄诱屈也,尤足以辟夫偷懦惮事、无廉耻而嗜饮食之消。上下二千余岁之间,吾谓吴有文学三人焉,不为过也。季札之生,其国虽尚陋,然先君端委之遗教犹存,而子游得仲尼为之依归,其成此非难也,唐君独起于千载之后,追二人者而与之并,岂不为尤难哉!君行年四十,其学将进而不止,其为文将日益富而且精,且予之所见如此,已可传也。无锡安君如石子介慕君之学,得其所为诗文汇而刊之,以与同好者共,安君之趣尚如此,岂凡人之所及哉!嘉靖己酉冬十月望,晋江遵岩居士王慎中思甫序。

(《唐顺之集》)

萧令世登被旌序
[明]赵时春

今天下之令皆难,而平凉尤烈。令,牧民者也,民流散则令□焉,牧而无以顺上,孔子曰:"下不获乎上,民不可得而治矣。"欲获上必信乎友,信友必先顺乎亲,必先诚诸身,诚身必先明善。今县令内江萧君奋自贤科,师紫阳,其于诚明之训,殆衣食而寝处之矣。故抚疲瘵而能称上意,巡按御史令县曰:"萧令才,其旌以嘉币羊醴。"诸生以为令荣,请余称词以置诸坫。

夫诚明,圣学也,先师以归下位者,何哉?非独以居下之难于为上也,亦曰居下者自视常卑,而不以大道自任耳。言子游知孔子之意,令武城而施教成,孔子悦之,而忘其前语,乃戏曰:"割鸡焉用牛刀。"子游,吴人,未习鲁语,以师旨对,孔子乃曰:"女是也,吾戏也。"夫称大道以治小邑,孔子犹以为戏也,而况今之世乎?诚明之说,三尺竖类能诵之矣,而宿师宗工莫能行也,余胡举以相方哉?虽然,明是实理,则行是实政,而臻是实效,乃实理也,而何疑乎?举君子而告之曰:"令宜民则君子必考其实也。"必人富而家给也,否则怫矣。遇小人而诳之曰:"我善事上,唯所命之供也。"彼亦必考其实也。所共实,是所欲也,尤不可伪焉。诚也者,小人所不能违也,而况于君子乎?令君实用力于是焉。考诸民,反乎身,千百其功,而毋少息画,子游之业不远矣!余何幸而身获见之乎?庸以是祝,毋曰余为不诚语也。

(《赵时春文集校笺》卷九)

送陈佥事序
[明]茅坤

大理寺左寺正陈君,擢广东按察司佥事,领高肇以西。右寺正颜君而下,谋属赠言于予佐其行。嗟乎!予能助陈君乎哉?高肇僻处百粤南徼,去京师万里,按《图经》及传记所称,其土椎髻而跣,先王之所不能正朔也。汉以来,稍稍郡县之,上下数十百年,小吏之编输而治租赋者,亦数矣。闻其夷獠之习,相错嚣然,犹旧之十五未已也。岂五方之人不相适,譬之寒燠燥湿,区区鸟言之裔,固不可勤之以中州欤?抑亦中州之才吏,或不及至游于其土;间至者,特簿书、绳彀,无以先王之道导之者与?窃怪予吴越于春秋时,齐、鲁、宋、卫、曹、郑、中山之君尝夷之,不以与盟,当不能半今之高肇之区也。子游以布衣崛起其间,而北学于中国,翻然遽能引孔氏诗书之旨,修饰其俗,吴越之教,于今首功也。况乎陈君者,世之才吏,持明天子玺书而监视数十州县之民与有司,朝席而暮禔之,使能以子游之学而南面端委以临焉,其何有于吴与越乎!过南海,甘泉先生在焉,或所谓南方之学得其精华者,斯人也。君能过而学之,当必为助于君矣!

(《茅坤集·茅鹿门先生文集》卷十)

《八大家文钞》总序

[明]茅坤

孔子之系《易》,曰:"其旨远,其辞文。"斯固所以教天下后世为文者之至也。然而及门之士,颜渊、子贡以下,并齐鲁间之秀杰也。或云身通六艺者七十余人,文学之科并不得与,而所属者仅子游、子夏两人焉。何哉?盖天生贤哲,各有独禀,譬则泉之温,火之寒,石之结绿,金之指南。人于其间,以独禀之气,而又必为之专一,以致其至。伶伦之于音,禆灶之于占,养由基之于射,造父之于御,扁鹊之于医,僚之于丸,秋之于弈,彼皆以天纵之智,加之以专一之学,而独得其解。斯固以之擅当时而名后世,而非他所得而相雄者。孔子没,而游、夏辈各以其学授之诸侯之国,已而散逸不传。而秦人焚经坑学士,而六艺之旨几辍矣。汉兴,招亡经,求学士,而晁错、贾谊、董仲舒、司马迁、刘向、扬雄、班固辈,始乃稍稍出,而西京之文,号为尔雅。崔、蔡以下,非不矫然龙骧也,然六艺之旨渐流失。魏、晋、宋、齐、梁、陈、隋、唐之间,文日以靡,气日以弱,强弩之末,且不及鲁缟矣,而况于穿札乎?昌黎韩愈,首出而振之,柳柳州又从而和之;于是始知非六经不以读,非先秦两汉之书不以观。其所著书、论、序、记、碑、铭、颂、辩诸什,故多所独开门户,然大较并寻六艺之遗,略相上下而羽翼之者。贞元以后,唐且中坠,沿及五代兵戈之际,天下寥寥矣。宋兴百年,文运天启,于是欧阳公修,从随州故家覆瓿中偶得韩愈书,手读而好之,而天下之士,始知通经博古为高,而一时文人学士,彬彬然附离而起。苏氏父子兄弟及曾巩、王安石之徒,其间材旨小大、音响缓呕虽属不同,而要之于孔子所删六籍之遗,则共为家习而户眇之者也。由今观之,譬则世之走骎袅骐骥于千里之间,而中及二百里、三百里而辍者,有之矣;谓涂之蓟而辕之粤,则非也。世之操觚者,往往谓文章与时相高下,而唐以后且薄不足为。噫!抑不知文特以道相盛衰,时,非所论也。其间工不工,则又系乎斯人者之禀,与其专一之致否何如耳。如所云,则必太羹玄酒之尚,茅茨土簋之陈,而三代而下,明堂玉带、云罍牺樽之设,皆骈枝也已!孔子之所谓"其旨远",即不诡于道也;"其辞文",即道之灿然,若象纬者之曲而布也。斯固庖牺以来人文不易之统也,而岂世之云乎哉!我明弘治、正德间,李梦阳崛起北地,豪隽辐凑,已振诗声,复揭文轨,而曰:吾《左》,吾《史》与《汉》矣。已而又曰:吾黄初、建安矣。以予观之,特所谓词林之雄耳,其于古六艺之遗,得无湛淫涤滥,而互相剽裂已乎!予于是手掇韩公愈,柳公宗元,欧阳公修,苏公洵、轼、辙,曾公巩,王公安石之文,而稍批评之,以为操觚者之券,题之曰《八大家文钞》。家各有引,条疏如左。嗟乎!之八君子者,不敢遽谓尽得古六艺之旨;而予所批评,亦不敢自以得八君子者之深。要之大义所揭,指次点缀,或于道不相戾已。谨书之,以质世之知我者。万历己卯仲春归安鹿门茅坤撰。

(《茅坤集·茅鹿门先生文集》卷十四)

赠唐曙台父母入觐序

[明]胡直

君子之学,始于仁身,终于仁天下后世。夫君子一身,何以能若斯远且大哉?惟仁则非独四肢百骸身也,其在天下后世畴非身也,吾以其宰四肢百骸者,命令天下后世,各以其相宰者仁其身,而君子其庶仁矣哉!当其在上,为君而明明,为相而休休,咸必曰吾为天下得人以为仁,而处于其下,日命令天下后世相宰而为仁,乃所为左右君相,以毗得人而仁其用也。吾尝譬诸医国者,采择上药以仁主人缓急,其视为人解一纷拯一厄,其功岂百一论也。然而君子惟曰:吾以既吾仁,而他非所知也。昔者子游为武城,夫子问以得人,儒者止知其足以益政,而未知夫子之意盖出此也。吾邑人文陵夷渐矣,自唐曙台公以更贤来,首政在易俗节靡,而尤孳孳务典人才,日进诸生,从业举中讲习,卒泽于道,其意其饥渴。今翩翩与计偕,陈生以跃、秉浩,梁生滂,廖生同春,康生梦相,皆朝夕侍更端,高第弟子也。于是吾邑中皆感公善能作人,奇诸子得师,行且汇征,予则知公之为天下得人毗也。公以是月某日戒车入觐,此四五子者请为赠,予以为公持此报主上,较四方循政孰功哉!孰功哉!公志在既吾仁,不自功,公且为吾君相进明明休休之道,其亦不逾此夫。

(《醉经楼集》附录四)

虞山书院月讲义约序

[明]黄家谋

瀛海耿先生令虞,浃岁而庭无留狱,海无飞艘,道无拾遗,五百里内直鸣琴而治。尤惧正学久湮,贤迹芜废,寻学道书院遗址而重复之。院自宋元迄我明,时废时兴,而稍振于王永嘉,复旋毁于江陵。至先生慨焉经始,结构精密,规模宏敞,树色山光环而映带,遂成大观。工既竣,为谂于众曰:"是举将徒复旧名乎?将复所蘨称名之实乎?实之不返,名于何有?"乃以月之三群多士课艺其中,月之九会大众讲道其中。四方负笈来从,一时桥门观听者盖趾相错焉。余不佞,每从先生后谒圣贤,坐讲席辄作而叹曰:"书院毁几三十年,地且鞠为园蔬。有道君子吊其墟者,仅以歔欷欲绝之意,付之荒烟断碑。而今堂伟舍精,庙貌神位,骇目悚心,人人若新识一言子。"然者先生为功德于虞,不至巨且远哉!第庀材程工,捐先生之俸,期会约束,殚先生之神。其月有讲,讲有供,需先生之筹。无不劳也,无不剧也。而先生一意于继往开来,政不自谓劳且剧也。行两年,贤缙绅、孝廉暨茂才辈登堂入室,摄威仪,崇原本,得力者戒慎恐惧,会心者鸢飞鱼跃,恍然身游杏坛、洙泗间。谓是生我教我,顿令圣贤二千余年以来一段精神,旦暮遇之,尽仁侯赐也。吾党不忍顷刻忘此大德,更不欲须臾虚此盛遘,前者输力,后者输供,子来之谊,应自尔尔。愿次第任讲堂事,以薪永永,则仁侯之典在即,仁侯之教在约。甫立,会先生秩且满,将应内召,诸盟义者益恐后,乃介孙子桑、徐长发请余。不佞曰:"敝邑志道者,议共襄院事,敢丐司铎为倡?"余不佞,曰:"勤讨论,证心性,此是诸君子千古勾当。余不佞,何人敢言狎主?然幸承乏名邦,寤寐往哲,顾以悠悠一念,逊于盟讲,负诸君子,是负先生也。而窃有过计焉。《诗》曰:'靡不有初,鲜克有终。'今而后约不由中,何以周信?果皆有嘉德而无违心。先圣先贤在天之灵,实式临之,慎毋使可寒。"两君方踊跃就盟,前而申曰:"人人肯办,必为圣人之志。如是端倪,如是究竟矣,何虞盟之不终?"敬订以每月九日,依所列之次任其劳,而属余不佞弁册端。

(《常熟言氏家谱资料二种·言氏家谱》)

《虞山书院志》序

[明]王穉登

吴,故荆蛮之国也。自言公北游为圣门高弟,以文学与颜、闵诸公并列,而后南方之学得其菁华。今之文献甲于海宇,何莫非公始哉?乃其故宅荒于蔓草,遗井没于民居,弦歌礼乐之化,几于迹熄。吏兹土者,惟头会箕敛,催科案牍是急,何暇陈诗书论道德,以化民成俗,如所谓学道爱人者哉?瀛海耿侯甫下车,睹邑政弊甚,则曰:"不刑乱民,不可以治。"于是取吏舞文、民玩法者,悉置于理,发奸摘伏,咸称神明。海堧巨猾薮,绿林匿亡命,白昼杀人于鲸波之中。侯一一名捕系狱,竿首藁街。而后闾阎安堵,桴鼓无警,民熙然有乐生之气。侯曰:"既富方谷,是可教矣。"乃即故虞山书院鼎新之,剪薙荒秽,崇饰堂宇,祀言公于其中。庙貌钟虡,焕然一新,讲堂丙舍井如翼如。巨儒鸿彦礼聘而至者,俨然皋比之席,四方人士裹粮蹑履,猬集麇进,相与穷天人之奥,阐性命之微,无不勃窣理窟乎。侯益捐俸钱、赎锾之羡助,饩牵给膏火,吾伊声彻夜矣。时时与客载酒来游,登高骋望,吊虞仲之遗墟,陟巫咸之旧陇,憩昭明之荒台,汲言公之遗井。与从游诸子论道讲书,扬扢经史,察民风,询土俗,觞咏啸歌,竟日忘返,庶几风雩、采藻之乐。与抚中丞部使者露章并荐政府,以海虞治行为江左诸邑最,尺一玺书,既下,乡士大夫、父老子弟遮道借寇者相踵,枳其轮不得行。侯敬谢:"劳苦诸君,不佞令治邑无状,藉言公遗教,与民休息,其获免于谴责者,则皆公之绪余也。今行矣,惟是书院者,不佞令所为,苦心左枝右梧,三载而后成。诸君不忘令,幸无忘书院。书院不废,即言公之文学不坠于地矣。不佞令何敢忘诸公之休明?"余叹今之绾铜墨、剖竹者皆耿侯,若何患文教不兴哉?奈何腰章手板,奔走以事上官,如救头然,惟恐不免。吏议所称贤有才者,不过读城旦书,持文墨议论足矣。安得文学吏治如侯之善学言公乎?书院之兴废,是在后之人,焉能必人人耿侯也?太原王穉登撰并书。

(《常熟言氏家谱资料二种·言氏家谱》)

形胜叙（节选）

[明]俞汝楫

按旧志,虞山长一十八里,其高处在城外者什之九,在城内者什之一。城以内由清权祠东折而南,即子游墓。从墓而下数十步有影娥川,昔人作亭于此,为文士游息之所。今亭废矣,一水尚泓然可掬。从墓道西折而南百余步为"初平石",更南数十步为石梅涧。书院在山之麓,当虞仲、子游两墓间。直下三百步为文学里,迤北西入,堂室精舍与言子祠杰然鼎峙。从言子祠出游艺门,北通射圃,南达讲武厅,而中为弦歌楼,楼高三十余尺,山南诸胜毕献目前。楼前有池,名曰"洗砚"。盖城内山南一隅,泉石祠宇分奇缀胜,而书院实全收之,亦虞山有灵秘,此胜地以开千万年道脉之传也。

(《常熟言氏家谱资料二种·言氏家谱》)

《虞山书院志》序

[明]张以诚

天下之普泛无私者,道也。专一有方者,学也。道则匹夫匹妇无不该,而学则君子事也。君子学又以教天下之不学,故曰:"学者,觉也。不独自觉,还以觉人也。"言夫子之言曰:"君子学道则爱人,小人学道则易使。"夫小人之于学,岂亦孜孜矻矻,庄坐雅读而学之与?不过闻所闻焉,见所见焉,而善念勃然兴,非心瞿然化矣。彼君子之学,其兴起于先王,景行于前哲,亦何以异此?然则学不在颂读,而在此勃然、瞿然者也。此勃然、瞿然者又必有触而动。故君子欲移天下之心志,必先正天下之见闻。欲正天下之见闻,必先导之以礼乐,如入庙思哀,过阙思敬。哀与敬,非吾心与,何待入庙、过阙而后动也?夫安有宫墙万仞,入其门,升其堂,见宗庙百官之森列而不敛容易志者,见学士先生之盘辟有礼,诵说先圣,阐发道义,而不悚然承听者?入而敛容,出而戏渝,闻教而竦听,私居而无所不为,嗟乎!是亦非夫矣。君子不忍以此概天下也。故学必有讲,讲必有会,会必有堂,所以为节礼乐、端见闻、移心志之具也。虞山故有书院,因先贤言子旧祠云。祠起于有宋,院建于有元,盛于国朝,世庙时而毁于江陵相之当国,院毁而祠以先贤故得不毁。今河间耿侯来令常熟,慨然以表章先贤,兴起后学为己任,考故址而鼎新之,名曰"虞山书院"。所建有讲堂,有经房,有精舍。经房以奉先贤,精舍以尚友,诸子各绘其象而镌之,各有赞辞,有所北面,有所比肩,以示愿学之有在,规制备,宗统明矣。则与诸缙绅先生、青衿之士约为文会,为讲会,会有期。及期,即四方同志之士皆至,推有道术者主盟,随问剖析,有所发明,授之笔记,皆可印证圣学,而其进退揖让彬彬焉,雍雍焉,有礼节乐和之意,足使人闻且见之而勃然、瞿然化者矣。诸友虑其久而或湮,为《志》志之,自形胜、艺文、建置之属,凡若干卷,犁然大备。属不佞以诚序之,又申之曰:"言夫子之在圣门,颜、曾之亚也。曩宗像志中已见大意。子谓何如?"不佞伏思之先贤所为文学之选也,然文为何物,学为何事,必有见道者存。且当时及门诸子,仕于列国,不过富强取效,谁能以礼乐淑人如先贤者?礼乐本于中和,中和本于性命,不能有之,谁能似之?夫有虞帝之盛也,周南王之隆也,然问其治,不过曰舞干羽于两阶,不过曰男女异路,颁白不提挈,士让为大夫,大夫让为卿。而有苗来格,虞芮质成,化之四讫,若彼武城弦歌,何多让焉?故一礼乐也,为之堂上而达之天下者,有虞与周南。化于境内、阻于境外者,武城也。千载之下,其使闻风而起,一也。夫子喟然于春风沂水之曾点,莞尔于割鸡牛刀之言子,不言之意,千载谁知?夫君子之教,不能及于当世则以待后之闻风者,不能遍于天下则姑就吾身之所及者。虞山之有会,有院,有志者,亦此意也。后人闻耿公之风而兴起焉,安测其教之所至哉?不佞不及讲席之末,不敢深言,聊叙耿公立教之意,以自附于执鞭云。

(《常熟言氏家谱资料二种·言氏家谱》)

重建吴公祠序

[明]吴讷

尝闻尊道有祠,为道统设也。今之郡邑学校,各祀乡之先贤者,因礼有祀先贤于东序之文也。盖以其立德立功立言,足以师表后世,轨范薄俗,故在乡邑特立祠以祀之。常熟吴公言游氏,旧有祠在文庙之后,幽僻狭隘,制度弗称。伏蒙侍御公躬谒其祠,顾瞻徬徨,慨然有重建之志。遂委郡僚佐,暨学官廪增生员及其后裔,相度亢爽宽平之地迁之,皆以为学宫东偏隙地为胜。乃经始于成化庚午三月,讫工于次年九月,不伤财,不害民,而事易竣。既而祠宇聿新,像貌严饬,幽有以妥于神灵,明有以励乎风俗。乡人莫不争先睹之为快。公六十五代孙言江,感其弘功茂绩,蒇以致洢埃之敬,嘱讷序其事以颂之,所以敬愈久而不忘也。予以老耄才疏固辞,弗获,乃言曰:"吴公为圣门高弟,登十哲之列,擅文学之科,化蛮夷之邦,成东鲁之风。其宰武城也,遵爱人易使之说,垂经世之训,岂非能以道为治而传圣道者欤?其德立功立言立为何如,故既得以通祀于天下,而又专祀于乡邑,所以昭是邦文物之懿也。然微侍御公景行先哲之盛心,则亦莫能倡其始而成其终也。岂非为政之先务,感民之化机欤?恭惟侍御公明修己治人之道,蕴经邦济世之才,握朝廷之纪纲,司天子之耳目。一令之施,奸邪莫不畏服;一言之出,民莫不信从。其德其功其言又将超轶于前人。是则圣道之传有不得辞焉者矣。"谨进刍荛之言以颂之,庸以寓江谢忱之万一云。成化辛未岁九月既望,海虞八十四翁思庵吴讷赠钦差巡按、直隶监察御史胡君汉重修先贤祠序。

(《常熟言氏家谱资料二种·言氏家谱》)

言氏宗谱跋
[明]张鼐

尧舜禹汤,文武孔子者,天地间大宗派也,不待谱而传也。无论六七圣人,只此末世之人,卓然自见本体而能信受者,是亦圣人之支属也,亦不以谱而传。言氏之系,因言氏有也,谱之可谱者也。圣贤脉络在千万世,如人气血行于一身,顶踵发肤无处不到,可得谓顶是而踵非,肤亲而发疏乎?虽谓千万世,学道之人尽是言氏、曾玄可尔。而言氏之裔居于此地千百年,言子之脉络非第传于不可知之人。而言氏生其乡,习其世之遗能,超然风尚而不尽受变于习气者,盖言子之泽大而远也。夫谱其可谱者,以兴起其苗裔,而繁其卓然信受之人。心是信而征之之道也。夫虞山之教大矣,慎无据此为言氏谱焉。

(《常熟言氏家谱资料二种·言氏家谱》)

《虞山书院志》总序
[明]张鼐

天地何为而开辟也?人心无二妙明,天地无二血脉。合之而开,离之而塞。而有人为主之,则一时灵气闭泄,亦系乎其人。尧、汤、周、孔嗣续之数递皆五百,其时止有危微一派。而孟轲氏死,微言大义遂几于中绝。汉唐之际,董子、杨子、文中、昌黎之属,皆得其近,是以为小明;而宋之元公、明道,诸儒出而乃为大明。其指点渊微,直捷能令饿者不容不食,痒者不容不爬,而后末流之弊浸作道理以解之,遂于当食、当爬之故极详,而自食、自爬之妙绝少。迄今,鹅湖本旨原无同异,而藩篱附会者水火之,以开后世拘儒之惑,此非天地间开中之一闭耶?

明兴,河东、文成、新会诸大儒卓然发抒,光明千古。修者抉躬行之本,悟者领一贯之契。而后之学者舍功夫而寻议论,逐墙壁而遗实用,承袭显宗而见岐于宗之执,依倚强辅而讼聚于辅之偏。是是非非,了无体验,而实用不征于家国天下。吾尝论学道,第不见其用处耳。未有一身可用,天下国家可用,而犹有同异分别之可言者,故建安、青田皆吾师。河东、文成、白沙之血脉,至今流通于天下,则惟其可用者信之,固不在意见卜度、口舌分析之可以明道也。嗟乎,令学道而人人能用,其为灵气畅达光明,可胜道哉!虞山书院倡而与东林相发明,大江以南知有近里着己一路,而又能破局面典要之执,以印合于性天而见之于实用,则皆其令公耿先生倡之。令公之治民也,顺而肃,敬事而有成,物物付其愿,而己甚简且暇。令公之学见诸用矣,江以南自言游出而道脉开,然迄未有指点真考亭、真子静融通明达以求有用于世者,乃今东林溯躬行之实,而虞山提性天一贯之源,往来而通彻之,江南之学脉于是乎合于大同,岂非天地至此而一开辟哉?吾闻先是十年,海虞学宫有白光数丈,从鸱吻而起,亘青霄而不歇者三日也。乡之贤者孙先生曾作颂纪其异。夫天地灵气有开,而先于以兆今日大道之光明,岂偶然哉?乃令公则又其待而行者矣。故曰:虞山之志非直志虞山也,志河东、文成之传,以合于建安、青田之本旨,而存上古五百年一开之脉于天地也。遂纪其大同者,而为之序。万历戊申岁六月望后华亭张鼐世调甫记。

(《虞山书院记》)

《虞山书院志·地胜志》序
[明]张鼐

滨海而国曰虞,其山曰虞山,皆以虞仲传也。或曰:"商巫咸居虞山,在虞仲前,虞仲让国居其地,为商逸民。后七百年而言子出,则地之胜又以言子传矣。"嗟乎,桑沧有改,山陵可移,古来灵异之区,埋没莫可记者多矣。而兹山之胜,代封而识之,以迄于今。夫地灵安能以久特闻,亦千年人心,自有虞仲、言子者在,而表彰之不能已,只此一点,不因沧改,不逐陵化。山非山,水非水也。令公辑而新之,为书院堂圃楼台,冈不增而饰焉,以传其胜。夫此邦之人,善让而彬彬有文学其素也。令公直欲引其千年来表彰一念,而使人人识其所为,言子、虞仲者以归之于圣人,是令公之纪胜,又不在山水灵异之间也。

(《虞山书院记》卷一)

《虞山书院志·先贤志》序
[明]张鼐

地之灵千年一泄,而其间为明道之人。然人实有灵不倚地而生也,而人之灵亦可传亦不可传?如谓不可传,经书论述备矣;如可传也,大圣大贤其接踵于此地也。耶夫,倚地而灵,虽千年一泄可也;不倚地而灵,则日日其常新矣。人能识得日日常新之体,则游戏咏归便是活曾点,陋巷静坐便是活颜回。若夫明礼以立本,弦歌以用世,则又俨然言氏子再来矣。人之灵,灵地;地之灵,不能灵人。各各自取心灵,莫向海虞地灵寻讨。嗟乎!末世埋没知见,不能明了自心,则有言子论述在,非传言子,实传吾心。吾心若灵,旦暮言子,只此论述裒辑,便能再辟虞山灵气矣。

(《虞山书院记》卷二)

《虞山书院记·祀典志》序
[明]张鼐

夫祀以报本。本者,一本也。天地生人,亘古亘今,止有一本,更无二本。此点自一画未生,而前为真血脉。夫真血脉者,即形销骨朽尚可以血滴之人,知俎豆其亲而不知俎豆其师者,真大惑也。邑自言子出而斯道大明。言子明孔子之道,而孔子之道在南国,言子上有功于孔子,而下有恩于海虞千百世。故祠祀言子,报本也,而从之祀者,有孙公应时及诸名人,凡十余人。诸名人本言子,言子本孔子,孔子之真血脉至今在海虞,海虞无二本也。不敢祀孔子,尊之也。如小宗之不得祀其鼻祖,止祀其分派之始也。嗟乎,观祀典者,一本之思可以油然生矣。识得此本,便为言子真正弟子,为孔子的骨孙。言子曰:"本之则无,如之何?"甚言洒扫应对之能碍小子,而欲点之以真血脉也。夫拜跪俎豆,其亦洒扫类矣。令公曰:"尔小子,其以本从事焉。"

(《虞山书院记》卷三)

《虞山书院记·宗像志》序
[明]孙慎行

耿子再过余,既示之宗像志,又以独宗言游氏,虞人之异之也。谆偲焉不已,余曰:孔门之传行于东南,实自言游始,况以虞山之人师虞山之贤,以虞山之令弘虞山之道,固其所也,夫何异?夫凿井得泉,泉非专在是也,唯所凿耳。夫圣人之道,亦恶乎不在也,唯所入耳。苟有人焉,即因委得源,虽以虞山为洙泗可也,即异庸何伤?且吾吴不最号文学乎?进思言游氏当日之文学如何哉,其论学曰"抑末也,本之则无",其论治曰"学道爱人"。《檀弓》一篇得礼意之深者余十数条,盖曾子心折之。而《礼运·闲居》,其于达天之奥、明王之政,可谓概乎有闻者也。夫子固首称颜子,其教之只曰"约礼"、曰"复礼",而子思言率性,曰"戒谨恐惧"。子思探本而挈其神,夫子举要而树之,则皆无先礼者。若是,则吾方患人之不能宗言游氏而庸虞异耶?宋人有言:"时然而然,众人也;已然而然,君子也。已然者,非私己也,圣人之道在焉耳。"夫圣人之道宁独己然,然唯君子知之,而众人不与焉。今若以眇见庸识视之,即列圣贤之宗,犹将若超海登天哗以为异。若以知道之士返末学之支漓,而潜心礼乐之实,则其所宗。异,其所以宗常也;不异,其谁醒人心焉,而使之入圣。耿子笑曰:"子言何辩耶?吾以志吾宗耳,不问人矣。"归,未几,因遗书来而索余言,载之宗像志中。

(《虞山书院记》卷三)

言氏旧谱后序

[明]邵原性

类族合谱,圣王之制,所以派同异、别亲疏也。三季之衰,司商废而民姓未繇稽,司民亡而孤忠无繇协。百姓黎民,听其自本自根,于六合之内,出入往来,如鲂鲤之于河渚。惟志古初尊祖敬宗者,乃能自别其姓氏,以求异于庶物。夫姓氏之设,先民以为天胙,要亦长人者,为之制也。厥初生人不过数姓,有异生同德而同姓,同生异德而合姓。不有圣贤,孰知其所始?是故古有宗法以统其族,有燕礼以申骨肉之好,又有展墓会族叙谱之礼,以表天理民彝之至情。厚之道也,是家也。予于常熟言氏之家见之谱,按所载言氏之先,谓虞舜命龙作纳言之官,故其子孙以言为氏,自吴公始显于吴,号孔门高弟。朱紫阳记常熟公之乡邑,已历千七百余年。其谱累世增修,自六十一世孙讳顺孙者编辑后,今烨又重修之。则其尊祖敬宗,后先济美,诚无愧于先贤之后矣!吾闻大同之人,不独亲其亲,长其长者。夫孰使之元气混沌,孝在其中,大人孝龙负图,庶人孝林泽茂,感通一气,如地如天,惟皇锡福,必首好德。烨也,先贤之后,承颜左右,翼如一肉厄酒,欢然同天下之乐,何以易此?且家不虚兴,必有与立圣人之道;万世不竭,文武周公是实照临。常熟言氏,有是先师德望倡于前,又有是贤父子孝慈继于后,是其为心也。岂徒族之谱?实骨肉之谱。以是亲情肉谱,视之贾弼之《姓氏簿状》,贾镜之《姓氏要状》,李素之"肉谱",柳冲之《姓系》,传述不一,惟叙昭穆,使之不昧,婚姻得之而有别,亲属得之而有属。谱牒之所系,讵小补哉!言氏之谱,祖基之子构之,孙承之不改其道,虽万世子孙未艾,可也!洪武戊寅秋八月望日,金华后学邵原性叙。

(《常熟言氏家谱资料二种·言氏家谱》)

言氏家谱后叙

[明]张洪

言吴公游学东鲁,在圣门以文学著科。《檀弓》称其"知礼",《孟子》又谓"得圣人一体"。汉史记仲尼七十二弟子,公在身通六艺之列。太史公著公为吴人。自唐封为吴侯,宋封丹阳公,最后赠为吴公,至元加封吴国公。《吴郡志》载公之宅在常熟,墓巷、桥坊各有攸著。公为吴人无疑矣!公六十一世孙讳顺孙,字尚贤,由是庠彦命掌公祠,以典祀事。惧族属繁衍而或失昭穆之伦,紊长幼之序,又虑世代浸远,后之人莫知,或忘继述而自暴弃,汲汲焉以尊祖敬宗为己任。爰自公之子讳偲,字永详,而下凡五十五传,尚贤增入五十六世祖讳仁温,厥后次第为之图,甚详悉。礼部干先生为之序,附录紫阳朱子、鹤山魏公并《教育言氏诸孙记》于前,次及有元诸大儒之文于后。锦绣联篇,奎璧辉映,以昭示后来,得无意乎!盖欲其知大儒之所以表彰而景行于前人者,有在矣。公六十二世孙名信,字以实。由象贤斋弟子员宾兴于朝,擢居胄监上舍,寻选近侍,任为给事中。虽以直谏见罪,而忠鲠之名著闻朝野,亦庶几不昧乎文学之传,不背乎礼法之正。或谓君子之泽五世而斩,而其家流风遗烈犹有存者欤!余谓吴公得圣人为之依归,有圣人之一体,获配享于庙庭,其遗泽将与圣人同乎?天地之长久,孰得以世代而窥哉?为子孙者,当思以尚贤之心为心,而以继述为自任,暴弃为自戒,景行乎前人之德业为自励,则必将有出为时用,以表白文学礼度而显著其家乘者矣!尚贤之从弟曰尚德,号养正先生,复以所得皇明馆阁诸词臣之文埒诸方册,尝谓余曰:"请子之言书之谱后以自勉,并得以勉诸后昆,俾继继相承,毋敢失坠。"余以薄宦未遑书,其嗣子忠,以余近得致政归闲,遂以养正先生遗命复来请,因为书之末简,是亦延陵季子挂剑于冢树之意也。宣德壬子三月望日,翰林院修撰、承务郎张洪书。

(《常熟言氏家谱资料二种·言氏家谱》)

言氏家谱序
[明]耿橘

余披言氏谱,吴公有一子偲,偲以下子若孙若族,相传俱居虞。六十二世孙烨,烨之子或流于绍兴,其名埔者仍居虞。埔生铭,铭生江,江生世恩,世恩生祐,祐生谏,谏生序,序生绍庆,皆大宗也。顾为族不甚蕃,而亦鲜显德之人,仅存不绝之血胤而已。余至虞,得福、禧、逢尧三生,俱有美质而笃于学,禧尤称绝伦焉。福、禧,俱愚之子;愚,解之子;解,弘业之季子,小宗也。逢尧,庠之子;庠,志之子;志,震之子;震,弘业之长子,亦小宗也。弘业,润之子;润,钦之子;钦,时埔之季子,而烨之孙。余在虞四年,三生斯迈斯征,学日益明矣,文日益成矣。顾学非特为举业科名之具,立身行道,希圣希天,总之在此。三生勖哉!吴公崛起荆蛮,为孔门之上弟,三吴学脉,开辟一人。三生为而后裔,宁不念之?念之真,信之笃,行之力,吴公其不磨矣。勖哉!瀛海耿橘拜书。

(《常熟言氏家谱资料二种·言氏家谱》)

虞山会语序
[明]高攀龙

孔门高第弟子,其在南方者,独言子耳。虞山故有文学书院俎豆之,而毁于江陵相,吊其墟者,辄咨嗟叹恨,以为是凤凰麒麟之栖峙于此,是高山大川之镇浸于此,而且如是,后之人其何观焉?瀛海耿侯来令兹邑,期年政通人和,案牍直供其游刃,而慨然念曰:治世有大于人才者乎?育才有外于教化者乎?兴教兹土有舍其先贤而别有示之者乎?于是重复书院,群邑之缙绅先生、博士弟子讲习焉。攀龙从泾阳先生报谒侯,而适遘其会,得闻侯深造自得之学,得见诸先达抑抑之仪,得研诸文学觉亹亹之论,自幸以为不世之遇。而泾阳先生于会中有相商之语,侯且锓之木,而欲攀龙为引语。攀龙愚不肖,无所知识,窃见侯之标学道堂曰愿学孔子以为是,此学之大准的也,亦此时之大疑义也。夫学者谁不学孔子?自阳明先生提挈良知以来,扫荡廓清之功大矣。然后之袭其学者,既非先生百年一出之人豪,又非先生万死一生之学力,往往掠其便以济其私,人人自谓得孔子真面目,而不知愈失其真精神。攀龙少即疑之,于是熟窥吾夫子,见其贼乡原,诛鄙夫,生夷齐,死齐景,斥媚灶,攻冉求,至斤斤一泰山之旅,若芥于目,楔于口,疾痛于身,有不能忍者,何也?于季路再列成人,于子贡三列士品,总之,不离本实者为是。言仁至微密矣,未尝离日用庸行,即直指立达真体,不过以近为譬为方,至戒巧令,近木讷,仁夷齐,仁三仁,昭昭揭象而示之,又何也?以夫子圣智,发其慧辨,岂别无神奇,乃其自言信而好古,好古敏求,诗书执礼外,例入不语罕言中,又何也?厚葬也,以为薄视颜子,为臣也,而以为欺天。即区区不正之席、不正之割,若水火之当吾前而不敢蹈,又何也?此圣人无行不与之教,要非依仿比拟可得,而不可不思其故。攀龙参求于此,非一日矣,茫然未有见也。但自见柔情凡念,习气懈心,交错而发,以漓吾之真体,故言未出诸口而愧已集于心,其何以发泾阳先生之意?虽然,吾见先生钦钦以小心为学,奉孔圣之矩,阐先儒之幽,其言平实微婉,令人于真念头发处默识本心,默识莫之为而为之天,至其言外之旨,则穆然有深忧于世。诗曰:知我者谓我心忧,不知我者谓我何求。呜呼!耿侯有真精神于世道者也,其必有以知之矣。异日者,吾且就而求吾所愿学。

(《虞山书院志》卷九)

虞山书院有本室会艺序
[明]吴默

顷不佞有虞山之游,晤耿侯于子游书院,而侯所增创书楼、经房若干楹,适以是日为鸠工之始。侯不觉喜动眉宇,手一编视不佞曰:此虞人士会草也。不腆海邦,幸吾子俨然辱临,而虞人士读书之地兹焉经始,仆所锓虞人士之文亦兹焉竣事,造物若巧为虞山科第发其祥者,是草也,吾子其有以叙之。夫不佞于公车之艺,豹窥海测,愧无能为役,而侯过以此道见推,则安敢辞?乃不佞于侯臭味有得于文艺之外者,不佞居恒窃叹宇宙大矣,寥寥焉不闻有起而荷斯道之重者,彼徒以一科名、一华膴,遂足表儒者之竖立,尼山之脉忽焉如线。子游,虞产也,北游而得尼山文学之真传,当时出其绪余,便可卓然于世。若道治武城,节取澹台,本绌子夏,即以此三者与颜、曾德行诸人比长絜大,孰曰后之?而三千年虞山既斩之泽一旦复兴也。侯之赐我吴人多矣。侯治虞,焦心兴革,蒿目拊循,所称三千年来一人而孳孳最急者,惟是振起儒林,剖析微义,无日不讨虞人士而提命之,一时会艺繇此出焉。盖不佞谒先贤之像,升学道之堂,入有本之室,登弦歌之楼,遍历十五贤精舍、五经社房,徘徊顾瞻,栋宇檐阿翼如也,规矩科条秩如也,执事奔走之人济如恪如也。恍然置身洙泗之滨,而益叹吾道之感人最速,入人最深,又况朝夕于我侯之宇下,熏其德而良善者乎?则虞人士之得力者,岂独在区区文艺间耶?而又何以表其文为?侯拜手谢曰:崇本务实,乃此间与多士相勖雅意,而文艺亦不可偏废也,敢请裁于吾子。不佞受卷卒爵,返棹松陵,以侯之所为院、为祠、为堂、为室、为楼、为精舍、为经房者,与夫虞山之枕于其上,琴水之绕于其下者,悉丹青吾壁,而击节诸君子之文于中。泖泖乎,其犹弦歌之余响乎?真不虚此游哉!真不虚此游哉!

(《虞山书院志》卷十)

《春秋谷梁经传补注》序

[清]钟文烝

鲁之《春秋》,鲁所独也。孔子之《春秋》,孔子所独也。鲁所独者,王礼所在,其史法较诸国为备,故石尚欲书《春秋》,当时以为重。孔子所独者,是非二百四十二年之中,修其辞以明其义,子游、子夏不能赞一辞、改一字,故梁、郑正其名,石鹢尽其辞,正隐治桓,皆卓然出于周初典策之上。夫梁、郑之事,旧文也,而名有所必正,则其加损旧文者可知矣。石鹢之事,微物也,而辞有所必尽,则大焉者可知矣。正隐治桓,揭两字于卷首,则全书悉可知矣。然而斯义也,左氏、公羊不能道,独谷梁子称述而发明之。实为十一卷,大指总要之处,推之千八百事,无所不通。故《谷梁传》者,《春秋》之本义也。盖尝论之,圣人既作《春秋》,书于二尺四寸之策,其义指数千,弟子口受之,自后递相授受,录以为传,则谷梁之与左氏、公羊宜若无大异者。而汉博士言"左氏不传《春秋》",实以其书专主记事,不若二家纯论《经》义。二家之中,公羊当六国之亡,谷梁去孔子近,则见闻不同。公羊五传至其玄孙,当汉孝景时,始著竹帛。谷梁作《传》,亲授荀卿,则撰述亦不同。公羊为齐学,谷梁乃鲁学,则师承又不同。今观《谷梁》"陨霜不杀草"之传,据韩非书,乃夫子答哀公问《春秋》之语,而《公羊》无之。《谷梁》引尸子、公子启、蘧伯玉、沈子之外,有称"传曰"者十,传者,七十子所记,其来甚古,《仪礼·丧服传》亦有此例,而《公羊》又无之。以公羊氏所未闻,明谷梁氏之近古,以《仪礼传》之可信,明《春秋传》之得真,知其为《春秋》之本义无疑也。《左氏》《公羊》之失甚多,就其最浅著者,如《左氏》于仲子之赗,以为桓母未死而豫赗;误纪子伯为纪子帛,则以君为臣;误尹氏为君氏,则内外男女皆失其实。开卷之初,其谬如是。《公羊》妄意曹伯为有罪,则曰甚恶也,又不能言其恶,则曰不可以一罪言也。妄意盟宋再出豹为殆诸侯,则曰卫石恶在,是恶人之徒也。妄意西宫为宫寝之宫,又不敢决言三宫之制,则曰以有西宫亦知诸侯之有三宫也。凡若此类,第在事实、人名、礼制之间,亦不及《谷梁》远,何论其他矣。

汉世,三《传》并行,大约宣、元以前则《公羊》盛,明、章以后则《左氏》兴,而《谷梁》之学颇微。江左中兴,妄谓《谷梁》肤浅,不足立学,相沿至唐初,谓之小书,而《谷梁》之学益微。苟非有范甯、徐邈阐明于前,杨士勋辈缵述于后,则《谷梁传》之在今日,几何不为十六篇《书》、三家《诗》之无征不信哉?吾于此叹唐人义疏之功大也。大历以降,经学一变,前此说《春秋》者,皆说三《传》,主于一而兼其二,未有自我作故去取唯欲者。啖助、赵匡、陆淳之书出,而两宋孙复、刘敞、孙觉、程子、叶梦得、胡安国、陈傅良、张洽之徒继之,元之黄泽、赵汸用功尤深,又踵而详之,于是三家之书各不成家,而《春秋》之说滋乱,至于今未已也。然而风气日开,智慧日出,讲求益密,义理益详,则亦自有灼然不惑之说。故啖助谓《谷梁》意深,陆淳谓断义不如《谷梁》之精;孙觉谓以三家之说校其当否,《谷梁》最为精深;叶梦得谓《谷梁》所得尤多;胡安国谓义莫精于《谷梁》;蔡元定谓三《传》中道理,《谷梁》及七八分;某氏《六经奥论》谓解《经》莫若《谷梁》之密。而乾道中,浦江郑绮遂著《谷梁合经论》三万言,惜不可见矣。清兴,李文贞公光地变通朱子之学以治群经,其论《春秋》曰:"三《传》好,《谷梁》尤好。"迨后惠士奇父子倡古学于东南,亦云"论莫正于《谷梁》"。其专宗《谷梁》者,溧水王芝藻而后亦颇有人,而书皆不行。窃以国家二百年来经籍道盛,宜有专门巨编发前人所未发者,且以范《注》之略而舛也,杨《疏》之浅而庞也,苟不备为补正,将令谷梁氏之面目精采永为左氏、公羊所掩,谓非斯文之阙事乎哉?

文烝年九岁、十岁时,先君子亲以三《传》全文授读,备承庭训,兼奉慈箴。后来,博搜诸家书,见而记,记而疑,其甚疑者则时时往来于心,不能自已。年将三十,始知《谷梁》源流之正,义例之精。数年之间,所见渐多,颇有所得,用是不揣梼昧,详为之注,存豫章之元文,撷助教之要义。繁称广引,起例发凡,敷畅简言,宣扬幽理。条贯前后,罗陈异同。典礼有征,诂训从朔。辞或旁涉,事多创通。窃谓谷梁解《春秋》,似疏而密,甚约而该。《经》固难知,《传》亦难读,学者既潜心于兹,又必熟精他《经》,融贯二《传》,备悉周、秦诸子及二千年说者之得失,然后补苴张皇,可无遗憾。以予浅学,盖未之逮,唯曰实事求是,而尽心平心则庶几矣。夫不得于心则不得于言,赵岐之拙,王弼之巧,皆失之不明。李鼎祚、卫湜之浩博,又苦于不断,予期于明且断而已矣。乙巳迄癸丑岁稿立,己未岁始有定本,直题《补注》,无取异名。《疏》卷二十,今二十有四。《左氏》《公羊》之《经》异者具列《经》下,并证明之。别为《论经》《传》各若干条,冠书首焉。咸丰九年己未夏五月乙未嘉善钟文烝朝美氏自序。

自后又修饰畅㵣之,而纪之以诗,癸亥之三月也。又六岁,增易又以千百计,然后疑滞疏漏渐渐免矣。夫学欲多也,思欲专也,取群书以治一书者,其道无以易此也。予讨论百家之解,稽合四部之言,所谓思之思之,鬼神教之,盖有之矣。所谓天下之理,眩于求而真于遇,盖有之矣。敢自谓多且专乎哉?抑亦有二十余年心力之勤焉,于是乎又记。时同治七年戊辰七月七日。

（《春秋谷梁经传补注》）

《论语补疏》序
[清] 焦循

余幼时读《毛诗》讫，即读《论语》。已而学为科举文，习高头讲章，凡《存疑》《蒙引》等不下十数种，愈求之愈不得其要。既读注疏，遂舍去讲章旧说，仍不能豁然也。自学《易》以来，于圣人之道稍有所窥，乃知《论语》一书所以发明伏羲、文王、周公之旨。盖《易》隐言之，《论语》显言之。其文简奥，惟《孟子》阐发之最详最畅。如《论语》第云"性相近"，《孟子》则明言"性善"，谓"人无有不善"；《论语》第云"知命"，《孟子》则明言"立命"，谓"知命者不立乎岩墙之下"；《论语》第云"未可与权"，《孟子》则明言"权然后知轻重"，谓"嫂溺不援是豺狼"，又推及钩金舆羽，示人以揣本齐末，取譬于闭门被发，示人以易地皆然。《论语》第云"民无能名""无为而治"，《孟子》则云"所过者化，所存者神"，"杀之而不怨，利之而不庸，民日迁善而不知所以为之者"，又云"大而化之之谓圣，圣而不可知之之谓神"。以《孟子》释《论语》，无不了然明白。至《论语》一书之中，参伍错综，引申触类，其互相发明之处，亦与《易》同。如告子贡曰"吾一以贯之"，未言一贯何谓也，则又言以一贯告曾子，而曾子语门人曰"夫子之道，忠恕而已矣"，则所谓"一以贯之者"，谓"忠恕"也。言"巧言令色，左丘明耻之，丘亦耻之"，未言何以可耻也，则又言"巧言令色，鲜矣仁"，则知所以可耻者，以其鲜仁也。更有言则同而义则异者，其自相发明，尤为神妙。如言"学而不厌，诲人不倦，何有于我哉"，是不自居矣；而又云"抑为之不厌，诲人不倦，则可谓云尔已矣"，是又自居矣。原思以"克伐怨欲不行"为仁，子曰"可以为难矣，仁则吾不知也"。子张堂堂，子游亦以为难能而未仁，乃樊迟问仁，则云"仁者先难"。司马牛问仁，则曰"为之难"。或以难为未仁，或以难为仁。既曰"志士仁人，无求生以害人，有杀身以成仁"。又以管仲不死为仁，且曰："岂若匹夫匹妇之为谅也，自经于沟渎而莫之知也。"不取匹夫匹妇之为谅，故"君子贞而不谅"矣，乃又云"友直，友谅，益矣"。语子贡曰："女以予为多学而识之者与？"曰："然。非与？"曰："非也。"乃又云："盖有不知而作之者，我无是也，多闻择其善者而从之，多见而识之。"又曰："我非生而知之者，好古敏以求之者也。"又云："不如丘之好学也。"是又以多学而识自任矣。既云"君子有九思"，又云"以思无益，不如学也"，又云"学而不思则罔，思而不学则殆"，其论季文子也，则"三思而后行，曰再斯可矣"。凡立一言，必反复引申，不执于一，令学者参悟自得。

余向尝为《论语通释》一卷，以就正于吾友汪孝婴，孝婴苦其简而未备。迄今十二年，孝婴已物故，余亦老病就衰，因删次《诸经补疏》，订为《论语补疏》三卷，略举《通释》之义于卷中,而详言其大概如此。嘉庆丙子四月初十日,是日立夏,江都焦循书于雕菰楼之南窗。

(《论语补疏》)

《论语注》序
[清]康有为

　　《论语》二十篇,记孔门师弟之言行,而曾子后学辑之。郑玄以为仲弓、子游、子夏等撰定,则不然。夷考其书,称诸弟子,或字或名,惟曾子称子,且特叙曾子启手足事,盖出于曾子门人弟子后学所纂辑也。夫仲弓、游、夏,皆年长于曾子,而曾子最长寿,年九十余,安有仲弓、游、夏所辑而子曾子,且代曾门记其启手足耶?

　　夫孔子之后,七十弟子各述所闻以为教,枝派繁多。以荀子、韩非子所记,儒家大宗,有颜氏之儒,有子思之儒,有孟氏之儒,有孙氏之儒,有仲弓之儒,有乐正氏之儒;其他澹台率弟子三百人渡江,田子方、庄周传子贡之学,商瞿传《易》,公孙龙传坚白。而儒家尚有宓子、景子、世硕、公孙尼子及难墨子之董无心等,皆为孔门之大宗。自颜子为孔子具体,子贡传孔子性与天道,子木传孔子阴阳,子游传孔子大同,子思传孔子中庸,公孙龙传孔子坚白。子张则高才奇伟,《大戴记·将军文子篇》孔子以比颜子者,子弓则荀子以比仲尼者。自颜子学说无可考外,今以《庄子》考子贡之学,以《易》说考子木、商瞿之学,以《礼运》考子游之学,以《中庸》考子思之学,以《春秋》考孟子之学,以正名考公孙龙之学,以荀子考子弓之学,其精深瑰博,穷极人物,本末、大小、精粗无乎不在,何其伟也!

　　《论语》既辑自曾门,而曾子之学,专主守约。观其临没郑重言君子之道,而乃仅在颜色、容貌、辞气之粗;乃启手足之时,亦不过战兢于守身免毁之戒。所辑曾子之言,凡十八章,皆约身笃谨之言,与《戴记·曾子》十篇相符合。宋叶水心以曾子未尝闻孔子之大道,殆非过也。曾子之学术如此,则其门弟子之宗旨意识可推矣。故于子张学派攻之不遗,其为一家之学说,而非孔门之全,亦可识矣。夫以孔子之道之大,孔门高弟之学术之深博如此,曾门弟子之宗旨学识狭隘如彼,而乃操采择辑纂之权,是犹使僬侥量龙伯之体,令鄙人数朝庙之器也。其必谬陋粗略,不得其精尽,而遗其千万,不待言矣。假颜子、子贡、子木、子张、子思辑之,吾知其博大精深,必不止是也。又,假仲弓、子游、子夏辑之,吾知其微言大义之亦不止此也。佛典有迦叶、阿难之多闻总持,故精微尽显,而佛学大光。然龙树以前,只传小乘,而大乘犹隐。盖朝夕雅言,率为中人以下而发,可人人语之,故易传焉。若性与天道,非常异义,则非其人不语,故其难传,则诸教一也。曾学既为当时大宗,《论语》只为曾门后学辑纂,但传守约之绪言,少掩圣仁之大道,而孔教未宏矣。故夫《论语》之学,实曾学也,不足以尽孔子之学也。

盖当其时，六经之口说犹传，《论语》不过附传记之末，不足大彰孔道也。然而孔门之圣师若弟之言论行事，藉以考其大略。司马迁撰述《仲尼弟子列传》，其所据引不能外《论语》。凡人道所以修身待人，天下国家之义，择精语详，他传记无能比焉。其流传自西汉，天下世讽之甚久远，多孔子雅言，为六经附庸，亦相辅助焉。不幸而刘歆篡圣，作伪经以夺真经。公、谷《春秋》，焦、京《易》说既亡，而今学遂尽，诸家遂掩灭，太平、大同、阴阳之说皆没，于是孔子之大道扫地尽矣。宋贤复出求道，推求遗经，而大义微言无所得，仅获《论语》为孔子言行所在，遂以为孔学之全。乃大发明之，翼以《大学》《中庸》《孟子》，号为四子书，拔在六经之上，立于学官，日以试士。盖千年来，自学子束发诵读，至于天下推施奉行，皆奉《论语》为孔教大宗正统，以代六经，而曾子守约之儒学，于是极盛矣。

圣道不泯，天既诱予小子发明《易》《春秋》、阴阳、灵魂、太平、大同之说。而《论语》本出今学，实多微言，所发大同神明之道，有极精奥者，又于孔子行事甚详。想见肫肫之大仁，于人道之则、学道之门，中正无邪，甚周甚备，可为世世之法。自六经微绝，微而显，典而则，无有比者；于大道式微之后，得此遗书，别择而发明之，亦足为宗守焉。其或语上语下，因人施教，有所为言之，故问孝问仁，人人异告。深知其意而勿泥其词，是在好学深思者矣。

曾子垂教于鲁，其传当以鲁为宗，凡二十篇。汉时常山都尉龚奋、长信少府夏侯胜、丞相韦贤及子玄成、鲁扶卿、太子太傅夏侯建、前将军萧望之并传之，各自名家。齐《论》者，齐人所传，多《问王》《知道》二篇，凡二十二篇，异于鲁《论》；昌邑中尉王吉、少府宋畸、琅邪王卿、御史大夫贡禹、尚书令五鹿充宗、胶东庸生并传之，惟王吉名家。《汉·艺文志》有《鲁传》二十篇、《传》十九篇，《鲁夏侯说》二十一篇，《鲁安昌侯说》二十一篇，《鲁王骏说》二十一篇，《齐说》二十九篇，说《论语》者止此而已。安昌侯张禹受鲁《论》于夏侯建，又从庸生、王吉受齐《论》，择善而从，以教成帝，最后行于汉世。然鲁、齐之乱，自张禹始矣。刘歆伪古文《论语》，托称出孔子壁中，又为传托之孔安国，而马融传而注之，云多有两《子张》篇，分《尧曰》以下子张问政为《从政》篇，凡二十一篇，篇次不与齐、鲁同。桓谭《新论》谓文异者四百余字，然则篇次文字多异，其伪托窜乱，当不止此矣。自郑玄以鲁、齐《论》与古《论》合而为书，择其善者而从之，则真伪混淆，至今已不可复识。于是曾门之真书亦为刘歆之伪学所乱，而孔子之道益杂屡矣。晋何晏并采九家，古今杂沓，益无取焉。有宋朱子，后千载而发明之，其为意至精勤，其诵于学官至久远，盖千年以来，实为曾、朱二圣之范围焉。惜口说既去，无所凭藉，上蔽于守约之曾学，下蔽于杂伪之刘说，于大同神明仁命之微义，皆未有发焉。

昔尝为注，经戊戌之难而微矣。避地多暇，不揣愚昧，谬复修之。僻陋在夷，无从博征，以包、周为今学，多采录之，以存其旧。朱子循文衍说，无须改作者，亦复录之。

郑玄本有今学,其合者亦多节取。后儒雅正精确者,亦皆采焉。其经文以鲁《论》为正,其引证以今学为主,正伪古之谬,发大同之渐。其诸本文字不同,折衷于石经,其众石经不同者依汉,无则从唐,或从多数。虽不敢谓尽得其真,然于孔学之大、人道之切,亦庶有小补云尔。

孔子生二千四百五十三年,即光绪二十八年癸卯春三月十七日,康有为序于哲孟雄国之大吉岭大吉山馆。

(《论语注》)

《孟子微》自序
[清]康有为

一王之起,必有熊罴之士、不二心之臣为之先后疏附御侮,而后大业成。一教主之起,亦何独不然?必有魁垒雄迈、龙象蹴踏之元夫巨子为之发明布濩,而后大教盛。不惟其当时,而多得之于身后,若佛教之有龙树、基督教之有保罗是也。孔子改制创教,传于七十子,其后学散布天下,徒侣六万,于是儒分为八。而战国时孟、荀尤以巨儒为二大宗。太史公编《孔子世家》《弟子列传》,继以《孟子荀卿列传》,诚知学派之本末矣。

昔庄生称孔子之道,原天地,本神明,育万物,本末精粗,四通六辟,其运无乎不在。后学各得其一体,寡能见天地之容,故暗而不明,郁而不发,而大道遂为天下裂。嗟夫!盖颜子早殁,而孔子微言大义不能尽传矣!荀卿传《礼》,孟子传《诗》《书》及《春秋》。《礼》者,防检于外,行于当时,故仅有小康,据乱世之制,而大同以时未可,盖难言之。《春秋》本仁,上本天心,下该人事,故兼据乱、升平、太平三世之制。子游受孔子大同之道,传之子思。而孟子受业于子思之门,深得孔子《春秋》之学而神明之。故论人性则主善而本仁,始于孝弟,终于推民物。论修学则养气而知言,始于资深逢源,终于塞天地。论治法则本于不忍之仁,推心于亲亲、仁民、爱物,法乎尧、舜之平世。盖有本于内,专重廓充,恃源以往,浩然旁沛滂汗,若决江河,波涛澜汗,传平世大同之仁道,得孔子之本者也。其视礼制之末,防检之严,盖于大道稍轻,故寡言之。盖礼以防制为主,荀子传之,故礼经三百,威仪三千,事为之防,曲为之制。故荀子以人性为恶,而待檃括之,传小康、据乱之道,盖得孔子之粗末者也。以传学既殊,不能解蔽,故《非十二子篇》大攻孟子,所谓寡能见天地之容,而大道不能无裂也。

夫天下古今,远暨欧、亚之学,得本者攻末,语粗者忘精。印度哲学之宗,欧土物质之极,盖寡能相兼、鲜能相下者。吾国朱、陆之互攻,汉、宋之争辨,亦其例也。夫本末精粗,平世拨乱,小康大同,皆大道所兼有。若其行之,惟其时宜。故曰万物并育而不相背,四时错行,日月并明,惟溥博渊泉而时出之。此天地所以为大,而孔子所以为神圣也。苟非其时而妄行之,享钟鼓于爰居,被冕绣于猿猱,则悲忧眩视,亦未见其可也。故诚当乱世,而以大同平世之道行之,亦徒致乱而已。举佛法之精微以语凡众,亦必眩视茫然,不解所谓也。故佛乘有大小,根器有上下。孔子则曰:"中人以上,可以语上。中人以下,不可以语上也。"夫制法之本,立义之原,不能告众。故曰:"民可使由之,不可使知之也。"然则精粗本末,皆不可缺,而亦不能相轻也。如东西墙之相反而相须以成屋也,如水火、舟车、冰炭之相反而相资以成用也。故孟、荀并尊,已在战国时,而太史公并传,非谬论也。宋时心学大盛,于是独尊孟子,乃至以上配孔子,称孔孟焉。

夫孟子不传《易》,寡言天道之精微,于孔子天地之全,尚未几焉。虽然,孟子乎真得孔子大道之本者也!养气知言,故传孔子之道,霹雳而雷声者也。虽荀子非难之,亦齐之于圣孙子思,以为传仲尼、子游之道。今考之《中庸》而义合,本之《礼运》而道同,证之《春秋》《公》《谷》而说符。然则,孟子乎真传子游、子思之道者也。直指本来,条分脉缕,欲得孔子性道之原,平世大同之义,舍孟子莫之求矣。颜子之道不可得传,得见子游、子思之道,斯可矣!孟子乎,真孔门之龙树、保罗乎!若夫论者因孟子发民贵君轻之义,举子贡过于仲尼,则未知孟子所传道之本末也。孟子曰:"乃所愿,则学孔子也。"孟子之义,由子游、子思而传自孔子,非孟子所创也。民贵君轻,乃孔子升平之说耳。孔子尚有太平之道,群龙无首,以为天下至治,并君而无之,岂止轻哉?大医王药笼中何药不具?其开方也,但求病瘳,非其全体也。病变则方又变矣,无其病又不能授以药也。岂有传独步单方,而可为圣医乎?未知孔子太平大同之道,天地之全,而以一言为轻重去取,是犹入窨井而遇灯,乃谓日月不明,不如灯也。其于观圣也,不亦远乎!

夫天地之大,测者难以骤明也。孔子之道之大,博深高远,当时弟子已难尽传,子贡已谓得见宫庙之美、百官之富者寡矣。数千年之后学,而欲知孔子之道,其益难窥万一,不待言也。虽然,天不可知,欲知天者,莫若假器于浑仪。孔子不可知,欲知孔子者,莫若假途于孟子。盖孟子之言孔道,如导水之有支派脉络也,如伐树之有干枝叶卉也,其本末至明,条理至详。通乎孟子,其于孔子之道得门而入,可次第升堂而入室矣。虽未登天阊而入地隧乎,亦庶几见百官之车服礼器焉,至易至简,未有过之。吾以信孟子者知孔子,惜乎数千年注者虽多,未有以发明之。不揣愚谬,探原分条,引而伸之,表其微言大义。不能循七篇之旧,盖以便学者之求道也,非敢乱经也。若有得于此,则七篇具在。学者熟读精思焉,不尤居安而资深乎?

孔子二千四百五十三年,光绪二十七年冬至日,南海康有为序。

(《孟子微》)

《苏州府志》序
[清]宋荦

吴,东南大郡也。其地有季札之礼让、子游之文学,有阖闾、春申霸国之遗风,又为吴越都会,其中具五民,故其俗庞。土故沃衍,濒三江五湖之利。自明以来,江南赋入,率当天下什五,而郡又独当江南什五,故其赋重,井屋以侈靡相高。织作冰纨,方空组绣,锦绮纯丽之物,号"衣履天下"。声伎画舫相征逐无虚日,故民偷食美衣而好游。地大物蕃,纷纷纶纶,古今之变、政治之得失,于载籍乎是陈。郡之有志,宜乎视他郡尤重。

壬申秋,余奉命自江右移抚吴郡,守卢君首以志书进,且请序。余流览卒业,则掩卷叹曰:"志之成亦难矣哉!"南宋以前,专志亡闻。创为之,自范文穆成大始。公属草稿就,且登木矣,会有哗之者,书掩厄几废。后四十年,乃克梓之以传。明初,继而修之者,卢教谕熊。顾前此宋章哲类补之。元总管张凤仪论次之,而熊会其成也。明成化间,刘参政昌继修之。弘治间,吴文定公宽、都进士穆又修之,然竟未就也。正德初,王文恪公鏊继之,而书始成。入于本朝,纪载阔绝盖百六七十年矣。

今上御极之十一年,即诏修直省通志。郡尝一开局,寻报罢。后十年,诏修《一统志》,督趣天下郡县各以志上史馆。郡志于是时仅能属稿。又阅十余年,更三守,而今始观厥成。嘻!难矣夫!以志之重而成之之难如此,而卢君能知所重而亟图其传,抑可谓知务。虽然,志者资之以为治也。

余间按志载,凡封域、山川、徭役、人才、吏治、食货、兵卫之属,胪之綦详,然是治之具耳!苟实图所以为治,则俗之庞者、何以醇民之游者、何以导之勤生而节啬,赋之重者何以使之上不诎而下不痛。吾知其重且难者,又在此不在彼。今夫富人之治家也,自田庐、器用、钱粟、僮之指、牛马之蹄角,以至艺树蔬果,至纤至悉之物,皆籍而记之,谓家之所待理也。而理之以人,主伯亚旅则其人也。夫郡犹家也,郡有守而丞而倅而令长而百石吏,非主伯亚旅乎哉!语曰"不习为吏,视已成事",又曰"前事之不忘,后事之师",非籍曷记?非人曷理?得人矣!第按其籍而时其调剂焉,其于治也易易矣!

大江以南,地广袤数千里,故分隶两抚。下江隶抚之郡七,吴为大。吴郡之治,六郡之标也。吴守令之贤否、清浊,六郡之所放效也。余盖于诸君有厚望焉。斯志也,仅仅摭旧闻、资观览云尔哉?至于编纂之岁月与载笔、绅士之姓氏,或宜别见者,皆不书。

时康熙三十二年岁次癸酉孟春谷旦,总理粮储、提督军务、巡抚江宁等处地方都察院右副都御史加三级、商丘宋荦撰。

(《苏州旧志序跋汇编(府县志辑)》)

《苏州府志》序

[清]高承爵

郡之有志,犹国之有史也,史每抑扬褒贬以俟后世之讥评,志则择媸遗嫙,该载一方之实事。甚矣!志之足重也。但从来修志非难,而修志之人为难。山川、疆域、城廓、田畴、祠冢、园亭,以及土风、物产,则一定而不易,第需撼拾邑乘成书,以汇集之,少加润色,足备观瞻,此修志之非难也。若夫官迹、乡评、孝义、节烈,或树毕生至行,或修潜德幽芳,略之则承诮遗珠,滥之则贻讥乱玉,全在操觚之士秉公彝好,博览旁搜,绝无毫末私心,方克信今传后而无愧。其如世风不古,膺是选者往往任情率性,取舍异殊。有心干托者,何妨饰伪为真,无力营求者,动曰删繁就简,遂使是非淆溷,损益乖张,无关重轻之辈幸列名于汗青,而荒僻单寒、果有平生大节足以卓然风世者反与蔓草丛枝同其朽腐,不几以千秋秉笔之权,竟为一旦营私之薮乎?故曰修志之人为难也。

苏郡自勾吴立国,以礼让教民。子游氏优于圣门,以文学化俗。迄于今,代启英贤,辉煌宇内。近者,圣天子省方问俗,两驻銮辇,草木山川同邀荣宠,诚千载一时之遇。而余亦于己巳春自扬守为王前驱,往还吴下。旋蒙睿鉴,特命观察八州。视事之初,列属争呈志乘以备披览。独苏郡枣梨拮据,锓镂难完。顷之,辽阳卢守来治是邦,力为肩任。于是,详宪设法,益以捐俸,晨昏董笃,始克竣工。

书成之日,复来问序于余。余从簿牒少间翻阅卷次,恍若置身吴山、胥水间,名胜纷华,应接不暇。既嘉卢守之能合尖是刻,更知载笔者之远出于前辙也。始信公道在人,未尝泯泯,又何必终虑其难哉!因附一言以为之序云。

康熙三十一年岁次壬申仲秋之吉,江南江苏松常镇淮扬七府徐州一州等处提刑按察使司按察加三级三韩高承爵撰。

(《苏州旧志序跋汇编(府县志辑)》)

《吴县志》序

[清]高裔谨

邑统于郡,郡统于直省,大小繁简不同,有所记载而为志则一也。即汇为统志亦莫不然,而正有不同者,则系乎秉笔者之人也。夫修志与修史同揆,才学识三长不备不足以修史,即不足以修志。

吴自泰伯启疆,至春秋益大。秦置郡县,吴属会稽,封域最广。汉因秦制,晋太康割置海虞,吴境始狭。唐通天改元,中划长洲分治,梁开平又置吴江,疆土非复旧矣。然历代称吴,不改夙号。古吴名山大泽、古迹胜景皆隶吴境,土沃民淳,廛市殷蕃,农家力作,为士者励名节、工文章,名公巨卿,类多吴产。窃叹泰伯流风迄今未艾也。且自春秋以来，人物忠如子胥、季宁，孝如子通、公乔，节烈如吕荣、郁生，文学如子游、士衡，名垂史册。他如以名臣称者，汉有子春、公纪，晋有彦先、长始，唐有子奢、希仲，宋有希文、天休，功业卓然千古，率皆奋迹于吴，而宪使、郡守、邑令之贤者，宦迹又不可殚述。

今天子御极之十有一年，诏天下修志。纂吴乘者实难，其人吴庠孙子佩，三吴名宿，有良史才，天津吴宰以志属之，书凡六十卷，一手裁定，其建置、职员科目不用编年而用年表，一代自为一格，观览划然得古作者之体，于班、马又何让焉？品题人物，稽核甚严，一字褒讥不敢任心，仿佛庐陵、紫阳遗法。正风俗，清赋役，惜财力也。书祥异，记平乱，示警戒也。尊官署，重学校，肃观瞻而彰教化也。书院、祠庙分其类以定重轻，冢墓、兵防志其地以为守御。序世家知开国之长，纪宦迹见泽民之远。若夫仓驿、邮铺、分野、疆域、城池、山水、乡都、坊巷、第宅、园林、寺观等类，不过因其旧而损益之耳。吴志始于吴宰，书成甫谋付梓，寻谢事去司寇任。县刘君继令兹邑，锐意剞劂，奉召赴都，工未竟。今滨州张令与予为同年，筮仕于吴，爱士恤民，省刑缓赋，报最在即，留心文献，力图竣工。辛未春，予试事告毕，澄江候代孙子赟志请序，予始知为令者之难而纂辑者之更难也。令凡几易而终事必待张宰，孙子其才博洽，久困场屋，乃庚午仅获副车，使孙子联镳而上充史馆，蜚声石渠、天禄间，其所著述必有可观，今止以《吴志》传，予为孙子惜之，尤为孙子勉之也夫。

康熙三十年辛未春三月，赐进士出身、提督江南、通省学政、日讲官起居注、翰林院侍讲加一级、宛平高裔谨撰。

(《苏州旧志序跋汇编（府县志辑）》)

《重修常熟县志》序

[清] 杨振藻

粤昔周官职方氏掌天下之图，以掌天下之地，辨其邦国都鄙之人，与其财用谷畜之数，要周知其利害，而志之意于是乎始。迨班固作《汉书》，著《地里》《沟洫》等志，而志之名于是乎立。此皆王官之事，侯国、郡邑未闻有志也。然国者郡之积，郡者邑之积，苟非侯国、郡邑各各有志，则职方汉史亦何自周知也哉！

今天子御宇之二十有二年，海内乂安，武功耆定，慨然思成文治而大一统，爰诏郡邑修辑志乘，盖将登诸天府，用昭一王之巨典，犹周官汉史之意也。

琴川为吴会岩邑，巫咸、虞仲之故墟，季札、子游氏所游处，是尤不可以独后。乃自南宋庆元以来，或有志而弗详，或详焉而弗核，虽屡经订证，而断简残编，遂同鲁灵光殿，几无以答明诏，诚可慨焉。

于是，前令冕侯高君崇，请邑献湘灵钱君董其事，佐之以王、严诸子，皆博物君子，具良史才，而雠校之际，其难其慎，期于征信，而不期于速成，故泚笔于癸亥之五月，至丁卯三月而始告竣。网罗见闻，综核名实，琴川一志，于是乎有成书。

藻虽承乏已再更冬，然此役一出于前人之经营，藻惟乐观厥成，宁敢攘善以为己力也哉！抑藻窃有感者。琴川幅员劣五百里，户七万，丁十万，田亩一百六十万耳，乃岁输银米几四十万，虽履亩亩钟之田，尚不可支，况版荒者十一，一易再易者十二三，民力重困，遂凋敝三百余年不振。

今天子仁圣，恩泽下流，倘阅志而恻然动念，减其浮溢，使之任土作贡，则此志将汇成一代之治书，直与《禹贡》比隆，又不特《周官》之什一、汉志之省漕而已。藻旦暮俟之，敢应钱君之请而僭为之序。

康熙丁卯暮春，赐同进士出身、常熟县知县永平杨振藻序。

（《苏州旧志序跋汇编（府县志辑）》）

《常熟志》序

[清]张大受

余束发受书，即服膺瞿昆湖先生制义，奉为举业正宗。长而学古文辞，得牧斋宗伯《初学》《有学》二集读之，见其横空排宕，凌轹古今，为有明三百年作手。两公皆吴之常熟人，因而时有一虞山往来胸臆间，不能去。窃念此邦之胜，必有异于寻常者。以故，魁奇杰出之人往往而有。及余丙辰幸捷南宫，同年翁铁庵先生亦虞山杰出之人也。庚午，余以高邑令分校北闱，得严子思庵又与铁庵为同乡，其学问宏博，根柢深厚，不愧昆湖。至诗歌、古文，则视牧斋有过之无不及焉，洵乎可以步武后尘、比肩前哲，而余曩时往来胸臆之虞山，更觉大快。嗣余视学粤东，粤之人士每为道宪副莘田蒋公宦迹。公亦虞山人也，流风遗泽，阅世如新，仰厥徽猷，不可谓古今人不相及也。越数载，余量移藩参，得苏松粮守，官署适在常熟。公事粗完，探剑门、拂水之奇，穷琴川、尚湖之胜，访虞仲、子游之故墟，追商相、二巫之旧迹，又以其间采风问俗，其多士皆恂恂闾闾，能继文学之绪而守乡先生之教，下逮城郭、津梁、户口、田赋、土物之数，皆得遍观而尽识焉。余与虞山人地之缘，岂偶然哉！

维时，会稽宸书章君来令兹土。君初任武清，与余先后官畿辅，其治行卓卓，姓氏久在御屏。今来虞山，政修事和，百废具举。一日，以修志事请曰："删繁正讹，分条补阙，志已垂成，愿有序也！"余嘉章君之为令，能以经术润色吏事，且幸余之数十年胸臆间之虞山获遂景行仰止之愿也，故不辞而为之序。

至昆湖、牧斋诸贤杰，并以科名后先相望，文章政事，炳耀千秋。此又乡邦之盛事、士林之美谈、志之所特详者，余更乐得而道之。

时康熙壬辰仲冬之朔，苏松督粮道、布政司参议、寿张臧大受题。

（《苏州旧志序跋汇编（府县志辑）》）

《昭文县志》序
[清]冯景夏

上古之书,有《九丘》,九州之志也。《周官》,小史掌邦国之志,外史掌四方之志。志名始见于经,而其书绝不传。传于后者《山海经》,夸诞不可为典要,惟《禹贡》及《职方氏》虽希阔数语,而区明疆域,罗络山川,别田赋高下,辨土贡所宜,与其人民男女、六畜五谷之多寡美恶。志家体例,大略祖此。方今圣明御寓,人物阜昌,山川献瑞,舆图之广,前代莫及。特命史臣汇直省通志,纂为《一统志》,而通志之所取征者,必自县志始。未有县志略而通志能详者也,未有县志诬而通志能核者也。是故,县志者,《一统志》之权舆也。

昭文从常熟分置,粮储之署在焉。予奉职多暇,与二县之大夫言及志事,谓功令趋办,修志固不可,而新分之县必多改更损益,修志尤不可已。于是二县尹皆礼聘邑士之有文者,馆诸昭明台畔而编纂。又虑出入登下之际,人或挟私干请不遂,则兴讹造讪以撼之,执简者虽侃侃不能毋少动,爰于始事之日,荐告明神,出矢言以重其典,闻者莫不耸然。逾年而两县志同时告成,昭文先付开雕,故其书先出。县令劳君捐俸钱以为之者也。

余览吴中全势,震泽为群山之囿、群水所都,山水之脉东北趋,阻江而傅海。而虞山之高秀,昆、尚两湖之澄泓在焉。吴中清淑之气,于是融结而不复流,发为人物,在商为巫咸父子与伊氏比烈,在周为子游开南方文学精华,其余不可殚述。

迄于本朝,名卿巨公比肩立。分县以来,登鼎铉者,功名与巫氏之父王家,后先辉映,猗与盛哉!夫惟地灵是挺人杰。余既乃心仰止,又嘉劳令修刻新志为能勤于其事,而志必可以垂于久远,故为之序。

正九年春三月吉旦,通奉大夫、特授江南安徽等处承宣布政使、仍留苏松粮道任办理清查常州府属钱粮事加五级冯景夏撰。

(《苏州旧志序跋汇编(府县志辑)》)

《杨文靖公文集》序
[清]陈延统

孔、孟之传,历千百余年不晦如日星。大约炳耀昉于邹、鲁,自子游渐被海隅,文教始宣,至有宋而南北同风,昌明绝学,厥惟龟山先生为绍往开来之首功。余自童年即闻濂、洛、关、闽远宗孔、孟,大兴绝学。今得承乏先生故里,读先生遗集,知先生之学真大儒之学,真有用之学,功名富贵自少不足胜其心,尊主庇民至老不肯易其守,非虚言也。先生已成名六年,而执贽于颍昌,遂致"道南"之叹。后十三年,瓣香于洛水,复将立雪之忧,其视人间一轩冕,不概置膜外乎?由是尊师重道之心,故一传而得豫章,再传而得延平,三传而得紫阳夫子,遂集诸儒大成矣。善乎豫章曰:"不至是,几虚过一生。"乃先生自与伊川论西铭一书,以其言体而不及用,恐流于兼爱,亦可谓不肯苟同者矣。此余所谓真道学也。乃若先生出处,大略自试令而直阁,所至有济。其忠直之概,则见诸上殿与执政诸札子,力陈君臣警戒及制胜之策。夫先生之得觐天子,年已七十余矣,而力诋和议,谓非中流一砥柱乎?若乃出金溉田,请捐租税,复辞颁赐银绢,乞恩惠于八闽山无米、地无租,遂成永惠。先生之经济又何如也!自先生以来五百余年矣,大道之所以不绝于天下者,谓非宋儒之功乎?然由洛水以西,非先生不能传;自洛水以南,非先生不能启。余以为先生真绍往开来之一人也。余幸得瞻拜先生祠宇,喟然叹兴。而裔孙绳祖勉力以梓其文集,谓余当赞一辞。余何言?惟高山仰止,以不忘私淑之心已耳。

时康熙戊子腊月上浣,分巡延、建、邵道后学泽州陈延统谨题。

(《杨时集》附录一)

郡伯周大夫初度序

[清]钱澄之

皖郡据江南之上游,南临江,北枕淮泗,西北连楚豫诸山,西接蜀汉,舟车上下往来,号为通津。先朝,因贼起楚豫间,于是设开府建牙控制南北,今又增设枭宪,以理上游诸郡刑狱。盖重地也。守郡者,谳牒纷繁,应酬旁午,奔趋将事,惟日不给,其地军吏庞杂,民物凋疲。皖固未易治也。

郡伯武林周公,以中秘出佐池州,再署邑篆,一摄府事,唯以洁己惠人为心,与百姓相安无事,合郡诵之,既奏最,擢守皖。皖与池隔江相望也,皖之民固久怀其惠和,其士亦素习其文教,惟恐公至之不速。公之去池也,予适在池,盖睹池人之悒怏,益增予之庆幸矣。有谓予者曰:"皖之剧数倍于池,守之劳亦数倍于丞。公将用其所以佐池者以治皖乎?抑将改弦更张而治之乎?公仁人也,文人也,斯二者,于皖宜乎未宜乎?"予应之曰:"子谓当今之世,必武健严酷吏,然后足以胜任而愉快乎?仁人之治国也,不任材而任德,不恃政而恃教。虽在棼错之地,其上始易之,继乃重之;其民始玩之,久乃化之;守此不变,未有不信上而获民者也。且子虑皖之未易以文治耶?子游氏曰:'君子学道则爱人,小人学道则易使。'所谓道,即子闻弦歌之声是也。古之求将帅者,必敦礼乐而悦《诗》《书》,况民牧乎?是故文也者,道之器也;《风》《雅》者,文之事也。古者,上自卿士大夫,下至匹夫匹妇,莫不称《诗》。太史采之,以听其风谣而征其得失,所系至重。然而,先王固欲民之为之者,凡所以发摅其感慨,辑柔其志气,而消磨其愤激亢戾之思,使不致有一旦溃决之虞也。由前言之,为爱人之事;由后言之,有易使之理:则学道之说,具于《诗》矣。又何疑于公之以文为治哉?公诗崇雅黜浮,绝去缘饰,其所尚者,合乎情止乎礼义,犹是子游氏之所为道也。以是为政,治池而池安,即治皖而皖安。吾知公无异治也。"

公既莅皖,予随有湖南之游,远在数千里外,不获见公所为政。但遇帆樯,见同乡人,辄问皖事,皆对曰:"无事。"且曰:"自周公临政以来,不惟府中无事,即六邑事以少。"予问曰:"民便之乎?"则对曰:"有便有不便:朴者便之,狡者不便,谓讼狱衰止,无以骋其健也;野人便之,胥役不便,谓符檄不下,无以饱其欲也;廉者便之,贪者不便,谓上无征求,无以徇其私也。"若是,则皖之安也甚矣。然后,知公之治皖,果无以异于治池,而《风》《雅》之果足以为政,吾言为不谬也。

比予在池,公闻之,欲与相见,予辞焉。今年八月,值公揽揆之辰,予子扔禄请曰:"公甚重吾亲,虽未见,意常若不忘,不可无一言以志感。"诸孙旂亦曰:"公于钱氏有事每加意,似推翁分,宜有以谢。"扔禄与旂皆公教育士也。于是,直据吾说,及所闻诸皖人语而诠次之,以为公寿。

(《田间文集》卷十八)

《程康庄集》序
[清]潘陆圻

近年以来,海内相切劘于诗者不啻数十家,其诗之好恶精确,有识者能辨,然为诗于今日,予甚难之。非为诗难也,诗成难耳。从来文章家,离合之际甚微,诗又文之至精者,而无所师承则难。诗者,持也,所以持人性情也,乃者人心不古,求其"发乎情,止乎礼义",庶几风人之旨则难。圣门皆通六艺,独为古体、近体、绝句、歌行若干,于近代之摹仿刻画固有所不屑,于古之掏心镂肾、谐声考律、一切音节,又未尝不川呼而谷应者。盖先生之心憺以远,先生之风朗以畅,胸中所自得,则固超出世人之上,而于诗无所不造极,俨乎登作者之堂无疑。

昔文学为四科之一,独子游、子夏擅称。言子游生于勾吴,今吴越诗人如魏雪窦、朱子蓉、蒋驭闳诸公风流儒雅,庶几不坠先贤之教。子夏设教西河之上,先生家武乡,去其地不远,今崛起三晋间,诚卜氏以后一人欤?《易》曰:"同声相应,同气相求。"自兹以往,诗教之盛将以天下。予读先生集,谓有关于风教者,厥功诚甚大也。

(《程康庄集》)

《任子家乘》序
[清]魏裔介

余昔驱车过济上,即闻古春秋孔门任子祀于兹土,未尝不旷世相感,徘徊不能去云。时值戎马忽遽,弗获瞻拜,至今以为遗憾。

闲读《史记·孔子弟子列传》,身通六艺者七十七人,皆异能之士也,而任子之名在焉。字选,郑氏曰楚人。顾其言语行事,不见于四子之书,而《家传》所载,则从夫子讲学于洙泗之上。读书峄山,周流列国,唐封任城伯,宋加当阳侯,明称先贤任子,从祀庙庭。由春秋以来至于今,七十五代矣。

夫汉阙唐陵,化为冷风烟草者何限?即自黄帝分别姓氏以来,宗族支派,淹没不知源流者甚多,而任子之世系分明若此,岂非贤者之盛德,食报久而弥彰耶?然由今七十五世以至于百世千世,吾知庙祀血食与天地并久,终不可绝,何者?孔子之泽,万世不斩,则任子之泽,亦万世不斩也。或曰,任子之言语文章既不概见,则学者称述之,疑于过情。余则以为不然。夫圣门曾子、子思,著书立说,传道后世,而颜子以喟然数语,发明至理,称为亚圣。七十子之徒,当时亦各有言语文章,秦火之后,漫灭散失,不复纪载,徒令人想象其穆如清风之德,则亦不幸而不传,不得与子游、子夏诸贤使后人咏叹讽味其书也。然即不传,亦何逊焉。

后裔南石,学邃才敏,与家弟辩若同登辛丑科进士,甚契。持家乘示余,征言为序。余自甲子以来,矢志愿学,曾作《圣学知统》,以发明大中至正之传,而终以未得亲炙先贤为歉。读《任子家乘》,如见任子,见任子因此见孔子矣。司马迁不云乎:"高山仰止,景行行止,虽不能至,心窃向往之。"愚悲世之人往来兹地者,不能湔洁藻修,登先贤之堂,思先贤之德,而徒留连于李青莲饮酒歌笑之楼也,其亦不知所重矣。南石兄其敬守先祀,以勿忘先圣之教也。余悬车后,将登泰山,趋阙里,观先圣之祭器车服,并登任子之祠,而瓣香下拜焉。南石兄其待我于济水之上乎!

(《兼济堂文集》卷七)

《邹讦士文集》序

[清]方孝标

晋江王思道谓,吴中数千年传者三人,子游、季札与唐公应德而已。余览《毗陵志》,见宋邹忠公浩,为毗陵人,以直谏显哲宗朝。归讲学于道乡以老,可不谓传者欤!而思道不及,岂非谓其文章之昭著,有不如唐公者乎!夫文章之与理学孰轻孰重?必有辨者。唐公虽亦以理学名,而文章实胜于理学;忠公虽不以文章著,而理学终胜于文章。余又尝过毗陵,求子游、季札之墟墓与子孙,凭吊而交游之,皆不可得。惟忠公之子孙实繁且盛。或曰:季子封于延,其子孙不在延。子游常熟人,非毗陵人。然有吴季子之墓,则在延矣。墓在,子孙何往乎?常熟、毗陵在周皆吴地,故子游封吴公。安见其后无居毗陵者乎?岂其代之远不可稽欤?抑其子孙或有,而不能以功名文采自见,如忠公之子孙欤?然则子孙之文章,固又有益于祖宗之理学,如此也。

邹进士祇谟,字讦士,则所谓忠公之子孙也。少负异才,策名而不仕,著书满天下。始余与论交于长安,见其制举艺有先正风。及诵毗陵十子之集,乃知讦士诗甚工,而不知其能古文。及见《远志堂集》,乃又知讦士之古文,在其诗与制举艺之上。今年相遇于江上,则所著所言,又皆古圣贤修齐治平之理,与《易》象、鲁《春秋》之学,志若不止于古文而已者。吾意讦士年方壮,资虽敦敏,何精深博衍至此? 及于其箧中,见乃祖父宪副公所注《五经》诸解,凡数万言,原本圣学,究极性命,而后悚然知讦士之学之有本。

或曰:以讦士之文章,考讦士之经济,岂非鼎实栋隆之材? 而以司农微议屈,岂不足惜? 然余又窃谓,向使讦士不以微议而不仕,则于文章理学未必遑及。即如其祖父宪副公,生万历之盛年,筮仕当百易于今日。向使其历荐大位,则将美田宅、盛僮仆以贻子孙者;或有之而求蕴酿《诗》《书》之泽,以肇子孙,守其规矩发为精华,令桑户瓮枢之士,虽穷年皓首而不能并其项背。得失之多少,岂待智者决之? 然则讦士之不仕,足慰,不足吊也。惟是,余与讦士又有共勉者焉。夫制举艺原于古文者也,古文原于理学者也,理学何原乎? 体于心用于身者也!《易》之善言文者莫如贲,贲之文至于察时变,化成天下,而其要则在初之"贲其趾"、二之"贲其须"而已。趾者在下,行之象也。须随颐而动,言之象也。言有物,行有恒,君子自饰其身之道。而文之动天地者,必自此始。言行之外岂更有学哉! 夫以季札之知礼知乐,夫子表之曰"贤",而未尝许之以"文";子游之哲,夫子名之曰"文学",而不列于"德行"。然则孔门之论文者,可知已。若后之论文者,徒非文词不为工,而不知身心言行之为本。则虽能为唐宋大家之文,则亦唐宋大家之文而已;能为《史》《汉》之文,则亦《史》《汉》之文而已;能为《左》《国》之文,则亦《左》《国》之文而已。此王思道之所以轻言春秋两大贤,而重视当时之文士,奚怪其然哉? 古人告朋友以规不以颂,余序讦士之文不徒为杨诩而必为规勉之言。如此,则后之有知文者,必谓余之待讦士厚于王公之所以待唐公者也。

(《方孝标文集·钝斋文选》卷一)

送范国雯北行序

[清]李邺嗣

自十年以来,吾甬上诸君子,尽执义梨洲黄先生门。先生尝叹末世经学不明,以致人心日晦,从此文章事业俱不能一归于正。于是里中诸贤倡为讲五经之会,一月再集。先期于某家,是日晨而往,抠衣登堂,各执经以次造席。先取所讲复诵毕,司讲者抗首而论,坐上各取诸家同异相辩折,务择所安。日午进食羹二器,不设酒,饭毕续讲所乙处,尽日乃罢。诸家子弟自十岁以上,俱得侍听,揖让雍容,观者太息。即衰病若余,亦得冒厕其间,与诸贤一通彼此之怀。因自伏念,世有黄先生,固当身在弟子之列,且少时知读五经,略解章句,今四顾座上诸君,共好学若此,自怍入地,便当重执经黄门,垂老笃学,亦应有成,而乃仍与先生叙三十年之交,把手颜行,一何其倨也!已复自念,先生交满天下,如余者比,亦当在汜爱中,政不妨使先生交游中多此一人。若竟翻然北面,先生必以其一日之长,使为诸贤举首,如是,则斯道重远,千载宗传,岂以余之衰废所能负荷!而自余以下,其次长者为陈夔献、范国雯。此两君子俱有老气健识,毅然不回,既为黄门高弟,他日必能守先生之学,不负所授。因逡循引却,更就朋友之位。是余之仍与先生叙交,非敢为倨也,实其懦也,亦其知让也。然从此而余所心望于夔献、国雯两君子,亦甚重且远矣。今岁适国雯以事入燕,去故乡数千里,客燕亦须经年始得归。夔献诸君,俱心惜其去不得留。余独曰:国雯之行,固亦吾道之光也。当夫子之世,吴越诸地尽号荆蛮,而子游氏独逾江蹈淮,从游于洙泗,遂得身冠文学之科,南方数千载菁华,尽从此辟。及典午过江以后,士子文章并在江左,其时伦荒之目,几比荆蛮,虽至于今犹然也。今国雯为黄门高弟,尽得所学,更负崴山之遗书,逾江蹈淮,历齐鲁之乡,北极燕中,尽以所载书转相传授,使人知今日圣学宗传,定在子刘子,而其及门老成尚在,讲席重开,一一见诸笔疏,于是北方之学者,亦为丕然一变。余知国雯必能力任其事矣,岂非吾道之光耶?虽然,国雯家有大父,年及九十,且黄先生所著书十余种,俱未经诠次,须及门左右之。国雯念此二者,岂能久裴回国门耶?黄门弟子,有董在中、郑禹梅在京师,一年之后,烦趣装国雯使南归,吾党且日虚讲坐以待之矣。

(《杲堂诗文集·杲堂文钞》卷三)

送天童西堂慰弘大师住杭州佛日禅寺序

[清]李邺嗣

自孔子而后,诸弟子散处列国,子贡在齐,子夏在西河,澹台子羽在楚,子张在陈,各以其学相传授,为当世师。而子游子则归于吴中,此方风气遂渐开。其后衣冠礼乐常为正朔所在,而齐鲁彬彬之盛遂尽归于南国,俱子游子倡之也。而孔门文学,已早以言氏为举首。若禅宗,自释迦以正法眼藏付大弟子迦叶,属其流布,无令断绝,至菩提达摩浮海而来,更为中国首辟宗门妙旨,阐所未有。正不知彼土自二十八世而后,仍展转相授否?而此间则直以大祖接初祖为二世,递传至今,于是如来妙心正法,悉流入中华,称为极盛。然则释氏之有西来菩提,犹吾孔门之有子游子也。盖弟子阐扬师教,至能为开辟鸿蒙,其甚重若此。循及宋元以后,禅宗一灯仅存微焰,至近世天童密祖而法炬复炽,号曰"季兴"。余为稚子时,尚及见密祖状貌,至南山塔成,诸大弟子毕集,其人俱魁奇英杰,足可敬仰,而论者更以山翁、牧云二公为第一流。及山翁老人继席,高自标置,一时麟凤萃其门,而论者更以啸堂、寒泉子二公为第一流。今啸堂和上自吴中来继两世席未至,吾友董缶堂手札示余曰:"啸公为太白主,足慰宿怀,其所从二门人俱释林奇士也。"余心识之,一谓明介禅师,一谓今西堂慰弘禅师是也。介公渊静,慰公高朗,余得交此两人,各极流连,不知老至。自良友早谢,曼隆谏成,余因与慰公交益深。己午以来,凡有唱酬,俱意得之作,慰公爱余《集世说新语诗》,因仿其体为《集天竺语诗》,寒泉子读之,以为奇古绝世。而慰公诗钵中,识者亦以余《听慰公记大龙湫》、效东野体《送慰公》诸古诗为上乘。两人各发其妙心,以笔墨相当,亦世外一奇也。适慰公应杭州佛日禅寺之请,造余而别,且曰:"先生能无一言赠我?"余谢曰:"勉之。"吾慰公在啸堂和上之门,亦犹山翁之为密祖大弟子,啸公之为山翁老人大弟子也。况佛日向为和上阐法之所,公往继此席,吹螺伐鼓,取其师密谛真传当堂呈露,以遥接西来一灯,在此行矣。但余闻啸堂和上初住吴中与吾辈周旋,诸君子慕其风流可师,俱称为啸堂先生。今先生既高栖小庐山,径路杳,烟霞深,知其缅想人外久矣。为寄语诸君子,即不能远历三江,舟穷小白之水,杖及太白之峰,以从先生游,今喜慰公来继此席,相与披襟解带,得见先生大弟子,斯可矣。

(《杲堂诗文集·杲堂文续钞》卷三)

贺陶及庵别驾宁邑新政序

[清]梅文鼎

当顺治间,天子念东南重地,简朝臣分理之。而会稽陶先生以尚书职方郎,被命倅宛。宛六邑,岁漕南北米石十余万。先生至,为一厘宿弊,漕政肃而不扰。公余则课拔诸士,相与讲论,为大儒之学,间取濂洛以来先正语录板行之。

今上新政,用议者言,诸委署多邮视吏,著令属吏缺,必所属大夫贤者,亲往莅治,于是先生摄泾篆。泾故岩险多盗,而民健讼,称难治,前令屡龃龉去。先生绥以德,蒸蒸为善俗,俾新令尹得行其政教者,先生力也。今年夏,宁又乏令,两台使者交檄非先生不可。顾宁僻小,无足当先生。先生曰:"均吾民也!"遂亦奉檄往。往不数月,宁大治如泾。

先是万历中,有先生从父运同公,尝令于宁,民思慕祠之。今得先生,前后相辉映,宁民歌颂,谓"先生善长民者,家学如古人,治县有谱"云。或又以职方主天下图籍、户口、土地丰耗沃瘠、治术之难易,先生郎时,虑无不烛照数计之。兹蕞尔乎何有?然诸葛亮谓庞士元:"社稷之器,非百里才。"为治中别驾,始得展骥足。治固有宜、不宜也,屈指古今,历中外大小冈不宜,如先生者几人哉?

昔子游宰武城,夫子有牛刀割鸡之喻。夫弦歌乎武城,不可谓道之幸,而武城则幸矣。某不敏,窃尝有志于学行,既然获奉先生教且久,而家在山中,先人庐墓错处宣、宁两邑之交,沐浴被服尤深。盖先生以大儒之绪余,佐乎职方;复以职方之余治宛,宛之余治其属邑,其冈不宜固然,而某则以郡邑私幸者,又深自幸也。闻之古名公卿,多出治郡。治绩最,亦即入为三公九列。顷者朝廷方毅然兴复古治,先生行且复内,又将以某所自幸者,为天下幸,为道幸也夫。

(《绩学堂诗文钞·绩学堂文钞》卷三)

《江南通志沿革总表》序
[清]程廷祚

江淮之间,上古号为荒服,文字简略,无得而称焉。然涂山乃今凤阳府地,大禹玉帛朝会之所也。谯、亳西接汤都,邳、海北连邹鲁。商、周之际,泰伯、仲雍以天下让,托迹荆蛮,而子游北学,卒为圣门高弟,宜乎衣冠礼乐之盛与中土比隆,不惟江山佳丽甲于寰区也。昔黄帝画野分州,而九州冀、兖诸名,《帝王世纪》以为颛顼所建。书传以来可考者,自《禹贡》始。按今江南一省有《禹贡》三州之域,大抵长淮以南,东薄于海,为扬;其北为徐;淮以西得豫州之东境。扬之为言,《晋书》有云,江南之气躁劲,厥性轻扬。亦曰州界多水,水波扬也。徐者,盖取舒缓之义,或云因"徐邱"以立名。《禹贡》徐州之淮、泗、羽山,扬州之三江、震泽,皆在今封域之内。《周官·职方氏》首列扬州,入徐于青。春秋时东南不下数十国,而吴为大,寿梦以后遂与中国盟会,西与楚界互争巢及钟离,即今庐、凤间也。鲁哀公十三年,吴城邗,沟通江、淮,其遗迹为今淮、扬之运渎。春秋之末,地入于越,战国楚威王时败越,尽取吴,故地至浙江。《淮南子》所谓楚地北绕颍、泗,东裹郯、淮是也。其后,考烈王以困于秦,东徙寿春,命之曰郢;秦并诸侯,分天下为三十六郡,江南得鄣郡、泗水及会稽、九江,亦兼有颍川、薛、砀之域。汉兴,以秦郡太大,稍复开置,又立诸侯王国。荆、吴、江都皆连跨数郡。高帝改泗水为沛,薛为东海,砀为梁国。武帝改鄣为丹阳,又分置庐江、临淮、广陵、汝南诸郡,及楚国。元封五年置部刺史,分天下为十三部,曰扬、曰徐、曰豫,为今江南之境。而其时以广陵属徐州,则非《禹贡》之旧域矣。后汉因之,明帝改临淮为下邳。章帝改楚国为彭城。顺帝永建四年,分会稽浙江以西为吴郡。其后三国鼎立,孙氏发迹于吴,徙治京口,迁都建业,分立吴兴、新都二郡,又改无锡以西为毗陵。典农校尉时,魏氏据有中原,江西、庐江、九江之地自合肥之北至寿春,悉属魏。而吴人临江拒守,以皖城、牛渚、濡须为重镇。江北淮南并为战争之区。其间不居者各数百里焉。晋室平吴,以天下为十九州,其扬、徐、豫之号与二汉同。武帝分丹阳,立宣城、毗陵二郡,又置临淮,改新都为新安,迨至永嘉之后,纶行建邺,境宇殊狭,江以南得扬州,徐州则有过半,豫州惟得谯城而已。又因遗民南渡,侨置牧司,并非旧土。所谓名号数易,境土屡分,千回百改,巧历不能算者也。晋末宋初,多从土断。于是京口有南徐之名,广陵得南兖之号,豫州立于江西,青、冀治于东海。下及梁、陈,地狭而州郡益多,其兴废离合莫能详焉。东晋以下皆都建康,京辇神皋,望实隆重,桑梓帝宅,多出京口。广陵控接三齐,故徐、兖二州刺史常镇于此。他若合肥、寿阳、淮阴、彭城、涟口、朐山、钟离,并为重镇,今凤、庐、淮、泗、邳、海、徐州之境是也。北朝则自刘、石、苻秦而后,若魏若齐若周相继并起而争。以史考之,淮北之地宋末多入后魏,江北之地梁末悉陷北齐。陈宣帝暂复淮南,旋没于后周。丝棼瓜剖,朝设暮更,迄于隋而后定。隋初废郡,以州治民。炀帝改州为郡,今江南得丹阳、吴郡、毗陵、江都、同安、新安、宣城、庐江、钟离、淮南、东海、下邳、彭城、谯郡、历阳、汝阴,兼有梁郡之地。唐武德初,改郡为州。太宗贞观元年,始于山河形便分为十道。八曰江南道,升、润、常、苏、宣、歙、池诸州在焉。名山为茅山、蒋山,大川有太湖之泽。七曰淮南道,扬、楚、滁、和、寿、庐、舒诸州在焉。名山有八公、潜、大别、霍山、涂山,大川有滁、肥之水,又有巢湖。二曰河南道,徐、泗、濠、宿、海、亳、颍、宋诸州在焉。有汝、颍之川,沂、泗之水。开元二十一年,又分江南道为东、西。其名称,则高祖时俱为州,明皇时俱为郡,肃宗时复俱为州。而每道置采访使,如汉刺史之职。末年权归藩镇,五季迭兴,杨行密据江都为吴,李昇有江宁为南唐,而吴越亦得苏州。南唐之地自江以北者,寻为后周所有。宋太祖平江南,太宗朝吴越,分天下为十五路。仁宗天圣八年,分江南为东、西。皇祐三年,又分淮南为东、西,其州郡颇沿唐旧。泰州则仍南唐置,通州仍后周置,改南唐雄远军为太平州。太祖增置真州及高邮军,太宗增置安东州及广德、无为、淮阳诸军。按,自二汉以秦郡太大,稍加开置,然今江南之地得其时之六七郡而犹俭。晋室承吴人纷更,于是丹阳分为四,吴郡、下邳各分为三。东晋分析尤多。降及南北之际,君子无讥焉。隋代监前并省,唐人因之。惟宋当一统之世,以二汉六七郡地建州设军,倍于隋、唐。夫地不加辟而建置滋多,官烦民弊而号令屡更,其于疆理之道未为得也。宋人每以天子潜邸升州为府,以府名州郡,自宋始。高宗南渡,以建康为行都,其长淮南北复为战争之地,得失靡常。元平金灭宋,置行中书省以统各路及府,宋代州军多入属于诸路之中。其在今江南者,集庆、平江、常州、镇江、宁国、徽州、太平、池州、广德诸路及江阴州,及分置松江一府,隶江浙行省。庐州、安丰、安庆、扬州、淮安诸路及高邮府隶河南。江北行省亦兼有汝、宁、归德府地及济宁路之地。明代建都于应天府为京师,以府十三、州四直隶焉。永乐中北迁为南京,所隶如故。应天府改元之集庆路也,而更割扬州路之六合县属焉。改平江路为苏州府,其常州、镇江诸路悉改为府,以安丰路及淮安、汝宁、归德之地置凤阳府,降广德路为州,高邮府为属州,江阴州为县。考古之为州,疆域最大,汉、晋因而置之以统诸郡。隋、唐以来曰郡、曰州,实则一也。然自昔俱设倚郭县,至明代始尽省倚郭县,以入于州,则州虽有所属而实不过一县之地矣,此州之升降也。国朝定鼎,改明南京为江南省,置左右布政司于省城。顺治十八年,以右布政司驻苏州,领江宁、苏州、松江、常州、镇江五府。康熙五年,以淮安、扬州二府及徐州来属。明年复除左右使之名,定为江苏、安徽二布政司。安徽布政司领安庆、徽州、宁国、池州、太平、庐州、凤阳七府及滁、和、广德三州,仍驻省城。缅惟江左晦于上世,开于中古,而大盛于永嘉南渡之后,其废兴沿革可得而详。圣朝因前代制度,与民休息,圣祖仁皇帝翠华频幸,以省方之典,行补助之政,仁恩翔洽,泽及草木,今上皇帝至仁天覆,惠养元元,御极以来,蠲租岁不下数十万,加以仁义德教,涵濡于百年之深,人心向化,风俗醇美,此亦江南之极盛也。故远溯唐、虞,近迄昭代,条其州郡沿革,以备一省兴废之大凡,其各府、州及县则悉据《皇舆表》表之,列于后云。初,凤阳府领州、县凡十有八,其淮、扬、庐州诸府各有属州,地当险要,而苏州财赋抵通省三分之一。雍正二年,督臣查弼纳疏,请改凤阳府之颍、亳、泗三州,苏州府之太仓州,淮安府之邳、海二州,扬州府之通州,庐州府之六安州为直隶。则郡守以地近而事简,控制有要,而催科亦易矣。诏曰可。弼纳复请分苏、松、常三府属邑之繁者,凡十三州县各分为两。其后署督臣史贻直请以江宁府之溧阳改属镇江,署督臣尹继善请析淮安府之山阳、扬州府之江都为二县。又请升徐州为府以直隶,邳州属之,并分凤阳府之寿州置一县。俱可行之。详见后《表》。江南省领府十五,直隶州十,属州五,县百一十三。

(《青溪集·青溪文集》卷六)

《星湖诗集》序

[清]袁枚

曹星湖明府以江右孝廉出宰如皋,性耽吟咏。五年前,余已采其佳句刻入《诗话》矣。今以全稿寄示,余思雉皋最繁邑也,簿领麻集,明府能游刃治之,不稍累其神识,真异人哉!既而思之,诗之与政息息相通。古人诵《诗三百》,然后授之以政。子游列圣门文学而武城弦歌,遂为千古循吏之首。其故何欤?盖温柔敦厚,诗教也。先生之爱民甚矣,使士大夫流连风雅以平其性情,抑扬韵音以引其天趣,故其为诗非皮傅掜摭以为工也,其为政非鹰击毛挚以为治也。今读明府之诗,俊逸清新,和平深厚,无体不备,妙绪纷来,饶有唐人之音,而兼得风人之旨。如应制诗则典丽矞皇,赠诗则缠绵恳挚,咏物诗则草木虫鱼之性情而俱出,游览则名山大川之声色以偕呈。他如论古纪事,皆足见学识与才,而一片学道爱人之心,时时流露,非根源《三百》,能如斯乎?

客岁,余游东皋,闻明府下车以来,累岁丰和,有白乌歧麦之祥。明府以诗纪瑞,一时和者千余首,邑中绅耆奉额于公堂,曰"政和祥应"。余则以为明府推诗为政,以政召祥,实以诗召祥也。况明府之齿犹未也,将来官愈达而政愈行,诗愈多而名愈盛。唐之高达夫、韦苏州诸公有不以大坐席相让者哉!世之读明府诗者,当必以余为知言。

嘉庆元年立春后十日,随园老人袁枚序。时年八十有一。

(《袁枚全集新编·零散集外文》)

《孝经章句》序
[清]吴敏树

《孝经》与《论语》并重,自古然已。《论语》者,门弟子各记所闻。《孝经》则专出曾氏,其文明见曾子矣。曾子以孝闻,而独传孔门之宗,后儒于其门人所出之书,独推尊《大学》。谓《孝经》其义未深,非其至者,不知古人尤重此书。自汉以前,已列为经,大师章句,代有承传。近儒论出,遂不知重,致使书贾之家,竟无专刻。敏树幼时受读,乃是小学行本,列在马融《忠经》之后。夫《论语》问孝,孟懿子、武伯、子游、子夏之徒,所语皆一身一家之事。《大学》老老兴孝以平天下,《中庸》舜大孝,武王周公达孝,始扩言之,与《孝经》合,列之小学,实为不伦,况孝实兼忠,经屡申之。马融何人也!妄别为经,其人事行尤丑秽,故当投之门墙之外,而乃用其书以训童子乎!

自是之后,《孝经》益无读者矣!近见湘乡罗罗山氏,讲学以救时弊,乃有《西铭讲义》之作,始大怪之。《西铭》言乾父坤母,四海之人皆为兄弟,民吾同胞,物吾同与,其言似乎大矣。程子用之以教,而冒其似者,浸而为西人天主之学。朱子虑乎其前,力持理一分殊之辨,而其本文故未有以异也,故由是而为之,则必有响响为仁持斋戒杀之事,且其为道又无本之甚也。无本则悖,故经云:"不爱其亲而爱他人者,谓之悖德;不敬其亲而敬他人者,谓之悖礼。"以其同为人而谓之兄弟,固无所用吾爱,用吾敬,而齐父母于凡人,又悖之悖者,此大乱之所从生也。孟子曰:"君子之于物也,爱之而弗仁,于民也,仁之而弗亲,亲亲而仁民,仁民而爱物。"又曰:"人人亲其亲,长其长,而天下平。"盖天下之人,固无事于吾之亲,教之以孝弟而天下治矣。制民田产,教之树畜,道胥由乎此也。孰与夫忘失本原、弃绝父母以为大道者哉!

愚今特行此经,据唐时官本,斟酌章句,颇有损益。盖世变之所趋扶而正之,非徒以辨于学问之途也。其分章明目,如开宗明义等,愚所不取,今皆除去,略为十又九章云。同治九年,岁在庚午,正月初三日,巴陵吴敏树。

(《吴敏树集·柈湖文录》卷三)

《四书广义》序
[清]李元度

圣人之道,六经备矣。六经之精蕴,四子书备矣。四书者,六经之筦钥也。自秦氏燔书,儒术摈焉。汉兴,诸儒掇拾于灰烬中,各以所闻相授受,为专经师,至郑康成氏始合诸经笺注之,为汉学家之总汇。顾其学专主训诂,于义理或未深求。宋程、朱诸子出,始专穷义理,自是圣人之道益明,其为功于天下万世甚巨。《大学》《中庸》本,《戴记》中之二篇,《汉书·艺文志》有《中庸说》,晋戴氏有《中庸传》,梁武帝有《中庸讲疏》，唐李翱有《中庸说》，宋仁宗以《大学》赐王拱宸，高宗书《中庸》赐汪应辰等。二篇久已单行，二程子特表章之，朱子作《章句》，并作《论》《孟》集注，合之为四书，其以四书发策试士，则自元延祐中复科举始也。当时令甲，四书五经，并用宋儒传注，汉、唐注疏置弗问。明永乐中，颁《四书大全》于天下，尊为取士式，而汉唐宋之经术，繇是大变矣。《章句》《集注》，以发明义理为主，于事迹典故，多沿旧文。盖求训诂易，求义理难，诸儒为其易，朱子为其难也。

顾义理无穷尽，朱子虽贤，去孔孟二千年，敢遂谓无几微之弗合乎？朱子生平著述最多，行世亦最早，往往有后来考定未及追改者，故或沿汉唐诸儒之讹，或汉唐诸儒疏解不误，朱子改之而转误，不独《文集》《语录》不无矛盾，即《章句》《集注》《或问》，亦时有牴牾，原书具在，可复按也。且夫注曰"集注"，传曰"集传"，曷尝以一家之说尽经哉？有能拾遗纠谬以匡所不逮，朱子必乐闻之，或更补正焉，以求无憾于圣贤，不如是不足为朱子也。观易箦前数日，犹手自更定"诚意章"注，其不自信若此。乃自科举学兴，读朱子书者，一字一句，奉为经典，虽其甚不安于心者，亦为说以附会之。知有注不知有经，宁叛经不敢叛注，甚且信注以疑经，恐朱子有知，必不引为知己也。

乌呼！世之自命尊朱者，未必皆能身体而心悦也，尊功令耳，否则震其名耳。人之所尊，至君父极矣，然君贵有法家弼士，父亦有诤子，与为谐臣媚子，孰若直臣诤子之为有裨耶？况自宋至今，七百有余岁矣，萃天下聪明才力，幼即专习是书，其必别有心得，发前人所未发，理势然也。

我朝经学迈前古，列圣以作君兼作师之任，既表章朱子，而钦定诸经传说，兼用古注疏，合汉宋而折其衷，一时通儒崛起，若顾氏炎武、王氏夫之、阎氏若璩、毛氏奇龄、李氏光地、全氏祖望、惠氏栋、江氏永、钱氏大昕、王氏念孙、戴氏震、段氏玉裁、翟氏灏等，并综贯古籍，于《章句》《集注》之说时有纠正，实能为功于洛闽，其精且当者，朱子复生，不能不心折也。

元度束发受四书，读"子游问孝章"《集注》，至"与养犬马者何异"，愁焉不安于心，取注疏核之，乃知旧本有两说，朱子特过取其一说。其后山居多暇，乃取古注疏及《集解》《义疏》《正义》《释文》诸书暨昭代经师家言，博观而约取之，成《四书广义》六十四卷。其精者可百世，俟圣人而不惑，其各明一义者，亦多并存之，犹说《春秋》之三传并行，说《诗》之四家互异，岂必规规于一先生之言耶？善夫欧阳公曰：六经非一世之书也，其传之缪，非一日之失也，刊正补缉，非一人之能也。使学者各极其所见，而明者择焉，以俟圣人之复生尔。司马温公曰：经犹的也，一人射之，不若众人射之，其中者多也。而姚姬传则曰：六经之深广，犹江海也，自汉以来，疏解其义者，为年千余，为人数十百，其卓然独著，为百世所宗者则有之矣，然而后死者犹能补其阙而纠其失，非好与前贤异也。经之说有不得悉穷，古人不能无待于今，今人亦不能无待于后世，此万世公理也。吾何私于一人哉？大丈夫宁犯天下之不韪,而不为吾心之所不安。乌呼！此皆通儒之论也。其斯为善读四子书,抑即其善学朱子哉？

(《天岳山馆文钞》卷二十六)

《师范馆讲义》序
[清]王先谦

在《易》之兑,《象》曰:"君子以朋友讲习。"而学之不讲,则尼父以为忧。周以前讲学之法,无可考矣。两汉经师教授门下,皆有都讲。史称郑康成事马融,三年不得见。融门徒四百余,升堂者五十余,使高业弟子传授。以此推知孔徒三千,大圣不能人人亲授,亦必有高业者为都讲,考论推演,以广其传。《礼记》载有子曾子、子游论"丧欲速贫、死欲速朽"二语,即孔门讲学之确证。是故诲属之师而讲属之朋友,《易》象之义,断可明矣。自晋迄隋,此风浸微。《唐书·张士衡传》称士衡讲教乡里;《尹知章传》言诸生尝讲授者更北面受大义。盖其时学者已合讲与教授为一事。宋、明之世,大儒讲学皆以师道行之,顾以门户党徒,依附声影,害政倾国,为世诟病。国朝鉴其失,禁断社会,士修业于家而合辙于途。朝廷明试以庸,未尝乏才也。然僻县穷乡,或鲜师承,日就弇陋。同为盛世之民,独不得与被教泽,讵非宰世者一大缺憾与？

今天子锐意兴学,特诏大臣博采东、西洋列邦制,立大学堂京师。诸行省遍设高等、中、小蒙养学堂。以中学、小学乏人教授,别设师范学堂,试士优等者充选,限期年卒业。嗣后以中学堂卒业生升入,总限三年。立课程分门讲肄,学成之后,推行诸府州县,务使尽人知学,以收一道同风之效。湖南大吏,遵旨立学堂,以先谦充师范馆长,其分门教习者,日升堂宣讲,彬彬盛美焉。盖聚徒既众,非讲无以遍喻,而去私门就公塾,有讲习之益,无社会之弊。湖南自梁启超主讲时务学堂,悖乱亡本,学子大被毒害。故学堂之立,闻者滋疑。先谦因取每日讲义,第其门类,刊为学报,以明准的、靖浮义,流传广远,于诸府州县学务,或有裨助。

爰弁言简端,取《大易》讲友之义,以晓诸生,并举圣天子劝学盛心,推明今昔异宜之故。益愿诸生鉴前毖后,共维持于不敝云。光绪二十九年,癸卯岁春三月。

(《王先谦诗文集·虚受堂文集》卷六)

校道光本《邹道乡先生集》序
[清]李兆洛

自子游子北学于孔子,以圣人之教启南方之学者,其后二千余年而有道乡邹先生,揭《中庸》于《礼记》之篇,阐慎独之旨,直接洙泗之心源,与河南程子遥相证明,先生之子柄遂从龟山先生游,以绍伊洛之绪。至有明而方山薛先生、启新钱先生,实与无锡泾阳顾先生、景逸高先生大振起之于微坠之中，天下学者视为正鹄焉。是故南方之学，开于子游，导于道乡，而昌于泾阳，非吾常一郡之私言也。

道乡先生所著书，有《易解》，有《系辞纂义》，有《论语》《孟子解义》，其集则奏议一卷、《道乡文集》四十卷。今所有者，独有文集而已。明时公裔孙忠允曾刊本以行，今亦湮灭无遗，承学之士求一见而不可得。甚矣，斯道之衰且绝也！今夫事会之兴废，必有其机动于人心，而机应焉，而事乃旋效焉。世之以道学相诟病久矣。薛氏、钱氏、顾氏、高氏诸书具存，孰过而问焉者？并其书名且不能知，书中所言者何事乎？今裔孙禾慨然购遗集而刊之，夫必有动于其心者矣，其应于机而效于事无惑也。岂徒邹之子孙将复其始乎，吾知乡之人士必有矍然念先民、厉实学，以期无愧先生之乡者，皆先生之默有以诱导之也已。

禾以校雠之事属兆洛，刊既成，因致企仰之私焉。

（《宋集序跋汇编》卷二十）

《南邦黎献集》序
[清]鄂尔泰

予于雍正元年八月，奉天子命，作屏南邦。念南邦者，文献之邦也，在昔，子游返吴，夫子有吾道南矣之叹。而南邦之文学，至今罕匹俦焉。盖言氏之教，入人者深，其来有自矣。但其地以元明积弊相仍，赋税繁重，复重以频年荒歉，日就凋敝，士亦谋生不给，其荒江老屋之中，独抱遗经而槁首牖下者，非困于饥寒，即苦于追呼，士气渐以不振。我皇上即位以来，开恩科，广士额，追崇五王之封号，增祀两庑之名贤，其所以培植学校者，固皆从古未有之旷典矣，犹复仰承圣祖仁皇帝轸念南邦之意，不独蠲其积逋，赐之赈给，而且免四十五万之浮粮，苏三百余年之积困，此南邦人士咸以为尧舜复生，千古不再见之世也。况今岁二月，日月合璧，五星连珠，瑞应之隆，适符尧舜，异代同轨。是以风雨以时，阴阳以和，年谷顺成，岁且大熟，民气既纾，士气大奋，而南邦人士皆于于然歌咏太平矣。予适来旬南邦，序阅三秋，时才两匝，凡所以宣上德意者，唯恐一夫不被尧舜之泽。凡所以宣上德教者，唯恐一夫不被尧舜之化。于是听政之暇，常集南邦人士，与之论文赋诗，盖不惟称古论今，扢扬风雅也，并得以观民风之正淫，民俗之淳浇，而因以周知政事之利弊得失。此所以不惮再三试之，损其俸以饮食之，广其舍以居处之，给之膏火以优恤之，凡皆上以为国家养人材，而下以为苍生树民望，期以共成尧舜之治也。前大中丞清恪张公创有紫阳书院，予既踵而行之，复于清恪公春风堂之后，更道山之亭为春风亭，将以增屋数十闲，集南邦人士诵读其中。屋未成，而来者已趾相错也。居无何，而奉命内召，简任粤西。嗣自今欲复与南邦人士优游吟咏其地，不可得矣。遂取其文，别为古文，时文二帙，统名之曰《南邦黎献集》。《书》曰："万邦黎献,共为帝臣。"谓尧舜之德,光天之下,万邦黎民之贤者皆有帝臣之思。今观于南邦,而万邦可知矣。其说之序于时文者,已悉而事之,载于古文者尤多。世之君子惟合二集而观之,不独见予之饮食寤寐,不忘南邦人士,且以知南邦人士,其得沐浴于圣天子教育之中,而歌飏圣泽者,皆以幸生尧舜之世,而至于览南邦之文献,并以知子游氏之传至今未泯也夫!时雍正三年冬十月。

(《八旗文经》卷十六)

跋《文正公手书伯夷颂墨迹》
[清]沈德潜

吾吴人物,自言子游后,断推范文正公。言以学道传,范以功业传也。生平文集常留人间,而手书韩子《伯夷颂》,后裔世守于祠。以伯夷之清节,昌黎之正学,文正之鞠躬尽瘁,若天地正大光明之气萃于三人者,合而一之,可称三绝矣。乾隆甲戌腊月,请于范氏之子孙,启笥拜观,字画端庄秀挺,如其为人。《颂》后有晏元献、富郑公、文潞公、蔡忠惠诸公题咏。递及国朝,凡正人君子景仰前哲者俱题识焉。而中间秦会之桧亦有吟咏,欲与韩范论心;贾秋壑似道有收藏印记,或谓当割弃之。予意忠奸并列,使阅者当下猛醒,是亦法戒之一。且见彼二奸者,遇天民大人,亦知敬礼珍重,益知正人可为,而正大光明之气不沦没于昏浊之余也。昔范乔之研、魏郑公之笏,后人不忘手泽,传为美谈。况文正公手书,视研与笏轻重何如,而敢不倍加珍护乎?此可必之于范氏之贤裔者也。阅毕再拜,仍返之笥。后学沈德潜谨撰。

(《范仲淹全集》附录三)

[参考文献]

一、碑记

北京图书馆金石组编:《北京图书馆中国历代石刻拓本汇编》,中州古籍出版社,1989年。

韩理洲辑校编年:《全隋文补遗》,三秦出版社,2004年版。

吴钢主编:《全唐文补遗》,三秦出版社,1996年。

吴钢主编:《全唐文补遗·千唐志斋新藏专辑》,三秦出版社,2006年。

毛阳光、余扶危主编:《洛阳流散唐代墓志汇编》,国家图书出版社,2013年。

李家骏主编:《西安交通大学博物馆藏品集锦·碑石书法卷》,陕西人民美术出版社,2013年。

董诰等编:《全唐文》,中华书局,1983年。

毛明远整理:《西南大学新藏墓志集释》,凤凰出版社,2018年。
董浩等编:《唐文拾遗》,中华书局,1983年。
王勃著,杨晓彩点校:《王勃集》,三晋出版社,2017年。
陈子昂著,彭庆生校注:《陈子昂集校注》,黄山书社,2015年。
杨炯著,谌东飚校点:《初唐四杰集·杨炯集》,岳麓书社,2001年。
曾枣庄、刘琳主编:《全宋文》,上海辞书出版社、安徽教育出版社,2006年。
李烨、付凤娟整理:《常熟言氏家谱资料二种》,苏州大学出版社,2024年。
李修生主编:《全元文》,江苏古籍出版社,1998年。
陈颖主编:《常熟儒学碑刻集》,苏州大学出版社,2017年。
杨载江著:《言子春秋》,同济大学出版社,1992年。
王国平、唐力行主编:《明清以来苏州社会史碑刻集》,苏州大学出版社,1998年。
贾圪堆主编:《三晋石刻大全·长治市长治县卷》,三晋出版社,2013年。
杨慎撰,王大厚笺证:《升庵诗话新笺证》,中华书局,2008年。
邵松年辑:《海虞文征》,广陵书社,2016年。
张鼐等撰:《虞山书院志》,明万历刻本。
王东全主编:《三晋石刻大全·临汾市蒲县卷》,三晋出版社,2013年。
倪浩文编著:《苏州校园碑刻集》,苏州大学出版社,2023年。
高建录主编:《三晋石刻大全·临汾市襄汾县卷》,三晋出版社,2016年。
汪学文主编:《三晋石刻大全·临汾市洪洞县卷》,三晋出版社,2009年。
黄体芳著,俞天舒原编,潘德宝增订,温州市图书馆整理:《黄体芳集》,中华书局,2018年。

二、序跋

严可均辑:《全上古三代秦汉三国六朝文》(第一册),上海古籍出版社,2009年。
周行己著,陈小平点校:《周行己集》,浙江古籍出版社,2015年。
史浩撰,俞信芳点校:《史浩集》,浙江古籍出版社,2016年。
曾枣庄、刘琳主编:《全宋文》,上海辞书出版社、安徽教育出版社,2006年。
黄溍著,王珽点校:《黄溍集》,浙江古籍出版社,2013年。
李修生主编:《全元文》,江苏古籍出版社,1998年。
戴表元著,陆晓东、黄天美点校:《剡源集》,浙江古籍出版社,2014年。
吴师道著,邱居里、邢新欣点校:《吴师道集》,浙江古籍出版社,2012年。
杨维桢著,邹志方点校:《东维子文集》,浙江古籍出版社,2017年。
李烨、付凤娟整理:《常熟言氏家谱资料二种》,苏州大学出版社,2024年。

陈其弟辑注,苏州市地方志办公室编:《苏州旧志序跋汇编(府县志辑)》,广陵书社,2018年。

宋濂著,徐儒宗等点校:《宋濂全集》,浙江古籍出版社,2014年。

朱元璋撰,胡士萼点校:《明太祖集》,黄山书社,1991年。

方孝孺著,徐光大点校:《方孝孺集》,浙江古籍出版社,2013年。

王宠著,邓富华点校:《王宠集》,浙江人民美术出版社,2019年。

孔天胤著,张勇耀等点校:《孔文谷集》,三晋出版社,2018年。

孔天胤著,张勇耀等点校:《孔文谷续集》,三晋出版社,2018年。

唐顺之著,马美信、黄毅点校:《唐顺之集》,浙江古籍出版社,2014年。

赵时春撰,杜志强整理:《赵时春文集校笺》,天津古籍出版社,2012年。

茅坤著,张梦新、张大芝点校:《茅坤集》,浙江古籍出版社,2012年。

唐伯元著,朱鸿林点校:《醉经楼集》,中华书局,2014年。

张鼐等撰:《虞山书院志》,明万历刻本。

钟文烝撰,骈宇骞、郝淑慧点校:《春秋谷梁经传补注》,中华书局,2009年。

焦循著,陈居渊主编:《论语补疏》,凤凰出版社,2015年。

康有为著,楼宇烈整理:《论语注》,中华书局,1984年。

康有为著,楼宇烈整理:《孟子微》,中华书局,1987年。

杨时撰,林海权校理:《杨时集》,中华书局,2018年。

钱澄之撰,彭君华点校:《田间文集》,黄山书社,1998年。

程康庄著,李雪梅、田梅点校:《程康庄集》,三晋出版社,2017年。

魏裔介著,魏连科点校:《兼济堂文集》,中华书局,2007年。

方孝标撰,石钟扬、郭春萍校点:《方孝标文集》,黄山书社,2007年。

李邺嗣著,张道勤校点:《杲堂诗文集》,浙江古籍出版社,2013年。

梅文鼎撰,何静恒、张静河点校:《绩学堂诗文钞》,黄山书社,2014年。

程廷祚撰,宋效永校点:《青溪集》,黄山书社,2004年。

袁枚著,王英志编纂校点:《袁枚全集新编》,浙江古籍出版社,2018年。

吴敏树撰,张在兴校点:《吴敏树集》,岳麓书社,2012年。

李元度著,王澧华点校:《天岳山馆文钞 诗存》,岳麓书社,2009年。

王先谦撰,梅季点校:《王先谦诗文集》,岳麓书社,2008年。

祝尚书编:《宋集序跋汇编》,中华书局,2010年。

盛昱编纂,于景祥校点:《八旗文经》,辽海出版社,2009年。

范仲淹撰,李勇先、刘琳、王蓉贵点校:《范仲淹全集》,中华书局,2020年。

下编　历代诗颂铭赞中的言子

一、诗 歌

命学士讲书诗
[南朝宋]谢灵运

卧病同淮阳,宰邑旷武城。弦歌愧言子,清净谢伏生。古人不可攀,何以报恩荣?时往岁易周,聿来政无成。曾是展予心,招学讲群经。铄金既云刃,凝土亦能铏。望尔志尚隆,远嗣竹箭声。敢谓荀氏训,且布兰陵情。待罪岂久期,礼乐俟贤明。

与苏九德别诗
[南朝梁]何逊

宿昔梦颜色,咫尺思言偃。何况杳来期,各在天一面。踟蹰暂举酒,倏忽不相见。春草似青袍,秋月如团扇。三五出重云,当知我忆君。萋萋若被径,怀抱不相闻。

过卢明府有赠
[唐]高适

良吏不易得,古人今可传。静然本诸己,以此知其贤。我行抱高风,羡尔兼少年。胸怀豁清夜,史汉如流泉。明日复行春,逶迤出郊坛。登高见百里,桑野郁芊芊。时平俯鹊巢,岁熟多人烟。奸猾唯闭户,逃亡归种田。回轩自郭南,老幼满马前。皆贺蚕农至,而无徭役牵。君观黎庶心,抚之诚万全。何幸逢大道,愿言烹小鲜。能奏明廷主,一试武城弦。

送鄹乡尉黄通
[宋]范仲淹

少年好逸骥,老者重安车。争先尚逐逐,致远贵徐徐。勿言一尉卑,千户系惨舒。外矜固不足,内乐则有余。子游与季路,作邑宁欷歔。五斗对万钟,所问道何如。

凉 轩
[宋]郎几

伟哉言偃室,室外构凉轩。到觉一襟爽,坐袪三伏暄。植筠怜节操,引水爱潺湲。公暇无余事,逍遥此释烦。

题阳朔县舍
[宋]陶弼

石壁高深绕县衙,不离床衽自烟霞。民耕紫芋为朝食,僧煮黄精代晚茶。瀑布声中窥案牍,女萝阴里劝桑麻。欲知言偃弦歌化,水墨屏风数百家。

同彦文送敦儒宰晋陵
[宋]刘敞

朝廷贵儒术,子以文学显。郡国重民社,子由政事选。荣名信难兼,众望固不浅。古人定何如,壮志独能勉。由来跬步益,必有千里远。去去聆弦歌,吾当谢言偃。

寄朱昌叔
[宋]王安石

清江漫漫绕城流,尚忆城边系小舟。射虎未能随李广,割鸡空欲戏言游。云埋塞路惊尘合,霜入春风满鬓愁。此日君书苦难得,谩多鸿雁起南洲。

县斋弦歌堂
[宋]朱之纯

洋洋百里起讴吟,惠化熏陶谷水阴。明月诗函三岛秀,清风曲奏一堂深。武城浪说言游道,单父休夸子贱音。政敏谁知过齐国,想君真得古人心。

史院席上次首相吴公元韵
[宋]黄履

礼敩三事宴,史发两朝余。偶缀金闺彦,来绅石室书。法良司马否,辞措子游欤。盛事逢衰懒,重须读五车。

论语绝句（其五）
[宋]张九成

机缄固尔寓弦歌，不是知音不肯过。夫子闻之方莞尔，未知言偃意如何？

论语绝句（其七十二）
[宋]张九成

焉用牛刀去割鸡，子游初见已无疑。既云学道应须爱，遂谓前言乃戏之。

次韵耒阳邹明府庸
[宋]刘挚

梦比光阴一鸟过，四年江渚负长哦。逢君旧眼青犹在，惊我寒须白已多。言偃政声方浃洽，茂陵归思独蹉跎。何时又见挥吟笔，快若轻丸下峻坡。

送西京宗博林茂南赴乌程
[宋]许景衡

才名自昔等三张，阅骏无人似九方。金谷园中辞绮席，水晶宫里奏清商。割鸡正好师言偃，歌凤多应笑楚狂。未信江湖留得住，凌云头角老昂藏。

赠陈常翁
[宋]谢天民

一经教子足三冬，议论孤高有孟公。学到内融多乐地，心无外慕自春风。我惭言偃弦歌化，君在周公礼乐中。三百三千烦指示，许谁蹊径一源通？

丁卯秋赴鹿鸣宴次太守赵殿撰韵
[宋]王十朋

食苹开燕副招求，梦草诗成宠士流。要得异才联虎榜，亦容下客盗狐裘。早修慧业钦灵运，妄赞元经愧子游。刺史笑谈风满席，定应吹拂到瀛洲。

贤者之孝二百四十首（其三十）
[宋]林同

子游问孝，子曰："今之孝者，是谓能养，至于犬马，皆能有养。不敬，何以别乎？"
犬马何以别，斯言似太深。深言为养者，可不敬于心。

留别昌国五首(其一)
[宋]王阮

妄意弦歌学子游,迄无三异比中牟。丁宁今夜东风雨,添起潮头急去休。

长句简敬叟季仙兼呈端夫申父晦仲
[宋]刘学箕

士生樗散甘嘉遁,颉首衡茅敢尤怨。良朋益友肯顾临,讲贯渐摩笃明辨。年来喑哑瓶守口,俗子污人如避箭。论交谩说笑金兰,厚貌深情半讥讪。念君与我情不薄,一忝从游一亲眷。竭来终日坐书楼,喜剧论文儿昏旦。曲生风味亦不恶,抵死绝交良可叹。胸中磊块政须渠,吻噪肠枯赖浇灌。孟公旧不论升斗,惊座丰姿发奇观。富文博学子游子,秀楚翘英颖锋见。吾虽不敏逐后尘,斩将搴旗共酣战。只今便造无何有,相与神期游汗漫。既无三雅伯仲叔,不有巨杯觯角散。请观管辂扬子云,欲作九原谁可唤。酒不离唇元乃就,三斗顿倾辞绮粲。二公洞达疏通豪,妙语仍烦下一转。养浩堂中颤惠然,急吐才华染柔翰。

送黄子高常熟教授
[宋]陆文圭

儒科一废四十年,甲寅诏下初兴贤。鸡窗夜半同起舞,竟让祖生先着鞭。去乘驿骊首燕路,归骑赤鲤游琴川。川中疑有古文学,子游故里今依然。采芹思乐弦且歌,官况虽清奈冷何。省台衮衮岂足羡,燕雀喧啾入网罗。残春积雨困花柳,天气昏昏如中酒。怕逢北客问新事,更恨东人夺佳友。暮年离别意鲜欢,追思得失空长叹。诗成写寄掩关卧,梦逐飞絮黏征鞍。

武康县治松桂林二首(其二)
[宋]袁说友

诗竞山川秀,亭随草木新。弦歌鲁言偃,吏隐汉梅真。淇苑雪霜操,广寒宫殿春。相望不百里,一苇要身亲。

答胡仲方赠诗
[宋]杨万里

畴昔昭王渡楚江,得萍斗大嚼甘芳。因君黄绶作此县,问古青蘋何处乡。民乐弦歌爱言偃,天将桃李醉河阳。望郎旧说为邑宰,邑宰今看为望郎。

送李蒲江归简池用高荣州韵

[宋]魏了翁

尚记春风黄栗留,明年春又到钩辀。会疏长作去时恨,年大能禁生别愁。言偃得人行不径,缪公受责俾如流。愿将二语为君赠,更愿开诚学武侯。

读石子重先生辑略

[宋]陈思

吴越远中原,斯文久寥落。季子已邈如,言偃亦渺若。千载萃页元,石城倡绝学。游杨出程门,论议纷灼烁。先生咀其华,用传此辑略。言深旨斯远,施博守则约。余生愧颛蒙,遗言仰光觉。大道辟荆榛,天性启橐籥。诚身须固执,择善无蹉驳。孔门授受宗,谁云尽糟粕?

二十七日朱上饶招看梅王干吴推不至

[宋]韩淲

涧谷闲人与探梅,小楼红蕊万枝开。临风便合寻吟笔,尽夜翻劳置酒杯。郡将倅车将欲至,治台莲幕不能来。官忙自是无穷事,且对弦歌言偃哉。

挽游勉之侍郎二首(其二)

[宋]刘克庄

昔在高阳里,曾登夫子堂。武城愧言偃,畏垒化庚桑。病臂书全阙,惊心鉴忽亡。平生刍一束,道远不能将。

挽朱吏部子明二首(其二)

[宋]刘克庄

悉居言偃室,偶在郑公乡。尽识阶庭秀,多窥屋壁藏。数行杜陵泪,一瓣孔林香。吾老无行役,何由沥奠觞?

送杨刚中巽申嘉定州教

[宋]方回

忽似登黄甲,元来本白丁。官清专学校,恩重感朝廷。侧听吴侬语,欢传蜀产灵。儒风嗣言偃,子细为谈经。

七十翁吟五言古体十首(其十)

[宋]方回

世短心徒长,日暮道更远。偶荣匪运泰,骤落非命蹇。王侯死无葬,将相谪不返。贱穷齿秃缺,尚许啖粝饭。配享宣尼庙,文学可商偃。云何从祀庑,传注王郑混。平生三万卷,晚节叶粪本。外华已焉哉,袯襫谢公衮。

寄谢夹谷书隐先生四十四韵

[宋]何梦桂

粤从太极分,大块溟涬泄。人生于其间,三才位成列。人极苟不立,清宁将竭裂。厥初始断鳌,万古功卓绝。谁触不周山,地摧天柱折。娲皇不炼石,方圆成陷缺。九载困怀襄,东柱至西碣。乘载微冗空,斯民化鱼鳖。上下三千年,世变几更迭。谁与持风轮,不至人类灭。鲁庙祠太牢,汉庭定绵蕝。泽国访羊裘,东都树名节。斯道无存亡,惟人善显设。先后虽殊途,彼此有同辙。山冢摧且倾,川流沸将竭。托身止徬徨,劳心苦忡惙。时无武城偃,谁知堂下蔑?吏来方叫嚣,我行方蹩躠。宾主成寇仇,樽俎化缧绁。楚市愧受钳,山东羞折颁。无处吁旻天,甘心死岩穴。维北有星躔,煌煌西柄揭。皇帝哀不辜,分符理司臬。令出风霆行,章分云汉抉。垂光烛幽壤,万里悉昭晰。汲绠出深渊,千仞藉提挈。自顾此身微,天地一瓮蠛。自笑往事非,古今一剑唊。鸟卵来仪羽,骏骨致汗血。犂然心自孚,难以口腾说。衣冠出藻色,诗书响木舌。从此公道开,起我庶士揭。不图老辕申,复见人稷卨。苍生在巅崖,寄命方杌陧。山下豺狼多,况复昼噬啮。皇皇倘无归,茕茕麇遗孑。四海望公来,久旱望霓切。惟有此西人,谓私我西浙。永言誓澄清,且为沃焦热。次第雨八荒,宁久民望缺。严濑有男子,苦心头半雪。受恩口难言,癙叹惟契契。延伫羌思君,解佩愿遗玦。遗玦不可得,采芳聊薄撷。

送野塘王经历三十韵

[宋]何梦桂

世变浩无极,俯仰长吁嘻。人情恩与仇,相值每不期。邯郸至受兵,何与鲁酒醨。弄丸本无心,乃解两家围。怀古意未竟,伤今有余悲。世无武城宰,偃室有谁归?世无吴兴令,牛屋奚敢辞?不虞涉吾地,叫嚣且突黎。樽俎化桎梏,宾主生戎夷。范雎几拉骼,蔡泽成颔颐。自怜还自笑,此物至奚宜。犁牛受鞭絷,文狸坠阱机。此岂物有罪,罪在角与皮。安之若有命,虽死无悔追。俄闻天际星,一夕躔次移。光芒照人间,是为使者车。翩然下青冥,持斧衣绣衣。文章星斗烂,号令雷霆威。幕府遴高选,分遣羽檄飞。君来山水县,草木生光辉。洗手奉三尺,不肯枉毫厘。登山缚虎兕,入水擒蛟螭。

斯民久疮痍,妪煦以母慈。遂使斯道福,溥及山泽癯。盘水无先容,倾盖无素知。南北风马牛,何以极至斯。生物不言功,固匪天地私。寸草犹有心,那得报春晖。临行持杯水,劝君重踌躇。为我更持献,端谢夹谷师。

送蒋德常宰鄱阳
［宋］楼钥

棋社颇寥落,聚会多差参。矧如夫君贤,贵重双南金。岂可无此君,周旋相与深。一别归未久,征鞍又骎骎。老我苦多病,别酒难重斟。掺袪不可留,赠言效规箴。吾闻古番君,甚得江湖心。官无崇与卑,时无古与今。古人乃能尔,敛衽当致钦。我亦一丈夫,毋谓力难任。未暇言偃歌,肯弹宓贱琴。明恕加抚摩,细故多亲临。罔密吏易奸,赋重民弗禁。飞鸮怀桑葚,烹鱼溅釜鬵。此邦熟往来,当有慰黎黔。君能践世科,朝行伫朋簪。公余昌远业,书读松竹林。故家未见书,校雠如向歆。时时为寻访,归来共书淫。勿以三径荒,闲作庄舄吟。勉哉赴功名,莫待二毛侵。数年傥加我,寒盟尚能寻。

送别常叔度知县（其二）
［宋］孙应时

一朝倾盖更倾心,颇畏人惊语太深。乍可陶庐烦送酒,难堪偃室傍鸣琴。君今此去班群玉,我亦何言托断金。啼鴂飞花春又了,萧萧风雨卧山林。

送钱竹岩宰常熟
［宋］释居简

元日游天竺,新除问补陀。两回抽竹策,一语定弦歌。悬应如虚谷,灵通岂祝鮀？只依彭泽样,条具不须多。

渊默战纷华,清吟日又斜。樽中常有酒,堂下可施罝。琴响家家月,春酣处处花。平章风物手,小屈课桑麻。

送仲亨文学精舍山长
［元］李孝光

子合谈经上石渠,更从文学住精庐。到家为觅言偃宅,弛担先藏笠泽书。日落青天犹过雁,雪消新水欲生鱼。传闻圣世求遗士,倘召君乘谒者车。

留别陈三秀才
[元]王祎

百里春帆到海隅,不堪回首拂征裾。少年未惯长为客,有便须烦数寄书。言子弦歌遗化在,吴王城堑劫灰余。英游从此成疏阔,后夜怀君月上初。

送徐教授晓山归武林
[元]张简

三年言子邑,寂寞鼓鸣琴。官舍冷如水,杏花春满林。化风敦薄俗,清气集虚襟。归去吴山下,青青草正深。

次朱子新韵
[元]华幼武

避难言子城,潦倒无毁誉。翩翩佳公子,欣然两相晤。遂结忘年交,惟恨来何暮。因谋归田计,扁扁复东去。回首望故乡,黄尘渺何处。美人隔秋水,文采珊瑚树。驰情若东流,日夕不能驻。忧来诵君诗,忽尔涤烦虑。何时睹声色,青天卷云雾。

渡 江
[元]陈基

白首轻抛种树书,漫陪帷幄强驰驱。半竿红日辞淮甸,一席清风上海虞。欲向中流安底柱,恨无长剑斩鲸鱼。晚投言子祠前路,坐听弦歌意有余。

琴川怀古
[元]陈基

揖让思虞仲,弦歌忆子游。学文须到鲁,议礼必宗周。俎豆今如此,干戈苦未休。惭非割鸡者,安敢话屠牛。

虞山道中怀玉山征君
[元]郑韶

言偃宅前湖水东,千门杨柳绿摇风。一篷山色斜阳外,半夜雨声春梦中。独客年年如旅燕,行人草草似惊鸿。芳洲杜若凭谁采?心逐寒潮处处同。

吴 浦
[元]郏韶

山势分吴楚,江流接混茫。昔年隔南北,此地即边疆。民近淮盐市,门通海客航。行人敬风土,云是子游乡。

送郑学可赴平江学道书院长
[元]岑安卿

姑苏古伯国,繁华有遗踪。栉比十万家,楼台出鸿蒙。歌舞彻清夜,锦绣围春风。苟无礼义化,流荡将何从。子游千载士,文学洙泗宗。邦人致仰慕,筑室阛阓中。牺牲与笾豆,祀事洁且丰。育材阐王化,道义相磨砻。有如砥柱石,屹然障河洪。吾邦旧文献,近亦多章逢。扬子昔长此,讲贯懋厥功。吾子亦云往,辞色温其恭。熏风揭绛帐,皋比座蒙茸。愿精学道旨,再使民俗忠。我当蹑季札,观风一来同。

灯 夕
[元]李延兴

灯簇上元夕,花明仙苑春。星球悬碧落,云幰护朱闉。岁律时当午,斗杓昏建寅。六龙御丹极,万象入洪钧。淑气东浮野,群星北拱辰。楼头霞散绮,墙角雪销银。已弛金吾禁,应无丞相嗔。鳌山攒火树,兽锦叠文茵。玉漏传疏点,香飙逐暗尘。篆烟吹绣幕,檐雾湿纱巾。紫陌鸡鸣缓,红桥马过频。珠围貂帽窄,梅放粉容新。诗就题千帙,筵开直万缗。酒光摇潋滟,舞影起纷纶。序齿先耆艾,忘形略主宾。联翩仙子佩,窈窕女儿身。叠唱凌天籁,争归步月轮。闾阎喧小子,箫鼓沸苍旻。童稚扶翁媪,优伶学搢绅。青云文雅士,白发太平民。世喜消锋镝,巫羞祀鬼神。欢呼占岁稔,倾倒见天真。留滞无羁旅,欹斜有醉人。宴游逢霁景,款曲会良姻。是物恩波洽,诸方化雨均。腐儒犹放浪,令尹独清贫。屡辱情过厚,从知道欲伸。得人类言偃,爱客即陈遵。闻望腾中外,公忠出等伦。威仪严可畏,襟度阔无垠。公署钞琴谱,黉堂礼席珍。河头虎争渡,桑下雉相驯。五裤歌方振,三农业已勤。官清文字简,乡饮德风淳。我已成迂朽,行将赋隐沦。弟兄皆鬼物,田亩半荆榛。周急烦贤友,持家养老亲。奇才推葛亮,曲学陋平津。松径荒烟里,茅堂野水滨。读书逾懒慢,抚事几悲辛。碧藓侵棋局,红蕖没钓纶。发蓬苦扪虱,衣破叹悬鹑。出处惭先哲,间关类逐臣。多情依木石,无分画麒麟。城市聊从俗,山林拟卜邻。业唯归竹素,书莫上枫宸。性入禅家学,歌随樵客斤。生涯甘寂寞,宰物实陶甄。高尚尊严子,贤良笑郄诜。天涯正愁绝,回首遇雷陈。

浚县知县项如英筑野遣人远馈酒肴仍寄诗相问
随用韵以答其盛意为后日之会一笑(其二)
[元]宋讷

天姥精英产一贤,来从筑野事承宣。臣心东注朝宗水,士节清悬瀑布泉。桃李河阳潘岳种,弦歌鲁邑子游传。政随春雨东皋足,伫听歌谣大有年。

送鸡林裴府尹(其四)
[元]李集

不见髯全已十秋,迩来多难雪浑头。遥知喜迓熊轩至,岂许澹台谒子游?

送朱仲良
[元]陶安

幕府需名掾,儒林拔俊髦。赤霄麟凤至,华岳隼鹰高。家谱遗先业,功庸在武韬。银符传爵秩,玉树秀儿曹。鄢邑怀乡远,铅山鼓箧劳。雨香萱草砌,云涌墨花槽。宝剑精金铸,文绡独茧缫。朝盘苍苜蓿,春酒绿葡萄。诗社惊风笔,书棂继晷膏。霞生灵鹫屐,雪压紫溪舠。青眼多知己,黄眉又伐毛。膺门隆雅遇,和璞遂奇遭。三语名增重,诸侯礼见褒。襟怀澄夜月,简牍析秋毫。访道鹅湖境,承光熊轼旄。水晶明窟宅,珠玉纪游遨。远调边江郡,久延中土豪。青山晨霭树,采石暮烟涛。槐舍香凝戟,莲漪色映袍。谋猷神召杜,刑罚尚苏皋。骏足仍淹枥,雄姿望解绦。虽承毛义檄,尚莞子游刀。黍稷登商琎,笙镛间舜韺。屈身班雁鹜,挺质出蓬蒿。宪署嘉才艺,分韬鉴履操。抗章孤荐鹗,投钓六连鳌。要路登风纪,新威纠虐饕。竹松存劲节,兰菊著离骚。喜动庭闱彩,程催水驿篙。诸公闻耿介,列郡息喧嘈。乌府霜飞柏,龙门浪涨桃。功名来衮衮,岁月任滔滔。风俗俱廉问,泉沙必净淘。宸聪资耳目,民瘼解忧嗷。清镜方开匣,彤弓已脱韬。日斜豺虎遁,秋肃草莱薅。折槛应当继,乘骢定不逃。论交心正切,话别首频搔。葵火炎飙扇,荷盘急雨号。离筵车马集,锦瑟送芳醪。

极目亭
[元]谢肃

虞山积翠横东海,上有苔峣极目亭。升屋鸡鸣穿晓雾,石潭龙影落秋暝。风回江堑飞涛白,天入苏台远树青。何处言公遗故宅?画桥绿巷眼偏醒。

过虞山陈适庵处士
[元]倪瓒

陈蕃悬榻处,徐孺过门时。甘洌言游井,荒凉虞仲祠。看云聊弄翰,把酒更题诗。此日交欢意,依依去后思。

言公墨井
[明]高启

寥寥武城宰,遗井虞山阴。千载汲未竭,九仞功应深。艺圃自可灌,道源谁复寻?弦歌听已歇,瓶绠看还沉。无为溴弗食,恻恻起叹音。一瓢乐未改,庶几回也心。

吴趋行
[明]高启

仆本吴乡士,请歌《吴趋行》。吴中实豪都,胜丽古所名。五湖泓巨泽,八门洞高城。飞观被山起,游舰沸川横。土物既繁雄,民风亦和平。泰伯德让在,言游文学成。长沙启伯基,异梦表休祯。旧阀凡几家,奕代产才英。遭时各建事,徇义或腾声。财赋甲南州,词华并西京。兹邦信多美,粗举难备称。愿君听此曲,此曲匪夸盈。

送李知州考绩复任六安
[明]罗亨信

李侯自昔居羊城,才华卓荦人中英。金门射策登黄甲,秘阁修文蔼俊声。予时亦忝群公后,京国相逢诚邂逅。对榻常论午夜文,趋朝共听三更漏。人生会合那可常,君奔亲讣先还乡。予拜夕郎愧才短,相思两地如参商。謇予被谪投南极,佐邑闻君声藉藉。牛刀小试言子游,哦松暂屈崔斯立。十载辛勤海上归,金台相见喜成悲。予着铁冠持宪节,君承宠命牧群黎。六安大郡居淮甸,地僻民淳风俗善。多君为政尚宽平,一钱五袴人争羡。今秋报政入神京,六事咸称绩有成。借寇傒君还旧治,九重特慰斯民情。友朋留别都门道,杯酒淋漓任倾倒。蒲帆十幅挂西风,红蓼汀洲雁声早。到官正值隆冬时,梅花开遍东南枝。儿童竹马候江浒,朱幡皂盖何委蛇。古今为治重民牧,增秩赐金如不足。勖君终始树勋庸,期与前贤继芳躅。

常熟张修撰孙女许人为妾杨大尹明父改妻先贤言氏之子因赋
[明]沈周

芳兰贴粪壤,贞女议少房。为计堕媒舌,父母惑如簧。女子何所知,衷心不分明。

令尹廉非偶,喟为先德伤。割俸资返聘,乃币乃筐筥。改求大贤后,言氏得秀郎。贞女与秀郎,既婚复有将。此事若天斡,鬼神与之襄。令尹通神明,义气扶纲常。摘珠出泥涂,炯然开夜光。拭璧从埃壒,焕尔昭天章。富郑自范择,言子思激昂。结草报治命,翰撰当不忘。我特歌尹德,词短意则长。

武城怀古
[明]于慎行

停桡齐赵路,河上见孤城。故国佳公子,高台亦已倾。川光孤屿敛,暝色片云生。呜咽清漳水,千秋恨未平。

张幼于舍别墅为言子祠敬用志美
[明]王世贞

句吴诚佳丽,其始未雕朴。三让道故尊,居然一鱼服。人文萃东鲁,垂晖耀南陆。言游遂北学,与商获偕目。以彼弦歌化,革此诸离俗。遂令大江表,儒林被膏沐。洵美张仲生,尚友一以笃。家有五亩宫,傍托素王宿。愿言祀言子,寒泉配幽菽。窃陋法护施,庶希范氏躅。文学千载标,沾沾意良足。俎豆乎其间,非子谁当属?

吴趋行
[明]王世贞

太伯让周王,剪发窜蛮荆。季子守遗节,屈体臣后生。要离捐肢体,伍员抉目睛。岂若被裘子,兼复韬其名。言游佩端委,文学启休明。赁春无凡客,门卒亦仙卿。震泽含变化,大海发精灵。焉类十室邑,步趋恒自矜。

过子游虞仲祠
[明]王世贞

一代言文学,千秋虞逸民。列星垂气象,沧海绌经纶。太上有立德,其先不辱身。遐哉不可见,吾请事斯人。

人名·渡江口阻风书事
[明]王世贞

孔涉在兹辰,风江淹旅役。枫抱秋郭丹,月侵衰杨白。大陆云苍苍,金山涛间碧。游鱼石濑响,倦鸟辞张翼。天高澄清气,湛然明空色。山僧来何晏,鸣钟会施食。籍谈彼岸趣,言偃江门石。

江南行·送邓良仲尹昆山
[明]陆深

仆本江南士,请歌江南篇。江南佳且丽,沃野多良田。道旁采桑女,湖中木兰船。礼让季札后,文学言偃前。昆山产良玉,自古盛才贤。东通沧海波,西接阊城烟。既饶鱼稻利,复当大有年。登眺何郁郁,井市互纠缠。商贾竞启关,逓流愿受廛。使君楚邦彦,敷治若烹鲜。新从天上来,端坐理徽弦。齐民本同性,嗜好贵有先。谷中自虚旷,岂曰声难传? 酌酒听我歌,我歌慎勿谖。

雨宿武城追和先温州夜宿武城二首(其二)
[明]文徵明

经过言偃邑,非复昔时城。里俗无从问,弦歌空有名。江湖孤雁断,风雨乱鸡鸣。酒醒青灯暗,春寒一夜生。

留别蒋长洲克明(其一 篁墩)
[明]程敏政

蒋,予同年友,以御史贬蜀中。起废为令于此,因与宣溪联句赠之。

念子天涯久谪官(篁墩),已看新命出金銮。牛刀小试真言偃(宣溪),鸥社重寻愧谢安。旧雨故人频对酒(篁墩),青霄客路正弹冠。明朝又作胥门别(宣溪),浦树江云两地看。

安化十里铺宋知县辞别
[明]谢廷柱

高树鸣风客喜晴,冻云疏朗日华生。溪头小郭烟千灶,岭上孤亭路一程。涧壑有威冰皎洁,江山无物气澄清。民心趋舍关初政,邑有弦歌是武城。

过 武 城
[明]区大相

言子留遗邑,经过挹素芬。林光川上见,城影渡头分。政以得人美,官应学道闻。弦歌问遗俗,客思坐氤氲。

苍梧即事(其十二)

[明]徐𦶜

地僻鸟啼树,庭空吏放衙。西河言偃室,惟种碧桃花。

徐州道中遇陈比部归吴因讯钱惟重

[明]林大春

经秋惜别感飘蓬,旅夜相逢对朔风。看剑君行向渚北,驱车我已入山东。人情黯惨干戈后,歧路苍茫涕泪中。尺素凭将寄言偃,百年飞动几时同。

寿陈石渠明府

[明]张萱

天南福曜照罗浮,为政风流有太丘。彩笔凌云曾入梦,冰壶映日正宜秋。帘前草满言游室,柳下琴鸣谢朓楼。采采芙蓉效三祝,文禽今已到前洲。

奉赠云河张侯入觐二章(其二)

[明]张萱

罗浮循吏有名儒,岁阅惊闻赐玺书。甑似范云惟茹檗,室如言偃有悬鱼。频年灾沴劳煦沬,阖境凋残苦拮据。何日双旌复炎海,二天长庇老樵渔。

王幼度明府为今大宗伯云杜李本宁先生犹婿余以本宁先生获交幼度盖三十余年笔研友也先数岁宝安同社诸君子欲为余作特室于旗峰之阳且受廛矣甲子冬幼度以龙门令摄篆宝安喜而赋之得十六韵以先歌来暮者言非未同幸毋曰此饥鸟此阳鱎也

[明]张萱

旗峰紫气照罗浮,借得神君卓鲁俦。彩笔雄名吞七泽,青箱大业擅千秋。烹鲜十室烦言偃,摄大三年乞仲由。循吏能文真雅化,才人为政自风流。不须长袖工新舞,更向原田舍旧谋。琴榻柳藏宾阁寂,印床花覆讼庭幽。看山应识金银气,破璧能令鬼蜮愁。抚字喜闻先蔀屋,巡行莫惜访沧洲。医疮已乏心头肉,照水须哀胯下瘤。两境四民歌五裤,一贤二邑解全牛。珠常还浦龙编户,海不扬波蜃结楼。绮岁孔融曾御李,白头王粲欲依刘。择枝绕月同飞鹊,避地浮家狎野鸥。闵贡岂为安邑累,临邛休厌马卿游。江头看竹还须主,不学君家老子猷。

震泽普济寺观古桧歌
[明]王叔承

沙门老树惊奇崛,四百年来青未歇。气交古佛通精灵,命落残碑题岁月。皮为黛石根为铁,琥珀为脂玉为节。曲柯倒纽上下错,尖梢反掬东西掣。扶疏入画画不成,苔痕腻锁雷神结。雨余细叶浮烟出,新枝旧枝宛相龀。飞天仙女生绿毛,堕地骊龙蜕苍骨。西方双树何时分,婆娑独立南江濆。寒色虚摇五湖月,清阴薄洒诸天云。忽漫星槎过笠泽,酣歌树底流光碧。秦亡争笑大夫松,蜀破空怜丞相柏。信是僧家佛日长,贝叶昙花幻今昔。昔者火烧阙里桧,仲尼寂寞斯文坠。今来风击虞山枝,言游惨澹文章废。儒林乔木奈如许,野寺孤根聊酹汝。

同友人再游虞
[明]朱一是

轻舟十里泛平沙,云外虞山一半遮。堤势远回言偃墓,草痕青入仲雍家。野泥初坼未开笋,溪雨欲流将尽花。乘兴不辞今日醉,此身谁记在天涯?

送裴季厚赴任礼安
[明]洪贵达

历任三州与三县,吏能莫有与君齐。庖丁自是屠牛手,言偃谁教又割鸡。岭外星罗六十官,礼安民物最凋残。朝廷遣子非无意,好去临民一倍宽。

寄李宝城图南次郡楼金公克己韵
[明]周世鹏

海城何处谪仙闲,独望双凫僾尔还。楼近九霄瞻日下,地连三岛异人间。已闻言偃弦歌政,莫遣安仁鬓发斑。碧玉壶中如作客,不辞佳致共君看。

次韵黄仲举寄示鹿峰精舍落成
[明]李滉

儒馆何须续旧名,鹿峰堪贺落新成。武城言偃兴弦诵,蜀地文翁阐教声。古道未亡同受性,今人那欠独超情。星山本号英雄薮,莫负群生我最灵。

武城怀古
[明]李东阳

野埭东连鲁,荒城北带河。远山藏雨暗,老树得霜多。古邑今如此,贫民奈尔何。使舟栖泊近,侧耳听弦歌。

过子游祠
[明]吕柟

城西十里子游祠,犹是汉朝建县基。若问弦歌周末地,白云遥知鲁东陲。

咸阳一布衣
[明]严昕

峤外得书札,开缄愁万端。悠悠道途阻,忽忽时序阑。岭海相思苦,尘埃与面难。期君营一命,早晚会长安。天南旧门客,悲札远封来。已得传双泪,何须酹一杯？重泉嗟异路,两地谢同哀。泣尽羊昙血,凭将写足回。同游白云顶,握手上丹梯。天地沧溟阔,神仙紫鹤迷。相望人岭峤,一别路东西。名字镌苍壁,何时觅旧题。忧患霜侵鬓,劳君远问频。叩冰今日泪,负米昔年人。握粟求医卜,稽头乞鬼神。微诚天照鉴,请以代吾身。我友林同福,牛刀试小邦。琴闲言偃阁,山对敬亭窗。独写哦松韵,空余浥酒缸。须君一经过,为问俗淳庞。

登虞山绝顶
[明]周忱

晴登孤嶂俯郊原,指点东湖远近村。齐女墓荒枯树老,言游祠古断碑存。一泓白水通湖口,几点青山近海门。此地旧传多圣迹,重来期与故人论。

送同年黄敦实知玉山
[明]吴宽

怀玉山中路,烦君此一行。官因科第重,人比县名清。黄霸终京兆,言游暂武城。亦知离别易,杯酒不须倾。

分题武城送奚郎中归省
[明]吴宽

舟行漕渠上,日暮临孤城。泊舟试借问,因得兹城名。逶迤无百雉,人烟少交横。

蕞尔齐鲁间,独感郎官情。吴门至洙水,岂乏三十程。偃也能北学,学道功乃成。一朝辞孔席,去作邑宰行。为治以礼乐,用武忘甲兵。宣尼昔枉驾,辙迹犹分明。壮哉孰非县,不贮弦歌声。遗风被千载,易使还黎氓。问俗野烟起,怀贤春草生。因寻言游室,更酹澹台坓。

赠次峰次阳明韵(其二)

[明]林俊

如面人心岂尽齐,危微精一属参稽。四儒殁后留遗响,七圣途穷待指迷。海邑言游今礼乐,越裳职贡旧航梯。桃源此去无多路,老爱相从是建溪。

赠太仓汪使君惇

[明]祝允明

德风千里掩雄州,争解长刀换乳牛。共羡汉家封卓茂,且看夫子戏言游。功名此去符龟印,文彩朝来压蜃楼。最是野人怀惠切,一廛今拟结沧洲。

李绫城大夫人挽

[明]梁应鼎

膝下看熊轼,湖滨复绛帷。不令村犬吠,却是讲论推。礼乐追言偃,循良并杜诗。谁知为亲屈,孝思笃今时。南纪绫城县,夫人御板舆。青青生竹笋,白白进江鱼。诚孝因胎教,慈和满邑闾。从知去东海,贤智不须书。皇驳繁缡帨,仓庚春日迟。友琴鸾协凤,占梦虺连黑。铜印方随养,明星忆赋诗。八旬心不转,留作主中规。

菌苔亭偶题

[明]具凤龄

孤云曾此纽铜章,言偃弦歌拥一堂。万古词华惊宇宙,千年仙骨跨鸾凰。秋晴菌苔红浮水,夜朗冰蟾白满塘。尘籁俱虚人境寂,却疑笙鹤下穹苍。

再叠湖阴韵奉呈月汀相公四首(其四)

[明]车天辂

尹公昉,月汀之犹子,时分铁原铜竹,月汀用此韵为赠,因命余故作。

为政端宜猛济宽,蒲人拭目改前观。腰垂紫绶分铜虎,梦绕丹霄望露盘。风动弦歌鲁言偃,春生桃李晋潘安。西州粳稻蛇蛟结,高下应无叹湿干。

昌原珠还堂追次黄海月汝一韵

[明]赵任道

波恬沧海镜光颓,登眺孤城醉兴来。晓角响从寒月落,春帆影逐晚潮回。弦歌化俗追言偃,彩舞娱亲学老莱。太守风流堪莞尔,邑人谁是旧澹台?

挽宋子深渊

[明]赵䌹

谓君坐诗穷,官守年八袠。谓君享荣名,傀屋菫容膝。仁者静以寿,君仁寿所必。贫者士之常,君怀自坦率。死生无异道,适去君应谧。君世本儒者,早能耽经术。掉头冕轩荣,手操齐门瑟。追随权石洲,上下穷诗律。石洲词林宗,许君王孟匹。遇酒即呼白,襟期无间日。顷之郢人亡,匠石谁为质。落魄五十载,会时牧幽逸。岳然坐皋比,蛾子争来述。后来称韵士,半从君门出。出宰湖南郡,不肯事刀笔。官办步兵厨,琴鸣言偃室。虽无玺书褒,亦免许丞黜。俯视铁马尘,谢朓青山崒。归去任浮沉,湖田几种秫。仓公与宗寺,优游倚书帙。觥饮老不休,疏狂犹旧疾。妻子亦何有,荣枯都不恤。伊昔果州南,君频过蓬荜。是时世混浊,夜烛飞蛾密。吾幸与夫子,脱略无啾唧。相逢但啸歌,地炉煨芋栗。论文蔽苏李,余子比楂橘。回首欢娱处,流光何卒卒。而我窜逐归,屏伏衡门泌。闻君尚无恙,想君谈扪虱。谁料菀陵穷,观化先六一。三呼我无所,万事君今毕。牢落宇宙间,高才交臂失。君诗三百篇,曾经都尉誉。庶几慰夜台,举觞浇柏实。

别金城主琯

[明]金应祖

朔风号怒雪飞天,此夕那堪作别筵。言偃治民先礼乐,仇香为政少鹰鹯。圣心久已哀遐裔,文法由来误俊贤。山谷老人无以贶,一杯相属当缗钱。

次鹤泉韵

[明]李景奭

白水环篱落,青山在户庭。真堪托高躅,聊可驻残龄。鹤立超尘网,鸿飞入杳冥。争称竹溪逸,不负草堂灵。好学心追古,谈王志措刑。萧然虚白室,独对太玄经。半世壶中兴,平生座右铭。吟供双鬓素,业保旧毡青。文蔚经旬豹,囊收几载萤。人皆沾剩馥,吾亦藉余馨。把笔如泉涌,闻言似酒醒。敢云叨托契,犹荷许忘形。弦诵惭言偃,行藏愧管宁。陈情欣捧檄,混迹任浮萍。妙曲何人和,清篇静夜听。谁知乘鹤客,兼伴少微星。

与邹川游双碧亭
[明]金富弼

招我青山碧水滨,凉风吹罢一襟尘。弦歌自是同言偃,至室深惭子羽人。

奉送月川赴洛二首(其一)
[明]权宇

言偃弦歌悦圣师,同群鸟兽岂贤宜? 雕开不是嫌为仕,只为当年未信斯。

奉呈府伯郑愚伏景任经世
[明]孙处讷

五十无闻今已矣,朝闻夕死是余情。幸蒙言偃兴弦诵,多荷文翁擅教声。识面纵惭王信伯,听言还拟李初平。从今愿沐三年化,成已功推物亦成。

十六日舟送寒冈先生蔚山行
[明]金中清

船南走马趁鸡鸣,为送先生海上行。满载三千归棹疾,自怜言偃絷孤城。

言 偃 宅
[明]周霞宾

列国雄吞际,人材北学难。凄凉吴邑里,怅望鲁衣冠。旧宅归蓬颗,新祠倚杏坛。一桥通夹巷,蔽井树阴寒。

子 游 巷
[明]陈逅

江山秀拥先贤宅,故井泉清墨未消。千载栖乌人寓此,会心阙里奏文箫。

欧阳明府弦歌亭
[明]王恭

令尹文忠后,卢陵世代深。青年宜带印,白日但鸣琴。浩荡春阳泽,雍容太古音。一亭崇礼教,百里动讴吟。露冕朝氛净,寒帏午树阴。风云飘逸气,山水写冲襟。桃李清官舍,棠梨胃客簪。昔闻常衮化,今识子游心。高士恒分榻,贫人屡赐金。所希金石刻,千古作佳箴。

贺冠者
[明]陈献章

都老门前十文松,采帷高映日瞳眬。宾迎一径桃花里,春在三加酒盏中。礼式未忘洪武化,弦歌还动子游风。王人不用投壶劝,醉倒江门老石翁。

送浦丽水文玉
[明]邵宝

十年丽水我曾游,又赋新诗送县侯。山戢兵戈金在穴,海通舟楫盐成丘。有人俎豆如诸葛,何处弦歌不子游。且莫易看循吏传,几多风采待君收。

送衍圣公用涯翁尔锡席上韵
[明]顾清

振鹭歌残驷马鸣,蓬山燕罢锦衣行。西风远道三秋日,落木洞渊万古情。别卷荐赓怀麓韵,前旌应过子游城。川流夙昔知安稳,极目晴云到海平。

过武城
[明]陈繗

蕞尔武城邑,今城仍古城。城郭虽然是,人民日已更。当年子游子,曾宰治编氓。辙环孔宣父,过此访门生。不觉莞尔笑,笑闻弦歌声。于今莞尔笑,笑无弦歌鸣。莞尔貌则同,莞尔原异情。遥遥千载后,何人育群英?

澹台灭明墓
[明]李梦阳

子游昔宰邑,邑有澹台公。非公不见宰,不径垂无穷。身殁埋豫章,豫章乃城中。长松何寥寥,石墓坚且崇。崩馆昼常阴,古树多悲风。丸丸拥基藤,垂垂网户虫。喧寂本异感,慨惋当何同?道伸固难灭,瞻睇摇晴虹。

宴虞山招真治来云阁答邓子文度
[明]黄省曾

邓子儒林秀,婆娑六艺场。定居文学传,奚忝子游乡?古树藏云暗,空坛抱月凉。逢君十年外,樽酒意偏长。

吴趋行

[明]黄省曾

吴都千载国,茫茫竟何陈。泰伯遗至德,季札扬清尘。芳心皓霜雪,高节凌苍旻。子游用牛刀,礼乐何彬彬。仲尼笑弦歌,武城停车轮。锦帆明绿水,蟠桃挂城闉。吴王馆娃宫,女乐娱青春。西施秀蛾眉,扬辉五湖滨。印绶怀会稽,故妻惭买臣。挥霍绮罗客,墓间曾负薪。皋君识齐眉,梁源为上宾。援琴弹五噫,怀藏席间珍。清宵蔡经宅,忽遇蓬莱人。麻姑长爪甲,行觞劈麒麟。飘飘张东曹,秋风忆鲈莼。皎皎醴陵侯,孙王拜其亲。英雄竟何在,繁华亦沉沦。冥冥黄土掩,山冢连嶙峋。因使慷慨士,见之空沾巾。人命苦弗将,干喉且焦唇。焉得王子乔,相携向玄津。

过武城谒言子祠作

[明]皇甫汸

溯风枉轻帆,戴星理扁棹。超忽之武城,有荡瞻鲁道。古邑一何卑,令猷久弥劭。弦歌谢清响,精华契深造。曰余厕文儒,耽寂违时好。剖符辞帝京,腰章宰名赵。谅乏操刀资,惧贻制锦诮。经过缅逗躅,神对宣幽抱。言采江上蘩,荐此庙中貌。谁谓殊千载,可以同高调。

赠茅丹徒

[明]皇甫汸

晋室皇畿宰,风流绝见君。鸣弦宓生化,饰吏子游文。山色斋中入,潮声政里闻。江干漂泊羽,犹得接鸾群。

夏日登广平城楼赠寇体乾

[明]皇甫汸

城东楼阁排云建,极北河山抱日浮。身上百层怀更放,眼当三辅望还收。愧无辞赋留王勃,幸有弦歌驻子游。为问长安何处是,莫因殊土忆并州。

泊舟武城

[明]吴与弼

长年桹柁棹讴停,淡月疏星泊武城。若使九原人可作,弦歌声里拜先生。

武 城
[明]何吾驺

言游为宰日,阖邑尽弦歌。及此王风邈,犹余雅韵多。道闻夫子笑,室许灭明过。未效铅刀割,思君政渡河。

谒弦歌台
[明]陈露

十年怀胜迹,今日谒兹台。事古流风远,祀存旧化回。疏林迷宿霭,断碣隐荒苔。欲振弦歌调,牛刀愧菲才。

过 武 城(其一)
[明]李贽

弦歌古渡口,经过欲停舟。世变人何往,神伤意不留。文章夸海岱,礼乐在春秋。堪笑延陵札,同时失子游。

拜子游言公祠
[明]严澂

崇崖庙貌俨嵯峨,天半松楸落日多。一自北方传礼乐,至今南国盛弦歌。峥嵘岱色瞻虞岭,浩渺吴江接泗波。自笑竖儒拘下里,苹蘩肃荐意如何?

读 书 台
[明]严澂

上国弦歌自海涯,风回此日振精华。最怜梁苑荒台草,竞发河阳茂宰花。点笔晴光分百雉,卷帘秋气肃千家。朝来林麓烟霞遍,疑是铜龙到晓车。

耿令公重辟书院成对月清谈至夜分赋此丙午中秋前三日
[明]严澂

画栋飞甍蠹汉开,使君新搆大观哉。精华再振荆南学,奔逸还凭冀北材。桂影欲从云际落,天香直送掌中来。最怜女俪求人意,谁是传心卜倚才。

程幼洪庶常教授吴门(其一)
[明]施闰章

一时台馆散,去国且扁舟。好卜五湖宅,何殊万户侯。名都赋吴会,文学本言游。别后清秋月,知君坐虎丘。

又次严道澈韵
明　钱达道

言楼已振弦歌化,又见萧台表物华。槛外晴霞笼古木,城头粉堞映桃花。耿恭自昔称良牧,严武从来属大家。寄语登台诸士子,好储文学待公车。

次家叔简栖韵
[明]钱达道

斯文今有主,结绶在仙都。乍淬丰城剑,行飞叶县凫。教敷如雨化,兴到即风雩。济济看多士,扶摇起壮图。

崇文营别馆,拄笏见青来。道自河汾阐,经从马帐开。环桥时听讲,落日共传杯。何处堪怀古,城西帝子台。

江左百城长,使君称独贤。循声方鹊起,清操有鱼悬。爱客哺还吐,谭经席屡前。弦歌今继响,名在武城先。

贤侯重经术,再整旧宫墙。精舍窥三昧,危楼俯大荒。旁蹊皆下乘,吾道本康庄。此日精华教,昭然灿孔堂。

虞山开讲幄,不独尚词科。晤处传心印,谈余复雅歌。执经门自拥,问字履频过。愿向春风坐,瞻依可若何?

画栋如云起,西山爽气新。遗祠今转丽,浇习尽还淳。尚父湖相映,巫咸宅与邻。从兹门下士,岁岁贡廷珍。

咏书院落成分韵得他字
[明]翁应祥

虞仲山前雪一蓑,言公祠畔月痕多。一时名理供谈吐,满座清风和咏歌。道在性天原有要,学惟精一更无他。良宵此会知难得,肯把寻常错认过。

咏书院落成分韵得不字
[明]程玉润

孔门溥甄陶,十哲擅其尤。文学撷英华,南方独言游。遐踪邈难追,谁与浚余流?斯文蔚复兴,千载遇贤侯。弦诵嗣遗音,讲道集名俦。仰止务陟巅,俯探必穷幽。共坐春风中,燠如御重裘。积雪摇寒光,中宵语不休。偕咏傲谢公,远泛薄子猷。启口飞天花,片辞足千秋。至趣默饮心,道机烂盈眸。幸哉此胜缘,切磋藉玄修。他年遇雪时,能忘此夜不?

咏书院落成分韵得年字
[明]钱世美

同云布虞岭,讲坛集群贤。凭轩眺积素,郢调纷翩翩。清虚发道机,皎洁离尘缘。四望不迷夜,寒光谁为悬。言念武城学,仿佛今犹传。造化含玉蕊,宣龢入朱弦。高吟兴未歇,气欲凌苍烟。顾瞻一樽外,万物徒森然。冲漠亦何朕,会之在象先。何以察玄工,忽见天飞鸢。何以抽新意,恍觉梅舒颠。同兹大冶铸,沾溉渺无边。严威凛九有,一阳伏重渊。微阴畏见睨,宁为柔所牵。君子爱日笃,小人义日坚。安得留浩泽,乐育永千年。

文学书院向委之草莽耿令公再造想闻不觉兴起赋寄二律
[明]薛志学

忆昔言公祠一桁,惭余潦倒狎齐盟。可怜草创沦墟莽,何幸中兴再落成。多士威仪新庙貌,诸侯礼乐旧弦声。当年稷下夸明宰,独是文翁雅擅名。

满院春云拥杏坛,远山环合坐中看。宫墙崒嵂尊吾道,俎豆纷纶列大观。有客远亲都讲席,无闻空着进贤冠。遥知处处谭文学,泽国余惟白日寒。

武城谒子游祠
[明]郑伯兴

古庙空山远,荒城细雨过。千年犹礼乐,百里绝干戈。日暮苍烟迥,春深碧草多。疏钟云外起,仿佛听弦歌。

元夕寄金武康

［明］徐渭

曾醉春街典破裘,那堪老去却囊头。鼠凌白昼争人食,雨共青灯管夜愁。万户新妆哗月镜,一天彩胜乱风球。流思忽到苔西路,似见弦歌拥子游。

瞻子游遗像

［明］姚广孝

文学传家数百年,长松深处古祠前。青瓜延蔓宗枝茂,丹桂流芳孙子贤。礼乐四方遵教化,弦歌百里喜相传。我来暂憩虞山下,瞻仰光风凛凛然。

赋得子游墨井送柳大尹敬中考绩

［明］施显

东吴言叔子,北学孔圣门。故宅昔已废,遗井今犹存。渊源接洙泗,阶除埋荆榛。银床留墨迹,石甃生苔痕。王明可用汲,圣泽难具纶。遴才得茂军,浚治承华勋。铜瓶投月窟,绠绠探天根。谒祠阐文教,象贤育云孙。拜观紫阳碣,摩挲苍石珉。器颓污染旧,濯濯渐摩新。里巷弦歌洽,乡帮师道尊。穷经期大用,薄俗喜还淳。著绩今如此,论功更绝伦。天官持藻鉴,凫舄觐枫宸。不愧循良传,优升献纳臣。摅丹奉明主,施泽慰斯民。

子游遗址

［明］吴讷

勾吴昔要荒,俗鄙人不文。叔氏豪杰士,北学游圣门。身通列四科,文学冠同伦。井湮宅已荒,桥巷名犹存。至今里中子,千载沾遗芬。

咏墨井

［明］李杰

吴公遗井在,水色同墨汁。余泽可沃心,修绠须劳汲。

玉甃埋苍藓,墨花香暗飘。源流洙泗迥,润及武城饶。

遗泽流千古,文光烛九霄。一瓢时自汲,挥洒半庭蕉。

咏墨井兼追悼浣衣石
[明]陈玮

文笔如椽赖染挥,灵泉一脉应玄机。井傍有石谁持去,不与儿孙更浣衣。

题 书 院
[明]陈凤梧

巍然精舍傍成阿,俎豆吴公首圣科。堂邃青衿讲文学,楼高委若听弦歌。鲁邹化及江南远,杨墨逃归吾道多。我愿诸孙师孔孟,伊周事业更相蹉。

赠沈绶归海虞
[明]王崇庆

吴门城上山,虎丘山下水。春花晓莺啼,念子在言里。

礼乐武城称自昔,子游名巷未沉销。分明三载居常熟,回首光阴几洞箫?

道常熟吊言子
[明]柯梴

圣门七十二贤者,文学之科偃最先。武邑遗弦开礼乐,澹台不径定媸妍。源流洙泗由来远,道在东南自此传。谁得精华能接踵,中心所愿执鞭焉。

同严道澈书院赋
[明]陆化淳

一从弦讲废吴东,吾道依稀晦蚀中。何幸羹墙方入望,顿令莹洁独当空。衿绅早已争延领,蒸庶何忧不响风？会见年年明月夜,长瞻斗极诵元功。

耿老师书院成丙午重九大会四方名公巨卿孝廉文学一时群集栴听讲三日不觉茅塞之顿开也敬步湛源先生道澈家伯二韵
[明]严栴

东南日月划然开,吾道精华炳弈哉。数仞尽藏瑚琏器,高堂俱贮栋梁材。虞山孤映尼山秀,琴水遥分泗水来。满耳弦歌歌茂宰,登高谁拟建安才？

千年木铎振吴东,此日均沾化雨中。见说圜桥诸士满,由来讲席冀群空。鸣琴政擅龚黄誉,学道声高邹鲁风。拙劣自惭门下士,诵言何以答神功?

游子游祠
[明]吴以颖

东鲁文章日月光,南州人物凤鸾翔。弦歌为邑宗尼父,文学分科冠卜商。昭代年年崇祀典,云礽世世继遗芳。自惭老去无俾补,幸喜栖身近庙堂。

海虞自昔属荆蛮,人物当初未足观。吾道南来应有自,贤才北学信无双。抚绥百里弦歌洽,嗣续相承奕叶繁。井巷有名居有庙,至今留与后人看。

春日登虞山望子游墓读书台诸处
[明]严济

登揽城西胜,风烟四面开。浮阴芳树远,春色大荒来。碑蚀先贤迹,山寒帝子台。无穷怀古意,日暮属徘徊。

游虞山书院
[明]朱鹭

斯文常明行,兴起会有时。如云出天空,得风乃加驰。如水行地中,迤折更委蛇。南方开精华,千载烂于兹。岂不关皇步,鼓吹颛有司。兹邦先哲产,人文世所推。顷岁在单阏,天降觐冈夷。小蹶遂大起,绾符来令仪。驭政观要领,首饬先贤祠。学道锐躬试,而为四方尸。院宇何峥嵘,额题具可思。日课邑人士,下上相切偲。经制擎悦耳,道德有规矩。四方一日闻,高真如渴饥。轩车贲路来,倾谈共解颐。和气诞召详,一发贤书奇。气运诚递流,精神须默持。哀彼流俗吏,簿书日为靡。永慕文翁理,矧绎弦歌遗。

雪中谒吴公墓
[明]朱鹭

空山积雪里,敬拜哲人墓。海虞夙奋迹,精华开学祚。挹彼尼丘父,泽此吴土羽。千秋烂不极,风流自可溯。神明载东南,肉骨岂云故?

虞山书院重辟邑令主盟有述舜以数千里至适逢其盛步韵一首以识一时
[明]王安舜

别院春光绮槛开,弦歌声里思悠哉。百年礼乐看周道,千古风流识汉材。白雪几人寻郢去,青山应我问奇来。相逢地主豪华尽,授简深惭作赋才。

书院落成赠耿令公
[明]张凤翼

琴川不独听琴鸣,更有弦歌似武城。桃李芳菲时雨润,鸢鱼飞跃海天平。见闻一脉仪刑在,仿佛千秋庙貌成。此日得人无俟问,悬知不让鲁诸生。

耿令公书院成赋赠
[明]王穉登

微言已久绝,斯文几坠地。言公桑梓邑,井里日芜废。耿侯神明宰,文学饬吏治。骥足未长骋,牛刀诚小试。讲堂云构新,学舍若鳞比。桃李竞芬敷,棠阴复蔽芾。名儒捉麈谈,余子悉麇至。勃窣皆理窟,超超总玄箸。文章本载道,诗亦以言志。胡彼言性命,修词顿捐弃。相视秦与越,往往生懑忌。道不在多言,躬行乃为贵。美哉贤侯心,弦歌振遗绪。诸君被仁风,何以广德意。勖哉先民轨,黾勉以相励。高山不可齐,仰止庶其企。

学道堂赋
[明]连士英

天地一大治,万象归吾庐。达人乘大化,倡道东南隅。元璞须成器,良贾不徒虚。能蹈万仞渊,可控百斛珠。吾道贵正脉,羽翼有真儒。双拔佛老帜,独县孔孟书。幽渺钩玄玄,精微尽铢铢。合并天地髓,充满贤豪躯。朋友不惮远,乐育遍贤愚。洋洋文学里,武城知不如?

莲花诗
[明]孙森

言子祠前方塘,我师耿令公所浚也,山池深冷不宜莲。自夏五至闰六月秒,绝无茎叶,而七夕忽起一花,亭亭独秀。传曰:莲,花之君子者也。盖我师儒效既着,故花之君子者呈焉。赋此志喜。

桃李春深座已盈,芙蓉秋老倍念情。樽前总被弦歌里,散入香风满化城。

井墨泉分一勺深,亭亭波面吐奇琛。从知茂宰无涯泽,俱出莲花不染心。

仰德诗（并序）

[明]孙森

仰德,仰我师耿令公德也。传曰:"仲尼没而微言绝,七十子丧而大义乖。"森每读其言而悲之。矧此虞邦,实言子游之故里,洙泗渊源,雅有余润,而春秋迄今,无振起者,岂豪杰实难,必有待而兴欤?我师抱世道人心之忧,分符兹邑,幸先贤遗绪,可借以淑其乡人也。慨焉启祠宇、奖多士,无日不耳提而面命之。士苟有片言之合、一行之修,师辄然色喜,不啻慈父之抚贤胤焉。缅惟昔年海寇方猘,师北之樽俎,既有德于斯民甚厚,而今者续三千年几绝之传,贻亿万载不磨之泽,有德于多士,又何如也?森受炉锤,切仰止,尤倍于寻常万万焉。昔颂肤功,今称仰德。其诗曰:

微言既绝,处士繁称。大义既乖,至道孰营。睠兹海邑,卓哉颜成。悠悠千古,谁欤嗣兴。哲人天纵,有开必先。星精岳灵,曰在河间。我侯应期,统绍尼山。精华再擅,班曾友颜。天佑虞民,俾绳旧武。乃惠我侯,木铎兹土。爰征昔贤,爰创新宇。文学于昭,观德如堵。文学维何,本实是敦。德言政事,总曰真文。旨哉提唱,为世梁津。兼总条贯,统一圣真。于惟我侯,觉世闵闵。宁倚话言,实布心肾。词组克承,侯貌有辗。人各有心,能逊不敏。肆兹多士,戮力皇皇。既日有就,亦月有将。贤关俯仰,圣域翱翔。家诗户礼,井墨重香。侯昔除残,每不遑食。侯今阐教,复日中昃。凶残既平,民乐其职。至教既兴,士式其德。弦歌遐矣,今日洋洋。微言大义,兹焉孔彰。敢希入室,窃志升堂。虞岭壁立,我侯宫墙。

书院杂题二十首

[明]徐待聘

学道堂
道济群迷非宝筏,心除烦恼岂金刀?欲识本来真面目,何如痛痒自摩搔?

得 门
宇宙茫茫托此身,谁从自己觅家珍?得门易简无多诀,要学当年弘毅人。

知 津 桥
天青日白水澄空,欲渡迷津驾彩虹。眼底平平入圣路,真知觇在睹闻中。

渊 源 池
清澄绝胜醒心泉,试酌胸中便爽然。东鲁南方同道脉,虞山一派直千年。

学 道 堂
讲堂新筑碧山阴,多士从游喜盍簪。我有片言箴砭切,涂人都具圣人心。

有本室
已知春色易凋残,无奈秋香萎岁寒。觅得先天种子在,自根自本长琅玕。

体圣堂
宫墙万仞倚高山,乐处无边寻孔颜。具体圣人游广大,功夫端在有无间。

斯受门
圣道如天物物生,栽培倾覆却分明。人能洁己归斯受,恁地枯株也向荣。

大中馆
异端颇僻坏人心,认取中庸何处寻?一自法门开觉路,豁然如下慧龙针。

诸贤精舍
希贤希圣即希天,只在中途快着鞭。一念猛图金石贯,羹墙何处不参前?

方塘
方塘西去澹忘归,岸草绵芊山色微。肯让当年沂水上,咏歌行乐揽春衣。

言子祠
曾向图书窥道貌,况同桑梓挹芳尘。千秋俎豆今伊始,再拜新祠荐渚苹。

游艺门
六艺非粗是道真,莫教渔猎废精神。些儿一片空明地,刊落浮华不借人。

弦歌楼
四郊盈耳尽弦歌,高阁凭栏畅泰和。不谓武城莞尔后,至今遗化尚渐磨。

六经房
千圣传心正六经,六经无色亦无形。于今较得些儿子,便觉支离是简青。

墨井新凿
玉乳清泠墨汁鲜,依然旧迹还相传。源头活水通洙泗,天下应归第一泉。

七桧
七桧新栽绕四遭,苍然秀色满庭皋。托根不似梁朝物,摧挫冰霜节转高。

文武泉
清泉白石破云根,文武分流共一源。解得却莱樽俎上,干戈礼乐可忘言。

射圃
揖让雍雍不主皮,张侯设鹄序贤时。凝神破的心无竞,善息穿杨技始奇。

智圣堂
泽宫角射榭镞初,礼乐相先德有余。独是尼丘兼巧力,大成遗训耀坤舆。

弦歌楼即景·言子墓

[明]徐待聘

言子封丘枕翠微,到来灵峤起瞻依。精华蔚作卿云起,常绕崇祠画栋飞。

弦 歌 楼
[明]侯梦熊

梯云百尺倚岩阿,树杪青山入望多。万姓尽遵新礼乐,八方重听旧弦歌。

和严道澈书院韵
[明]徐培

高馆褰帷万象开,西山翠入气佳哉。六经重振南方学,千里还征上驾材。鸾鹤绕庭翔更集,云霞拂栋去还来。古今同被弦歌化,林卧其如老不才。

赴虞山会泾里阻风寄耿令公
[明]薛敷教

片晷千秋亦比肩,孤舟千里候鸣弦。休论吾道南来意,实感生平国士缘。风雪剡溪难进舫,烟波泾水剩怀贤。因知去住都无定,咫尺龙门未许前。

再寄耿令公
[明]薛敷教

拂水秋云日日佳,东来犹自恋烟霞。关门紫气真人现,阙里清风泰岳遮。华栋昼开文笔朗,锦屏春候翠微赊。悬知境里讴歌遍,怅望琴尊未有涯。

耿令公书院讲授敬赋六首
[明]钱希言

经术繇来重,功名亦甚都。席征衔有鳣,鳧待化为凫。瞻岫疑畏垒,登台即舞雩。重将文学境,写入县衙图。

为是崇儒地,常闻讲德来。杏留坛上种,花散县中开。夜雨分灯火,春风命酒杯。余惭公室至,不得比澹台。

坐上谈何盛,纷纷命世贤。华阴初雾起,稷下已河悬。吏散玄亭外,莺啼绛帐前。如逢金殿召,夺席定谁先。

自君兴礼乐,桃李烂门墙。萧氏台无改,言公社未荒。书传杜田易,道契漆园庄。焦尾溪边月,依稀照讲堂。

千古贤人里,于今再设科。是间皆揖让,无井不弦歌。冠盖环桥拥,干旄映树过。骊驹虽有赋,莫问夜如何。

一为沧海吏,几度柳条新。道以横经重,风缘振铎淳。虞山开燕寝,梁桧结芳邻。此地称多士,谁当席上珍?

贤风远播片帆东来将趋下执事席饫领大教情见乎言
[明]陈履祥

茂宰弦歌间世才,传经虚席重澹台。同人以我无宁日,作客于君不速来。白璧岂须垂老售,玄谈犹及彻明开。千秋流水机缘在,会有文星动上台。

圣学渊源信有宗,渐渐瀛海起云龙。琴堂问字纷如玉,宾馆传餐不住钟。多歧亡羊曾可索,绝奔追步孰为从?正怜瓦缶喧喧日,莫使人间重聩聋。

学道堂赋
[明]连士英

天地一大冶,万象归吾庐。达人乘大化,倡道东南隅。元璞須成器,良贾不徒虚。能蹈万仞渊,可探百斛珠。吾道贵正脉,羽翼有真儒。双拔佛老帜,独悬孔孟书。幽渺钩玄玄,精微尽铢铢。和并天地髓,充满贤豪躯。朋友不惮远,乐育遍贤愚。洋洋文学里,武城知不如。

陪耿令公书院会讲漫赋
[明]何允济

乾坤混沌到春秋,江南江北都夷酋。是时桓文控上流,中原盟会摈不收。天生孔子挺东周,诗书礼乐万古谋。卓哉虞山出言游,蹑屦千里往从游。顿令茫茫一荒丘,聿开文明烁且休。言公既谁相求,空余墨井渊然留。寒鸦夜叫风飕飕,苍鼯昼挂云悠悠。二千年后有耿侯,分符莅止踵前修。胸藏天地邈寡俦,披襟四顾穷冥搜。咨嗟先子莫能酬,丕构堂宇西山幽。千楹万户一时裒,会集名士多枚邹。拥皋谭论百川浮,灵机慧辨石点头。成人小子文雅遒,四方学者识荆州。匪但文学天下优,弦歌之治亦解牛。我承君侯厚荫庥,勉旃夙夜思好仇。

入海虞谒令公耿大师遂过书院敬赋
[明]陈元素

半天苍翠垂城郭,九月菰芦扑水烟。风俗真成偃也治,山灵犹借孰哉贤?及门如市东南尽,讲席凝辉象纬悬。最喜讼庭闲鹤舞,琴心白日响平川。

虞山谣(并序)
[明]许重熙

窃闻微言欲绝,守道者维之;正教将行,先觉者启之。故鲁山颓而礼乐之用属诸南方之学,秦火燔而性天之论阐自北地之儒。是以语治本者,取精华于武城一政;谈道原者,证宗旨于天人三策。《易》曰:"观乎天文,以察时变;观乎人文,以化成天下。"文之不可以已,其在兹乎?若我虞山之有书院,故文学之胜地也。因山构苑,非近市嚣;临水为池,实同洛泮。谈道讲德,具有康成之座;聚徒校艺,无异季常之帷。既而县令不请士,士子不迎师,厦屋毁于豪强,基址废为瓯脱,枭鸱啸树,羊猪突垣,可为长太息者矣。由是道法既远,人心惟危,弱丧阙里之津梁,茅塞灵台之径路。即有通玄志士,探理高贤,不认主于西方化人,则为奴于苦县老子。知同视肉,行类撮囊,徒仰黑月之光,未睹丽天之照。文之不竞,人于何尤?兹遇我大父母耿令公,又长董相之里,凤悟性学;惠临言子之乡,弘开礼教。始则瞻蒲劝稼,坐棠理冤。引渠溉田,不数西门、邺郡;发奸摘伏,宁如广汉、颍川。实深用鲁之思,遂起适卫之叹。于是咨于众,断于独,剃草抽棘,起圮植新。立讲诵之堂,而环为精舍;建藏书之阁,而翼以经房。崇子游祠,以表瞻仰;开大中馆,以迪迷谬。遂使远近向化,小大咸从。修士云会,袂似华阴;道侣雨集,众齐稷下。莫不景行崇峰,企望墙仞。我师明镜匪拂,洪钟任叩,极天官之浩博,穷龙殿之秘深。虽复六经该广,百家靡富,圣贤各派,儒墨分流。或事旷而文殷,或言高而旨远,咸纳如投水,出似倾河,语语若醒,人人若餍。举凡异端乖僻,末学支离,饰小言以称量,仰至诚而发难。亦复操持慧刃,解除疑缚,示之迷方,归以正辙。是以游学之士,不难累驿而至;问道之徒,不远千里而来。任彼老师宿儒,硕才妙德,名擅龙象,智晓江河。我师一语点化,传习譬于泻瓶;一字提携,讽诵同于疾雨。纵使子游犹在,仲舒复生,劝威等其至仁,殷勤让其密说,曷以加焉?重门洞开,群仰天庭而睹白日;周道迤坦,尽登指南而竭朝宗。行见肃肃雍雍,观虞士之多彦;彬彬济济,信我师之以宁也。谣曰:

大江来东,环海之隅。蛟龙蟠翔,萃于我虞。我虞之先,克生大贤。礼乐润治,圣莫尔焉。世运旋否,德辖鲜举。匪虞无德,失我高矩。有明亟夏,在祚中叶。帝眷我侯,来莅兹邑。我侯笃生,广川旧里。董子发祥,我侯继起。既吏我虞,既除既治。广修璧水,洞启胶序。征彼硕儒,集彼华士。朝夕讲诲,曰致曰止。明明我侯,克明其德。其德克明,爰法爰则。山不让尘,川不辞盈。含弘广大,赫赫厥声。厥修益隆,远朋大来。英才乐育,泰道以开。惟我虞士,大改厥质。昔也荒纵,今无遐逸。如蓬中麻,如蓝中青。德进业修,晖光日新。一人有作,万庶咸庆。在周鲁宰,在明虞令。经纶区宇,春台使登。士民胥乐,舆诵是兴。

弦歌楼宴集赠耿令公
[明]何栋如

谁把虞山作武城,楼头弦诵暗飞声。听来不觉凭轩笑,用处应怜见地清。一脉中和才底绩,三千礼乐旧知名。东南此夜庚星丽,不数言家有灭明。

弦歌楼即景二首
[明]王世仁

秋夕耿令公招饮弦歌楼,见方池荷始花,且喜诣文学读书其傍,口占二绝。

天葩不向先春泄,地脉重从昨夜回。半亩方塘千顷玉,莲花一朵为谁开。

文章此日在方池,绿水红莲第一枝。香满蓬瀛秋正好,三三两两读书时。

家祭迎神诗
[明]

虞山峗峗,琴外弥弥。笃生言公,道化在兹。于昭德象,祗奉新祠。明禋有格,神其降斯。

家祭初献诗
[明]

卓哉言子,有吴先觉。奚伺文王,列科文学。束帛荐忱,侑享以乐。登献清酤,昭格无斁。

家祭亚献诗
[明]

东南文献,自公作则。佑启后人,修祀无射。黍稷维馨,牲牷孔硕。式陈明荐,庶几来格。

家祭终献诗
[明]

香秬在前,豆笾在列。以享以荐,既芬既洁。登献惟三,人和神悦。于嘻成礼,率遵无越。

家祭送神诗
[明]

新祠奕奕,文教是崇。有司庶士,共事雍容。神既享只,百福来同。亲睹之利,永世并隆。

常 熟 县
[明]韩奕

绿水环城入,青山到县分。苔荒言子宅,草碧仲雍坟。井邑兵多变,弦歌俗岂闻。抱镰因采药,随意入秋云。

寄崔天游
[明]韩奕

言游巷里昔曾过,一径阴阴带薜萝。雨湿青苔新迹少,凉生绿树旧情多。诗成已续婆娑集,酒罢仍闻敕勒歌。侧近人传秋夜约,缄题先往问如何。

过 海 虞
[明]沈玄

吴下琴川古有名,放舟落日偶经行。七溪流水皆通海,十里青山半入城。齐女墓荒秋草色,言公家在旧琴声。我来正值中秋夜,一路哦诗看月明。

弦歌旧俗
[明]王鼎

弦歌虽古里,不作曩时声。薄俗谁能变,吾当着意听。

吴 公 祠
[明]张洪

武城一动宣尼听,仿佛东周在目前。文学当时推第一,弦歌此日最为先。故乡祠庙非陪祀,后世衣冠亦像贤。愧我空为林下士,一经未竟已华颠。

登虞山绝顶
[明]周忱

晴登孤嶂俯郊原,指点东湖远近村。齐女墓荒枯树老,言游祠古断碑存。一泓白水通湖口,几点青山近海门。此地旧传多圣迹,重来期以故人论。

道 爱 亭
[明]蒋绂

道本公共物,荡荡如坦途。由行实在兹,何曾问贤愚。所惜好尚异,中正罔以趋。不有古贤哲,迷惑谁先祛?猗美言氏子,宰邑唯一隅。忠恕体诸心,礼乐由中敷。感化自神速,犹鼓而悬桴。经理尚如此,生聚宁无儒。斯民不如古,今复言之徒。推行以心德,无言而诚孚。偷靡式丕变,弦歌盈四区。平康一无犯,岂不贤鞭蒲?海虞今武城,千载应同符。斯亭翼然树,奕翅屋上乌。宣尼如复作,入座当卢胡。

墨 井
[明]陈宏

叔氏北游日,勾吴始尚文。身通沾圣泽,学术冠同群。古甃荒春草,危桥映夕曛。至今邻里子,濯濯被余芬。

谒子游祠
[明]杨舫

灵台澄彻一尘无,整速衣冠许进趋。周季弦歌闻下邑,天南道学起东吴。优游词气陶多士,瞻拜仪容肃万夫。千古儒宗千古仰,古今惟有此心俱。

言 子 墓
[明]金定乐

步出言公里,徘徊陇树边。风泉何处响,想象武城弦。

言 子 墓
[明]王宾

有树枯来不计春,却依虞仲冢为邻。山家相约休樵采,十哲人中第九人。

过言子故宅
[明]王宾

武城邑里有弦歌,旧宅门前客喜过。年代久长惟井在,古槐犹带夕阳多。

子游墓

[明]薛胤龙

为道名贤万古埋,翠微一上一徘徊。碑荒赢得文章在,松响如听弦诵来。山仰岱宗群岭下,水源洙泗众流回。生当同里余馨被,白首无闻愧不才。

琴水排清

[明]桑琳

七水泠泠彻底清,听来谁解此中情?也知不作寻常调,写出洋洋弦诵声。

春日登虞山望子游墓

[明]严济

登揽城西胜,风烟四面开。浮阴芳树远,春色大荒来。碑蚀先贤迹,山寒帝子台。无穷怀古意,日暮属徘徊。

答武林陆丽京

[明]黄淳耀

昨识陆子面,今同陆子游。落花一片飞岩幽,青壁矗起撩双眸。飘然长袖凌飞楼,风急天高如凛秋。前望五湖后巨海,元气欲与胸中流。君不见山中旧有巫咸墓,突兀至今应有故。又不见山中旧有言公祠,弦歌寂寞令人思。嗟今世路纷如此,卧石饮泉翻可耻。古人似此山中云,去到人间即为雨。而我刺促胡为尔,书剑无成困泥滓。穷庐悲啸但闻鸡,故里浮沉空牧豕。以兹来往深山里,凤歌欲觅桃花水。却忆西湖上,曾蹑南屏巅。湖山秀色染肌骨,绿萝蒙幕生紫烟。东望钱塘一水不可以径渡,中有巨鱼奋鬣摩苍天。山川雄杰人磊砢,陆子坐秉文章权。一门国士互唇齿,天下俊杰争差肩。风尘泱漭隔君面,爱而不见心茫然。即今羁旅欢相索,大笑高歌露龈腭。百轴新文未入秦,满堂倾盖如游洛。看君画地成江湖,立谈真作九边图。看君抵掌论文物,众星在天明者月。乃知君负英霸才,钓鱼荷畚暂徘徊。嵩华拔地差足拟,罗立小山何有哉?携我琴,为君抚。拔君剑,为我舞。酒酣耳热山影摇,共作歌辞歌猛虎。

登虞山城楼

[明]孙永祚

南沙古来县,烟火属承平。湖水西浮嶂,江潮北过城。荒祠虞仲迹,废巷子游名。只有仙人石,年年春草生。

病榻消寒杂咏四十六首（其二十九）

[明]钱谦益

儿童逼岁趁喧阗,兵庙星坛言子阡。梦里挨肩争爆竹,忙来馎饭看秋千。气蒸篱落辞年酒,焰卷星河祭灶烟。老大荒凉余井邑,半龛残火一翁禅。

适吴诗送黄羽可

[明]陈子升

章甫将有资,乃从南越适。问子适何方,泰伯古所历。兴废奚足云,贤哲丛今昔。文心言子秘,乐意延陵析。被裘无安眠,栖庑有嘉觌。彼观隆四姓,我想驰三益。矧我梦寐劳,匪伊朝且夕。送送超庾关,望望弥震泽。海气肃襟袂,秋风迅帆席。流霞烁鸡陂,寒月皓虎石。允与素心人,抗论通云霓。邂逅情或对,应求理不只。无挟玙璠姿,取笑瓴与瓶。

寿黄封翁七十

[明]宋琬

渭川紫玉塞,华岳耸金天。月映千年雪,花开十丈莲。关门瞻紫气,瑶海纪彤编。鹤识传经地,龙耕画卦田。地形夸上国,文物产高贤。月旦声名远,儒林经术专。孝称江夏后,德掩太丘前。祭酒枌榆社,忘机胥葛年。鲤庭亲授简,凤羽早腾骞。不替青缃业,争看赤帜搴。是诚千里骏,深愧九方甄。问字人如玉,挥毫笔似椽。竞传枚叔赋,已着祖生鞭。赐宴红绫盛,仙班玉笋联。归鞍珠簇急,拜舞锦袍鲜。象纬君门聚,人伦乐事偏。良时俦稷契,佳气动雍沜。户习王褒颂,家操言偃弦。剖符花县美,飞凫豫章传。五裤闻歌咏,三农得晏眠。哀鸿于野集,猛虎渡河迁。令誉驰江介,嘉名继颍川。舆论归郭汲,淑问借庭坚。贯索芒初敛,桁杨草欲芊。寅清爰有诏,邦礼庶无愆。汉畤虔圭璧,周桢执豆笾。斑衣元学楚,华发始游燕。旧典存三五,新丰醉十千。壶觞青玉案,纶綍紫泥笺。鹓鹭方舒翼,夔龙幸比肩。暂劳青案史,兼领度支权。旄节皇华使,笙歌乌榜船。宾寮成祖道,冠盖羡登仙。筐篚荆扬胜,津梁吴越连。王程三泖外,子舍五湖边。杖倚支公石,茶烹陆羽泉。支硎探胜迹,林屋访真诠。绕膝看兰蕙,充盘有鲔鳣。北辰催柄转,南极正星悬。上客纷珠履,芳辰列绮筵。鸾箫声哕哕,鞨鼓夜嚻嚻。酌醴惟张仲,骖云下偓佺。黄眉将箓至,青鸟致书还。鲙说吴中好,梅思陇上妍。紫芝供素饵,皓鹤映丹颧。谬忝交三世,长惭寄一廛。得天公独厚,降福尔尤先。泛斝称欢只,登堂咏慎旃。春游期汗漫,醉舞任蹁跹。百岁从兹始,还赓华秊篇。

赠别吴门朱雪鸿（其十）

[明]屈大均

传闻言偃宅,古井接潮波。一片洗衣石,千秋生薜萝。精华南国盛,文学大吴多。君爱琴川上,遗风总善歌。

子游故宅

[明]林大同

言游育是邦,受业游孔门。巍科著文学,遗泽今犹存。圣朝锡新赠,示以师道尊。嘉言与善行,吾子尝讨论。青涧试弦歌,学道遵所闻。行将膺大任,显擢蒙深恩。

赋得文学书院

[明]林大同

言游产兹邑,天地秀所钟。孔门七十子,文学子夏同。故宅茂荆榛,古井苍苔封。曹公千载下,犹能慕高风。舍田建文学,教育开昏蒙。黄生博群书,十年成厥功。校艺趋神京,进谒蓬莱宫。忠诚沥肝胆,星斗罗心胸。虎榜书姓名,马竹来儿童。青云自兹始,眩目宫袍红。

泉洞祠次寒圃李相公韵

[清]朴光一

地接光罗一望平,天开胜景合江成。文翁去后留儒化,言偃当年卧武城。春雨锦溪怀往事,秋云瑞石想先生。休言人口丰碑在,建庙方伸景仰情。

送李子平赴任杆城

[清]李德寿

鲲鹏日月迭回旋,极目茫茫海拍天。多少楼台临水起,坐来何处不神仙。梧阴满地日迟迟,万朵荷花褪小池。细马轻舆清涧去,曲栏高倚赋新诗。关东一曲遏云长,小妓翩然弄钏光。太守醉眠乌帽落,海风吹月满华堂。湖民多黠海民痴,黠者难治痴易治。水火临机惟所用,劝君休被郑侨欺。雪岳春游枫岳秋,回溪幽磴入冥搜。周年但吃杆城饭,吏骂民嗔不自愁。干凤寺僧半签军,空门此事古未闻。曾思通变无长算,救苦观音即是君。浦民生理在鱼鲑,鳞逝山童可若何。不有零陵治化盛,争教钟乳产来多。崔君蕴藉郑君通,资固不同哲则同。从古治成由得士,小为言偃大姬公。荒陬不见士风新,妄拟芹宫育秀民。数亩校田敀养马,世间何限败心人?

因赠二族兄俨伊

[清]许传

固穷谁比二难兄,清白家庭不坠声。平日何知言偃室,当时惟有董生行。文章虚老非天意,邑里群居似世情。可笑栖栖何事者,衰年孤寄汉阳城。

道中遭罢解绂归家郑东莱道中以书相问以诗酬之

[清]柳宜健

傥来轩冕等云浮,努力宜加德业修。言偃割鸡何足道,塞翁失马亦非忧。一团白璧元无累,百炼纯刚定不柔。天爵尊荣人莫夺,故山萝月好优游。

李参判雨臣挽甲子三首(其三)

[清]郑基安

言偃之刀子贱琴,只今桑麦满东南。晚来脱蹋金绯贵,高卧东山紫翠岚。

木兰花慢·月下登虞山哭邵叔宀先生

[清]黄景仁

人间呼殆遍,君似醉、也应醒。但枯树黏天,浮云挂地,有影无形。痛一点、墓门紫火,空呕将、心血误浮名。一自子期去后,曲终江上峰青。

南沙城枕尚湖滨。曾约共登临。怎芒屩来时,青山有恨,流水无声。此间玉霄不远,叩天关、风雨泣山灵。千载仲雍言偃,一般蔓草荒城。

言述子挽诗

[清]蒋士铨

言述子,厥名然。子游七十二世孙,十世已居山阴间。亲早亡,兄嗜酒。遗我弟,田五亩。兄女将嫁百无有,卖田买奁出弟手,贤哉述子孝且友。康熙之年,岁在癸巳,诏求言氏袭博士。然为大宗,当拜斯职。述子陈状,伏阙而泣。臣偃墓在虞山,臣未居守,臣生厚颜。乞援衢州孔氏让封例,请以是职俾臣弟德坚。臣归鉴湖曲,奉祠终余年。诏如所请,天下诵之。公卿大夫,咸美以诗。言述子,大布衣。再游长安,陈诗祝厘。赐金归来,卒于先祠。卒年七十二,得正而毙。呜呼言述子,是为文学裔。

送孟颖仙任东平州佐四首(其三)

[清]戴亨

著书期寿国,夙愿未全非。旧俗东平厚,今春麦秀肥。题舆勤牧治,捧檄出皇畿。学道思言偃,牛刀用岂违。

权叶西悼亡作

[清]崔天翼

己亥孟冬月,二十有一日。纯阴天地塞,大海波涛咽。星斗黯不见,晓风凄房闼。窈窕龙田翁,腾空去倏忽。体壳宛在地,寡妇哭欲绝。四邻惊来集,一境相传说。渔村及盐户,菜女与马卒。皇皇若遭变,雪涕声或失。以至旁郡县,往往弦歌撤。山林道佛流,庠塾衿绅列。其中有识者,恸惜心如折。翁是何如人,得此众所悦。好善根民彝,无间世淑慝。论人异贵贱,慕名殊穷达。譬诸桃李花,灼烁有奇质。点茵固可赏,落溷尽堪咄。又如五色鸟,未向云霄掣。惜为鹍鸠伴,到死榆枋撇。所以君子悲,珠沙混未别。生地既卑微,居处何陋劣。遥遥岭海侧,天荒仍芒芴。风俗自椎朴,见闻宜蔑裂。分不离耕渔,职当利刀笔。胡然卓其志,伦类容易拔。师友绝资益,家庭殊导率。特以天赋全,笃践人伦实。立身期峻绝,虑患如孤孽。亲戚乡党间,由由接事物。委曲善处难,操心恒懔栗。学问求日用,典籍悲残缺。经史集子传,手札奄具帙。淹博贯古今,体验洞微密。发以为文辞,长鸣耸喁晰。词场出无前,五年五解发。观国外司马,少伸还自屈。瞿瞿检身心,功令遂不屑。研索古人旨,萧然掩蓬荜。恶风撼四壁,清霜透一褐。四境丰谣起,寒厨不继粝。苦饥端坐读,声若金石出。所乐易所忧,非缘自谋拙。内美日益富,穷年恒兀兀。雕琢蓝田玉,冠佩可以结。淬砺青萍剑,盘错不难截。圣朝重邹鲁,遗才搜岩穴。经明行修士,舍此应鲜匹。每岁刺史荐,徇俗贵地阀。雅志韫不炫,公议行或尼。婆娑幽竹下,穷愁白颠发。陶情或高吟,自然谐声律。青泉一见之,呫口不下舌。由来遇不遇,亦不为欣怛。潦倒叶西子,五马出海臬。若有声气感,一言困廪竭。岂徒寒山石,似闻秋江瑟。针磁暗相引,畦畛因不设。时问袁安病,或至言偃室。小礼无所用,衔杯相促膝。从容叩其有,心神屡警切。有口说项斯,无力荐蘧蒢。叹咤无奈何,方外聊放逸。名山说内延,联裾攀崇崒。中有百丈瀑,直捣蛟龙窟。我谓境奇壮,可将笔力埒。高僧亦解意,展纸白如雪。一唱复一酬,墨花溅飞沫。淋漓觞咏归,梦寐犹清豁。秋七月既望,乘舟泛溟渤。水天无端倪,心魄同荡潏。翁言世迫隘,不须长干没。无宁往不返,漂风涉恍惚。行寻鲁连迹,可吊田横骨。飘飘欲遗世,愀然语不毕。我识不平气,翁肚尚盘郁。举酒一浇之,吐出诗句杰。赤壁同舟客,姓名传未悉。岂如千载下,吾辈恣宕跌。又登飞鹤山,秋气正高洁。荒台读遗碑,虚庵礼古佛。

幽幽桂树下,隐者如可眤。尚论晋唐士,品流较甲乙。放杖一高歌,下视多蠓蠛。席散即传筒,往还殊未讫。我上矗石楼,义士三碑屹。诵翁昔年诗,拙步莫可轶。归将说与翁,惊闻有急疾。欲往屡见沮,慰我苦暂歇。朝来吏告赴,恚然心头割。异哉翁之世,我欲仰天诘。挺生如有意,徒然老以杀。终若涂樗弃,始何谷兰苴。忽如潢潦中,瑞虹起复灭。上固无因袭,下亦绝遗血。亭亭七十年,一气自融泄。零槁乍有迹,学子泣补缀。是其扬之芭,遗业庶或述。我曾乞暇还,翁言是长诀。既而喜复来,此世谓再阅。忽焉哭新坟,我始归计决。生离与死别,不须计久暂。来因或可结,夫谁与归一。翁为叔度贤,我愿林宗哲。

恭纪鄂大方伯修礼先祖言子贤墓二十韵(并序)

[清]言德坚

虞山蜿蜒,形亘西城。吾祖墓林,封崇北麓。亭称馆月,川号影娥。齐女墓前,七桧梁朝旧物。清权祠下,一泓琴水源头。自昔登临,实繁题咏,只以密迩井廛,人争樵采,绵延岁月。世讶沧桑,岂兴替之。不常仰主,持之难觏。时甲辰首夏,适大方伯鄂公,节贲虞阳,躬先僚佐。式瞻庙貌,祗谒先茔。谓前贤体魄所藏,惟守土表章是亟。倡捐清俸,建复崇坊,不日竣工。如椽锡额,一行垂露。旋看凤舞,烟霄四柱。擎云还见,鹤归华表。千秋发迹,一旦重新。仰荷隆恩,缅维盛世。自惭芜陋,莫罄高深。敬赋一章,粗成廿韵。敢附家乘,已竢采风。

四国番宣重,三吴赋政详。调元方荷鼎,裂岳且分疆。学海波腾浪,才锋韧吐铓。何尝论动戚,只是富文章。劳来郇膏雨,巡行召伯棠。仁声盈道路,弦诵绕宫墙。市价轻珠玉,第檐足稻粱。清风高节钺,执法凛冰霜。俗已浇登朴,民俱莠化良。崇儒方亟亟,重道正皇皇。文学千年契,师资一瓣香。銮镳邀宠赉,堂庑顿生光。一角辛峰下,三台叠石旁。波心娥阆影,华表鹤还翔。选胜兹山最,征材属吏忙。采樵叨禁止,松桧藉青苍。翰墨垂珠露,烟霄舞凤皇。一词虽莫赞,四字特辉煌。公好无偏党,殊恩讵敢忘。遥知御屏上,早识姓名芳。

武城怀古

[清]刘信烈

地以先贤重,临风感慨生。斯民非往昔,吾道属兹城。河水帆樯接,歌台里苍荣。我来惭窃禄,俯仰不胜情。

访言氏宅
[清]姚培衷

遵此言公巷,寻古言公宅。巷是宅已非,圣井有遗泽。吾道得自南,维公延一脉。跂仰文学桥,风流恍如昔。

徐主倅委访感其先屈诗以谢之
[清]李若烈

雨过空阶草正肥,夜深江月到楼时。野人争席愁堪破,太守临门喜可知。贱迹元疏言偃室,荒郊况乏习家池。初筵小酌贫难办,淡水青蒭是所思。

步蓉溪夜会韵
[清]宋近洙

鱼鸟川云共泳飞,话心剪烛俗缘稀。官清松桂书宜读,我癖江湖老且归。选日风流言偃室,良宵月色习家扉。山翁野叟仪多简,不妨城南旧布衣。不问贫厨左右持,犹堪言志写新诗。终身倨傲仍成疾,素志功名渐觉痴。卷里光阴忘老已,琴中山水和音谁。穷庐白首嗟何及,只愧疏才负圣时。

唐人诗曰天生左手使持螯七字为韵作诗谢之
[清]吴宏默

喝剧津枯属暮年,每当觞政首搔先。发肤微觉南来胜,近海为官已荷天。言偃乡中有灭明,才因饮射得逢迎。拨忙不负归时约,历叩仙扉款话生。对并元龙楼上坐,令人忘却日西堕。融融凫藻一家肥,无尽春光堂右左。栗蟹苇鱼醅一卣,来从温水出于偶。风流恰似王江州,裏送申勤以自手。笑拍金肩喜挹李,旋开曲宴观容止。胃神思渴口流涎,方酒方肴不待使。常苦流觞就次迟,玉盘燔炙不难为。如身使臂游何暇,着急偏宜两执持。酪酊一醉乐陶陶,佐味全由海族豪。用到紧时方悟妙,天生左手使持螯。

言子祠
[清]张大纯

业在儒林道学间,千秋庙貌重人寰。巫咸旧隐应相望,吕尚高风得共扳。拂水渊源分泗水,虞山教泽接尼山。东南文物从教盛,礼典由来郑重颁。

过武城谒言子祠

[清]段昕

舟晓雨初晴,岿然见城垒。江流环断烟,人家秋树里。枳棘有高枝,鸾凤暂栖止。圣贤天下心,所至无不理。至今弦歌声,汤汤在流水。

谒先贤言子墓

[清]瞿颉

路转城西最上峰,昔贤遗寝翠微中。弦歌共沐流芳远,文学还钦吾道东。一坞白云团野色,四山黄叶战秋风。隔林蔓草谁家垄,牧笛吹残夕照红。

九颂篇奉赠梁大司农夫子并祝初度二十一韵

[清]毛奇龄

结发学儒术,负箧为远征。父事言子游,兄遇延陵生。文章颇濩落,意气犹纵横。但恨日垂暮,所志百不成。捧檄入京邑,仰望天阶行。牵车类赵壹,怀刺同祢衡。谁信九州大,及见三光清。老成仁朝右,明穆秉国经。峻节凛闻式,微言验章程。容物善下士,久作来者型。苍岩高万仞,中有黄金庭。俯视恒华间,宛若丘与陵。名世不数出,斯代谁贤英。敢与东丘违,而令北海轻。矧予依孔墙,晚岁斟尧羹。每当皇览日,愿致歌诵情。只惭肄风雅,三百有正声。何为杂众窍,百变烦嚶嘤。尹吉自清穆,史克终和平。即此九颂末,孰与六义争。不观蕉林诗,千载垂芳名。

送言謇伯之天津

[清]徐仁铸

潞河水程安且娱,盘旋直到丁字沽。却舍双轮曳双桨,歌诗不歌余马瘏。言子觥觥世文学,能为汉赋摧吴歈。春风原草出佳句,才名英绝传皇都。金台骏骨已不朽,上客珠履争迎趋。析津形势控南北,黄河万里此尾闾。方今金瓯无点缺,谁令堂闼来貙貐。宗生乘风范揽辔,斯志颇志常人殊。虫鱼釽析小言耳,彼哉沟瞀而拘迂。我生心力百无赖,有书废读冠则儒。坐看鹎鶋似流电,安有远志殚八区。以我方君何所似,强者齐楚,弱者犹曹邾。祇余结习未全汰,别无美谥惟至愚。临歧一语重诿誰,君应诺我勿嗫嚅。水西庄畔脱经过,尚闻八卷题襟韵事无?

舟中杂诗五首(其二)

[清]田雯

不闻欸乃久,复此弄余声。一部回帆鼓,两行秋雁鸣。戍楼甘茂里,渔火子游城。荡桨愁昏黑,东峰白月生。

再题文园狮子林十六景·水门

[清]爱新觉罗·弘历

弗通车马只通舟,亦得门名枕水流。恰似子游心以会,并思言行可符不。

万松山行馆杂咏再叠前韵·径

[清]爱新觉罗·弘历

之字谁书宛转佳,依然得我旧吟斋。子游延客不由者,行饭无妨一散怀。

常山峪行宫八咏·绿樾径

[清]爱新觉罗·弘历

年年樾径必循披,入室升堂又一时。絜矩设于子游问,无端却恐灭明嗤。

遣 兴(其二十二)

[清]袁枚

郑孔门前不掉头,程朱席上懒勾留。一帆直渡东沂水,文学班中访子游。

哭望山相公六十韵

[清]袁枚

上界台星落,空山老泪流。安危天下系,知己一生休。竟舍苍黎去,谁分圣主忧?诏书深惋惜,恩礼冠公侯。四海新祠庙,三江旧节楼。军民悬画像,士女咽悲喉。贱子蒙青盼,垂髫到白头。当时初对策,众口共呀咻。独把金筐刮,高悬铁网收。相扶登玉局,学步到瀛洲。帝命称师傅,人争献束脩。皋比南面肃,丝竹后堂幽。若个非曾点,斯文爱子游。嘘枯情宛转,善诱语绸缪。镇陕姬公远,分符陶令羞。谁知摇墨绶,依旧傍旌旒。淮海才鸣毂,江东又挟輈。官教移赤紧,表荐牧秦邮。见赏龚黄绩,深期管乐俦。南衙风动竹,燕寝雨鸣鸠。治理同商榷,莺花共校雠。回天占定力,济物识英猷。宽每留余地,虚能集众谋。清标山岳岳,渊鉴海悠悠。铁牡封疆静,银刀约束周。略知窥斗岳,赖得侍巾帼。露小难成雨,花低易落沟。西川公洗甲,南国我飘沤。为有亲需养,非关命不犹。慈云三度至,手板廿年抽。庄子雕陵鹊,陶家栏外牛。已经甘朽钝,重复受雕镂。烟里来千骑,松间过八驺。敲门惊野鹤,走马捉闲鸥。严鼓声初鼛,朱帘月在钩。不将珠字寄,便把木瓜投。笼壁新笺满,挑灯险韵搜。牙琴赏宫徵,张草斗龙虬。味许淄渑辨,诗容格律偷。偶然三日别,定有四更留。卷幔夫人见,牵衣公子游。栖霞看水石,西苑折花筹。铃阁麻鞋影,军门白苎裘。谈深人尽怪,坐久夜将掫。一日天书至,三公内召优。羹须调玉鼎,箸久夹金瓯。似识长离别,登车尚逗遛。逢村先驻马,过岭必回眸。恨恨长淮水,凄凄袁浦舟。寸心输一送,半面抵千秋。南北终乖迕,鳞鸿不自由。人来传老健,信到忽山丘。今岁东巡狩,伊谁扈冕旒?惊闻身乞假,还望疾能瘳。岂料勋千笏,都成土一抔!于公无憾矣,问国有人不?梅雨涔涔湿,山河渺渺愁。鲁场端木筑,楚些景差讴。立雪心犹在,荒庄德未酬。羊昙肠断后,永不过西州。

琴城课士图为卢太守存斋题
[清]袁枚

君之外舅古贤者,曾以封章荐终贾。君之先人抚我乡,至今遗爱民难忘。尔我通家未伴面,四十年来才一见。往事都从梦里谈,回头几度沧桑变。授我琴城课士图,命题诗句当笙竽。开看一片青衿色,桃李公门万万株。泮宫峨峨起,两庑罗罗疏。干旄来孑孑,儦从走趺趺。圉人萦其马,校官捋其须。或执经以请益,或握管而踟蹰。更有婴婗小公子,手持如意来嬉娱。鳣堂讲罢高扬觯,江风远送斜阳至。使君欲起尚留连,恐有秀才来问字。此事依稀十数年,使君五马赋莺迁。诣学虽无何武驾,闻歌还说子游贤。我亦当年一贫士,蒙师教育皆如此。白首难忘知己恩,长安寄信访儿孙。今朝得遇师门婿,不觉淋浪涕如雨。宛然旧院一苍头,忽见小郎如见主。更喜怜才意思同,丹青画出旧家风。他年官到中丞日,定有声名继两公。

澎湖歌
[清]胡健

藐兹澎湖一孤岛,幅员百里弹丸小。九州不入禹贡图,开辟以来置不道。荷兰驱逐伪郑平,设官命吏名斯肇。台阳喉咽壮藩维,金厦户庭资障堡。宅澳为村一十三,民居错落晨星渺。岁不十雨月千风,波翻浪覆势倾倒。匪时咸水涨漫天,白日昏昏尽窅窅。流沙一片恍飞霜,草未逢秋已尽黄。地无高冈与陵麓,又无溪涧与桥梁。又无飞禽与走兽,又无花木与菁篁。织纴不事无麻苎,丝帛不出无蚕桑。三农最重无牟麦,五谷最贵无稻粱。爇粪为柴仗牛矢,薯干作食呼薯米。土瘠民贫何处无,未有土瘠民贫到如此。只合乘潮讨海为新畲,扬帆掉桨为犁锄。张缯挂网为稼穑,戳按塞沪为箄车。多黍多稌颂蜃蛤,千仓万箱祝虾鱼。不祭田祖祭龙伯,吹郐击鼓水中潴。俗俭勤人椎鲁,熙熙恬恬风近古。不崇佛教绝僧尼,寺观禅林目未睹。渔者恒渔农者农,饥食渴饮安井伍。更无雀鼠讼诪张,公庭清晏如召杜。论文时亦聚诸生,诗书善气溢眉宇。千里一圣百里贤,化导在人须鼓舞。割鸡惯笑子游刀,家弦户诵并中土。惟有妈宫市上颇不驯,言庞事杂多游民。草窃无聊兼牙侩,鼷兵蜂聚重为邻。赫赫炎炎尽烈火,厝薪不徙势必焚。溱洧有苘野有蔓,鹑奔狐走鸟兽群。从此洗心先革面,海宇清宁看虎变。褊心杞国曰焦忧,只手欲挽狂澜溅。勿云蕞尔无重轻,半壁东南关帝眷。作此长歌备采风,形势舆情一目见。告我凡百诸君子,勿弃刍荛下里谚。

华麓访顾亭林先生读书故址(其二)
[清]赵本扬

楼船闽粤控南瓯,龙驭遥从海上舟。烽火徒闻惊岭峤,江山何地问神州。著书绝塞王尼叹,投老无家向子游。华麓只今遗址在,日斜回首暮云愁。

子游泥
[清]丘逢甲

下邑弦歌惠爱长,天教道学启南荒。千秋墓畔文章土,化作幽兰九畹香。

虞山拜言子墓
[清]陶澍

三桓在圣门,孟仲多良士。亦有礼许人,汰哉称叔氏。平生议论间,师没尚阙里。何年南方来,海隅有居址。马迁记吴人,所本盖世史。箕山许由冢,考古多疑似。我来昆湖南,有坟此高峙。山名昉虞仲,墓门复伊迩。缅兹四科英,再拜荐潦水。此邦富文学,高让亦前轨。两贤岂相厄,何至烦钧矢。末俗愆干糇,学道宜易使。无为消贱儒,诗书敦末耡。清风飒然来,松桧发宫徵。慨想弦歌声,肃然增仰止。

谒言子墓
[清]王槐

负笈游洙泗,东南仰大儒。学惟宗一体,道已化三吴。弦歌留东鲁,衣冠表海虞。游人肃瞻拜,千载辟榛芜。

登虞山
[清]方文

客居卑湿又尘氛,独上山椒望海云。乱草久荒虞仲墓,高松还覆子游坟。土中埋没寻残碣,石上依稀识旧文。老子祠堂最高旷,流连不觉至斜曛。

恭和御制姑苏览古杂兴元韵(其五)

[清]沈德潜

志在安天下,希文出处真。庙堂争去就,边境靖风尘。俎豆名山旧,褒崇圣藻新。言游道南后,正气有谁伦?

吴趋行

[清]汪中

东南入吴趋,通门广且修。舟车万方会,夜行昼未休。青槐夹大道,白日丽朱楼。列肆陈曼衍,美女扬清讴。横波醉流转,巧笑心和柔。长裾随风舒,翩翩身若浮。娱乐未云已,心悲不可留。策马上西山,高举望八幽。浮云翳城阙,俯见江海流。让国感延陵,习礼思言游。斯人不同代,望古徒殷忧。

自城北登虞山日晚始抵城西

[清]洪亮吉

我从城北来城西,正中日影已渐低。琴川七道响如箭,日月湖好分东西。言游虞仲两高卧,冢柏高与浮云齐。何应尚父亦来此,世去已远愁无稽。东旺里接太伯冢,一县已判东西姬。澹台南游亦曾到,吾道东亦嗟宣尼。奔车我已愧伯夷,抚剑切莫谈要离。千年遗事若转瞬,海色黯惨山低迷。人行深竹苦寥寂,怪鹊飞上山坡啼。

恭读常太翁老先生爱吟草殉节录赋赠四律(其二)

[清]罗大奇

十载胪遴选,学优仕更优。不辞山县僻,长抱玉壶秋。惠入巴人曲,仁销蜀客愁。弦歌琴韵叶,作宰并言游。

青浦县城北谒孔宅敬纪

[清]祁寯藻

浩淼三江浦,苍茫一亩宫。地当吴会左,泽衍鲁邦东。先圣存遗迹,初基溯寓公。避秦非效鲋,噫汉孰知鸿?卜筑延康末,迁流大业终。衣冠遂宰木,俎豆尚家风。莽莽悲陵谷,萧萧想郁葱。似闻环佩出,安仰栋梁崇。山泽涵藏久,唐虞际会隆。六飞春驻跸,三泖士呼嵩。麟绂传书素,龙章捧日红。练光腾马鬣,云气接龟蒙。入室丝兼竹,升阶冠与童。像犹吴道子,仪岂叔孙通。竹箭人材美,林葩乐府工。言游文学粹,季札篆碑丰。阙里瞻斯在,南行辙讵穷。精灵留舜禹,庙貌俨眉瞳。一席神栖暖,千秋礼器充。轺轩诚有幸,坊表愧无功。仰睇规模壮,深维教泽洪。丹题云汉表,碧藓露霜中。贤宰来鄡邑,诸生议孔融。风林重翙翙,鼍鼓已逢逢。继美新堂构,留良属冶弓。喜倾程子盖,愁铸漧五铜。张壁光难蚀,虞戈字待砻。况参邦彦议,定亟庶民攻。盛世覃敷教,群公正协衷。循墙勉伛偻,冀达四门聪。

至常熟谒言子墓
[清]俞樾

郁郁佳城枕大冈,颜曾而外见文章。西河并世同传教,南国千秋此破荒。偶试弦歌偕宓子,若论豪杰过陈良。一抔土在虞山麓,禹穴姚墟共久长。

题学道堂壁
[清]张起宗

言巷依然旧时风,到来斯地肃仪容。云归祠柏时加翠,雨湿庭花自放红。千叠苍山长作供,一池流水曲为通。读书学道原无两,尽在弹琴缊瑟中。

谒言子祠
[清]李仙根

祠宇标名胜,薪传自古今。庭闲人语静,井渫墨香侵。文学斯人在,弦歌雅化深。高山惟仰址,肃穆动清吟。

言子墓
[清]陈玉齐

墓古残碑在,荆榛一径通。开吴尊旧业,配圣起新宫。琴瑟声余鲁,诗书道已东。巫咸祠树老,尚父钓几空。水浅荒苹合,岩高落日红。不堪凭吊意,拜罢感悲风。

言子故宅
[清]陈文述

孔壁金丝外,东南此宅称。贤街曾远访,墨井见初澄。文学心原慕,弦歌愧未能。爱人吾隐愿,或许历阶丘。

琴川杂吟
[清]张之桢

四科文学仰前贤,遗泽流风遍海壖。敢是弦歌分两地,至今犹复话琴川。

言子祠
[清]张藻

父子来南国,道风被不穷。名居文学首,才试武城中。华采家声远,烝尝祀典隆。低徊瞻拜久,松杪夕阳红。

赠徐闻小学堂吴生文谟
[清]许南英

富者恃货财,贵者恃簪组。儒者何所恃,所恃能勤苦。天生孤寒士,滔滔遍寰宇。彼苍有深意,拓此人才薮。俾之历盘错,成材贡天府。济川作舟楫,大旱作霖雨。何以读书人,镇日忧终窭。不为才人才,甘为腐儒腐。真儒自有真,富贵不敢侮。勖哉延陵生,才华亦媚妩。仲尼曾有言,人非以貌取。所以言子游,武城得子羽。

书墨井道人事
[清]孙景贤

十字门堂过者稀,海鸥浃洽故人违。残山剩水收图画,乌爪蝇头孰是非?死慕刋棺应速朽,生知几屦未须归。丹邱若化苏耽鹤,各窜天笼却并飞。

谒吴公祠代作
[清]黄衍

道脉亲传泗水旁,神祠高结海虞阳。直将文学开千古,曾把弦歌试一方。雨过辛峰丹槛润,泉生墨井碧澜香。翘瞻钟簴依然在,疑是身登孔氏堂。

武城
[清]李赓芸

言子昔为宰,宣尼曾见过。诸侯方战斗,小邑自弦歌。学道固应尔,得人将奈何?牛刀留治迹,政事好同科。

子游墓
[清]吴宏绪

先贤堂斧在山坡,东鲁曾传文学科。崖石岭云留道貌,松风涧水想弦歌。荒碑紫剥苔花厚,古砌青缠薜叶多。肃拜欲申仰止意,城头斜日一经过。

言子里
[清]吴蔚光

勾吴本荒土,不列于侯王。开国有泰伯,俗革化未彰。缅维言夫子,北游之鲁邦。宫墙千万仞,攀跻得升堂。名高四科中,与夏相抗衡。蔼然弦歌风,流传被南方。衣冠明揖让,简册辉文章。遂令蛙黾渚,一变礼乐场。旧井既已湮,故宅亦已荒。啧啧里巷间,姓氏日月光。不独横经士,奕世沾遗芬。

重修先贤言子墓
[清]潘文熊

景仰虞山首,人因斯道尊。一经传不朽,百劫历常存。文学被琴水,松楸补墓门。崇贤封旧垄,隐逸岂同论。

过武城吊言游
[清]丁奉

海虞产言公,地灵冠南方。乔余海虞人,事公入乡黉。悠悠桑梓情,公魄耿未忘。持此窥遗容,武邑停来航。冥祠惨萧条,废院郁彷徨。风衰弦歌声,星灿文学光。割鸡乃栖凤,万古山川香。挽公归故园,墓在虞山阳。

甲寅重修先贤言子林墓纪事诗
[清]

(原唱)
吾道今犹在,千秋庙貌尊。海隅文化孕,武邑雅歌存。俎豆芟荆棘,衣冠肃墓门。爱人怀古训,新学不须论。(谢葆钧)

(和韵)
聿被鸣琴化,端知礼教尊。蜡宾彝训在,马鬣旧封存。大道开榛莽,廉泉挹县门。耿杨厓缮葺,合轨喜同论。(言家鼎)

法斁网论曰,谁知礼教尊。不图儒吏至,犹有古风存。助俸修贤垅,鸣琴企圣门。十年前缮葺,题碣事重论。(陆懋宗)

　　聿启南邦化,群知吾道尊。人文从古萃,林墓至今存。守护资贤裔,修治式里门。廉泉分一勺,俗吏漫同论。(邵松年)

　　莫讶弦歌寂,斯文晦愈尊。穹碑贤垄峙,古鉴圣经存。灵萃句吴地,才储通德门。使君传伟咏,风雅试重论。(俞钟颖)

　　使君下车日,贤迹即知尊。式墓文风仰,芟榛古道存。崇封表诚意,通德赞清门。瓦釜雷鸣日,弦歌独讲论。(庞鸿书)

　　乾旋坤转后,天秩益当尊。礼运一篇著,民风万古存。大同希盛轨,末学斥庞门。式墓怀吾道,其他不再论。(蒋元庆)

　　世界丛荆棘,谁知松佳尊。东南斯道启,文字旧邦存。荒草一抔土,斜阳古墓门。高山频仰止,往事喜追论。(王庆芝)

　　汝南有贤裔,先海独知尊。废址能规复,遗阡永保存。翦茇开大道,畚筑塞旁门。风雨名山夜,文章许共论。(王庆芝)

　　万劫荒陵寝,岿然此独尊。爱人周道在,野祭汉风存。石圯山为障,松高云护门。旧题文信国,继咏费评论。(金病鹤)

　　运会浇漓日,犹知斯道尊。琴堂谊可仰,射圃接同存。免作采樵地,无惭通德门。清芬钦世诵,相待把文论。(严镇如)

　　自古帝王起,胥将贤圣尊。况为文学祖,常与三星存。中外人无梗,东南道有门。赞修祠墓废,崇拜邑侯论。(张同咏)

　　虞山一抔土,仰止后人尊。百代弦歌绩,千秋体魄存。云礽恢射圃,庙貌接桥门。缮葺分廉俸,高风尚德论。(翁永孙)

下编　历代诗颂铭赞中的言子

　　莫笑海巫隘,扶舆五岳尊。殷周荒已辟,吴会道弥存。分俸来儒吏,崇封到圣门。尼山同日月,爝火任无论。（俞中鏊）

　　引领虞山首,岿然道统尊。一经能不朽,百劫看常存。文学传琴水,松楸补墓门。流芳来者述,乐与后贤论。（潘文熊）

　　文学开吴会,先贤道自尊。墨香留井在,灵气共山存。草去人遵路,松高月锁门。彬彬海虞士,礼教快同论。（金宗曜）

　　南行传道脉,孔氏教逾尊。千古武城宰,一抔虞麓存。捐金分薄俸,铸铁立高门。愿洽弦歌化,人皆读鲁论。（沈汝瑾）

　　贤垄千秋重,名称十哲尊。铁栏今始护,铜鹤想犹存。难得循良吏,重兴文学门。异端遍天下,宗教不堪论。（沈汝瑾）

　　北学来何暮,南归道始尊。割难伤遇蹇,观蜡我思存。虞冢旁分席,娥池净绕门。扶衰贤宰事,文在试重论。（宗舜年）

　　圣道南行后,群知别一尊。武城声教洽,文学古今存。祠宇邻黉舍,松楸背郭门。云礽绵世泽,十载把交论。（宗嘉谟）

　　生长先贤里,心香一瓣尊。弦歌楼待复,墨井址犹存。古垄邻虞仲,崇祠比孔门。渊源家学懋,文字可重论。（宗嘉谟）

　　江河流日下,吾道未遑尊。礼运徒知法,弦歌不复存。爱人谁识训,体圣孰窥门？分俸来封树,原非俗吏论。（宗嘉谟）

　　山名虞有耦,大舜仲雍尊。道自南行著,神依后嗣存。栏环虹铸铁,池泻月当门。希圣希贤迹,真源合细论。（张守诚）

　　蜡履虞山麓,会瞻墓碣尊。一抔樵采绝,千载典型存。大道悲歧路,横流扼圣门。茫茫封识意,留与后人论。（许保诗）

览尽虞阳胜,先贤墓独尊。弦歌遗泽被,林木古风存。夕照松楸路,师承桃李门。高山心响往,今学我无论。(汪凤君)

吾道南方启,斯文北斗尊。烝尝终古事,林墓至今存。将作新丹垩,游踪阻里门。无穷家国感,忍泪漫轻论。(言敦源)

二、铭　辞

文学桥铭
[宋]黄士毅

鲁邹而降,道为绝学。千五百年,起濂续洛。寥寥闽派,久几复绝。再起沧州,教修日揭。无极二五,在人一源。故不同地,时生圣贤。吴通上国,公即游鲁。胡为历世,莫踵公武。睹迹亦昧,吁方肇祠。是用作记,意严洒讥。嗟予小子,世闽产吴。敢诵所自,沧州之徒。登桥而思,刻铭述记。期我同心,如水荐至。能令后学,本末易明。伪行不作,踵公自今。

重修文学书院言子祠碑记铭文
[清]马逸姿

夫子之道,日月同光。子游文学,云汉为章。明德远矣,百世流芳。遗迹可寻,犹在其乡。虞山苍苍,琴水茫茫。君子之泽,山高水长。瞻仰仪型,摄齐升堂。衣冠俨然,哲人不亡。告尔子孙,肃奉烝尝。俎豆修洁,黍稷馨香。一念敬肆,实分圣狂。可不戒哉,神听聪明。音容非邈,近在羹墙。亿万斯年,恪守无忘。

家歌户弦铭
[清]张元臣

公产南方,北学中国。得圣一体,颜闵是埒。南方文献,公浚其源。诗书礼乐,家歌户弦。流风渐渍,历嶪千百。众尸祝公,专祠在邑。惟圣天子,稽古右文。宸章宠锡,录及后昆。祀事弗虔,曷称德意?春祫秋尝,邑宰亲莅。樽净爵洁,牲肥酒芳。陟降上下,公俨在堂。东海沧茫,虞山崒嵂。刻诗于碑,垂示罔极。

蒙泉铭
[清]程光钜

涓涓岩泉,清淑凝聚。气至机流,沛然莫御。匪静曷恒,匪动曷著。云窦有源,试为寻溯。伊昔未达,湛然中藏。历千万祀,韬厥声光。孰启其龠?际我圣皇。山川应运,灵液流滂。郁郁虞山,先贤是宅。帝子遗台,流风足式。天牖斯文,泉飞讲席。一瓢洗心,勖尔朝夕。蒙以养正,圣功是基。有冽者泉,若示其微。体兹不息,日进庶几。勿谓可待,逝者如斯。

拟先贤言子庙碑铭辞
[清]钱近光

吾道既南,仰承圣学。后千百年,起濂续洛。文明在兹,天地橐籥。化及鲁邑,清风恺乐。学道爱人,不尚权略。钟灵于吴,振乃木铎。吴山苍翠,吴水磅礴。吴中人士,辟此虚霩。式瞻庙貌,威仪俨恪。如山不颓,如泉不涸。垂之万古,弦歌永作。

拟先贤言子庙碑铭
[清]朱霞

天启斯文,杏坛高弟。南北分镳,辉映千祀。惟此吴疆,至德所治。夫子继之,光华逾贲。论道之言,一何琅琅。由末溯本,精义乃彰。俗儒失实,群骛词章。譬舍精凿,而宝秕糠。其或不然,高谈性命。猎等而趋,横流斯竞。两者交驰,论靡有定。其流则然,其初奚病!虞山之阳,巍然閟宫。吴宫故里,封号攸崇。山水清佳,弦诵流风。斯文宗统,舍是曷从。

拟先贤言子墓碑铭
[清]李堂

文身之开国兮,海虞之荒僻。胡为乎翔藻而腾辉兮,紧言氏之遗泽。虞山巍其峨峨兮,亘万古而如昔。缅文学之风流兮,西河则吊卜堉之幽宫,而南国则留此山之窀穸。

三、颂　赞

先师子游赞
［唐］卢从愿

文学冠科,弦歌政声。动则不佞,虑乃先成。立言宏远,执礼专精。升堂入室,凛凛犹生。

丹阳公赞
［宋］赵安仁

鲁堂登科,睹奥将圣。武城之小,可以观政。澹台之举,行不由径。追建上公,素风逾盛。

子 游 赞
［宋］赵构

道义正己,文学擅科。出宰武城,聊以弦歌。割鸡之试,牛刀为何？前言戏耳,博约则多。

作子游庙告成
［宋］孙应时

孔门以来,千六百祀。大江以南,遗迹能几？猗欤琴川,子游之里。有宅有桥,其应史记。弗崇弗彰,为邑之耻。我作斯堂,学宫之傍。与我士民,弦歌洋洋。山川其光,斯文其昌。勿替成之,以念四方。

瞻子游遗像
［宋］钱厚

学道爱人,格言具在。膺邑寄者,舍是奚学？况宰民于公之故里乎？敢不夙夜维公是师。升公之堂,视公如在。

先贤言子像赞
［元］傅著

大哉宣圣,尼山降神。懿哉子游,崳山委真。惟圣阐教,洙泗之滨。惟贤衍道,大江之渍。三千济济,七十彬彬。北学中国,南方一人。伟哉豪杰,圣道克遵。得圣一体,昭礼五仁。孝敬是励,大道具聆。文学斯擅,弦歌则闻。莞尔之笑,圣心实欣。牛刀割鸡,戏尔前言。赫赫国朝,先师实尊。爰致祠祀,及兹仲春。勖尔俊髦,裕尔后昆。刻像琬琰,播德烝民。星辰河岳,有烨斯文。

子游像赞
［明］孙承恩

所长擅科,知本之学。我思其人,简易宏廓。礼乐为政,弦歌成音。学道之论,实契圣心。

先贤言子赞
［明］耿橘

文云文云,章句云乎哉?有本之文斯文哉。学云学云,口耳云乎哉?有本之学圣道哉。礼云礼云,节文云乎哉?有本之礼中行哉。乐云乐云,声容云乎哉?有本之乐元气哉。

四、赋　咏

东征赋
[晋] 袁宏

惟吾生于末运,托一叶于邓林,顾微躯之眇眇,若绝响之遗音。壮公瑾之明达,吐不世之奇策,挫百胜于崇朝,靡云旗于赤壁。三光一举而参分,四海指麾而中隔。过武昌以逍遥,登樊山以流眄,访遗老以证往,乃西鄂之旧县。曩有吴之初,基升员丘而豹变,尔乃出桑洛,会通川,背彭泽,面长泉,洲渚迢递,巇岫虚悬,即云似岭,望水若天,日月出乎波中,云霓生于浪间。嗟我行之弥留,跨晦朔之倏忽,风褰林而萧瑟,云出山而蓬勃。向孙氏之南面,钻灵龟以相土,模酆镐之制度,写河洛之规矩。经始郛郭,筑室葺宇,金城万雉,崇墉百堵,君臣有章,上下获叙,所以能三分天下而有其文武。到吴都以停舟,览阊闾之余尘,建修城以营郭,引通流而发津。远矣吴德,旧邦维新,太伯被发,仲雍文身,言偃以文学遗风,季札以让国称仁,高节显于华夏,端委行乎海滨。

虞山赋
[明] 丁奉

吾山于常熟,居扬州之域,属斗牛之次。盖由唐虞而云,然则其前,孰知其所自?结气撑天,修形伏地,四盼四睨,坐殊立异。其丰神锐进,匆匆乎之东,则如在田之龙,亟欲吞昆峰、赴巨海,而琴水七川,顾以前导之便,勒其秀于邑中;其脉络绵延,依依乎西顾,则如往东之客,不忍抛凤岭、撇鹫岫,而小山一叠,特以后长之义,承其颜于顷步。面姑苏,则全吴诸山,隐隐约约,历指其名殊而状各;背扬子,则缘江诸境,茫茫渺渺,宛见其波微而棹小。及其发雨施云,衔阳吐月,岚阖烟开,霜过雪歇,乃万态之不齐,非两端而可竭。近则倾妍殚丽,倒浸尚湖之渊;远则分佳析巧,映掩昆承之窟。

试与子登高谛览,借箸数之。其峰则石城石门,共龙母兮嶙峋;其泉则大涧小涧,贯铁山兮滥瀹。洞有水帘兮,漱玉琤琤,若仙人等洞,尝一探而神缄鬼秘;湾有宝岩兮,开屏秀敞,至丁邵诸湾,每数步而林更嶂易。然犹未见其奇也。拂崖之水,自高趋卑,不但疾如奔草,而回飙滴沥,洒甘霖于二界;三沓之石,以小承大,不但险如累卵,而恒风撼簸,驻危形于万古。他若徐神翁之丹井犹存,萧太子之书台无主。剑试豁崖,俗说吴之伯辟;葬遗两塔,信系唐之高僧。更与子参禅而访道,尽乎十八里之崚嶒。上方院,中峰寺,苕其股而宇阃参差,厥有空心一潭,则常建之所诗也;致道观,东岳祠,弁其首而宫殿赫奕,厥有星坛七桧,则梁时之所植也。崇如维摩,幽如兴福,山居一坳,禅福半麓,灿金碧其相望,笪琳琅而作簇。斯地也,谢公失游,柳子未记。幸矣,吾徒于焉,永寄酿酒资乎。白土点易,利于朱砂。夏暑驱蚊,世赖烟条之草;冬寒策寒,岁探石梅之花。若乃桧柏杉松,茄瓜苟苏,栽苗拔种,出市入途,黄精香蔌,白扁山菇,南星附子,众药可需。海门之柿,顶山之栗,樱李初收,杏桃方实。负担提筐,轻资眇息。其禽兽,则山鸦黄雀,花鸫青鸠,刺鹰练带,彩雉白头,青狼攸伏。猛虎或投,麟獐獾兔,驮呆遨游。置阱以腊,弹射以羞。此皆山间之乐事,而未究其蜿蜒磅礴之精英。

惟夫钟髦产秀,代盛迭荣。吾见穿碑高封,敕相褒卿,郁松揪其百壤,殆皆于此死而于此生。灵矣哉,其为山中之峥峥者邪？盖尝拜巫咸之冢,则思王业惟三代,翊之者殷商有几,而此独生夫伊人,若夫嵩岳之生申甫,孰敢争其先？又尝奠言偃之墓,则思圣道惟孔门,传之者南方无人,而此独生斯一哲,若夫眉山之生三苏,孰敢侪其贤？论斯二者,则天台、武夷,焉用彼胜？蓬壶、阆苑,奚取于仙？

谇曰:此山如此之灵兮,吾何以为其中之人？岩云数亩兮,猎义耕仁。此可逃红尘,不可逃白发兮,年年一春。

五、联 语

题文学书院
[明]王叔杲

南方精华;洙泗渊源。

题虞山书院大门
[明]耿橘

学术正人心自淑;教化行风俗斯美。

题学道堂
[明]耿橘

君子学道则爱人;小人学道则易使。

虞山书院内楹联
[明]耿橘

学道堂
耳目不着处;战兢无息时。

明是明自家,行是行自家,学问只求诸己;明是自家明,行是自家行,工夫不靠他人。

天下之人五品,吾身之用四节,以节节品品乃道;贤者之行三德,圣人之学一贯,以贯贯德德乃天。

圣人就在凡近,只是善脱;学者无不高明,却要能游。

愿学孔子
志孔子之志,老安少怀友信;学孔子之学,命知耳顺心从。

得闻性天
悟彻形色埃尘,乃有真得;打破性天窠臼,方是真闻。

富美门
富贵尊荣一性中,富斯至矣;美大圣神超世外,美何加焉。

得 门
宫墙东鲁耸千寻,此中须另有世界;门户三吴辟一径,这里莫错过路头。

洒扫应对,便是形而上者;日用平常,只要默而识之。

藏心于渊,神不外也;至诚能化,吾何知焉。

日用非他,常行便为至圣;羹墙何物,神尧就是吾心。

何处非天,眼前正好识认;吾身是理,此外更何寻求?

识得时活泼泼地;拈到手赤洒洒而。

有严有翼非有;无声无臭非无。

游艺门
道德仁为艺之体,明了道德仁即明了艺;志据依为游之用,不能志据依必不能游。

乐寿门
合体处,山非山水非水,乾坤都归这里;呈效处,山是山水是水,这里放出乾坤。

题虞山书院
[明]管志道

仕者莅于斯,当猛然见学道爱人之遗志;学者游于斯,便愀然起抑末崇本之深思。

孔子学何学,曰圣与仁,是时习之说,说斯朋来之乐,乐斯;孔子道何道,曰一以贯之,多学而识,识此忠恕而行,行此。

题学道堂
[明]管志道

孔子学何学?曰圣与仁是,时习之说说斯,朋来之乐乐斯;孔子道何道?曰一以贯之,多学而识识此,忠恕而行行此。

题经正门
[明]侯先春

六经皆圣贤精华,讵云糟粕;一贯即学者忠恕,亦非神奇。

题高山仰止
[明]侯先春

登斯楼也,怡然旷然,不觉莞尔而笑,便见爱人易使,心从自性流出;望兹丘也,翚如翯如,曷胜仰止之思,当知礼乐文明,化由谁氏得来。

题有本堂
[明]黄安、耿定力

洒扫应对便是形而上者;日用平常只要默而识之。

题有本堂
[明]李右谏

一邑弦歌仿佛东周气象;千年俎豆于昭南国精华。

明心见性即诗书所称何加;易俗移风则礼乐之用为急。

题昭明遗构
[明]严澂

埋头尚识为轮意,举目常新破卷心。

题常熟县文庙
[清]爱新觉罗·弘历

文学一科冠夫子;馨香千古颂南人。

题言子墓道文学桥
[清]言如泗

道接东山远;源分墨井香。东南开道脉;今古挹文澜。

题言子墓门坊
[清]言如泗

旧庐墨井文孙守;高垄虞峰古树森。

题言子故居
[清]鳌图

琴水派应分泗水;虞山脉可接东山。

题先贤言子故里亭
[清]刘沅

邑里崇名迹;东南钟大贤。